HISTOIRE
AMOUREUSE
DES GAULES

Paris. Imprimé par GUIRAUDET et JOUAUST, 338, rue S.-Honoré,
avec les caractères elzeviriens de P. JANNET.

HISTOIRE
AMOUREUSE
DES GAULES
PAR BUSSY RABUTIN
revue et annotée
PAR M. PAUL BOITEAU
Suivie des Romans historico-satiriques du XVIIe siècle
recueillis et annotés
PAR M. C.-L. LIVET

TOME I.
BUSSY RABUTIN, ANNOTÉ PAR P. BOITEAU

A PARIS
Chez P. JANNET, Libraire

MDCCCLVI

PRÉFACE.

ur une belle page blanche, au frontispice de ce livre, en lettres architecturales, je voulois tracer une dédicace ou une inscription funèbre

DIS. MANIBVS.
MVLIERCVLARVM.
QVAS. CORRIPVIT.
AMOR.

mais j'ai peur qu'on n'attaque la qualité ou la moralité de mon style épigraphique. Je voudrois du moins, puisque je viens de vivre assez longtemps avec elles, ne pas quitter toutes ces pécheresses sans leur dire adieu, et je désirerois concentrer mes derniers hommages en une vingtaine de vers de circonstance; peut-être les aurois-je tournés ainsi :

L'art antique disoit : Qu'on adore les belles !
Les poètes disoient : Que tout cède à l'amour !
Les poètes et l'art aujourd'hui sont rebelles
Au culte dont Laïs a vu le dernier jour.

O femmes! la beauté, c'étoit une victoire,
C'étoit une grandeur, c'étoit une vertu;

PRÉFACE.

*On ne s'informoit pas, pour chanter son histoire,
De quel or, sous quel toit, Laïs avoit vécu.*

*Il suffisoit qu'elle eût la chevelure blonde :
La femme étoit Vénus ; un grand œil plein d'éclairs :
La femme étoit Minerve. O sagesse du monde !
Devant d'autres autels s'agenouillent nos vers.*

*Notre admiration se proclame éblouie
Par la splendeur des lois qui plaisent aux Césars.
Midas a des enfants ; la foule, recueillie,
Applaudit aux décrets de leur goût pour les arts.*

*Mieux valoit quand, le front ceint du parfum [des roses,
Les poètes et l'art saluoient le soleil,
Le printemps, le feuillage, et les femmes écloses,
Comme de jeunes fleurs, en leur temple vermeil.*

*Je sais bien que Phryné présage Messaline,
Que Jeanne Vaubernier déshonore Ninon ;
Mais devant la jeunesse il faut que l'on s'incline :
Vive qui sut aimer, et qu'importe son nom !*

*Voilà ce que disoit et pensoit l'Ionie ;
Ses dieux avoient du moins quelque divinité.
On pardonne, je crois, ses crimes au génie :
De la même injustice honorons la beauté.*

Mais je crains qu'on ne m'accuse d'une trop vive indulgence pour des courtisanes, et je me résigne à réfréner l'ambition de cette préface.

Toutefois je ne la convertirai pas en une étude préliminaire sur la vie et les œuvres de Bussy-Rabutin ; voici pour quelle raison : il me semble qu'une étude de ce genre doit être toujours faite de manière à l'emporter sur les études précédemment publiées ; il faut, de toute nécessité, qu'elle ne se borne pas à des redites, mais qu'elle ajoute quelque chose au commun domaine de l'histoire et de la littérature. Si elle se traîne péniblement dans le sentier battu, à quoi bon cela? Et c'est à quoi seroit fatalement condamnée ici une préface de vingt pages.

M. Walckenaer (*Mémoires concernant madame de Sévigné*), M. A. Bazin (*Revue des Deux-Mondes*, 1842, et *Nouvelle Biographie universelle*), et M. Sainte-Beuve (t. 3 des *Causeries du lundi*), ont examiné à tous les points de vue cette vie et ces œuvres. Certainement il y auroit quelque chose à dire encore; mais ce quelque chose ne pourroit être dit sans preuves, sans expositions, sans dissertations auxiliaires, et je grossirois trop facilement un volume déjà trop gros.

Ce n'est pas sans quelque déplaisir que je me suis retranché l'occasion de vider mon carton de notes et de remplir mon rôle de consciencieux commentateur. Je les garde, ces notes surabondantes. Si le public accueille volontiers l'édition qui lui est offerte, je me croirai engagé à parfaire ma tâche, et, en même temps que je rectifierai le commentaire qui court au bas des pages, je m'efforcerai de résumer tout ce qui peut être utilement dit de Bussy-Rabutin et de son *Histoire amoureuse*.

On trouvera au tome 1er de l'édition que M. Monmerqué a donnée des lettres de madame de Sévigné la généalogie des Rabutin. Roger de Rabutin, comte de Bussy, est né le 3 ou le 13 avril 1618, à Epiry, en Nivernois. Sa famille étoit l'une des plus anciennes et des plus illustres de la Bourgogne. Elevé chez les jésuites d'Autun, puis au collége de Clermont à Paris, il interrompit ses études à seize ans (1634), pour commander une compagnie dans le régiment de son père. A partir de ce temps il ne cesse de prendre part à toutes les guerres. Ses Mémoires racontent agréablement toute son histoire jusqu'au moment de sa disgrâce; le reste de sa vie est raconté dans le Recueil de ses Lettres. Les combats, les amours volages, même les débauches, ne lui prennent pas tout son temps. Actif, entreprenant, doué d'un esprit véritablement distingué, il trouve toujours une heure pour lire un livre ou pour écrire une chanson. Si ses connoissances sont incomplètes, s'il dit qu'il n'a jamais lu Horace, par exemple, son goût est pur et il a en soi ce qui fait le bon style. Aussi est-ce bientôt le plus bel esprit de l'armée et de toute la noblesse. Il est de toutes les fêtes demi-bachiques, demi-littéraires; il est le grand fabricant de satires, d'épigrammes et de couplets. Cela fit sa fortune dans les lettres et ruina sa fortune à la cour. Peu à peu, par sa conduite politique et par les manœuvres de son esprit, il s'aliéna le cardinal Mazarin, Condé, Turenne et Louis XIV. Ses amis ne purent le défendre. On avoit peur de lui : là est le secret de sa chute.

C'est pour divertir une de ses maîtresses, madame de Montglat, qu'en 1659 ou en 1660 il composa l'*Histoire amoureuse des Gaules*. Cette histoire, qui n'avoit de romanesque que les noms sous lesquels paroissoient les personnages, et qui peignoit avec beaucoup d'agrément les aventures des principaux seigneurs et des plus belles dames de la cour, ne manqua pas d'être connue partout

PRÉFACE. ix

de réputation. Bussy-Rabutin la lisoit lui-même, et très volontiers, à ses amis intimes. La marquise de La Baume, une vilaine femme, belle de visage, que tous les contemporains ont maltraitée, la lui ayant empruntée, en fit faire une copie secrète, puis une autre. En vain Bussy voulut-il lui rappeler la promesse solennelle qu'elle lui avoit faite de ne pas abuser du prêt; en vain mit-il tout en œuvre pour détruire les fatales copies, l'histoire fit son chemin sous le manteau. Ce fut une explosion de murmures.

Bussy n'étoit déjà pas très bien auprès du roi, de ses ministres et de ses principaux confidens; il avoit même paru un moment compromis pour quelques relations d'affaires qu'il avoit eues avec Fouquet. Le succès terrible de son pamphlet enhardit tous ses ennemis; mais ce qui lui donna le coup de grâce, ce fut la publication en Hollande, et par le fait de madame de La Baume, de l'*Histoire amoureuse des Gaules*. Une clef étoit jointe au texte. Jamais scandale n'eut plus d'éclat et un éclat plus rapide. Condé étoit à la tête de ceux qui juroient la perte et la mort du coupable. Il fallut que le roi prît parti. Bussy étoit déjà à demi disgracié; toutefois il venoit d'être reçu à l'Académie françoise, et y avoit même prononcé un discours très cavalier. Le 17 avril 1665 il fut mis à la Bastille.

Il y resta treize mois, et ne sortit que pour être exilé en Bourgogne.

Les éditions du pamphlet se succédoient rapidement et se falsifioient. On avoit eu l'idée d'intercaler dans le texte, après le récit de la fête de Roissy, ce cantique fameux et de toutes manières mauvais que les amateurs de poésies libertines ont aveuglément regardé comme une œuvre de Bussy.

Jamais Bussy n'a écrit ce cantique. Les *alleluia* de Roissy étoient des impiétés, et ce cantique est toute autre chose. L'*Histoire amoureuse des Gaules* est un livre d'une agréable lecture, et durant laquelle le goût n'est offensé par aucune ordure, et le cantique est un ramassis de grossièretés. Bussy l'a toujours nié. Ces couplets ont été intercalés deux ou trois ans après l'apparition première du livre, et ils ont été pris au hasard dans l'un des recueils manuscrits des épigrammes et des chansons du temps.

Nous ne pouvions les supprimer, puisqu'ils sont devenus par le fait partie intégrante de l'ouvrage; ils ont d'ailleurs, à défaut de mérite littéraire, une petite valeur historique; mais nous pensons bien que le lecteur sera de notre avis et qu'il ne les considérera que comme un triste hors-d'œuvre.

Nous voici amené à dire quelle a été notre intention en réimprimant, comme nous l'avons fait, un livre qui, suivant l'expression populaire, *jouit* d'une si mauvaise réputation. Assurément, ce n'est pas séduit par le seul attrait de sa morale lubrique; mais c'est que nous avons vu que ce pamphlet avoit une très grande importance en histoire. D'abord, c'est un tableau exact des mœurs du temps; ensuite c'est un mémoire utile à consulter pour l'histoire politique elle-même du ministère de Mazarin. Nul ne sera tenté, s'il l'a lue, de regarder l'*Histoire amoureuse* comme un livre ordurier; c'est au contraire un ouvrage qui a son charme et sa fine fleur littéraire. J'ose croire

PRÉFACE.　　　　xj

que nul ne sera tenté non plus, après avoir jeté un coup d'œil sur les notes, de douter de la véracité de Bussy et de me contredire lorsque je signale l'importance historique de son livre.

Pas plus qu'un autre je ne pousse jusqu'à la déraison l'estime que je fais des belles qualités artistiques du XVIIe siècle; aussi bien qu'un autre je me sens peu d'attachement pour la vanité et les vices de ces grands seigneurs et de ces belles dames; mais je ne puis me débarrasser d'un certain goût pour leurs fêtes, d'une certaine admiration pour leur esprit, d'une certaine tendresse pour leur beauté, d'un certain enthousiasme pour tout ce qui avoit alors de la physionomie, de l'esprit, de la grandeur.

Un Italien m'excusera sans peine. Je sais qu'aujourd'hui les progrès de l'économie politique et de la chimie obligent les hommes à se garder d'un vain engouement pour tout ce qui est pompe, parure et inutilité. Aussi m'accusé-je sans feintise. J'avouerai même que, sans rien ôter à mon amour pour les conquêtes de l'esprit nouveau, je me vois de plus en plus ramené vers cette littérature du dix-septième siècle, qui fut ma première nourrice. La littérature qu'on fait aujourd'hui me fait adorer les lettres de ce temps-là. Je suis fier de vivre dans le beau siècle d'action qui s'accomplit; mais je voudrois vivre aussi, à l'heure du loisir et des rêves, dans cette patrie évanouie du grand art d'écrire.

C'est par suite de cet entraînement involontaire que j'ai trouvé de l'agrément dans le métier d'éditeur d'un pareil livre. Il m'a semblé que, puisque j'étois sûr de n'avoir pour eux qu'une sympathie littéraire, je pouvois me permettre d'entrer en connoissance avec tous les personnages du pamphlet.

La question bibliographique ne veut pas être oubliée dans une des préfaces de la Bibliothèque elzevirienne; mais rien n'est plus embrouillé que l'histoire des éditions de Bussy, et d'ailleurs il ne s'agit pas d'un texte à restituer, d'une édition *princeps* à transcrire en l'enrichissant de variantes.

Bussy n'a pas été l'éditeur de son livre. On l'a imprimé, tant bien que mal, sur une copie subreptice; on l'a reimprimé moins bien et plus mal encore. Tout est réglé de côté. Il y a çà et là des manuscrits de l'*Histoire amoureuse*; ce sont des copies du temps, contemporaines des éditions imprimées ou antérieures à ces éditions. On y voit des passages retranchés, des passages intercalés; on y relève un assez bon nombre de modifications diverses. Mais, puisqu'il ne s'agit pas d'un texte d'auteur à imprimer religieusement, puisque peu importe qu'on lise : *La belle duchesse préféra ne pas répondre*, ou simplement : *La duchesse préféra ne pas répondre*, tout ce qu'il y avoit à faire, c'étoit de rechercher la première édition qui ait donné, non plus la clef incomplète de 1665 et de 1666, mais le style débarrassé, sans exception et raisonnablement, de tous les noms romanesques.

Walckenaer ne paroît pas avoir connu l'édition qui m'a servi de type à reproduire, à moins que ce ne soit celle qu'il désigne à la page 351 du tome 4 de ses Mémoires. Mais si les chiffres des pages qu'il indique comme points de repère se correspondent, le frontispice n'est pas le même. Mon édition est datée d'Amsterdam (1677) et n'est pas signée; la gravure ne représente pas la Bastille, comme dans quelques éditions, mais une Renommée. Je n'ai pas encore vu cette édition décrite dans les catalogues. Quoi qu'il en soit, c'est de toutes la meilleure, et c'est la première, c'est même la seule, qui traduise convenablement tous les noms allégoriques.

Quoique je ne veuille pas entrer dans la notice biographique, je placerai ici trois morceaux différens : 1° Un jugement extrait de Vigneul de Marville (t. 1, p. 325), qui, pour dater de loin, n'en est pas plus mauvais; 2° l'épitaphe de Bussy, composée par sa fille et donnée par l'abbé d'Olivet; 3° la lettre de Bussy au duc de Saint-Aignan, son ami principal et son défenseur de toutes les heures auprès du roi. Cette lettre est la véritable préface de l'*Histoire amoureuse des Gaules*.

Voici ces trois pièces :

I.

« M. de Bussy-Rabutin étoit, du côté du sang, d'une ancienne noblesse de Bourgogne; du côté de l'esprit, il descendoit d'Ovide et de Pétronius Arbiter, chevalier romain, dont il nous reste une fameuse satire en langue latine.

« Nous avons l'histoire de la disgrâce de M. de Rabutin dans ses ouvrages. Durant sa retraite, qui dura presque tout le reste de sa vie, il ne cessa point d'exercer son admirable style. On lui avoit conseillé pour son divertissement, ou pour venger quelques-uns de ses amis, de répondre aux Lettres provinciales, qui étoient déjà de vieille date ; mais, redoutant le brave Louis de Montalte, il n'osa l'entreprendre, de crainte de blanchir devant cet illustre mort.

« M. de Rabutin a laissé des mémoires de sa vie, et un recueil de ses lettres et de celles qu'il recevoit de ses amis. Le mélange en est agréable. On y voit des gens d'épée et des gens de robe, des évêques, des abbés et des moines, écrire à l'envi et faire l'échange de l'indien avec cet écrivain incomparable. On y voit des directeurs de conscience, tantôt au court manteau, dire de précieuses bagatelles, tantôt en longue soutane, jeter à la traverse des semences de dévotion dans cette terre inculte, et, après ces coups fourrés, revenir à leurs premières plaisanteries pour ne pas ennuyer l'auditeur par la longueur de leurs sermons. Mais ce qu'on y voit de plus surprenant, ce sont des dames qui viennent en se jouant partager avec M. de Rabutin la gloire de bien écrire ; surtout une marquise de Sévigné, sa parente, qui fera dire à toute la postérité que la cousine valoit bien le cousin.

« On remarque plus de naturel dans les lettres de madame la marquise de Sévigné, et plus d'étude et de travail dans celles de M. de Rabutin. Ses mémoires, quoique fort bien écrits, sont peu curieux. A quoi bon les avoir remplis d'un si grand nombre de lettres écrites de la cour ? Tout officier qui a quelque commandement en pourroit produire. Il est arrêté dans le conseil qu'on donnera un tel ordre à tel commandant ; le ministre fait écrire la lettre à son commis, qui la signe, et le prince ne la voit pas.

« A la fin, M. de Rabutin, devenu dévot, s'avisa de composer un discours pour ses enfans, du bon usage des afflictions. Le bruit a couru que sa famille n'avoit pas été contente de la publication de cette pièce, qui ne répond nullement à la haute réputation de son auteur. »

II.

EPITAPHE DE M. LE COMTE DE BUSSY.

Ici repose haut et puissant seigneur, Messire ROGER DE RABUTIN, *chevalier,* COMTE DE BUSSY ; *plus considérable par ses rares qualités que par sa grande naissance ; plus illustre par ses belles actions, qui lui attirèrent de grands emplois, que par ces emplois mêmes. Il entra aussitôt dans le chemin de la gloire que dans le commerce du monde, et dès sa quinzième année il préféra l'honneur de servir son prince aux plaisirs d'une jeunesse molle et oisive.*

Capitaine en même temps que soldat, il fut d'abord à la tête de la première compagnie du régiment de Léonor de Rabutin, comte de Bussy, son père, et bientôt après colonel du régiment, qu'il n'acheta que par des périls et d'heureux succès. Il ne dut aussi qu'à sa conduite et à son courage la lieutenance du roi du Nivernois et la charge de conseiller d'Etat.

La fortune, d'intelligence cette fois avec le mérite, lui fit avoir la charge de mestre de camp de la cavalerie légère. Le roi le fit ensuite lieutenant général de ses armées, à l'âge de trente-cinq ans. Une si grande élévation fut l'ouvrage de la justice du souverain, et non de la faveur d'aucun patron.

Il joignit toutes les grâces du discours à toutes celles de sa personne, et fut l'auteur d'un genre d'écrire inconnu jusqu'à lui. L'Académie françoise crut s'honorer en lui offrant une place d'académicien.

Enfin, presqu'au comble de la gloire, Dieu arrêta ses prospérités, et par des disgrâces éclatantes il le détrompa du monde, dont il avoit été jusque là trop occupé.

Son courage fut toujours au-dessus de ses malheurs. Il les soutint en sujet soumis et en chrétien résigné. Il employa le temps de son exil à se bien instruire de sa religion, à former sa famille et à louer son prince.

Après avoir été longtemps éloigné de la cour, il y fut rappelé avec agrément et honoré des bienfaits de son maître.

La mort le trouva dans de saintes dispositions. On le perdit le 9 d'avril 1693, en la soixante et quinzième année de son âge.

Qui que vous soyez, priez pour lui.

LOUISE DE RABUTIN, *comtesse d'Alets, sa chère fille et sa fille désolée, a voulu par cette épitaphe instruire la postérité de son respect, de sa tendresse et de sa douleur.*

III.

Copie d'une lettre écrite au duc de Saint-Aignan par le comte de Bussy[1].

Du 12 novembre 1665.

« Monsieur,

« Les témoignages que les gens de bien doivent à la vérité, à leurs amis et à leur réputation, m'obligent aujourd'hui, Monsieur, de vous éclaircir de ma conduite et du sujet de ma disgrâce. Ne vous attendez pas à une justification : je suis trop sincère pour m'excuser quand j'ai tort, et c'est tout ce que je pourrai gagner sur la douleur que j'ai de ma faute, et le dépit contre moi-même, de ne me pas faire devant vous plus coupable que je ne suis.

« Pour entrer donc en matière, je vous dirai, Monsieur, qu'il y a cinq ans, ne sçachant à quoi me divertir à la campagne où j'étois, je justifiai bien le proverbe que *l'oisiveté est mère de tout vice* : car je me mis à écrire une histoire, ou plutôt un roman satyrique, véritablement sans dessein d'en faire aucun mauvais usage contre les intéressés, mais seulement pour m'occuper alors, et tout au plus pour le montrer à quelques-uns de mes bons amis, leur en donner du plaisir et m'attirer de leur part quelque louange de bien écrire.

---

[1]. Cette lettre est fort habilement faite. Elle dit la vérité avec tous les ménagements et tous les adoucissements nécessaires. Bussy va même jusqu'à s'accuser de trop d'imagination. Nous verrons à quoi nous en tenir.

« Cependant, avec l'innocence de mes intentions, je ne laissai pas de couper la gorge à des gens qui ne m'avoient jamais fait de mal, ainsi que vous allez voir par la suite.

« Comme les véritables événemens ne sont jamais assez extraordinaires pour divertir beaucoup, j'eus recours à l'invention, que je crus qui plairoit davantage, et, sans avoir le moindre scrupule de l'offense que je faisois aux intéressés, parce que je ne faisois cela quasi que pour moi, j'écrivis mille choses que je n'avois jamais ouï dire. Je fis des gens heureux qui n'étoient pas seulement écoutés, et d'autres même qui n'avoient jamais songé de l'être, et parce qu'il eut été ridicule de choisir deux femmes sans naissance et sans mérite pour les principales héroïnes de mon roman, j'en pris deux auxquelles nulles bonnes qualité ne manquoient, et qui même en avoient tant, que l'envie pouvoit aider à rendre croyable tout le mal que j'en pouvois inventer.

« Étant de retour à Paris, je lus cette histoire à cinq de mes amies, l'une desquelles m'ayant pressé de la lui laisser pour deux fois vingt-quatre heures, je ne m'en pus jamais défendre. Il est vrai que quelques jours après l'on me dit qu'on l'avoit vue dans le monde; j'en fus au désespoir, et je suis assuré que celle à qui je l'avois prêtée, et qui l'avoit fait copier, l'avoit fait par une simple curiosité, sans intention de me nuire; mais elle avoit eu pour quelqu'autre la même fragilité que j'avois eue pour elle. Je l'allai trouver aussi tôt, et je lui en fis mes plaintes. Au lieu de m'avouer ingénuement son im-

PRÉFACE.	xix

prudence et de concerter avec moi des moyens d'y remédier, elle me nia effrontément qu'elle eût jamais tiré copie de cette histoire, me soutenant qu'elle n'étoit pas publique, et que, si elle l'étoit, il falloit que je l'eusse prêtée à d'autres qu'à elle. L'assurance avec laquelle elle me parla, et le désir que j'ai d'ordinaire que mes amis n'ayent jamais tort avec moi, ôtèrent mes soupçons. Cependant je ne sçais comme elle fit, mais enfin le bruit de cette histoire cessa pour quelque temps, après lequel une de ses amies, s'étant brouillée avec elle, me montra une copie de ce manuscrit qu'elle avoit faite sur la sienne. Ce fut alors que le dépit d'avoir été si souvent trompé par une de mes amies, qui me faisoit outrager deux femmes de qualité par sa trahison, me fit emporter contre elle. Et comme on ne se fait jamais assez de justice pour souffrir sans vengeance le ressentiment des gens qu'on a offensés, elle ajouta ou retrancha dans cette histoire ce qui lui plaisoit pour m'attirer la haine de la plupart de ceux dont je parlois. Et cela est si vrai, que les premières copies qui furent vues n'étoient pas falsifiées; mais si-tôt que les autres parurent, comme chacun court à la satyre la plus belle, on trouva les véritables fades, et l'on les supprima comme fausses.

« Je ne prétends pas m'excuser par là, car, quoi qu'effectivement je n'aie dit que du bien des gens que cette honnête amie a maltraités, je suis pourtant cause du mal qu'elle en a dit : non contente d'avoir empoisonné cette histoire en beaucoup d'endroits, elle en compose en suite d'autres toutes entières sur mille particularités qu'elle avoit sçues de moi dans le temps que nous étions amis, lesquelles particularités elle assaisonna de tout le venin dont elle se put aviser.

« Cependant, lorsque je sçus qu'une histoire couroit sous mon nom, et que même mes ennemis l'avoient donnée au roi, quoique je n'eusse qu'à nier, j'aimai mieux faire voir l'original à Sa Majesté, et me charger de ma véritable faute, que de me laisser soupçonner d'une que je n'avois pas commise. Vous sçavez, Monsieur, qu'au retour du voyage de Chartres, pendant lequel le roy avoit lu cette histoire, je vous priai de donner à Sa Majesté mon original écrit de ma main et relié. Il prit la peine de le lire; mais, quoiqu'il trouvât une grande différence entre lui et la copie, il ne laissa pas de juger que l'offense que je faisois à deux femmes de qualité, et celle que j'étois cause qu'on avoit faite à d'autres, méritoient châtiment. Il me fit donc arrêter, et, donnant cet exemple au public, il satisfit en même temps au ressentiment des gens intéressés et à sa propre justice.

« Mes ennemis, me voyant à la Bastille, crurent que, n'étant pas en état de me défendre, ils pouvoient impunément m'accuser : ils dirent donc au roi que j'avois écrit contre lui; mais Sa Majesté, qui ne condamne jamais personne sans l'entendre, les surprit fort en m'envoyant interroger par le lieutenant criminel. Je me disposai, sans hésiter un moment, à répondre devant lui, et sans vouloir faire la moindre protestation, ne croyant pas en être moins gentilhomme, et croyant par là rendre plus de respect au roi.

Après qu'il m'eut fait connoitre l'original écrit de ma main de l'histoire dont je vous viens de parler, il me demanda si je n'avois rien écrit contre le roi. Je lui répondis qu'il me surprenoit fort de faire une question comme celle-là à un homme comme moi. Il me dit qu'il avoit ordre de me le demander. Je répondis donc que non, et qu'il n'y avoit pas trop d'apparence qu'ayant servi 27 ans sans avoir eu aucune grâce, étant depuis douze mestre de camp général de cavalerie légère, attendant tous les jours quelque récompense de Sa Majesté, je voulusse lui manquer de respect; que pour détruire ce vrai-semblable-là il falloit ou de mon écriture ou des témoins irréprochables; que, si l'on me produisoit l'un ou l'autre en la moindre chose qui choquât le respect que je dois au roi et à toute la famille royale, je me soumettois à perdre la vie; mais que je suppliois aussi Sa Majesté d'ordonner le même chastiment contre ceux qui m'accuseroient sans me pouvoir convaincre. Je signai cela, et, le lieutenant criminel me disant qu'il l'alloit porter au roi, je le priai de dire à Sa Majesté que je lui demandois très-humblement pardon d'avoir été assez malheureux pour lui déplaire.

« Depuis ce temps-là n'ayant vu ni le lieutenant criminel ni aucun autre juge, j'ai bien cru qu'une si noire et ridicule calomnie n'avoit fait aucune impression dans un esprit aussi clairvoyant et aussi difficile à surprendre que celui du roi.

« Mais, Monsieur, personne ne connoît si bien que vous la fausseté de cette accusation; car, outre que vous voyez, comme tout le monde, le peu d'apparence qu'il y a, c'est que vous avez été plusieurs fois témoin de la tendresse (j'ose dire ainsi), du profond respect, de l'estime extraordinaire, et même de l'admiration que j'ai pour le roi. Je vous ai souvent dit que je le voyois tous les jours, que je l'étudiois, et que tous les jours il me surprenoit par des qualités merveilleuses que je découvrois en lui. Vous pouvez vous souvenir, Monsieur, qu'un jour, transporté de mon zèle, je vous dis que, puisque la paix ne me permettoit plus de hazarder ma vie pour son service, je voulois le servir d'une autre manière, et que, comme un des capitaines d'Alexandre avoit écrit l'histoire de son maître, il me sembloit qu'il étoit juste qu'un des principaux officiers des armées du roi écrivît une aussi belle vie que la sienne. Je vous priai de le dire à Sa Majesté, Monsieur, et quelque temps après vous me dîtes la réponse qu'elle vous avoit faite, dans laquelle sa modestie me parut admirable. Après cela, Monsieur, peut-on m'attaquer sur le manque de respect à mon maître, et ne croyez-vous pas que, si mes ennemis avoient sçu tous les témoignages particuliers que je vous ai si souvent donnez de mon zèle extraordinaire pour la personne de Sa Majesté, et que vous avez eu la bonté de lui faire connoître, ne croyez-vous pas, dis-je, qu'ils auroient cherché d'autres foibles en moi que celui-là? Je n'en doute point, Monsieur; mais Dieu a confondu leur malice; vous verrez qu'ils n'auront fait autre chose que de m'avoir donné un honnête prétexte, en vous écrivant ceci, de faire souvenir le roi de tous les sentimens où vous m'avez vu pour Sa Majesté.

« Cependant, Monsieur, j'attends avec une extrême resignation à ses volontés la grâce de ma liberté, et j'ai d'ailleurs un si grand déplaisir d'avoir offensé les personnes qui ne m'en avoient jamais donné de sujet, que, si ma prison ne leur paroissoit pas une assez rude pénitence, je serai toujours prêt à faire tout ce qu'elles souhaiteront de moi pour leur entière satisfaction, leur étant infiniment obligé quand elles me pardonneront, et ne leur sçachant pas mauvais gré quand elles ne le feront pas.

« Je sçais bien qu'il y a dans mon procédé plus d'imprudence que de malice; mais l'innocence de mes intentions ne console pas les gens que j'assassine, puis qu'ils sont aussi bien assassinés que si j'en avois eu le dessein.

« Ce que l'on peut dire en deux mots de tout ceci, c'est que le public en me condamnant doit me plaindre, mais que les offensés peuvent me haïr avec raison.

« Voilà, Monsieur, ce que j'ai cru vous devoir apprendre de mes affaires, pour vous montrer par le libre aveu que je fais de ma faute, et le grand repentir que j'en ai, combien je suis éloigné d'en commettre jamais de pareilles, ni de fâcher qui que ce soit mal à propos.

« Mais vous allez encore mieux voir, par le raisonnement que je vais faire, combien je suis persuadé qu'il ne faut jamais rien écrire contre personne : car, si l'on n'écrit que pour soi, c'est comme si l'on le pensoit, et ceci est bien le plus sûr; si c'est pour le montrer à quelqu'un, il est infaillible qu'on le sçaura tôt ou tard; si la chose est mal écrite, elle fera de la honte; s'il y a de l'esprit, elle fera des ennemis. Cela est tout au moins inutile s'il est secret, et dangereux s'il est public.— Mais ce que je devois dire devant toutes choses, c'est qu'en attirant la colère de Dieu et celle du roi, cela expose aux querelles, aux prisons et autres disgrâces. Si je ne vous connoissois bien, Monsieur, j'appréhenderois qu'en vous paroissant aussi coupable que je le suis, cela ne me fît perdre votre estime et votre amitié; mais je n'en suis point en peine, parceque je sçais que vous connoissez le fond de mon cœur, que vous sçavez qu'il y a des gens plus long-temps jeunes que d'autres, et que, si j'ai eté de ceux-là, les mauvais succès et les châtimens que j'ai eus vous doivent empêcher de douter que je ne sois changé. »

HISTOIRE
AMOUREUSE
DES GAULES

HISTOIRE
AMOUREUSE
DES GAULES

LIVRE PREMIER

Sous le règne de Louis XIV, la guerre, qui duroit depuis vingt ans [1], n'empêchoit point qu'on ne fît quelquefois l'amour; mais, comme la Cour n'étoit remplie que de vieux cavaliers insensibles, ou de jeunes gens nés dans le bruit des armes et que ce métier avoit rendus brutaux, cela avoit fait la plupart des dames un peu moins modestes qu'autrefois, et, voyant qu'elles eussent langui dans l'oisiveté si elles n'eussent fait

---

1. Nous avons dit dans l'Introduction vers quel temps Bussy composa son ouvrage et à quelle époque successivement remontent les événements dont il se fait l'historien.

des avances, ou du moins si elles eussent été cruelles, il y en avoit beaucoup de pitoyables, et quelques unes d'effrontées.

Portrait de Madame d'Olonne [1].

Madame d'Olonne étoit de ces dernières. Elle avoit le visage rond, le nez bien fait, la bouche petite, les yeux brillans et fins, et les traits délicats. Le rire, qui embellit tout le monde, faisoit en elle un effet tout contraire. Elle avoit les cheveux d'un châtain clair, le teint admirable, la gorge, les mains et les bras bien faits; elle avoit la taille

---

1. Madame d'Olonne est l'héroïne d'un pamphlet fort vilain et fort peu littéraire qu'on a eu bien tort d'attribuer à Bussy-Rabutin : *la Comédie galante* de M. D. B. Cologne, Pierre Marteau (Hollande), petit in-12 de 34 pages.
Madame d'Olonne (Catherine-Henriette d'Angennes), parente du marquis de Rambouillet, étoit l'aînée des deux filles du baron de La Loupe. Avant son mariage, « elle estoit jolie, dit Retz (Mémoires, p. 341 de l'édition Michaud); elle estoit belle, elle estoit précieuse par son air et par sa modestie. » Mademoiselle de La Vergne, celle qui fut madame de La Fayette, en avoit fait son amie; elle étoit choyée au Luxembourg, et mademoiselle de Montpensier la distinguoit, quoiqu'elle ne brillât peut-être pas par l'originalité de son esprit. Dès 1652, Guy Joly, d'accord avec Retz, la désigne comme « l'une des plus belles personnes de France ». Retz faisoit plus que de la trouver jolie et précieuse : un peu dégoûté de mademoiselle de Chevreuse, il entreprenoit, à la faveur de l'accueil qu'on lui faisoit chez madame de La Vergne la mère, de s'insinuer le plus avant possible dans les bonnes grâces de cette belle personne. Rendez-vous obtenu à force de prières, mais rendez-vous bien inutile, « ce qui doit estonner, dit le vaincu, ceux qui n'ont point connu mademoiselle de La Loupe et qui n'ont ouï parler que de madame d'Olonne. » Précieuse donc et à la façon des plus effarouchées, mademoiselle de La Loupe, avant son mariage, étoit

grossière, et, sans son visage, on ne lui auroit pas pardonné son air. Cela fit dire à ses flatteurs, quand elle commença à paroître, qu'elle avoit assurément le corps bien fait; qui est ce que disent or-

une personne en bon point de renommée. Je ne vois pas pourquoi M. Walckenaer (t. 1, p. 357) croit que Beuvron étoit intimement lié avec elle dès ce moment-là.

Le 3 mars 1652, le beau poète Loret écrit dans sa Gazette :

> D'Olonne aspire à l'hyménée
> De la belle Loupe l'aînée,
> Et l'on croit que dans peu de jours
> Ils jouiront de leurs amours.

Le mariage eut lieu peu de temps après. V. *Montpensier*, t. 2, p. 246 de la Collection Petitot.

Ce n'est toutefois qu'en 1656 que mademoiselle de Montpensier parle du bruit que « commençoit à faire » la beauté de madame d'Olonne; mais les souvenirs de Mademoiselle sont quelquefois un peu confus, et d'ailleurs on peut admettre qu'elle attache une idée fâcheuse au mot *bruit*.

A peine mariée, notre belle dame laisse son mari auprès du roi, et chevauche parmi les hardies frondeuses (*Montpensier*, t. 2, p. 245). Le temps n'est pas venu où madame de Sévigné écrira (13 novembre 1675) : « Le nom d'Olonne est trop difficile à purifier »; où l'on chantera :

> La d'Olonne
> N'est plus bonne
> Qu'à ragoutter les laquais;
> (Ms. 444, Suppl. Bibl. nat.)

où La Bruyère (t. 1, p. 203 de l'édit. Jannet) dira : « Claudie attend pour l'avoir qu'il soit dégoûté de Messaline. » Il s'agit de Baron; Claudie, c'est madame de la Ferté; Messaline, c'est madame d'Olonne. Nous sommes en 1652, à la date du mariage, et Baron n'est pas encore né. Son acte de naissance, cité par M. Taschereau (*Vie de Molière*, 3e éd., p. 249), le fait naître le 8 octobre 1653. Quant à la maréchale de la Ferté, on sait que sous ce nom tristement célèbre il faut reconnoître mademoiselle de La Loupe la cadette, celle que Saint-Simon a si souvent fouettée. Elle étoit belle aussi et le fut long-temps. Les deux sœurs vécurent jusqu'en 1714, et jouirent à leur aise de leur gloire.

dinairement ceux qui veulent excuser les femmes qui ont trop d'embonpoint. Cependant celle-ci fut trop sincère en cette rencontre pour laisser les gens dans l'erreur ; elle éclaircit du contraire qui voulut, et il ne tint pas à elle qu'elle ne désabusât tout le monde.

Madame d'Olonne avoit l'esprit vif et plaisant quand elle étoit libre ; elle étoit peu sincère, inégale, étourdie, peu méchante ; elle aimoit les plaisirs jusques à la débauche, et il y avoit de l'emportement dans ses moindres divertissemens. Sa beauté, autant que son bien, quoiqu'il ne fût pas médiocre, obligea d'Olonne[1] à la rechercher en mariage. Cela ne dura pas long-temps : d'Olonne, qui étoit homme de qualité et de grands biens, fut reçu agréablement de madame de la Louppe, et il n'eut pas le loisir de soupirer pour des charmes qui avoient fait deux ans durant tous les souhaits de toute la cour. Ce mariage étant ache-

---

1. Louis de la Trémoille, comte d'Olonne, avoit été arrêté sous la Fronde, en 1649, « comme il se vouloit sauver habillé en laquais » (Retz, p. 100). Il est mort en 1686. Boisrobert s'étoit moqué de lui de bonne heure ; on s'en moqua plus cruellement lorsque sa femme eut rendu publiques ses infortunes. Avec Saint-Evremont et Sablé Bois-Dauphin, il se consoloit en fondant l'ordre des Coteaux, dont Boileau nous a conservé le souvenir. La Bruyère, à ce point de vue, l'a peint sous le nom de Cliton le fin gourmet (t. 2, p. 93). A un autre point de vue, Racine a parlé de lui dans cette jolie épigramme faite sur *Andromaque* :

    Le vraisemblable est peu dans cette pièce,
    Si l'on en croit et d'Olonne et Créqui :
    Créqui dit que Pyrrhus aime trop sa maîtresse,
    D'Olonne qu'Andromaque aime trop son mari.

A l'article de la mort, un prêtre nommé Cornouaille lui offre ses services. L'anecdote veut qu'il se soit écrié avec quelque colère : « Serai-je encornaillé jusqu'à la mort ? »

vé, les amans qui avoient voulu être mariés se retirèrent, et il en revint d'autres qui ne vouloient être qu'aimés. L'un des premiers qui se présenta fut Beuvron, à qui le voisinage de madame d'Olonne donnoit plus de commodité de la voir. Cette raison fut cause qu'il l'aima assez long-temps sans qu'on s'en aperçût, et je crois que cet amour eût toujours été caché si Beuvron n'eût jamais eu des rivaux; mais le duc de Candale, étant devenu amoureux de madame d'Olonne, découvrit bientôt ce qui demeuroit caché faute de gens intéressés. Ce n'est pas que d'Olonne n'aimât sa femme; mais les maris s'apprivoisent, et jamais les amants; et la jalousie de ceux-ci est mille fois plus pénétrante que celle des autres. Cela fit donc que le duc de Candale vit des choses que d'Olonne ne voyoit pas, et qu'il n'a jamais vues, car il est encore à savoir que Beuvron ait aimé sa femme.

Portrait de M. de Beuvron.

Beuvron[1] avoit les yeux noirs, le nez bien fait, la bouche petite et le visage long, les cheveux

1. François d'Harcourt, deuxième du nom, marquis de Beuvron, né le 15 octobre 1598, mort à Paris le 30 janvier 1658, enfant d'honneur de Louis XIII, adversaire de Boutteville dans un duel fameux, avoit deux fils, qui furent notre marquis et le comte de Beuvron.
Saint-Simon, en 1705 (t. 4, p. 437, de la nouvelle édition Chéruel), dit dans ses Mémoires : « M. de Beuvron, chevalier de l'ordre et lieutenant-général de Normandie, mourut à plus de quatre-vingts ans, chez lui, à la Meilleraye, avec la consolation d'avoir vu son fils Harcourt arrivé à la plus haute et à la plus complète fortune, et son autre fils, Sézanne, en chemin d'en faire une, et déjà chevalier de la Toison-d'Or. On a vu comment elle étoit due aux agrémens de la jeunesse

fort noirs, longs et épais, la taille belle. Il avoit
assez d'esprit; ce n'étoit pas de ces gens qui brillent dans les conversations, mais il étoit homme
de bon sens et d'honneur, quoique naturellement

du père. C'étoit un très honnête homme et très bon homme, considéré et encore plus aimé. »

Ce très honnête et très bon homme nous appartient ici. Son frère mourut bien avant lui. Voyez Dangeau (28 septembre 1688) : « Le comte de Beuvron est mort cette nuit. Il avoit un justaucorps en broderie et des pensions, et avoit été capitaine des gardes de Monsieur. Il avoit depuis deux ans déclaré son mariage avec mademoiselle de Téobon, dont il n'a point d'enfans. » — « Homme liant et doux, ajoute Saint-Simon (t. 3, p. 181), mais qui voulut figurer chez Monsieur, dont il étoit capitaine des gardes, et surtout tirer de l'argent pour se faire riche, en cadet de Normandie fort pauvre. »

On sait qu'il a été accusé, avec le chevalier de Lorraine et d'Effiat, d'avoir travaillé à l'empoisonnement de Madame. V. La Fayette.

Sa femme, fille du marquis de Théobon, « étoit une femme (Saint-Simon, t. 3, p. 186) qui avoit beaucoup d'esprit, et qui, à travers de l'humeur et une passion extrême pour le jeu, étoit fort aimable et très bonne et sûre amie. » Elle étoit « originairement huguenote (Journal du marquis de Sourches, t. 2, p. 190), mais, s'étant convertie, avoit été nommée fille d'honneur de la reine ; et, quand on rompit la chambre des filles de la reine, Monsieur la mit auprès de Madame », la seconde Madame, qui l'aima beaucoup. V. ses lettres.

Le père des Beuvron avoit épousé, en 1626, Renée d'Espinay, sœur du comte d'Estelan. On disoit de lui :

> Beuvron, espouse-tu
> Saint-Luc, qui tant est belle?
> Si tu veux estre cocu,
> N'en espouse d'autre qu'elle.
> Ah! petite brunette,
> Ah! tu me fais mourir!

Il étoit lieutenant du roi en Normandie et gouverneur du vieux palais de Rouen (Montpensier, t. 2, p. 177). C'étoit un ami de Racan. « Les enfans de Beuvron, dit Tallement des Réaux (t. 2, p. 367, de l'édition Paulin Paris), ont plus d'esprit que leur père. » Cet ami de Racan n'étoit donc pas un

il eût aversion pour la guerre. Etant donc devenu amoureux de madame d'Olonne, il chercha les moyens de lui découvrir son amour. Leur voisinage à Paris lui en donnoit assez d'occasions;

personnage très ingénieux. Sous la Fronde, en 1650, il reste fidèle au duc de Longueville, et résiste, à Rouen, à la duchesse et au parlement; toutefois (Motteville, t. 4, p. 16) on ne faisoit pas grand cas de lui à la cour. Il obtint alors pour son fils aîné (La Rochefoucauld, p. 436, édit. Michaud) la survivance du vieux palais.

Beuvron (le nôtre) a joué jusqu'à sa mort un grand rôle en Normandie (Voy. Saint-Simon, t. 1, p. 117, 123), et ne fut pas toujours en faveur (Dangeau, 13 mars 1689).

Si ce n'est lui, c'est son frère, le favori de Monsieur (Mém. de du Plessis, édit. Michaud, p. 446, et Mém. de Montp., t. 4, p. 211), qui a commis le crime que reproche à un Beuvron ce couplet (*Nouveau siècle de Louis XIV*, p. 88):

> On dit que Beuvron a gâté
> Le grand chemin de la Ferté,
> Qui fut jadis si fréquenté.

Une accusation plus grave a pesé un instant sur lui: la Brinvilliers, disait-on (Sévigné, 26 juin 1676), affirmoit qu'il avoit réellement empoisonné Madame. Ce bruit n'eut pas de suites.

Les Beuvron étoient parens de la comtesse de Fiesque, que nous allons voir entrer bientôt en scène. (Montpensier, t. 3, p. 104.)

Leur sœur (Catherine-Henriette d'Harcourt-Beuvron) mérite qu'on ne l'oublie pas dans un livre où il s'agit d'un grand nombre de divinités. Loret (26 avril 1659) l'appelle « l'admirable Beuvron ». Elle venoit alors d'épouser le duc d'Arpajon, déjà deux fois veuf. Somaize (*Précieuses*, édit. Jannet, t. 1, p. 71) l'a inscrite sous le nom de *Dorénice* dans la grande compagnie des Précieuses. Elle n'eut jamais rien de ridicule. Sa beauté a trouvé grâce devant Tallemant des Réaux (chap. 304, t. 9, p. 75, de la 2e édition). Elle fut dame d'honneur de la dauphine. Saint-Simon parle de sa « grande mine », de sa vertu, de son honneur intact (t. 1, p. 221).

Louis XIV lui fit de belles amitiés. Lorsqu'elle fut nommée dame d'honneur, madame de Sévigné écrit (13 juin 1684):

mais la légèreté qu'elle témoignoit en toute chose lui faisoit appréhender de s'embarquer avec elle. Enfin, s'étant trouvé un jour tête-à-tête : « Si je ne voulois, lui dit-il, Madame, que vous faire savoir que je vous aime, je n'aurois que faire de vous parler, mes soins et mes regards vous ont assez dit ce que je sens pour vous; mais, comme il faut, Madame, que vous répondiez un jour à ma passion, il est nécessaire que je la découvre, et que je vous assure en même temps que, soit que vous m'aimiez ou que vous ne m'aimiez pas, je suis résolu de vous aimer toute ma vie. »

Beuvron ayant cessé de parler : « Je vous avoue, Monsieur, lui répondit madame d'Olonne, que ce n'est pas d'aujourd'hui que je reconnois que vous m'aimez, et, quoique vous ne m'en ayez pas parlé, je n'ai pas laissé de vous tenir compte de tout ce que vous avez fait pour moi dès le premier moment que vous m'avez vue; et cela me doit servir d'excuse quand je vous avouerai que je vous aime. Ne m'en estimez donc pas moins, puisqu'il y a assez long-temps que je vous entends soupirer; et quand même on pourroit trouver quelque chose à redire à mon peu de résistance, ce seroit une marque de la force de votre mérite plutôt que de ma facilité. » Après cet aveu, l'on peut bien juger que la dame ne fut pas long-temps sans donner au cavalier les dernières faveurs. Cela dura

« C'est l'ouvrage de madame de Maintenon, qui s'est souvenue fort agréablement de l'ancienne amitié de M. de Beuvron et de madame d'Arpajon pour elle, du temps de madame Scarron. » Ce dire est confirmé par madame de Caylus (p. 4 de l'édit. de 1808), qui cite le marquis de Beuvron comme l'un des garants de la constante chasteté de sa tante.

quatre ou cinq mois sans fracas de part ni d'autre ;
mais enfin la beauté de madame d'Olonne faisoit
trop de bruit, et cette conquête promettoit trop
de gloire en apparence à celui qui la feroit, pour
que l'on laissât Beüvron en repos. Le duc de
Candale, qui étoit l'homme de la cour le mieux
fait, crut qu'il ne manquoit rien à sa réputation
que d'être aimé de la plus belle femme du royaume ; il résolut donc à l'armée, trois mois après la
campagne, d'être amoureux d'elle sitôt qu'il la
verroit, et fit voir, par une grande passion qu'il
eut ensuite pour elle, qu'elles ne sont pas toujours
des coups du ciel et de la fortune.

Portrait de monsieur le duc de Candale.

Le duc de Candale avoit les yeux bleus, le nez
bien fait, les traits irréguliers, la bouche grande
et désagréable, mais de fort belles dents, les
cheveux blonds dorés, en la plus grande quantité
du monde ; sa taille étoit admirable ; il s'habilloit
bien, et les plus propres tâchoient de l'imiter ; il
avoit l'air d'un homme de grande qualité. Il tenoit un des premiers rangs en France : il étoit duc
et pair, gouverneur de Bourgogne conjointement
avec son père et seul gouverneur de l'Auvergne,
et colonel général de l'infanterie françoise. Le
génie en étoit médiocre ; mais, dans ses premiers
amours, il étoit tombé entre les mains d'une dame
qui avoit infiniment de l'esprit[1], et, comme ils s'é-
toient fort aimés, elle avoit pris tant de soin de
le dresser, et lui de plaire à cette belle, que l'art

---

1. Madame de Saint-Loup (V. Tallemant des Réaux).

avoit passé la nature, et qu'il étoit bien plus honnête homme que mille gens qui avoient bien plus d'esprit que lui [1].

Etant donc de retour de Catalogne, où il avoit

[1]. Chemin faisant, nous ferons longue connoissance avec Candale. Une note ne suffiroit pas et elle couvriroit bien vite vingt pages.

> Les garnitures à la Candale
> Font paroître un visage pâle,

dit un vers boiteux du *Nouveau siècle de Louis XIV* (1856, p. 69). Ce vers atteste l'empire que Candale exerça sur les modes de son temps; cet empire est attesté en mille endroits, par exemple dans le *Roman Bourgeois* de Furetière (p. 73 de l'édit. elzevirienne) : « On descendit sur les chausses à la Candale; on regarda si elles estoient trop plissées en devant ou derrière. » De la tête aux pieds, ce beau seigneur règle le costume des délicats. Louis-Charles-Gaston de Nogaret et de Foix, duc de Candale, né à Metz en 1627, étoit fils de Bernard de Nogaret, duc d'Epernon, et de Gabrielle-Angélique, fille légitimée de Henri IV. Il avoit du sang royal dans les veines : au dix-septième siècle ce n'étoit pas un médiocre avantage en amour. En 1646, il est au siège de Mardick ; en 1648, il est à Paris auprès du duc d'Orléans (Motteville, t. 3, p. 103); en 1649, il commande le régiment de son nom; en 1652, il a, par avance, la charge paternelle de colonel général et le gouvernement d'Auvergne; en 1654, il est lieutenant général sous Conti et d'Hocquincourt, deux des personnages de la présente histoire. Il meurt à Lyon le 28 janvier 1658. Il faut lire Saint-Evremont pour le voir à son avantage.

Le jour de sa mort fut un jour de deuil pour les dames. L'abbé Roquette, coutumier du fait, acheta du père Hercule, général des Pères de la Doctrine, l'oraison funèbre qu'il lui consacra (Voy. Tallem., t. 10, p. 239). Ce n'est pas là qu'il faut chercher l'histoire de sa vie.

Une sœur qu'il avoit lui survécut bien long-temps; elle est morte sans alliance, comme lui, le 22 août 1701, à soixante-dix-sept ans, après cinquante-trois années de couvent des Carmélites (Saint-Simon, t. 10 de l'édit. Sautelet).

Madame de Motteville n'a pas flatté son père (t. 4, p. 71), seigneur hautain, jaloux, brutal, cruel, criminel peut-être.

commandé l'armée sous l'autorité du prince de
Conty[1], il commença de témoigner à madame
d'Olonne, par mille empressemens, l'amour qu'il
avoit pour elle, dans la pensée qu'il eut qu'elle
n'eût jamais rien aimé. Voyant qu'elle ne répondoit point à sa passion, il résolut de la lui apprendre de manière qu'elle ne pût faire semblant de
l'ignorer; mais, comme il avoit pour toutes les
femmes un respect qui tenoit un peu de la honte,
il aima mieux écrire à madame d'Olonne que de
lui parler.

BILLET.

Je suis au désespoir, Madame, que toutes
les déclarations d'amour se ressemblent,
et qu'il y ait quelquefois tant de différence
dans les sentimens; je sens bien que je
vous aime plus que tout le monde n'a accoutumé d'aimer, et je ne sçaurois vous le dire que comme tout le
monde vous le dit. Ne prenez donc pas garde à mes
paroles, qui sont foibles et qui peuvent être trompeuses,
mais faites réflexion, s'il vous plaît, à la conduite
que je vais avoir pour vous, et, si elle vous témoigne
que pour la continuer long-temps de même force il
faut être vivement touché, rendez-vous à ces témoigna-

Candale, beau garçon, d'humeur galante, blond, langoureux, coquet, garda quelque chose du caractère paternel. Ne
voyons pas en un rose obstiné toutes les prouesses de ces
messieurs : ils cachoient la griffe sous la patte de velours. Ces
« princes chimériques », les Candale, les Manicamp, les Jarzay,
ne doivent pas être canonisés sans information parcequ'ils
ont plu à un nombre infini de belles.

1. Le frère de Condé.

ges, et croyez que, puisque je vous aime si fort n'étant point aimé de vous, je vous adorerai quand vous m'aurez obligé à avoir de la reconnaissance.

Madame d'Olonne, ayant lu ce billet, y fit cette réponse :

BILLET.

S'il y a quelque chose qui vous empêche d'être cru quand vous parlez de votre amour, ce n'est pas qu'il importune, c'est que vous en parlez trop bien : d'ordinaire les grandes passions sont plus confuses, et il semble que vous écrivez comme un homme qui a bien de l'esprit, qui n'est point amoureux, et qui veut le faire croire. Et puisqu'il me semble ainsi à moi-même, qui meurs d'envie que vous disiez vrai, jugez ce qu'il sembleroit à des gens à qui votre passion seroit indifférente : ils n'hésiteroient pas à croire que vous voulez rire ; pour moi, qui ne veux jamais faire de jugemens téméraires, j'accepte le parti que vous m'offrez, et je veux bien juger par votre conduite des sentimens que vous avez pour moi.

Cettre lettre, que les connoisseurs eussent trouvée fort douce, ne la parut pas trop au duc de Candale : comme il avoit beaucoup de vanité, il avoit attendu des douceurs moins enveloppées. Cela l'obligea à ne point tant presser madame d'Olonne qu'elle l'eût bien desiré ; il en faisoit sa bonne fortune en dépit d'elle-même, et la chose eût duré long-temps si cette belle n'eût gagné sur sa modestie de lui faire tant d'avances, qu'il crut pouvoir tout entreprendre auprès d'elle sans trop s'exposer. Son affaire étant conclue, il s'aperçut bientôt du commerce de Beuvron. Un prétendant ne regarde d'ordinaire que devant soi ; mais un amant bien traité regarde à droite et à gauche, et n'est pas long-temps sans découvrir son rival. Sur cela le duc se plaint ; sa maîtresse le traite de bizarre et de tyran, et le prend sur un ton si haut, qu'il lui demande pardon de ses soupçons et se croit trop heureux de l'avoir radoucie. Ce calme ne dura pas long-temps. Beuvron, de son côté, fait des reproches aussi inutiles que ceux du duc, et, voyant qu'il ne peut détruire son rival par lui-même, il fait sous main donner avis à d'Olonne que le duc de Candale est si bien avec sa femme. D'Olonne lui défend de le voir, c'est-à-dire redouble l'amour de ces deux amans, qui, ayant plus d'envie de se voir depuis les défenses, en trouvèrent mille moyens plus commodes que ceux qu'ils avoient auparavant. Cependant, Beuvron étant demeuré le maître du champ de bataille, le duc de Candale recommence ses plaintes contre lui ; il fait de nouveaux efforts pour le chasser, mais inutilement : madame d'Olonne lui dit qu'elle voyoit bien qu'il ne considéroit que ses intérêts, et qu'il ne se soucioit point de la perdre, puisque, si elle défendoit à Beuvron de la voir, son mari et tout le monde ne douteroient pas du sacrifice. Madame d'Olonne, qui n'aime pas tant Beuvron que le duc, ne le veut pourtant pas perdre, tant pour ce qu'un et un sont deux, que parceque les coquettes croient retenir mieux leurs amans par une petite jalousie que par une grande tranquillité.

Dans cette entrefaite, Paget[1], homme assez âgé, de basse naissance, mais fort riche, devint amoureux de madame d'Olonne, et, ayant découvert qu'elle aimoit le jeu[2], crut que son argent lui tiendroit lieu de mérite, et fonda ses plus grandes espérances sur la somme qu'il résolut de lui offrir. Il avoit assez d'accès chez elle pour lui parler lui-même s'il eût osé, mais il n'avoit pas la hardiesse de faire un discours qui tireroit après lui de fâcheuses suites s'il n'eût pas été bien reçu; il fit donc dessein de lui écrire, et lui écrivit cette lettre :

1. «Maistre des requestes», dit Tallemant (t. 2, p. 115), puis intendant des finances; «protecteur des partisans», ajoute le Portrait des Maîtres des requêtes, « et qui de peu a fait beaucoup par toutes sortes de voies ».

L'*Etat de la France* pour 1658 lui donne, comme intendant : Toulouse, Montpellier, la ferme des entrées de Paris, l'artillerie et le pain de munition.

En 1661, on le rembourse à 200,000 livres seulement, c'est-à-dire qu'on le destitue, et bien d'autres du même coup. C'est l'année des comptes sévères.

La femme de Paget étoit belle (V. le *Recueil des Portraits* de Mademoiselle : c'est la *Polénie* de Somaize (t. 1, p. 194, 206). Sa ruelle étoit vantée. Tallemant des Réaux (t. 2, p. 407) a raconté, à propos de madame Paget, une anecdote piquante. Bois-Robert et Ninon, l'une de nos amies en ce volume, y jouent un rôle.

2. Elle jouoit; son mari joua bien davantage. Voy. l'Oraison funèbre que lui fait dans son *Journal* l'estimable marquis de Sourches (janvier 1686, t. 1, p. 103). «On vit alors mourir le comte d'Aulonne, de la maison de Noirmoustier (La Trémouille), qui avoit été guidon des gendarmes du roi pendant les guerres civiles, et chez lequel s'assembloient alors presque tous les gens de qualité pour y jouer ou pour y trouver bonne compagnie. »

LETTRE.

J'ai bien aimé des fois en ma vie, Madame, mais je n'ai jamais aimé tant que vous. Ce qui me le fait croire, c'est que je n'ai jamais donné à chacune de mes maîtresses plus de cent pistoles[1] pour avoir leurs bonnes grâces, et pour les vôtres j'irais jusques à deux mille[2]. Faites réflexion là-dessus, je vous prie, et songez que l'argent est plus rare que jamais il n'a été.

Quentine[3], femme de chambre et confidente de madame d'Olonne, lui rendit cette lettre de la part de Paget, et incontinent après cette belle lui fit la réponse qui s'ensuit :

LETTRE.

Je m'étois déjà bien aperçue que vous aviez de l'esprit par les conversations que j'ai eues avec vous; mais je ne savois pas encore que vous écrivissiez si bien que vous faites. Je n'ay rien vu de si joli que votre lettre; je serai ravie d'en avoir souvent de semblables, et cependant je serai bien aise de vous entretenir ce soir à six heures.

Paget ne manqua pas au rendez-vous, et s'y trouva en habit décent, c'est-à-dire avec son sac et ses quilles. Quentine, l'ayant introduit dans le

---

1. 3,000 francs d'aujourd'hui.
2. 60,000 francs.
3. On conçoit facilement que je n'aie rien trouvé dans les histoires pour me renseigner sur la généalogie de Quentine.

cabinet de sa maîtresse, les laissa seuls. « Voilà, lui dit-il, Madame, lui montrant ce qu'il portoit, ce qui ne se trouve pas tous les jours ; voulez-vous le recevoir ? — Je le veux bien, dit madame d'Olonne ; mais cela nous amusera. » Ayant donc compté les deux mille pistoles dont ils étoient convenus, elle les enferma dans une cassette. Se mettant auprès de lui sur un petit lit de repos, qui ne lui en servit pas long-temps : « Personne, lui dit-elle, Monsieur, n'écrit en France comme vous. Ce que je vous vais dire n'est pas pour faire le bel esprit ; mais il est certain que je trouve peu de gens qui en aient tant que vous. La plupart ne vous disent que des sottises, et, quand ils vous veulent écrire des lettres tendres, ils pensent avoir bien rencontré de nous dire qu'ils nous adorent, qu'ils vont mourir si vous ne les aimez, et que, si vous leur faites cette grâce, ils vous serviront toute leur vie. On a bien affaire de leurs services. — Je suis ravi, dit Paget, que mes lettres vous plaisent. Je ne dirois pas ceci ailleurs, mais à vous, Madame, je ne vous en ferai pas la petite bouche, ni de façon : mes lettres ne me coûtent rien. — Voilà, répondit-elle, ce qui est difficile à croire ; il faut donc que vous ayez un fort grand fonds. » Après quelques autres discours, que l'amour interrompit deux ou trois fois, ils convinrent d'une autre entrevue, et à celle-là d'une autre : de sorte que ces deux mille pistoles valurent à Paget trois rendez-vous.

Mais madame d'Olonne, se voulant prévaloir de l'amour de ce bourgeois et de son bien, le pria, à la quatrième visite, de recommencer à lui écrire de ces billets galans comme celui qu'elle avoit reçu de lui; mais, voyant que cela tiroit à conséquence, il lui fit des reproches qui ne lui servirent de rien, et tout ce qu'il put obtenir fut qu'il ne seroit point chassé de chez elle, et qu'il pourroit venir jouer lorsqu'elle le manderoit.

Madame d'Olonne crut qu'en se laissant voir à Paget elle entretiendroit ses désirs, et que peut-être seroit-il encore assez fou pour les vouloir satisfaire, à quelque prix que ce fût; cependant, il étoit assez amoureux pour ne se pouvoir empêcher de la voir, mais il ne l'étoit pas assez pour acheter tous les jours ses faveurs [1].

Les choses étant en ces termes, soit que le dépit eût fait parler Paget, soit que ses visites fréquentes et l'argent que jouoit madame d'Olonne eussent fait faire des réflexions au duc de Candale, il pria sa maîtresse, lorsqu'il partit pour la Catalogne [2], de ne plus voir Paget, de qui le commerce nuisoit à sa réputation. Elle le promit, et n'en fit rien; de sorte que le duc, apprenant par ceux qui lui donnoient des nouvelles de Paris qu'il alloit plus souvent chez madame d'Olonne qu'il n'avoit jamais fait, lui écrivit cette lettre :

LETTRE.

En vous disant adieu, je vous priai, Madame, de ne plus voir ce coquin de Paget [3]; cependant il ne bouge de chez vous. N'avez-vous point de honte de me mettre en état d'appréhender auprès de vous un misérable

---

1. Surtout si cher que cela! vingt mille francs par jour!
2. (1656).
3. Candale le prenoit de très haut avec tout ce qui n'étoit

> *bourgeois, qui ne peut jamais être craint que par l'audace que vous lui donnez? Si vous n'en rougissez, Madame, j'en rougis pour vous et pour moi, et, de peur de mériter cette honte dont vous voulez m'accabler, je vais faire un effort sur mon amour pour ne vous plus regarder que comme une infâme.*

pas de la plus haute noblesse. On juge par là ce qu'il pensoit des gens d'affaires. Bartet, secrétaire du roi, lui ayant déplu, voyez la hardiesse avec laquelle il le fait arrêter et raser d'un côté du visage, barbe et cheveux! (Sévigné, juin 1655; Montp., t. 2, p. 488, t. 3, p. 22.) Cela ne parut pas trop étonnant. Encore fit-il exiler sa victime! Les dames sourirent. Belle prouesse de prince chimérique! Mademoiselle de Montpensier (t. 3, p. 128) dit que « c'étoit un garçon plein d'honneur et incapable d'aucune mauvaise action. » Elle dit cela à la date de 1657, lorsque arriva l'affaire Montrevel. Ce Montrevel, se battant en duel avec Candale, est tué par derrière d'un coup d'épée que La Barte, un des suivants du grand roi de la mode, lui donne inopinément. Cette fois on crie : Il faut donner une garde du corps à Candale pour le protéger. Son courage, toutefois, n'est pas mis en doute (Voy. Motteville, t. 3, p. 293); mais la fierté de son rang lui monte bien vite à la tête. Le pauvre Bartet n'avoit pas été bien audacieux; il n'avoit rien imaginé; il avoit dit tout bas, et pour se venger de se voir prendre la marquise de Gouville, que Candale n'étoit peut-être pas un amant d'une énergie incontestable. De fait, Candale s'en faisoit accroire, comme Guiche, comme d'autres. Soyecourt étoit moins galant de mine, mais c'étoit un autre homme. Au surplus, ce n'est pas pour cela que je lui chercherai querelle : c'est parceque je le suppose moins doucereux qu'on ne le croyoit. Qu'est-ce que cette note de Tallemant? (T. 4, p. 355). « Madame Pilou étoit fort embarrassée d'un certain brave, nommé Montenac, qui vouloit enlever madame de la Fosse. Un jour, ayant trouvé feu M. de Candale : Monsieur, lui dit-elle, vous menez tous les ans tant de gens à l'armée, ne sçauriez-vous nous desfaire de Montenac? Tous les ans vous me faittes tuer quelques-uns de mes amys, et celuy-là revient tousjours! — Il faut, respondit-il, que je me desfasse de deux ou trois hommes qui m'importunent, et après je vous desferay de cestuy-là. » N'y a-t-il pas là de quoi le condamner?

Madame d'Olonne fut fort surprise de recevoir cette lettre si rude; mais, comme sa conscience lui faisoit encore des reproches plus aigres que son amant, elle ne chercha point de raisons pour se défendre, et se contenta de répondre en ces termes :

LETTRE.

Ma conduite passée est si ridicule, mon cher, que je désespérerois d'être jamais aimée de vous si je ne me pouvois sauver sur l'avenir par les assurances que je vous donne d'un procédé plus honnête; mais je vous jure par vous-même, qui est ce que j'ai de plus cher au monde, que Paget n'entrera jamais chez moi, et que Beuvron, que mon mari me force de voir, me verra si rarement que vous connoîtrez bien que vous seul me tenez lieu de toutes choses.

Le duc de Candale fut tout à fait assuré par cette lettre; il fit ensuite des résolutions de ne plus condamner sa maîtresse sur des apparences qu'il jugea toutes trompeuses. Pour avoir été, à ce qu'il lui sembloit, sans raison soupçonneux, il se jeta dans l'autre extrémité de la confiance, et prit en bonne part tout ce que madame d'Olonne lui fit, six mois durant, de coquetteries et d'infidélités, car elle continua de voir Paget et de donner des faveurs à Beuvron; et, quoiqu'on en écrivît de plusieurs endroits au duc de Candale, il crut que cela venoit de son père ou de ses amis, qui le vouloient détacher de l'amour de madame d'Olonne, croyant que cette passion l'empêcheroit de songer au mariage.

Il revint donc de l'armée plus amoureux qu'il n'avoit encore été. Madame d'Olonne aussi, auprès de qui une si longue absence faisoit passer le duc de Candale pour un nouvel amant, redoubla ses empressements pour lui, à la vue même de toute la cour. Cet amant prenoit les imprudences qu'elle faisoit pour le voir pour les marques d'une passion dont elle n'étoit plus la maîtresse, quoique ce ne fussent que des témoignages du déréglement naturel de sa raison; quand elle avoit quelque emportement pour lui qui éclatoit, il la croyoit vivement touchée, et cependant elle n'étoit que folle. Il étoit tellement persuadé de la passion qu'elle avoit pour lui, que, quand il mouroit d'amour pour elle, il appréhendoit encore d'être ingrat.

On peut bien juger que la conduite de ces amans fit grand bruit. Ils avoient tous deux des ennemis; mais la fortune de l'un et la beauté de l'autre leur avoient fait beaucoup d'envieux. Quand tout le monde les auroit voulu servir, ils auroient tout détruit par leur imprudence, et tout le monde leur vouloit nuire. Ils se donnoient rendez-vous partout, sans avoir pris aucune mesure avec personne. Ils se voyoient quelquefois dans une maison que le duc de Candale tenoit sous le nom d'une dame de la campagne, que madame d'Olonne faisoit semblant d'aller voir, et, le plus souvent, la nuit chez elle-même. Tous ces rendez-vous n'usoient pas tout le temps de cette perfide; lorsque le duc sortoit d'auprès d'elle, elle alloit à la conquête de quelque nouvel amant, ou, du moins, rassurer Beuvron, par mille douceurs, des craintes que le duc lui avoit données.

L'hiver se passa ainsi sans que le duc de Candale soupçonnât quoi que ce soit de méchant de tout ce qu'elle lui faisoit, et il la quitta, pour retourner à l'armée, aussi satisfait d'elle qu'il l'avoit jamais esté. Il n'y fut pas deux mois qu'il apprit des nouvelles qui troublèrent sa joie. Ses amis particuliers [1], qui prenoient garde de près à la conduite de sa maîtresse, ne lui avoient osé rien dire, tant ils le trouvoient préoccupé de cette infidèle; mais, s'étant passé depuis son absence quelque chose de fort extraordinaire, et ne craignant pas qu'elle détruisît par sa vue les impressions qu'ils lui vouloient donner, ils hasardèrent tous ensemble, sans qu'ils fissent paroître leur concert, de lui apprendre sa conduite. Ils lui mandèrent donc, chacun séparément, que Jeannin avoit un grand attachement pour madame d'Olonne; que ses assiduités faisoient croire, non seulement un dessein, mais un heureux succès, et qu'enfin, quand elle ne seroit pas coupable, il devroit n'être pas content d'elle, de voir qu'elle fût soupçonnée de tout le monde.

Mais, pendant que ces nouvelles vont porter la rage dans l'âme du duc de Candale, il est à propos de parler de la naissance, du progrès et de la fin de la passion de Jeannin [2].

1. Ses amis, nous les verrons bientôt figurer dans ce livre.
2. Trésorier de l'épargne. «Ces offices (Est. de la Fr., 1649) se vendent un million de livres chacun; ceux qui les possèdent ont douze mille livres de gages, et, en outre, trois deniers par livre de tout l'argent qu'ils manient, ce qui monte à des sommes excessives.» Nicolas Jeannin de Castille étoit petit-

Portrait de monsieur Jeannin de Castille.

Jeannin de Castille avoit la taille belle, le visage agréable, bien de la propreté, fort peu d'esprit; de même naissance et même profession que Paget, et beaucoup de bien comme lui. Il étoit assez bien fait pour faire croire que, s'il eût porté l'epée, il eût eu des bonnes fortunes par son mérite seulement; mais sa profession et ses richesses

fils du président Jeannin, ministre de Henri IV. Ce Jeannin avoit marié sa fille à P. Castille, ancien marchand de soie, devenu receveur du clergé, et affirmant alors qu'il étoit bâtard de Castille. En généalogie tout marche à la longue. Soit pour la bâtardise! Ce qui est certain, c'est qu'une Jeannin (de Castille), en 1705, épouse un prince d'Harcourt, et a pour filles des duchesses de Bouillon et de Richelieu. Au bout d'un siècle, voilà ce qui fleurit sur la tige.

Jeannin, beau-frère de Chalais par sa sœur à lui, « belle personne », dit Tallemant des Réaux (t. 3, p. 193), se trouva un moment près de la banqueroute. (*Epigr.* Bibl. nat., ms. sup. fr., n. 540, f. 56). Adieu alors la galanterie! De bonne heure il s'étoit montré « coquet » (Tallem t. 4, p. 32). Entre autres maîtresses on lui connoît cette malheureuse Guerchy, qui mourut d'une si triste mort (*Nouveau siècle de Louis XIV*, p. 60). La galante madame de Nouveau s'amouracha de lui (Tallem. 2e édit., t. 7, p. 241).

En 1678, il est vieux. Madame de Sévigné, son amie, lui reproche ses fredaines; Bussy lui dit : « Vous savez (lettre du 31 décembre) que sur le chapitre des dames il n'est pas tout à fait si régulier que les évêques. »

Nicolas Jeannin de Castille étoit marquis de Montjeu ou de Mondejeu (Loret, 7 février 1654). Le nom n'y fait rien (Walckenaër, t. 2, p. 470). Madame de Sévigné (20 mai 1676) l'appelle Montjeu tout court et se moque de son marquisat; mais elle l'aime véritablement, va loger chez lui, date de chez lui quelques lettres (22 juillet 1672). Bussy l'aimoit de même (lettre du 22 mars 1678).

Mademoiselle de Montpensier (t. 4, p. 441) a daigné écrire :

faisoient soupçonner que toutes les femmes qu'il avoit aimées étoient intéressées, de sorte que, lorsqu'on le vit amoureux de madame d'Olonne, on ne douta point qu'il fût aimé pour son argent.

Le roi, après avoir passé les étés sur les frontières, revenoit d'ordinaire à Paris les hivers, et tous les divertissemens du monde occupoient tour à tour son esprit : le billard, la paume, la chasse, la comédie et la danse, avoient chacun

---

« Famille des Castille, gens que je considérois. » Notre Jeannin n'est pas un pied plat. Il étoit greffier de l'ordre dès 1657. C'est le premier exemple de ce que Saint-Simon appelle les *râpés* (t. 4, p. 161).

La seconde femme de Fouquet, celle à qui La Fontaine a adressé des vers (*Odes*, livre 1), étoit Marie-Madeleine Castille-Villemareuil, une Castille par conséquent. On voit dans les *Mémoires du duc d'Orléans* un Castille-Villemareuil intendant de la maison de Monsieur (le petit Gaston, en 1615), « à la recommandation du président Janin ».

Revers de la médaille : Après la chute de Fouquet, à côté d'un la Bazinière taxé à 962,198 livres (Voy. le *Colbert* de P. Clément, p. 105), notre pauvre Jeannin en a pour 894,224 livres. Les actions de madame d'Olonne, pour parler ce style, baissent beaucoup (Bussy à Sévigné, 20 juin 1678).

Jeannin, retiré des affaires, mena assez grand train. Malheureusement, il eut un fils à moitié fou (Sévigné, 9 déc. 1688), et fut presque obligé de ne pas s'affliger de sa mort.

Jeannin est mort à Paris en juillet 1691 (Voy. Dangeau, 1er août). Il y avoit long-temps qu'on lui avoit (à cause même du *râpé*) enlevé le cordon de l'ordre. Saint-Simon, dans ses Notes sur le manuscrit de Dangeau, écrit ces lignes un peu sèches : « Ce M. de Castille n'étoit rien. Son père, qui avoit fait fortune jusqu'à être contrôleur général des finances sous les surintendans, c'est-à-dire commis médiocrement renforcé, lui fit épouser une Jeannin pour le décrasser. Il fut trésorier de l'épargne et greffier de l'ordre, qu'il eut du président de Novion en 1657. Il fut culbuté avec M. Fouquet, prisonnier, puis exilé vingt-cinq ans en Bourgogne... Son fils vécut conseiller au parlement de Metz. »

leur temps avec lui ; c'étoit alors les loteries dont il étoit question[1], et cela les avoit tellement mises à la mode que chacun en faisoit, les uns d'argent, les autres de bijoux et de meubles. Madame d'Olonne en voulut faire une de cette sorte ; mais, au lieu que, dans la plupart, on y employoit tout l'argent qu'on avoit eu, et que l'on faisoit, après, le partage, dans celle-ci, qui étoit de dix mille écus, il n'y en eut pas cinq d'employés ; et ces cinq là encore furent distribués selon le choix de madame d'Olonne. Lorsqu'elle fit les premières propositions de la loterie, Jeannin s'y trouva, et, comme elle demandoit une somme à chacun selon sa force et qu'elle lui eût dit qu'il falloit qu'il donnât mille francs, il lui répondit qu'il le vouloit bien et qu'il lui promettoit de plus de lui faire parmi ses amis jusqu'à neuf mille livres. Quelque temps après, tout le monde étant sorti, hormis Jeannin : « Je ne sais, Madame, lui dit-il, si ma passion ne vous est pas encore connue, car il y a long-temps que je vous aime, et je suis déjà en grandes avances de soins ; mais, après m'être entièrement donné à vous, il faut que je vous demande la confirmation de mon bail : octroyez-la moi, Madame, je vous en supplie, et remarquez qu'avec les mille francs à quoi vous m'avez taxé je vous en donne encore neuf pour être bien avec vous, car ce que je vous ai dit de mes amis n'a été que pour tromper ceux qui étoient ici quand je vous ai parlé de cette affaire. — Je vous avoue, Monsieur, lui répondit madame d'Olonne, que

---

1. Ce goût dura tout le temps du règne. Dangeau et Saint-Simon en parlent assez.

je ne vous ai point cru amoureux qu'aujourd'hui. Ce n'est pas que je n'aie remarqué de certaines mines en vous qui me faisoient soupçonner quelque chose, mais je suis tellement rebutée de ces façons, et les soupirs et les langueurs sont, à mon gré, une si pauvre galanterie et de si foibles marques d'amour, que, si vous n'eussiez pris avec moi une conduite plus honnête, vous eussiez perdu vos peines toute votre vie. Pour ce qui est maintenant de reconnoissance, vous pouvez croire qu'on n'est pas loin d'aimer quand on est bien persuadée d'être aimée. » Il n'en fallut point davantage à Jeannin pour lui faire croire qu'il étoit à l'heure du berger. Il se jeta aux pieds de madame d'Olonne, et, comme il se vouloit servir de cette action d'humilité pour un prétexte à de plus hautes entreprises : « Non, non, dit-elle, Monsieur; cela ne va pas comme vous pensez. En quel pays avez-vous ouï dire que les femmes fassent des avances? Quand vous m'aurez donné de véritables marques d'une grande passion, je n'en serai pas ingrate. » Jeannin, qui vit bien que chez elle l'argent se délivroit avant la marchandise, lui dit qu'il avoit deux cents pistoles et qu'il les lui donneroit si elle vouloit. Elle y consentit, et les ayant reçues : « Si vous trouvez bon, lui dit-il, Madame, de m'accorder quelque faveur sur le tant moins de ces dernières, je vous serai fort obligé, ou, si vous voulez attendre d'avoir toute la somme, faites-moi votre billet de ce que je viens de vous donner pour valeur reçue. » Elle aima mieux le baiser que d'écrire, et, un moment après, Jeannin sortit en l'assurant qu'il lui apporteroit le reste le lendemain. Il n'y manqua pas aussi. L'argent ne fut pas plutôt compté qu'elle lui tint parole, avec tout l'honneur qu'on peut avoir dans un tel traité.

Quoique Jeannin fût entré par la même porte que Paget, elle en usa bien mieux avec lui, soit qu'à la longue elle esperât d'en tirer de grands avantages, soit qu'il eût quelque mérite caché qui lui tînt lieu de libéralité. Elle ne lui demanda pas de nouvelles preuves d'amour pour lui donner de nouvelles faveurs. Les dix mille livres le firent aimer trois mois durant, c'est-à-dire traiter comme si on l'eût aimé.

Cependant le duc de Candale, ayant reçu des lettres des nouvelles affaires de sa maîtresse, lui ecrivit ceci :

LETTRE.

Quand vous pourriez vous justifier à moi de toutes les choses dont on vous accuse, je ne sçaurois plus vous aimer; quand vous ne seriez que malheureuse, vous y avez trop contribué pour ne pas me deshonorer en vous aimant. Tous les amans sont d'ordinaire ravis d'entendre nommer leurs maîtresses; pour moi, je tremble aussitôt que j'entends ou que je lis votre nom : il me semble toujours, en ces rencontres, que je vais apprendre une histoire de vous, pire, s'il se peut, que les premières. Cependant je n'ai que faire, pour vous mépriser jusques au dernier point, d'en sçavoir davantage; vous ne pouvez rien ajouter à votre infamie : attendez-vous aussi à tout le ressentiment que mérite une femme sans honneur d'un honnête homme qui l'a fort aimée. Je n'entre dans aucun détail avec *vous, parceque je ne cherche pas votre justification, et que non seulement vous êtes convaincue à mon égard, mais que je ne puis jamais revenir pour vous.*

Le duc de Candale écrivit cette lettre dans le temps qu'il alloit partir pour retourner à la cour ; il venoit de perdre un combat, et cela n'avoit pas peu contribué à l'aigreur de sa lettre : il ne pouvoit souffrir d'être battu partout, et ce lui eût été quelque consolation aux malheurs de la guerre s'il eût été plus heureux en amour. Il commença donc son voyage avec un chagrin épouvantable. En d'autres temps il seroit venu en poste ; mais, comme s'il eût eu quelque pressentiment de sa mauvaise fortune, il venoit le plus lentement du monde. Il commença, par les chemins, de sentir quelque incommodité ; à Vienne, il se trouva fort mal, mais, comme il n'étoit plus qu'à une journée de Lyon, il y voulut aller, sçachant bien qu'il y seroit mieux secouru. Cependant, les fatigues de la campagne l'ayant fort abattu, ses déplaisirs l'achevèrent, et sa jeunesse, avec l'assistance des meilleurs médecins, ne lui put sauver la vie ; mais, comme ses plus grands maux ne lui pouvoient ôter le souvenir de l'infidélité de madame d'Olonne, il lui écrivit cette lettre la veille de sa mort.

LETTRE.

Si je pouvois conserver pour vous de l'estime en mourant, il me fâcheroit fort de mourir ; mais, ne pouvant plus vous estimer, je ne sçaurois avoir de regret à la vie. Je ne l'aimois que pour la passer doucement avec vous [1]. *Puisqu'un peu de mérite que j'avois et la plus grande passion du monde ne m'en ont pû faire venir à bout, je n'y ai plus d'attachement, et je vois bien que la mort me va délivrer de beaucoup de peines. Si*

[1]. Il faut en finir avec Candale. Tallemant met ceci dans son *Historiette de Sarrazin* : « On croit que Sarrazin a été empoisonné par un Catelan (*Catalan*), dont la femme couchoit avec lui. » Et dans une note il ajoute ceci : « Le père Talon dit que la femme ne fut point empoisonnée ; que son mary, qui estoit bien gentilhomme, l'espargnoit à cause de ses parens, qui estoient plus de qualité que luy ; mais il empoisonnoit les galans d'un poison bruslant. Il croit que M. de Candalle en est mort. » Cosnac (t. I, p. 190) veut que la femme soit morte aussi. Ce n'est pas la femme qui nous intéresse le plus ; nous ne devons remarquer dans ce texte de Tallemant que la singulière explication donnée à la mort de Candale. Mais en voici bien d'autres : ce Vanel qui a écrit les *Galanteries de la cour de France* (édit. de 1695, p. 232) pense que « la marquise de Castellane fut cause de sa mort, luy ayant donné de trop violentes marques de son amour lorsqu'il passa par Avignon, où elle demeuroit ordinairement. » Croira-t-on Vanel cette fois, lui qui, le plus souvent, mérite si peu qu'on le croie ? Desmaizeaux (édit. de Saint-Evremont de 1706) affirme qu'il mourut « des suites d'une galanterie avec une dame célèbre dans ce temps-là par sa beauté, et depuis par sa mort tragique ». Ce seroit la marquise de Ganges, si célèbre en effet. Guy-Patin, l'homme au nez fin, ne veut pas chercher si loin (Lettre du 1er mars 1658) : selon lui Candale est mort « pourri d'une vieille gonorrhée ».

Nous avons eu occasion de savoir ce que valoit la marquise de la Beaume, nièce du maréchal de Villeroy ; il faut lui pardonner quelque chose, parcequ'elle semble avoir bien aimé Candale. Elle avoit les plus admirables cheveux blonds du monde : elle se les coupa en signe de deuil (Montpensier, t. 3, p. 400). Cette anecdote est partout ; on ne la raconte pas de la même façon partout. Quoi qu'il en soit, l'infortuné Candale est mort bien jeune. Il avoit eu plus de bonnes fortunes qu'un seul homme n'a raisonnablement le droit d'en espérer. Le tragique n'y manqua pas toujours. C'est Chavagnac (*Mém.*, t. 1, p. 210) qui le peint accourant au galop à Bordeaux pour y revoir, après une longue absence, une amie fortement ai-

vous étiez capable de quelque tendresse, vous ne me pourriez voir en l'état où je suis sans étouffer de douleur. Mais, Dieu merci, la nature y a mis bon ordre, et, puisque vous pouviez mettre tous les jours

mée : il la trouve morte, étendue sur son lit, entre les mains des chirurgiens qui pratiquent l'autopsie. Encore une fois, il faut lire Saint-Evremond pour l'amour de Candale.

Candale, en 1649, avoit failli devenir le neveu de Mazarin. C'étoit une affaire qui paroissoit arrangée (Omer Talon, collect. Michaud, p. 393 ; Motteville, collect. Petitot, t. 4, p. 356) ; mais Condé ne le voulut pas permettre (Voy. l'*Histoire de Condé* de Pierre Coste) : ce fut Conti, le frère de Condé, ce à quoi Condé ne s'attendoit certainement pas, qui épousa mademoiselle Martinozzi. Madame de Motteville (t. 4, p. 78) prétend que Candale travailla à cette conclusion. Cela étonne. Il étoit, du reste, très ardent pour le ministre. En 1651, les Bordelais, moins enthousiastes, brûlèrent son effigie (Voy. la *Relation de ce qui s'est passé à Bordeaux*, à la prise de trois personnes qui ressembloient au cardinal Mazarin, au duc d'Epernon et à la niepce Mancini). Le petit Tancrède de Rohan passoit pour être de lui, dit Tallemant des Réaux (t. 3, p. 441). On dit que les *Mémoires manuscrits du chanoine Favart*, de Reims, l'affirment. Qu'est-ce que cela veut dire ? Notre Candale est mort en 1658, à 31 ans, et Tancrède est né en 1630.

Nous ne voudrions pas paroître rien retrancher de ce qui atteste l'estime des contemporains pour ce roi des galants à panaches. Madame de Motteville (t. 4, p. 422) s'exprime sur son compte d'une façon bien avantageuse : « Le duc de Candale, le premier de la cour en bonne mine, en magnificences et en richesses, celui que tous les hommes envioient et dont toutes les dames galantes souhaitoient de mériter l'estime, si elles n'en pouvoient faire le trophée de leur gloire. »

Jamais les carrousels et les ballets ne perdirent un cavalier plus magnifique et un danseur plus admirable. Les spectatrices ne perdoient pas un geste du triomphateur. Dès 1648 (ballet du 23 janvier), madame de Motteville fait son éloge. En 1656, au carrousel du Palais-Royal, près le palais Brion, elle enregistre ses hauts faits ; elle le peint (t. 4, p. 371) à la tête de la troisième troupe, qui portoit les couleurs vert et argent ; elle cite sa devise : une massue avec ces mots : « Elle peut même me placer parmi les astres » ; elle vante « sa belle

au désespoir l'homme du monde qui vous aimoit le plus, vous pourrez bien le voir mourir sans en être touchée. Adieu [1].

La première lettre que le duc de Candale avoit écrite à madame d'Olonne sur le sujet de Jeannin lui avoit fait tant de peur de son retour, qu'elle l'appréhendoit comme la mort, et je pense qu'elle souhaitoit de ne le revoir jamais. Cependant le bruit de l'extrêmité où il étoit la mit au désespoir, et la nouvelle de sa mort, que lui donna son amie la comtesse de Fiesque[2], faillit à la faire mourir elle-même. Elle fut quelque temps sans connoissance et ne revint qu'au nom de Mérille, qu'on lui dit qui lui vouloit parler.

Mérille[3] étoit le principal confident du duc, qui apportoit à madame d'Olonne, de la part de son maître, la lettre qu'il lui avoit écrite en mourant, et la cassette où il enfermoit ses lettres et toutes les autres faveurs qu'il avoit reçues d'elle. Après avoir lu cette dernière lettre, elle se mit à pleurer plus fort qu'auparavant. La comtesse, qui ne la quittoit point en un état si déplorable, lui proposa, pour amuser sa douleur, d'ouvrir cette cassette. La comtesse trouva d'abord un mouchoir

---

taille, sa belle tête blonde ». Mais où sont les neiges du dernier hiver ? Ah ! Candale, si ce n'est quelques érudits, qui connoît votre nom et quelle belle vous regrette ?

1. Assurément cette lettre est pleine de tristesse, et madame d'Olonne ne put la lire sans peine.

2. Nous n'en sommes pas quittes avec ce nom-là.

3. Pour l'honneur de ces annotations, je dois déclarer que tout ce que j'ai trouvé en fait de Mérille, c'est un jurisconsulte de Troyes, né en 1579, mort en 1647. Ce n'est pas ce que je cherchois.

marqué de sang en quelques endroits. « Ah! mon Dieu! s'écria madame d'Olonne, quoi! ce pauvre garçon qui avoit tant d'autres choses de plus grande conséquence avoit gardé jusques à ce mouchoir! Y a-t-il rien au monde de si tendre? » Et là-dessus elle raconta à la comtesse que, s'étant quelques années auparavant coupée en travaillant auprès de lui, il lui avoit demandé ce mouchoir dont elle avoit essuyé sa main, et l'avoit toujours gardé depuis. Après cela elles trouvèrent des bracelets, des bourses, des cheveux et des portraits de madame d'Olonne; et comme elles furent tombées sur les lettres, la comtesse pria son amie qu'elle en pût lire quelques unes. Madame d'Olonne y ayant consenti, la comtesse ouvrit celle-ci la première.

LETTRE.

On dit ici que vous avez été battu. Ce peut être un faux bruit de vos envieux, mais ce peut être aussi une vérité. Ah! mon Dieu! dans cette incertitude, je vous demande la vie de mon amant et je vous abandonne l'armée; oui, mon Dieu, et non seulement l'armée, mais l'Etat et tout le monde ensemble. Depuis que l'on m'a dit cette triste nouvelle, sans rien particulariser de vous, j'ai fait vingt visites par jour, j'ai jeté des propos de guerre pour voir si je n'apprendrois rien qui me puisse soulager. On me dit par tout que vous avez été battu; mais on ne me parle point de vous en particulier. Je n'oserois demander ce que vous êtes devenu; non que je craigne de faire voir par là que je vous aime: je suis en de trop grandes alarmes pour avoir rien à ménager, mais je crains d'apprendre plus que je ne voudrois sçavoir. Voilà l'état où je suis et où je serai jusqu'au premier ordinaire, si j'ai la force de l'attendre. Ce qui redouble mes inquiétudes, c'est que vous m'avez si souvent promis de m'envoyer exprès des courriers à toutes les affaires extraordinaires, que je prends en mauvaise part de n'en avoir point eu à celle-ci.

Pendant que la comtesse lisoit cette lettre avec peine, car elle en étoit touchée, madame d'Olonne fondoit en larmes; après l'avoir lue elles furent toutes deux quelque temps sans parler. « Je n'en lirai plus d'aujourd'hui, lui dit la comtesse, car, puisque cela me donne de la peine, il vous en doit bien donner davantage. — Non, non, reprit madame d'Olonne; continuez, je vous prie, ma chère : cela me fait pleurer, mais cela me fait souvenir de lui[1]. » La comtesse ayant ouvert une autre lettre, elle y trouva ceci :

LETTRE.

Eh quoi! ne me laisserez-vous jamais en repos? serai-je toujours dans des craintes de vous perdre, ou par votre mort, ou par votre changement? Tant que la campagne dure je suis dans de perpétuelles alarmes; les ennemis ne tirent pas un coup que je ne m'imagine que ce soit à vous. J'apprends ensuite que vous perdez un combat sans savoir ce que vous êtes devenu, et,

---

1. Ceux qui s'imaginent que l'*Histoire amoureuse* est un livre ordurier seront bien étonnés en lisant toutes ces pages délicates.

*quand après mille mortelles craintes je sais enfin que
ma bonne fortune vous a sauvé, car vous avez bien
su que vous n'avez nulle obligation à la vôtre, on
dit que vous êtes en Avignon entre les bras de madame
de Castellanne*[1], *où vous vous consolez de vos
malheurs. Si cela est, je suis bien malheureuse que
vous n'ayez pas perdu la vie avec la bataille. Oui,
mon cher, j'aimerois mieux vous voir mort qu'inconstant,
car j'aurois le plaisir de croire que, si vous
aviez vécu davantage, vous m'auriez toujours aimée,
au lieu que je n'ai plus que la rage dans le cœur de
me voir abandonnée pour une autre qui ne vous aime
pas tant que moi.*

« Qu'apprends-je là! dit la comtesse; Monsieur
de Candale aimoit madame de Castelanne, Mé-

---

1. Anne-Elisabeth de Rassan, « la belle Provençale », veuve
de M. de Castellane. Elle épousa le marquis de Ganges. On
connoît son effroyable histoire : ses deux beaux-frères, qui
l'aimoient, ne pouvant la séduire, la massacrèrent.

Ce nom de Castellane me rappelle une autre femme, dont il
faut respecter le souvenir : c'est Marcelle d'Altovitti-Castellane,
qu'aima et délaissa Guise, le petit-fils du Balafré. Elle
mourut de douleur au bout d'un an, après avoir écrit ces admirables
vers :

  Il s'en va, ce cruel vainqueur,
   Il s'en va plein de gloire!
  Il s'en va mesprisant mon cœur,
   Sa plus noble victoire!
  Et, malgré toute sa rigueur,
   J'en garde la memoire.

  Je m'imagine qu'il prendra
   Quelque nouvelle amante ;
  Mais qu'il fasse ce qu'il voudra,
   Je suis la plus galante.
  Le cœur me dit qu'il reviendra :
   C'est ce qui me contente.

amais romance atteignit-elle cette fierté, cette tendresse ?

rille?—Non, non, Madame, lui dit-il; il fut deux jours en Avignon, à son retour de l'armée, pour se rafraîchir, et là il vit deux fois madame de Castelanne. Jugez si cela se peut appeler amour ! Mais, Madame, ajouta-t-il en s'adressant à madame d'Olonne, qui vous a si bien instruite de tout ce que faisoit mon maître ? — Hélas ! répondit-elle, je ne sais là-dessus que le bruit public; mais il est si commun de cette passion même qu'elle est en partie cause de sa mort [1], que personne ici ne l'ignore. Et se remettant à pleurer plus fort qu'auparavant, la comtesse, qui ne cherchoit qu'à faire diversion à sa douleur, lui demanda si elle ne connoissoit pas de qui étoit l'écriture d'un dessus de lettre qu'elle lui montra. « Oui ! répondit madame d'Olonne, c'est une lettre de mon maître d'hôtel. — Ceci doit être curieux, dit la comtesse ; il faut voir ce qu'il écrit. » Et là-dessus elle ouvrit cette lettre.

LETTRE.

Quoi que Madame vous mande, sa maison ne se désemplit point des Normands. Ces diables seroient bien mieux en leur pays qu'ici. J'enrage, Monseigneur, de voir ce que je vois, dont je ne vous mande pas les particularités, parceque j'espère que vous serez bientôt ici où vous mettrez ordre à tout vous-même.

Par ces Normands le maître d'hôtel entendoit parler de Beuvron et de ses frères, Ivry et le

---

1. Voilà Vanel soutenu, et Desmaizeaux.

chevalier de Saint-Evremond [1], et l'abbé de Villarceaux, qui étoient fort assidus chez madame d'Olonne. La naïveté avec laquelle ce pauvre homme mandoit ces nouvelles au duc de Candale toucha si fort cette folle, qu'après avoir regardé quelle mine feroit la comtesse, elle se mit à rire à gorge déployée. La comtesse, qui n'avoit pas tant de sujet de s'affliger qu'elle, la voyant rire ainsi, se mit à rire aussi [2]. Il n'y eut que le pauvre Mérille qui, ne pouvant souffrir une joie si hors de propos, redoubla ses larmes et sortit brusquement de ce cabinet. Deux ou trois jours

1. Saint-Evremont ne vient prendre place dans ce livre que comme un figurant muet. Nous n'avons donc pas à dire grand'chose de ce personnage, qui est d'ailleurs suffisamment connu, « connu, dit Saint-Simon (t. 4, p. 185), par son esprit, par ses ouvrages et son constant amour pour madame de Mazarin ». Amant malheureux de Ninon (nous avons oublié de dire que Candale étoit de ceux qu'elle aima), Saint-Evremont avoit joué un grand rôle parmi les délicats de son temps. Il avoit l'esprit caustique : il en usa pour apprécier à sa manière le traité des Pyrénées. Ce qu'il en écrivoit ayant été découvert, il fut exilé. Il se consola en vivant libre en Angleterre; là il se fit une cour de beaux-esprits qui ne craignoient pas Louis XIV. Quand on lui offrit, après bien des années, de revenir en France, il répondit qu'il s'étoit procuré une patrie. On lui demandoit, à l'article de la mort, s'il ne vouloit pas se réconcilier. « De tout mon cœur, dit-il ; je voudrois me réconcilier avec l'appétit. » (La Place, *Recueil de pièces*, t. 4, p. 440.) C'étoit un philosophe très hardi.

2. Un dernier mot sur ce malheureux Candale qu'on enterre. La première fois qu'il alla le soir chez madame d'Olonne, il eut faim et voulut manger d'abord. Madame d'Olonne, quoique foiblement romanesque, se rappela les théories des précieuses et se fâcha. (Tallem. des Réaux, t. 3, p. 129.)

L'une des maisons où ils alloient ensemble le plus souvent et le plus commodément étoit celle de madame de Choisy, mère de celui qui fut l'abbé de Choisy. (Montp. t. 3, p. 325.)

après, madame d'Olonne étant toute consolée, la comtesse et ses autres amies lui conseillèrent de pleurer pour son honneur, lui disant que son affaire avec le duc de Candale avoit été trop publique pour en faire finesse. Elle se contraignit donc encore trois ou quatre jours, après quoi elle revint à son naturel ; et ce qui hâta ce retour fut le carnaval, qui, en lui donnant lieu de satisfaire à son inclination, lui aida encore à contenter son mari, lequel avoit de grands soupçons de son intelligence avec le duc de Candale, et se trouvoit fort heureux d'en être délivré. Pour lui faire donc croire qu'elle n'avoit plus rien dans le cœur, elle se masqua quatre ou cinq fois avec lui, et, voulant entièrement regagner sa confiance par une grande sincérité, elle lui avoua non seulement son amour pour le duc, non seulement qu'elle lui avoit accordé les dernières faveurs, mais les particularités de ses jouissances ; et, comme elle spécifioit le nombre : « Il ne vous aimoit guère, Madame, dit-il, voulant insulter à la mémoire du pauvre défunt, puisqu'il faisoit si peu de chose [1] pour une si belle femme que vous. »

Il n'y avoit encore que huit jours qu'elle avoit

---

[1]. Bartet avoit donc raison contre Candale. M. d'Olonne prenoit son mal en patience. Nous n'avons peut-être pas cherché assez à le représenter dans son beau. Revenons à l'année qui précéda son malencontreux mariage, pour le voir passer dans un costume et avec une attitude de brillant cavalier.—« Après venoit la compagnie de chevau-légers du roi, de deux cents maîtres, en habits de passemens d'or et d'argent, et montés sur de grands chevaux fort beaux, étant précédés de quatre trompettes vêtus de velours bleu chamarré d'or et d'argent, commandée par le comte d'Olonne, cornette d'icelle compagnie, couvert d'un vêtement de broderie d'or et d'ar-

quitté le lit, qu'elle gardoit depuis quatre mois
pour une fort grande incommodité à la jambe,
lorsqu'elle résolut de se masquer, et cette envie
avança plus sa guérison que tous les remèdes
qu'elle faisoit il y avoit long-temps. Elle se masqua donc par quatre ou cinq fois avec son mari ;
mais comme ce n'étoit que de petites mascarades obscures, elle en voulut faire une grande et
fameuse dont il fût parlé ; et pour cet effet elle
se déguisa, elle quatrième, en capucin, et fit dé-
guiser deux autres de ses amis en sœurs collettes. Les capucins étoient elle, son mari, Ivry et
l'abbé de Villarceaux ; les religieuses étoient
Craf, Anglois, et le marquis de Sillery. Cette
troupe courut toute la nuit du mardi-gras en
toutes les assemblées [1]. Le roi et la reine, sa mère,
ayant appris cette mascarade, s'emportèrent fort

gent, avec un baudrier garni de belles perles et des plumes
blanches, feuille morte et couleur de feu, avec un cordon d'or,
sur un cheval blanc, très bien ajusté, dont la housse d'écar-
late étoit garnie de même que son habit. (*Relation de la cavalcade* faite pour la majorité du roi, 1651.)

1. Contrôlons, une fois entre autres, le témoignage de
Bussy. Sauf en un point qui est qu'elle remplace madame
d'Olonne par une de ses demoiselles, mademoiselle de Montpensier (t. 3, p. 286) confirme tout ce que notre auteur
avance. On pourroit multiplier ces rapprochements : — « Nous
allâmes à plusieurs bals, nous trouvâmes souvent les pèle-
rines : elles n'osèrent jamais se démasquer. On nous demandoit partout si nous n'avions pas trouvé des capucins et des
capucines ; ils sortoient toujours un moment devant que nous
entrassions. On nous dit chez le maréchal d'Albret qu'on y
avoit vu un capucin qui avoit le bras et la main belle, et
qu'il avoit touché sur son passage dans celle de M. de Turenne.

« Le premier jour de carême, on ne parla que du scandale
que cette mascarade avoit fait. Les prédicateurs prêchèrent

contre madame d'Olonne, et dirent publiquement qu'ils vengeroient le tort et le mépris qu'on avoit fait de la religion en ce rencontre. On adoucit quelque temps après les esprits de Leurs Majestés, et toutes ces menaces aboutirent à n'avoir plus d'estime pour madame d'Olonne [1].

Pendant que toutes ces choses se passoient, Jeannin jouissoit paisiblement de sa maîtresse. Lorsqu'elle fit tirer la loterie, j'ai déjà dit que des dix mille écus qu'elle avoit reçus, elle n'en avoit tout au plus employé que la moitié, et la plus grande partie de cette moitié fut distribuée aux

---

contre. Le roi et la reine en furent fort en colère. Personne ne se vanta d'en avoir été. A la fin, on sut que c'étoit d'Olonne, sa femme, l'abbé de Villarceaux, Ivry, milord Craff et une demoiselle de madame d'Olonne, et que son mari avoit voulu absolument qu'elle s'habillât de cette sorte. Elle n'avoit point paru dans le monde; tout le carnaval, elle ne bougea de son logis. Elle avoit un mal au pied, dont il lui étoit sorti des os; ainsi elle fut obligée de garder le lit. M. de Candale étoit fort amoureux d'elle il y avoit long-temps, et il avoit été affligé extrêmement de la quitter. Depuis son départ, on savoit que Jeannin, trésorier de l'épargne, alloit souvent chez elle; on examina fort sa conduite sur la mort de M. de Candale. Elle parut fort affligée, et même on dit qu'elle pleura toute la nuit, qu'elle en demanda pardon à son mari et lui avoua qu'elle l'avoit fort aimé. »

[1]. Les Villarceaux (Louis et René) menèrent joyeuse vie. Le marquis, l'aîné par conséquent, fut un des beaux esprits de l'hôtel de Rambouillet; Ninon (1652) n'aima personne plus passionnément que lui, et on a voulu, mais sans preuve (Walck, t. 1, p. 469), que madame de Maintenon, dans sa jeunesse abandonnée, ait écouté favorablement ses prières. Sa femme étoit aimable. Courtisan à sa manière, il refusoit l'ordre pour son fils et ne craignoit pas d'offrir au roi l'amour de sa nièce, Louise-Elisabeth Rouxel (madame de Grancey). Louis XIV lui lava la tête comme il le méritoit. (Sévigné, 23 décembre 1671.)

Son frère, René de Mornay, abbé de Saint-Quentin-lez-

capucins, aux sœurs collettes et autres de la cabale. Le prince de Marsillac, qui alloit jouer le premier rôle sur ce theâtre, y eut le plus gros lot, qui étoit un brasier d'argent. Jeannin, avec toutes les faveurs qu'il recevoit, n'eut qu'un bijou de fort peu de valeur. Le grand bruit qui couroit de l'infidélité de cette loterie lui donna du chagrin de voir qu'il n'étoit pas mieux traité que les plus indifférens. Il s'en plaignit à madame d'Olonne. Elle qui ne vouloit pas lui faire confidence de sa friponnerie, reçut ses plaintes le plus aigrement du monde, de sorte qu'avant de se quitter ils en vinrent de part et d'autre aux re-

Beauvais, fut plus libertin encore que lui. Il étoit fort riche; il étoit surtout prodigue :

> Le sieur abbé de Villarseaux,
> Qui, s'il avoit d'or plein sept seaux
> Et d'argent trente bourses pleines,
> Les vuideroit dans trois semaines.
>
> (LORET.)

Le 27 septembre 1691, Dangeau note dans son Journal : « L'abbé de Villarceaux mourut à Paris. » Et voilà tout. Que la terre lui soit légère !

Reste Craff : l'histoire ne s'est pas beaucoup occupée de ce seigneur anglois. C'est moins à cause de madame d'Olonne qu'à cause de madame de Châtillon qu'il a l'honneur d'être mis en scène par Bussy. Nous le reverrons.

Pourquoi M. Walckenaër (t. 1, p. 440) l'appelle-t-il Graff? Je comprendrois plutôt qu'on l'appelât Crofts, car il me semble que c'est lui que désignent sous ce nom les *Mémoires du duc d'York* (dans Ramsay, ch. 2, 3, 19). On le voit qui amène six chevaux de Pologne pour faire la guerre à côté du duc; il suit Charles II avec les lords Rochester et Jermyn (celui que nos Mémoires françois nomment partout Germain). Crofts est d'ailleurs un nom anglois. Monmouth, le fils de Charles II et de Lucy Walters, s'appeloit d'abord Jones Crofts (Macaulay, t. 1, p. 273, édit. Charpentier).

La Rochefoucauld (*Mém.*, coll. Michaud, p. 386) le cite,

proches, l'un de son argent, et l'autre de ses faveurs. Pour conclusion, madame d'Olonne lui défendit son logis, et Jeannin lui dit qu'il ne lui avoit jamais obéi de si bon cœur qu'il feroit en ce rencontre, et que ce commandement lui alloit sauver des peines et de la dépense.

Cependant le commerce de Beuvron avec elle duroit toujours. Soit que le cavalier ne fût guère amoureux, soit qu'il se sentît trop heureux d'avoir de ses faveurs à quelque prix que ce fût, il la tourmentoit peu sur sa conduite; elle le traitoit aussi de son pis aller, et l'aimoit toujours mieux que rien.

Quelque temps après la rupture de Jeannin, Marsillac, qui avoit des amis plus éveillés que lui, fut conseillé par eux de s'attacher à madame d'Olonne. Ils lui dirent qu'il étoit en âge de faire parler de lui, que les femmes donnoient de l'estime aussi bien que les armes; que madame d'Olonne, étant une des plus belles femmes de la cour, outre de grands plaisirs, pouvoit encore bien faire

dès 1637, comme un de ses amis. Madame de Chevreuse l'aimoit aussi. « On ne comprenoit pas, remarque Tallemant (t. 1, p. 405) quels charmes elle y trouvoit. » C'étoit un ami politique. Il étoit venu en France avec les Stuarts. Comme il étoit riche et original, il eut du succès. Madame de Châtillon essaya de se faire épouser par lui en 1656 : c'est du moins ce que la reine d'Angleterre dit à Mademoiselle (t. 3, p. 54).
Au rétablissement de Charles II, il revint en Angleterre. Gourville, exilé, nous en parle (Collect. Michaud, p. 540) à la date de 1664 : — « Je trouvai en ce pays-là le milord Craff, qui avoit été fort des amis de M. de La Rochefoucault à Paris, et à qui j'avois même prêté quelque argent, qu'il m'avoit rendu depuis le rétablissement du roi. » — ... « (Il) nous mena à une très jolie maison de campagne qu'il avoit à dix milles de Londres, sur le bord de la Tamise. »

de l'honneur à qui en seroit aimé, et qu'en tout cas la place du duc de Candale étoit quelque chose de fort honorable à remplir. Avec toutes ces raisons, ils poussèrent Marsillac à rendre des assiduités à madame d'Olonne; mais, parceque naturellement il se défioit fort de lui-même, sa cabale, qui s'en défioit fort aussi, jugea qu'il ne falloit pas le laisser sur la bonne foi auprès d'elle, et il fut arrêté qu'on lui donneroit Sillery¹ pour le conduire et assister dans les rencontres. Marsillac lui avoit rendu de fort grandes assiduités deux mois durant sans lui avoir parlé d'amour qu'en termes généraux. Il avoit pourtant dit à Sillery, il y avoit plus de six semaines, qu'il lui avoit fait sa déclaration, et il lui avoit même inventé une réponse un peu rude, afin qu'il ne trouvât point étrange qu'il fût si long-temps à recevoir des fa-

1. Sillery est mort, âgé de soixante-quatorze ans, à Liancourt, où il s'étoit retiré depuis deux ans. (Dangeau, 20 mars 1691.) Transcrivons d'abord la note de Saint-Simon : — « Ce M. de Sillery étoit d'excellente compagnie, mais n'avoit jamais été que cela. Il étoit fils de Puysieux, secrétaire d'Etat, et petit-fils du chevalier de Sillery. »
Puis le texte même de ses *Mémoires* (t. 1, p. 337) : — « Beaucoup d'esprit, nulle conduite; se ruina en fils de ministre, sans guerre ni cour. Il ne laissoit pas d'être fort dans le monde et désiré de la bonne compagnie. Il alloit à pied faute d'équipage et ne bougeoit de l'hôtel de La Rochefoucauld ou de Liancourt, avec sa femme, qui s'y retira dans le désordre de ses affaires, long-temps avant la mort de son mari, et qui mourut en 1698. »
Louis-Roger Brulard de Sillery, né en 1617, avoit épousé la sœur du duc de La Rochefoucauld; il n'est pas encore vieux lorsqu'il paroît dans notre histoire en qualité de conseiller de son neveu timide.
La Bruyère (t. 1, p. 287) nous apprend que le vin de Sillery, au XVIIe siècle, avoit déjà de la renommée. Le mar-

veurs. Quand ce gouverneur, pour servir son pupille, parla ainsi à madame d'Olonne : « Je sais bien, Madame, qu'il n'y a rien de si libre que l'amour, et que, si le cœur n'est touché par inclination, on ne persuade guère l'esprit par les paroles ; mais je ne laisserai pas de vous dire que, quand on est jeune et qu'on est à marier, je ne comprends pas pourquoi on refuse un beau jeune gentilhomme amoureux qui a de quoi, ou je suis fort trompé, autant que personne de la cour. C'est du pauvre Marsillac dont je vous parle, Madame, puisqu'il vous aime éperdument. Pourquoi êtes-vous ingrate, ou, si vous sentez que vous ne pouvez l'aimer, pourquoi l'amusez-vous ? Aimez-le, ou vous en défaites. — Je ne sais pas depuis quand, répon-

quis de Sillery, en qualité de profès dans l'ordre des Coteaux, devoit en être fier. Il buvoit bien et aimoit la table. On l'appeloit Sillery-Brulard (Pierre Coste, p. 45, t. 8, des *Archives curieuses*). Gourville a raconté (Petitot, t. 2, p. 269) qu'étant gouverneur de Damvilliers, Sillery l'aida à rançonner les Parisiens au commencement de la Fronde. En 1650, il va en Espagne traiter pour les rebelles (Motteville, t. 4, p. 43), à qui son esprit décidé avoit rendu d'importants services.

Il y eut un Sillery évêque de Soissons et membre de l'Académie françoise. La Fontaine en parle (dans sa lettre 37 à Maucroix, 1695). Une autre lettre de La Fontaine (28 août 1692) est adressée au chevalier de Sillery. Ailleurs (*Fables*, t. 8, p. 13), il a dit de mademoiselle de Sillery :

. . . . une divinité
Veut revoir sur le Parnasse
Des fables de ma façon.

. . . . de celles
Que la qualité de belles
Fait reines des volontés.

Qui dit Sillery dit tout.
Peu de gens en leur estime
Lui refusent le haut bout.

dit madame d'Olonne, les hommes prétendent que nous les aimions sans qu'ils nous l'aient demandé, car j'ai ouï dire autrefois que c'étoit eux qui faisoient les avances. Je sçavois bien qu'ils traitoient dans ces derniers temps la galanterie d'une étrange manière, mais je ne sçavois pas qu'ils l'eussent réduite au point de vouloir que les femmes les priassent. »

« Quoi ! repondit Sillery, Marsillac n'a pas dit qu'il vous aimoit ? — Non, Monsieur, lui dit-elle ; c'est vous qui me l'avez appris. Ce n'est pas que les soins qu'il m'a rendus ne m'aient fait soupçonner qu'il y avoit quelque dessein ; mais jusqu'à ce que l'on ait parlé nous n'entendons point le reste. — Ah ! Madame, repliqua Sillery, vous n'avez pas tant de tort que je pensois. La jeunesse de Marsillac le rend timide : c'est ce qui l'a fait faillir ; mais cette jeunesse aussi fait bien excuser des choses avec les femmes. On n'a guère de tort à l'âge qu'il a, et pour les gens de vingt ans il y a bien du retour à la miséricorde. — J'en demeure d'acord, reprit madame d'Olonne ; la honte d'un jeune homme donne de la pitié et jamais de la colère ; mais je veux aussi qu'il ait du respect. — Appelez-vous, Madame, respect, lui dit Sillery, de n'oser dire que l'on aime ? C'est sottise toute pure, je dis à l'égard d'une femme qui ne voudroit pas aimer ; car, en ce cas-là, on ne perdroit pas son temps et l'on sauroit bientôt à quoi s'en tenir. Mais ce respect que vous demandez, Madame, ne vous est bon qu'avec ceux pour qui vous n'avez nulle inclination, car, si celui que vous voudriez aimer en avoit un peu trop, vous seriez bien embarrassée. » Comme il achevoit de parler il entra des gens, et quelque temps après, étant sorti, il s'en alla trouver Marsillac, à qui ayant fait mille reproches de sa timidité, il lui fit promettre qu'avant la fin du jour il feroit une déclaration à sa maîtresse; il lui dit même une partie des choses qu'il falloit qu'il dît, dont Marsillac ne se souvint pas un moment après; et, l'ayant encouragé autant qu'il put, il le vit partir pour cette grande expédition.

Cependant Marsillac étoit en d'étranges inquiétudes. Tantôt il trouvoit que son carrosse alloit trop vite, tantôt il souhaitoit de ne pas trouver madame d'Olonne à son logis, ou de trouver quelqu'un avec elle; enfin il craignoit les mêmes choses qu'un honnête homme eût désiré de tout son cœur. Cependant il fut assez malheureux pour rencontrer sa maîtresse et pour la trouver seule. Il l'aborda avec un visage si embarrassé que, si elle n'eût déjà su son amour par Sillery, elle l'eût découvert à le voir cette seule fois-là. Cet embarras lui servit à persuader, plus que tout ce qu'il eût pu dire et que l'éloquence de son ami; et voilà pourquoi en amour les sots sont plus heureux que les habiles.

La première chose que fit Marsillac [1] après s'être

---

[1]. Bussy n'a pas eu beaucoup à se louer d'avoir introduit dans sa galerie le duc de La Rochefoucauld et le prince de Marsillac, son fils. La rancune qu'ils lui en gardèrent ne s'attendrit en aucun temps, et l'on sait quel crédit gagna et garda sur le maître ce Marsillac, La Rochefoucauld à son tour, lorsqu'il fut devenu grand-maître de la garde-robe, et le canal le plus fréquent des grâces et des disgrâces. On a dit de lui que pendant trente-sept ans il assista quatre fois par jour aux changements d'habit du roi; l'éloge est exagéré, mais il n'est pas sans fondement.

assis, ce fut de se couvrir, tant il étoit hors de lui-même ; un instant après, s'étant aperçu de sa sottise, il ôta son chapeau et ses gants, puis en remit un, et tout cela sans dire un mot. « Qu'y a-

« Jamais valet ne le fut de personne avec tant d'assiduité et de bassesse, il faut lâcher le mot, avec tant d'esclavage. » Cela est du Saint-Simon (t. 7, p. 177, de l'édit. Sautelet), qui a dit encore du grand-maître que « sa figure commune ne promettoit rien et ne trompoit pas. » Voilà donc une affaire réglée du côté de l'esprit, et non sans mille confirmations. Exemple (1656) : Couplets d'un *Confiteor*.

>La Roche-Foucault, ce guerrier
>Dans la Fronde si redoutable,
>Contre la race du Tellier
>En catimini fait le diable,
>Et, si ce matois de ligueur
>Ne leur fait mal, il leur fait peur.

>A la cour, il est soutenu
>De la mâchoire formidable
>Du gros Marsillac, devenu
>Homme important et fort capable.
>Las ! quand il tournoit son chapeau,
>On le prenoit pour un nigaud.

La mâchoire de Marsillac se faisoit remarquer de soi.

Il ne déplut pas à Ninon, ce gros garçon plein d'hésitations (Walck., t. 1, p. 242) ; mais il ne plut à personne plus qu'au roi, et cela dès l'âge de dix-huit ou de dix-neuf ans. En 1657 il est favori avéré, avec Vardes et Vivonne. Son père l'a cloué solidement dans sa faveur. Mademoiselle de Montpensier (t. 3, p. 187) indique je ne sais quelle mauvaise intrigue de ces messieurs à propos de mademoiselle de Mortemart, sœur de Vivonne. Prévoyoient-ils l'avenir de la Montespan ? « On les appeloit *les endormis*, parcequ'ils alloient lentement et sans bruit. » Plus tard (Dangeau, t. 4, p. 180, note de Luynes) le grand-maître de la garde-robe, devenu père, eut la douleur d'avoir un fils beaucoup plus hardi et libertin que lui. Louis XIV dut se montrer sévère. Cette affaire ressemble beaucoup à celle de Roissy, dont nous avons déjà parlé et dont il sera question encore.

Marsillac avoit montré du courage à la guerre : il fut blessé au passage du Rhin. (Sévigné, 17 juin 1672.)

t-il, Monsieur? lui dit madame d'Olonne; vous paraissez avoir quelque chose dans l'esprit.— Ne le devinez-vous pas, Madame? dit Marsillac. — Non, dit-elle, je n'y comprends rien; comment entendrois-je ce que vous ne me dites pas, moi qui ai bien de la peine à concevoir ce que l'on me dit? — C'est, je m'en vais vous le dire, répliqua Marsillac en se radoucissant niaisement, c'est que je vous aime. — Voilà bien des façons, dit-elle, pour peu de chose! Je ne vois pas qu'il y ait tant de difficulté à dire qu'on aime; il m'en paroît bien plus à bien aimer. — Oh! Madame, j'ai bien plus de peine à le dire qu'à le faire; je n'en ai point du tout à vous aimer, et j'en aurois tellement à ne vous aimer pas que je n'en viendrois jamais à bout, quand vous me l'ordonneriez mille fois. — Moy, Monsieur, repartit madame d'Olonne en rougissant, je n'ai rien à vous commander. » Tout autre que Marsillac eût entendu la manière fine dont madame d'Olonne se servoit pour lui permettre de l'aimer; mais il avoit l'esprit tout bouché. C'étoit de la délicatesse perdue que d'en avoir avec lui. « Quoi! Madame, lui dit-il, vous ne m'estimez pas assez pour m'honorer de vos commandemens ? — Eh bien! lui dit-elle, serez-vous bien aise que je vous ordonne de ne me plus aimer? — Non, Madame, reprit-il brusquement. — Que voulez-vous donc? reprit madame d'Olonne. — Vous aimer toute ma vie. — Eh bien! aimez tant qu'il vous plaira, et espérez. » C'étoit assez à un amant plus pressant que Marsillac pour venir bientôt aux dernières faveurs; cependant, quoi que madame d'Olonne pût faire, il la fit encore durer deux mois; enfin, quand elle se rendit, elle fit toutes les avances. L'établissement de ce nouveau commerce ne lui fit pas rompre celui qu'elle avoit avec Beuvron; le dernier amant étoit toujours le mieux aimé, mais il ne l'étoit pas assez pour chasser Beuvron, qui étoit un second mari pour elle.

Un peu devant la rupture de Jeannin avec madame d'Olonne, le chevalier de Grammont en étoit devenu amoureux, et, comme c'est une personne fort extraordinaire, il est à propos d'en faire la description.

Portrait du chevalier de Grammont[1].

Le chevalier avoit les yeux rians, le nez bien fait, la bouche belle, une fossette au menton, qui faisoit un agréable effet dans son visage, je ne sais quoi de fin dans la physionomie, la taille as-

---

1. Grâce au ciel, l'histoire de celui-là a été couchée tout du long sur le papier! Et quelle histoire! quel historien! Les *Mémoires de Grammont* sont restés un des chefs-d'œuvre du genre. Nous ne pouvons songer à en donner ici le résumé.

Le chevalier de Grammont étoit frère du maréchal (de la Guiche puis) de Grammont et fils de la sœur du comte de Boutteville. Il avoit aimé bien du monde, mademoiselle de Rohan, d'abord, à propos de laquelle (Tallemant des Réaux, t. 3, p. 434) il appela en duel Chabot, qui l'épousa. Ce fut un duel pour rire. En 1643, le chevalier se faisoit appeler Andoins. Henri Arnauld, dans ses *Lettres au président Barillon*, citées par M. P. Paris, dit que ce fut à propos de madame de Pienne (plus tard de Fiesque) qu'il attaqua Chabot. Il s'appeloit Andoins parceque sa grand'mère, celle que connut Henri IV (vers 1580), s'appeloit Diane d'Andoins. Grammont s'attacha (1649, Motteville, t. 3, p. 415) à Condé, mais sans rien retrancher de ses liaisons changeantes.

Dans mon *Histoire des cartes à jouer* (1854, in-16, L. Hachette et Cie), j'ai eu à peindre le joueur dans notre Phili-

sez belle, s'il ne se fût point voûté ; l'esprit galant et délicat. Cependant sa mine et son accent faisoient bien souvent valoir ce qu'il disoit, qui devenoit rien dans la bouche d'un autre. Une marque de cela, c'est qu'il écrivoit le plus mal du mon-

bert, chevalier, puis comte de Grammont. Il sut jouer. Battu d'abord à *la bassette*, qu'il ne connoissoit pas (1685), il se mit à rapporter cinquante ou soixante mille écus de tous les voyages qu'il faisoit en Angleterre. (Sourches, t. 1, p. 311.) Il aima mademoiselle de la Mothe-Houdancourt (La Fayette), puis une autre et une autre. Il se maria par hasard avec la sœur d'Hamilton, charmante femme qui fit les délices de la cour de France lorsqu'elle y parut, et dont Bussy n'auroit pas eu un mot à dire.

Dans l'histoire de Grammont (chap. 6), Saint-Evremont lui dit : « Que de grisons en campagne pour la d'Olonne ! que de stratagèmes, de supercheries et de persécutions pour la comtesse de Fiesque ! Elle qui peut-être vous eût été fidèle si vous ne l'aviez forcée vous-même à ne l'être pas ! » On croiroit lire Bussy lui-même. Grammont, revenu définitivement d'Angleterre, reprit rang à la cour ; sa femme l'y aida. Le roi « se plaisoit beaucoup » avec lui (*Lettres de Madame*, 22 avril 1719). Les courtisans l'aimoient moins (Dangeau, t. 4, p. 206). Lorsqu'il mourut, et il mourut le plus tard qu'il pût mourir, Saint-Simon écrivit sur le journal de Dangeau : « Ce fut également le mépris et la terreur de la cour par tout ce que son âge, sa faveur et sa malice lui donnoient le droit de dire. Son visage étoit d'un vieux singe. »

Le *Recueil de La Place* (t. 4, p. 423), qui le fait mourir en 1707, à quatre-vingt-six ans, a conservé son épigrammatique épitaphe :

> Veux-tu des talents pour la cour ?
> Ils égalent ceux de la guerre.
> Faut-il du mérite en amour ?
> Qui fut plus galant sur la terre ?
> Railler sans être médisant,
> Plaire sans faire le plaisant,
> Garder toujours son caractère,
> Vieillard, époux, galant et père,
> C'est le mérite du héros
> Que je te peins en peu de mots.

de, et il écrivoit comme il parloit. Quoi qu'il soit superflu de dire qu'un rival soit incommode, le chevalier l'étoit au point qu'il eût mieux valu pour une pauvre femme en avoir quatre autres sur les bras que lui seul. Il étoit alerte jusqu'à ne pas dormir; il étoit libéral jusqu'à la profusion. Par là sa maîtresse et ses rivaux ne pouvoient avoir de valets ni de secrets qui ne fussent sçus; d'ailleurs le meilleur garçon du monde. Il y avoit douze ans qu'il aimoit la comtesse de Fiesque, femme aussi extraordinaire que lui, c'est-à-dire aussi singulière en mérites que lui en méchantes qualités. Mais comme, de ces douze ans, il y en avoit cinq qu'elle étoit exilée auprès de mademoiselle d'Orléans, fille de Gaston de France, princesse que la fortune persécutoit parcequ'elle avoit de la vertu et qu'elle ne pouvoit réduire son grand courage aux bassesses que la cour demande; pendant leur absence le chevalier ne s'étoit pas adonné à une constance fort régulière; et, quoique la comtesse fût fort aimable, il méritoit quelque excuse de sa légèreté, puisqu'il n'en avoit jamais reçu de faveur. Il y avoit pourtant des gens à qui il avoit donné de la jalousie; Rouville[1] en étoit un, et, comme un jour celui-ci reprochoit à la comtesse qu'elle aimoit le chevalier,

---

1. La maison de Rouville est ancienne en Normandie. Le marquis de Rouville dont il s'agit est le beau-frère de Rabutin et son ami. Il avoit été le second amant de Marion Delorme; il s'étoit battu en duel contre La Ferté-Senneterre; il étoit joueur; il avoit fait toutes ses preuves. Loret le place au nombre de ses saints (29 septembre 1652):

    Ce bon seigneur ne connoist mie
    Mademoiselle Economie.

cette belle lui dit qu'il étoit fol de croire qu'elle pût aimer le plus grand fripon du monde. « Voilà une plaisante raison, Madame, lui dit-il, que vous m'alléguez pour vous justifier ! Je sais que vous êtes encore plus friponne que lui, et je ne laisse pas de vous aimer. »

Portrait de madame la comtesse de Fiesque [1].

Quoique le chevalier aimât partout, il avoit pourtant un si grand foible pour la comtesse, que, quelque engagement qu'il eût ailleurs, sitôt qu'il sçavoit que quelqu'un la voyoit un peu plus qu'à

---

1. Gilonne d'Harcourt, mariée 1º à Louis de Brouilly, marquis de Pienne, tué à Arras en 1640; 2º à Charles-Léon de Fiesque (1643). Son père étoit le frère aîné du père des Beuvron. Le comte de Fiesque, son fils, « étoit une manière de cynique fort plaisant parfois » (Saint-Simon, t. 1, p. 327). La Fontaine a fait des vers pour lui (épitre 19) :

Cette main me relève ayant abaissé Gène.

Le père avoit été de la bande de Condé. Dès 1647 Mazarin l'exiloit (Mott., t. 2, p. 261). Sa mère, la gouvernante de Mademoiselle, étoit Anne Le Veneur (Mott., t. 2, p. 355); elle mourut à Saint-Fargeau en 1653.

Mais qu'importent les généalogies ? Gilonne étoit une femme telle que Bussy la peint. On l'appeloit *la reine Gilette* (Montp., t. 3, p. 428). Elle s'étoit organisé une petite cour particulière, avec un ordre de chevalerie destiné à récompenser les bons vivants. Grammont a mis dans un couplet :

Ma reine Gilette,
Que de la Moquette
Je sois chevalier.

Folle, si l'on veut, jusqu'à oublier son état et à écrire à Mademoiselle : « Je vous ai fait l'honneur » (Montp., t. 3, p. 100), jusqu'à lui dire des choses impertinentes (1657), elle avoit courageusement joué son rôle de *maréchale* de camp, avec son amie madame de Frontenac, dans les temps guerriers de la

l'ordinaire, il quittoit tout pour revenir à elle. Il avoit raison aussi, car la comtesse étoit une femme aimable; elle avoit les yeux bleus et brillans, le nez bien fait, la bouche agréable et belle de couleur, le teint blanc et uni, la forme du visage longue, et il n'y a qu'elle seule au monde qui

Fronde. Elle avoit des accès de gaîté extraordinaires. Quelquefois elle eut des mots heureux. Elle improvisoit; par exemple, elle « cria tout haut l'autre jour chez Mademoiselle (Sév., 17 décembre 1688) :
> Le roi, que sa bonté soumet à mille épreuves,
> Pour soulager les chevaliers nouveaux,
> En a dispensé vingt de porter des manteaux,
> Et trente de faire leurs preuves. »

Elle est morte en 1699 (Saint-Simon, t. 2, p. 321). « Elle avoit passé sa vie dans le plus frivole du grand monde », vendu une fois une terre pour un beau miroir. « On disoit d'elle qu'elle n'avoit jamais eu que dix-huit ans. »

Mademoiselle, qui eut à s'en plaindre, la maltraite un peu, quoiqu'elles se soient raccommodées; M. Paulin Paris, en preux chevalier, la défend (Tall., t. 5, p. 374). Je ferois volontiers comme M. Paulin Paris. D'ailleurs, Mademoiselle (t. 3, p. 39) l'excuse : « C'est une femme qui vous chante pouille, et un moment après elle en est au désespoir et vous dit rage de ceux qui le lui ont fait faire. »

Madame Cornuel a créé pour elle le sobriquet si répandu de *moulin à paroles*. (Tallemant des Réaux, t. 9, p. 54.)

« La comtesse maintenoit l'autre jour à madame Cornuel que Combourg n'étoit point fou; madame Cornuel lui dit : Bonne comtesse, vous êtes comme les gens qui ont mangé de l'ail. » (Sévigné, 6 mai 1676.)

Enfin madame Cornuel (Sévigné, t. 3, p. 31, de l'édit. Didot) « disoit que ce qui conservoit sa beauté, c'est qu'elle étoit salée dans sa folie. »

Cette beauté même étoit-elle bien grande? Venant à Paris, Christine de Suède dit : « La comtesse de Fiesque n'est pas belle pour avoir fait tant de bruit. Le chevalier de Grammont est-il toujours amoureux d'elle? » (Montp., t. 3, p. 73.) Et de même don Juan d'Autriche, en 1659 : « Elle n'est guère belle pour faire tant de bruit. » (Montp., t. 3, p. 414.)

En tout cas, on voit là qu'elle faisoit bien du bruit.

soit embellie d'un menton pointu. Elle avoit les cheveux cendrés, et étoit toujours galamment habillée; mais sa parure venoit plus de son art que de la magnificence de ses habits. Son esprit étoit libre et naturel; son humeur ne se peut décrire, car elle étoit, avec la modestie de son sexe, de l'humeur de tout le monde. A force de penser à ce que l'on doit faire, chacun pense d'ordinaire mieux sur la fin que sur le commencement; il arrivoit d'ordinaire le contraire à la comtesse : ses réflexions gâtoient ses premiers mouvemens. Je ne sçais pas si la confiance qu'elle avoit en son mérite lui ôtoit le soin de chercher des amans; mais elle ne se donnoit aucune peine pour en avoir. Véritablement, quand il lui en venoit quelqu'un de lui-même, elle n'affectoit ni rigueur pour s'en défaire, ni douceur pour le retenir; il s'en retournoit s'il vouloit, s'il vouloit il demeuroit; et, quoi qu'il fît, il ne subsistoit point à ses dépens. Il y avoit donc cinq années, comme j'ai dit, que le chevalier ne la voyoit plus, et, durant cette absence, pour ne point perdre temps, il avoit fait mille maîtresses, entre autres Victoire Mancini [1],

---

1. Madame de Motteville (t. 4, p. 387) dit que la reine Christine (en 1656) railla Grammont de la passion qu'il affichoit pour madame de Mercœur. C'étoit une passion ou plutôt une comédie de passion fort ridicule. Jamais femme ne fut plus sage, plus douce, plus simple.

Laure-Victoire étoit l'aînée des cinq filles de madame Mancini. Mercœur (Louis de Vendôme) figure, en 1648, à côté du duc d'Orléans, et inspire même des craintes (Motteville, t. 3, p. 186) à l'abbé de la Rivière, qui tremble qu'il ne crie aussi haut que Beaufort. C'est le duc de Vendôme, son père, homme très tranquille, qui (1649, Motteville, t. 3, p. 277) propose le mariage. Cette proposition fut la première cause de

duchesse de Mercœur, et, trois jours après sa mort, madame de Villars[1], et ce fut là-dessus que

mésintelligence entre Condé et Mazarin (Pierre Coste, p. 8); mais le mariage se fit.

« M. de Mercœur déclara un jour, en plein Parlement, son mariage avec mademoiselle de Mancini, de la plus sotte manière du monde, et telle que je ne m'en suis pas souvenue, parcequ'il n'étoit pas tourné d'un ridicule plaisant. » (Montp., t. 2, p. 137.)

Les pamphlets se mirent à pleuvoir dru sur l'oncle de la mariée et sur l'époux. C'étoit le temps des plus vives Mazarinades.

Le catalogue de la Bibliothèque nationale (t. 2) en indique plusieurs :

Nº 1360. *L'outrecuidante présomption du cardinal Mazarin.* — *Réponse.* — Nº 1361. *L'antinocier, etc.* — Nº 1362. *Lettre de M. de Beaufort à M. le duc de Mercœur, son frère.* — Nº 1363. *Réponse.* — Nº 1364. *Lettre de la prétendue madame de Mercœur, envoyée à M. de Beaufort.* — Nº 1365. *Entretien de M. le duc de Vandosme avec MM. les ducs de Mercœur et de Beaufort, ses enfants.*

Mercœur n'en fut pas inquiété. Sa femme étoit une conquête dont il ne pouvoit se repentir.

« Le duc de Mercœur fut si passionné pour les intérêts du ministre qu'il fit appeler ce même jour son frère, le duc de Beaufort, pour se battre contre lui; mais il n'en fit rien et ne suivit point son premier mouvement. » (1651. Mott., t. 4, p. 134.)

Au commencement de février 1657 la duchesse mourut subitement. Mazarin « fit des cris ». (Mott., t. 4, p. 396.)

« La douleur est universelle, écrit madame de Sévigné le 5 février. Le roi a paru touché et a fait son panégyrique en disant qu'elle étoit plus considérable par sa vertu que par la grandeur de sa fortune. »

« Elle étoit jeune et avoit de l'embonpoint. Le seul défaut qui étoit en elle étoit que, sans avoir la taille gâtée, elle ne l'avoit pas assez belle en ce qu'elle étoit un peu entassée; mais, ce défaut ne se voyant point dans le lit, j'ai ouï dire à ceux qui la virent en cet état qu'elle leur avoit paru la plus belle personne du monde. » (Mott., t. 3, p. 397.)

Mazarin, dans son testament, n'oublia pas les enfants de la nièce qu'il avoit tant aimée. (Mott., t. 5, p. 92.)

1. La mère de Villars, qui sauva la France à Denain. Née

Benserade, qui étoit amoureux de celle-ci, fit ce sonnet au chevalier :

SONNET.

uoi ! vous vous consolez, après ce coup
       de foudre   [beau !
Tombé sur un objet qui vous parut si
Un véritable amant, bien loin de s'y ré-
Se seroit enfermé dans le même tombeau ! [soudre,

Quoi ! ce cœur si touché brûle d'un feu nouveau !
Quelle infidélité ! qui peut vous en absoudre ?
Venir tout fraîchement de pleurer comme un veau,
Puis faire le galant et mettre de la poudre !

vers 1624, fille de Bernardin Gigault de Bellefonds (elle s'appeloit Marie) et de Jeanne aux Espaules de Sainte-Marie ; mariée, en 1651, au marquis de Villars, qui mourut en 1698 ; morte le 25 juin 1706. On a d'elle trente-sept lettres à madame de Coulanges, datées de Madrid et écrites en 1676, 1680, 1681. (Voy. Lemontey.)

Une autre Villars (Julienne-Hippolyte d'Estrées), mariée en 1597 à Georges de Brancas, marquis, puis duc de Villars, vivoit encore en 1657. Elle a été secouée par Tallemant des Réaux. — Escroqueuse et libertine par delà toute créance.

Celle-ci roucouloit comme une colombe. Quoiqu'il eût un frère archevêque d'Alby d'assez bonne heure (*Mém. de Choisy*, Michaud, 626), Villars n'étoit pas de la première noblesse : il cherchoit fortune ; mais il étoit vaillant à outrance, et beau comme un Achille. Au duel fatal de Nemours (*Retz*, 379), il fit si bien que Conti le voulut à lui. Il avoit été en Fronde commandant des chevau-légers de Sillery. (*Lenet*, coll. Michaud, 347.) Cette bravoure et cette beauté, partout célèbres (*Le Père Berthod*, coll. Petitot, t. 48, p. 396) lui valurent le nom d'*Orondate*. Sa femme, qui « est tendre et sait bien aimer » (Madame de Coulanges à Sévigné, 15 juillet 1671), en fait sa divinité et l'adore toute sa vie.

Villars se poussa dans les ambassades. (Voy. la *Corresp. administ. de Louis XIV*, t. 4.) Il avoit fait la cour en règle à

Oh ! l'indigne foiblesse, et qu'il vous en cuira !
Vous manquez à l'amour, l'amour vous manquera ;
Et déjà vous donnez où tout le monde échoue.

Je connois la beauté pour qui vous soupirez,
Je l'aime, et, puisqu'il faut enfin que je l'avoue,
C'est qu'en vous consolant vous me désespérez[1].

Quelque temps après cette affaire ébauchée, la comtesse étant revenue à Paris, le chevalier, qui n'étoit retenu auprès de madame de Villars par aucune faveur, la quitta pour retourner à la com-

---

sa femme. Madame de Choisy le surprit un jour, chez madame de Fiesque, qui sortoit de l'appartement de mademoiselle de Bellefonds.

Saint-Simon (*Note à Dangeau*, t. 6, p. 315, et *Mémoires*) n'est pas favorable aux Villars. Il dit de notre marquise : C'étoit « une bonne petite femme, maigre et sèche, active, méchante comme un serpent, de l'esprit comme un démon, d'excellente compagnie, et qui recommandoit à son fils de ne jamais parler de soi à personne et de se vanter au roi tant qu'il pourroit. » Répétons la phrase de madame de Coulanges : « Elle est tendre et sait bien aimer. » C'est là le vrai.

Est-il nécessaire de dire que Grammont en étoit pour ses frais de sentiment ?

1. Puisqu'il passe par ici, arrêtons-le un instant. Isaac de Benserade est né en 1612 à Lyons-la-Forêt (Normandie), et est mort le 19 octobre 1691. C'est le *Bérodate* des Précieuses (t. 1, p. 45, 46). Il avoit ce qu'il falloit pour faire sa fortune à la cour sans se soucier de ses ennemis. MM. les professeurs de rhétorique ont tort de dédaigner Benserade : il avoit l'esprit tourné le plus habilement du monde vers la phrase, vers l'allusion, vers la réticence, vers l'épigramme à pointe émoussée. Que de devises adroites il a semées çà et là ! que d'ingénieux ballets il a composés ! Il a eu le tort de n'aimer pas La Bruyère, et La Bruyère l'a peint pour le punir (t. 1, p. 271).

Pourquoi ne pas citer l'*Arlequiniana* quand c'est à décharge ? Il y a pour Benserade (p. 188) : « C'est l'esprit le plus vif et l'amy le plus ardent que j'aye jamais vû. » Madame

tesse; mais comme il n'étoit pas long-temps en même état, et qu'il s'ennuyoit d'être avec celle-ci, il s'attacha à madame d'Olonne dans le temps que Marsillac s'embarqua auprès d'elle; et, quoi qu'il fût moins honteux que lui avec les dames, il n'étoit pourtant pas plus pressant; au contraire, pourvu qu'il pût badiner, faire dire dans le monde qu'il étoit amoureux, trouver quelques gens de facile créance pour flatter sa vanité, donner de la peine à un rival, être mieux reçu que lui, il ne se mettoit guère en peine de la conclusion. Une

de La Roche-Guyon l'entretint à son début; elle étoit vieille, mais très riche (Tallem., t. 8, p. 56). Benserade, avec une maison, un carrosse, trois laquais, de la vaisselle d'argent, s'ennuie du métier. Il étoit un peu parent de Richelieu par on ne sait quels hobereaux; il accompagne Brézé en mer : il s'ennuie encore, n'étant pas un héros. Peu à peu il prend pied à la cour, et il séduit Mazarin, comme il séduira Louis XIV. Il déplut aux subalternes. Il étoit roux et ne sentoit pas naturellement l'ambre (La Place, t. 2, p. 286). Il y a bien des chansons faites sur ce malheur qu'il avoit. Les filles de la reine en chantèrent une qui étoit jolie; Scarron en fabriqua, d'autres aussi.

Benserade étoit plus élégant. On connoît les vers de la satire 12 de Boileau

Tes bons mots, autrefois délices des ruelles,
Approuvés chez les grands, applaudis chez les belles,
Hors de mode aujourd'hui chez nos plus froids badins,
Sont des collets montés et des vertugadins.

Ceux-ci ont été attribués à madame Deshoulières :

Touchant les vers de Benserade,
On a fort long-temps disputé
Si c'est louange ou pasquinade;
Mais le bonhomme est bien baissé,
Il est passé (bis) :
Qu'on lui chante une sérénade
De Requiescat in pace.

(LA PLACE, t. 5, p. 57.)

Senecé a dit aussi quelque chose de notre homme.

chose qui faisoit qu'il lui étoit plus difficile de persuader qu'à un autre, c'étoit qu'il ne parloit jamais sérieusement, de sorte qu'il falloit qu'une femme se flattât fort pour croire qu'il fût bien amoureux d'elle.

J'ai déjà dit que jamais amant n'étant pas aimé n'a été plus incommode que lui. Il avoit toujours deux ou trois laquais sans livrée, qu'il appeloit ses grisons, par qui il faisoit suivre ses rivaux et ses maîtresses. Un jour, madame d'Olonne, en peine comme quoi aller à un rendez-vous qu'elle avoit pris avec Marsillac sans que le chevalier le découvrît, se résolut pour son plaisir de sortir en cape avec une femme de chambre, et d'aller passer la Seine dans un bateau, après avoir donné ordre à ses gens de l'aller attendre au faubourg Saint-Germain. Le premier homme qui lui donna la main pour lui aider à monter dans le bateau fut un des grisons du chevalier, devant qui, sans le connoître, s'étant réjouie avec sa femme de chambre d'avoir trompé le chevalier, et ayant parlé de ce qu'elle alloit faire ce jour-là, ce grison alla aussitôt en avertir son maître, lequel, dès le lendemain, surprit étrangement madame d'Olonne, quand il lui dit le détail de son rendez-vous de la veille.

Un honnête homme qui convainc sa maîtresse d'en aimer un autre que lui se retire promptement et sans bruit, particulièrement si elle ne lui a rien promis ; mais le chevalier ne faisoit pas de même : quand il ne pouvoit se faire aimer, il aimoit mieux se faire tuer que de laisser en repos son rival et sa maîtresse. Madame d'Olonne avoit donc compté pour rien les assiduités que le chevalier lui avoit rendues trois mois durant, et tourné en raillerie tout ce qu'il lui avoit dit de sa passion, et d'autant plus qu'elle étoit persuadée qu'il en avoit une aussi grande pour la comtesse qu'il en pouvoit avoir pour elle. Elle le haïssoit encore comme le diable, lorsque cet amant crut qu'une lettre feroit mieux ses affaires que tout ce qu'il avoit fait et dit jusque là ; dans cette pensée il lui écrivit celle-ci :

LETTRE.

Est-il possible, ma déesse, que vous n'ayez pas connoissance de l'amour que vos beaux yeux, mes soleils, ont allumé dans mon cœur ? Quoiqu'il soit inutile d'avoir recours avec vous à ces déclarations comme avec des beautés mortelles, et que les oraisons mentales vous dussent suffire, je vous ai dit mille fois que je vous aimois ; cependant vous riez et ne me répondez rien. Est-ce bon ou mauvais signe, ma reine ? Je vous conjure de vous expliquer là-dessus, afin que le plus passionné des humains continue de vous adorer et qu'il cesse de vous déplaire.

Madame d'Olonne, ayant reçu cette lettre, l'alla porter aussitôt à la comtesse, avec qui elle croyoit qu'elle eût été concertée ; mais elle ne lui témoigna rien de ce qu'elle en croyoit d'abord. Comme elles vivoient bien ensemble, elle lui fit valoir en riant le refus qu'elle faisoit de son amant et l'avis qu'elle lui donnoit de l'infidelité qu'il lui vouloit faire. Quoique la comtesse n'aimât point le chevalier, cela ne laissa pas de la fâcher, la plupart des femmes ne voulant non plus perdre leurs amans qu'elles ne veulent point aimer que ceux qu'elles favorisent; et, particulierement quand on les quitte pour se donner à d'autres, leur chagrin ne vient pas tant de la perte qu'elles font que de la préférence de leurs rivales. Voilà comme fit la comtesse en ce rencontre. Cependant elle remercia madame d'Olonne de l'intention qu'elle avoit de l'obliger, mais elle l'assura qu'elle ne prenoit aucune part au chevalier, qu'au contraire on l'obligeroit de l'en défaire. Madame d'Olonne ne se contenta pas d'avoir montré cette lettre à la comtesse, elle s'en fit encore honneur à l'égard de Marsillac; et, soit qu'elle ou la comtesse en parlât encore à d'autres, deux jours après, tout le monde sut que le pauvre chevalier avoit été sacrifié, et il lui revint bientôt à lui-même les plaisanteries qu'on faisoit de sa lettre. Le mépris offense tous les amans, mais quand on y mêle la raillerie, on les pousse au désespoir. Le chevalier, se voyant éconduit et moqué, ne garda plus de mesure; il n'y a rien qu'il ne dît contre madame d'Olonne, et l'on vit bien en ce rencontre que cette folle avoit trouvé le secret de perdre sa réputation en conservant son honneur.

De tous ses rivaux, le chevalier n'en haïssoit pas un si fort que Marsillac, tant pour ce qu'il le croyoit le mieux traité que parcequ'il lui sembloit qu'il le méritoit le moins; il appeloit les amans de madame d'Olonne les Philistins, et disoit que Marsillac, à cause qu'il avoit peu d'esprit, les avoit tous défaits avec une mâchoire d'âne.

Dans ce même temps, le comte de Guiche[1], fils du maréchal de Grammont, jeune, beau comme un ange et plein d'amour, crut que la conquête de la comtesse lui seroit aisée et honorable : de

1. Un portrait mignon s'il en fut, un héros à peindre au pastel ; mais ce portrait est partout : chez mademoiselle de Montpensier, chez madame de Motteville, chez madame de La Fayette. A quoi bon, même ici, en crayonner une nouvelle esquisse ? N'abusons pas trop des confidences qu'on nous a faites au travers du temps.

Le bon air alors, pour un jeune homme bien qualifié, c'étoit d'avoir passé par la chambre à coucher de Ninon. Armand de Grammont, comte de Guiche, y passa. On a cité ses émules principaux : Condé, Miossens (depuis maréchal d'Albret), Palluau (depuis maréchal de Clérambault), le marquis de Créqui, le marquis de Villarceaux, le commandeur de Souvré, le marquis de Vardes, le marquis de Jarzay, le duc de Candale, le duc de Châtillon, le prince de Marsillac, Navailles, le comte d'Aubijoux (Walck., t. 1, p. 242). C'est là l'état-major de la noblesse galante. Guiche y brille au premier rang, parmi les plus jeunes, les plus coquets, les plus joyeux.

Son père, le maréchal de Grammont, étoit un Gascon de beaucoup d'esprit et de dextérité, qui, depuis long-temps, s'étoit mis sur un pied solide à la cour. C'est en 1658 (le Père Daniel, t. 2, p. 267) que le comte de Guiche obtint la survivance de son père en qualité de mestre de camp du régiment des gardes françoises. Ce régiment tenoit le premier rang parmi tous les régiments d'infanterie. Quant au titre de mestre de camp (Daniel, t. 2, p. 45), on désignoit ainsi les commandants des régiments d'infanterie, jusqu'à ce que Louis XIV, à la mort du duc d'Epernon, colonel-général de l'infanterie, eût supprimé cette charge. A partir de 1661 on les nomma colonels. Par là il est facile de voir que les actions de Guiche nous sont racontées à une époque qui va de 1658 à 1661.

Candale avoit peut-être un je ne sais quoi de plus hardi ; il devoit secouer plus souvent ses rubans et ses panaches. Guiche, plus doux, plus agréable, plus demoiselle, avoit une beauté du premier choix parmi celles qui ne sont pas viriles. Le roi d'Espagne Philippe IV ne parloit guère : en 1659,

sorte qu'il résolut de s'y embarquer par les motifs de la gloire ; il en parla à Manicamp, son bon ami, qui approuva son dessein et s'offrit de l'y servir. Le comte de Guiche et Manicamp ont

lorsque le maréchal de Grammont lui présenta son fils et que Guiche l'eut salué (Motteville, t. 5, p. 34), « Buen moço ! » dit-il entre les dents, « Beau garçon ! » Toutes les femmes pensoient de même. Un peu plus tard, cette beauté ayant habitué à soi les yeux, et le temps étant venu jeter quelques vilaines ombres sur cette physionomie, l'admiration se refroidit. Les hommes n'avoient jamais été très enthousiastes du comte; les femmes elles-mêmes retranchèrent quelque chose de leur faveur. Il est « ceinturé comme son esprit », écrit madame de Sévigné le 15 janvier 1672 ; ailleurs (le 27 avril) elle parle de « son fausset ».

Mais, au moment où nous sommes, ces critiques sont rares. « C'étoit le favori de Monsieur (le duc d'Anjou). C'est un homme (Montp., t. 3, p. 329) plus vieux de trois ans que lui, beau, bien fait, spirituel, agréable en compagnie, moqueur et railleur au dernier point. »

Puisqu'il s'agit de raillerie, les malins couplets du temps peuvent ici lever la tête :

Guiche ne fait que patrouiller,

dit l'un. Patrouiller dans le pays de l'amour (entendons ce vers-là comme il veut qu'on l'entende), faire des reconnoissances, peu de charges à fond, point de carnage.

Je n'ai point d'armes
Pour vous servir comme le grand Saucourt,

répond une voix en écho. Et nommer Saucourt, c'est tout dire. Les annales de la galanterie ont gardé le souvenir de ce rude camarade. Mais les chansons ressemblent à un troupeau : une brebis passe, une autre veut passer.

Le pauvre comte de Guiche
Trousse ses quilles et son sac ;
Il faut bien qu'il se déniche
De chez la nymphe Brissac ;
Il a gâté son affaire
Pour n'avoir jamais su faire
Ce que fait, ce que défend
L'archevêque de Rouen.

trop de part dans cette histoire pour ne parler d'eux qu'en passant : il les faut faire connoître à fond, et, pour cet effet, il faut commencer par la description du premier.

Ce que défendoit et faisoit Harlay de Champvallon, prélat spirituel, hautain et scandaleusement vicieux, Saint-Simon ne le cache guère. Madame de Brissac, aussi connue en son genre que l'archevêque, auroit voulu que Guiche voulût et pût autre chose que « patrouiller » autour d'elle. Son tempérament, mal satisfait de ses inutiles gentillesses, exigea qu'elle s'en défît. Cette dame, très digne d'entrer dans la société des d'Olonne et des Châtillon, nous arrêteroit plus long-temps, si ses faits et gestes se rattachoient plus étroitement à nos histoires et n'étoient pas d'une date postérieure.

Guiche, qui déplaisoit aux hommes en général, et ne plaisoit guère aux femmes dans leur particulier, semble (et je ne sais pourquoi j'emploie ce verbe adoucissant) avoir eu beaucoup plus de succès auprès de quelques uns des jeunes gens de la cour. Les contemporains n'ont pas fait la petite bouche pour nous avouer quelles honteuses habitudes la jeunesse du XVIIe siècle prit en goût : aussi n'avons-nous pas à craindre le reproche de médisance rétrospective, si, d'après les révélations cyniques des uns et les honnêtes satires des autres, nous osons mettre sur le petit piédestal de quelques uns de nos personnages l'étiquette qui leur convient. Guiche étoit aimé principalement du duc d'Anjou et de Manicamp. Manicamp et le duc d'Anjou nous sont dévolus : ils n'échapperont pas à leur notice. Ces amitiés alloient loin et faisoient disparoître toute différence des rangs. Mademoiselle de Montpensier en fut témoin sans en pénétrer tous les mystères. Elle étoit à Lyon alors (1658), et au bal chez le maréchal de Villeroi. « Le comte de Guiche y étoit, lequel, faisant semblant de ne pas nous connoître, tiralla fort Monsieur dans la danse et lui donna des coups de pied au cul. Cette familiarité me parut assez grande ; je n'en dis mot, parceque je savois bien que cela n'eût pas plu à Monsieur, qui trouvoit tout bon du comte de Guiche. Manicamp, son bon ami, y étoit aussi, qui fit mille plaisanteries que j'eusse trouvées fort mauvaises si j'eusse été Monsieur. » (Montp., t. 3, p. 389.)

Quelques lignes plus loin, Mademoiselle ajoute ceci, qui ne vient pas contredire Bussy, et une fois de plus nous servira

Portrait du comte de Guiche.

Le comte de Guiche avoit de grands yeux noirs, le nez beau, bien fait, la bouche un peu

de témoignage en sa faveur : « Tout cela ne faisoit d'autre effet sur l'esprit de Monsieur que de l'affliger en voyant que la reine (mère) n'aimoit pas le comte de Guiche. Celui-ci s'en alla à Paris, d'où l'on me manda qu'il faisoit le galant de madame d'Olonne; qu'il alloit tous les deux jours au sermon aux Hospitalières de la Place-Royale, où le père Estève, jésuite, prêchoit l'avent (c'étoit là le sermon à la mode); que Marsillac étoit aussi un des adorateurs de madame d'Olonne; que l'on ne savoit comment l'abbé Fouquet prendroit cela et s'il en useroit de la sorte à son retour. » Peu à peu les dates se fixent. Nous sommes au mois de décembre 1658.

Il y auroit Du Lude, il y auroit Vardes et quelque autre à mettre déjà sur la sellette. Cela viendra. Tout ce monde ne se quittoit guère. Quand arriva la triste découverte de Fargues le Frondeur, Louis XIV, si sévère, si cruel ce jour-là, avoit avec lui Du Lude, Lauzun, Vardes et Guiche.

En somme, « le comte de Guiche (voy. *la Fameuse Comédienne*, p. 14) comptoit pour peu de fortune le bonheur d'être aimé des dames », et il le prouva (1665) lorsqu'il repoussa les cajoleries d'Armande Béjart, femme de Molière. (Taschereau, *Vie de Molière*, 3e édit. liv. 2, p. 66.)

Avec madame de Brissac il ne faisoit vraiment de frais qu'en paroles. « On dit (Sévigné, 16 mars 1672) que le comte de Guiche et madame de Brissac sont tellement sophistiqués qu'ils auroient besoin d'un truchement pour s'entendre eux-mêmes.» Toutefois, on pourroit croire que Guiche aima réellement Madame, la femme de son ami, le jeune duc d'Orléans. Madame de La Fayette, dans une histoire écrite d'une manière exquise, a raconté décemment les détails de cette intrigue. Elle n'a pas su ou n'a pas osé dire tout. D'autres eurent moins de scrupule. Madame de Motteville paroît disposée à les croire (t. 5, p. 536) : « Ce qu'on appelle ordinairement la belle galanterie produisit alors beaucoup d'intrigues. Le comte de Guiche, quelque temps après, fut éloigné pour avoir eu l'audace de regarder Madame un peu trop tendrement. Comme il est à croire qu'elle étoit sage en effet, elle voulut que le public fût persuadé qu'elle avoit été de concert avec le roi et

grande, la forme du visage ronde et plate, le teint admirable, le front grand et la taille belle ;

Monsieur pour l'éloigner ; mais son exil fut court, et on peut s'imaginer que ce crime n'avoit pas beaucoup offensé celle qui en étoit la cause : car cette passion, paroissant alors désapprouvée par elle, ne pouvoit, selon les fausses maximes que l'amour-propre inspire, lui apporter que de la gloire. »

Les *Lettres de Madame* (la Palatine, 3 juillet 1718) regardent la chose comme une liaison véritable. Les pamphlets se sont prétendus très instruits de tout cela. Guiche ne se seroit pas perdu, même par ces hardiesses, s'il ne se fût mis, avec Vardes et la comtesse de Soissons, dans le parti de ceux qui voulurent faire quitter au roi l'amour de La Vallière, trop tendre pour eux et trop exclusif. On connoît l'aventure de la lettre espagnole qu'ils firent remettre à la reine pour l'instruire. Dès ce moment, Guiche dut renoncer à l'amitié de son maître. Il fut exilé plus d'une fois. Lorsqu'il revenoit, rien ne paroissoit altéré en lui de tout ce qui avoit fait son élégante renommée : « Le comte de Guiche est à la cour tout seul de son air et de sa manière, un héros de roman, qui ne ressemble point au reste des hommes : voilà ce qu'on me mande. » (Sévigné, 7 octobre 1671.)

Guiche affectoit une profonde indifférence pour la vie qu'il menoit, pour la cour, pour son pays même. Il ne manquoit pas de courage : il passa le premier le Rhin à la nage (Quincy, *Hist. milit. de Louis XIV*, t. 1, p. 321) ; il ne manquoit pas de solidité dans l'esprit, quoi qu'on en ait pu dire : il a laissé des mémoires, et, entre autres pages, une *Relation du passage du Rhin* qui est bien écrite.

On l'avoit marié malgré lui à mademoiselle de Béthune, petite-fille de Séguier ; il ne consentit jamais à feindre de l'aimer et l'abandonna. Cette jeune femme avoit treize ans lorsqu'il l'épousa (1658). « Il se soucioit si peu de sa femme qu'il étoit bien aise de ne la jamais voir, et on disoit qu'il vivoit avec elle comme un homme qui vouloit se démarier un jour, et que la cause en étoit l'extrême passion qu'il avoit pour la fille de madame Beauvais. » (Montp., t. 3, p. 276.)

Cette extrême passion, comme Bussy le montre, n'étoit sans doute pas plus sincère que toutes les autres.

En somme, le beau Guiche est un homme marié dès le premier pas qu'il fait devant nous.

S'il mérita peu l'estime de ceux qui aiment les vrais amants, il avoit de l'esprit, il savoit beaucoup, il étoit moqueur, léger, présomptueux, brave, étourdi

sa sœur, Catherine-Charlotte, femme de Louis Grimaldi, duc de Valentinois et prince de Monaco, a fait quelque chose pour gagner cette estime. Non pas sur la fin de sa vie (elle est morte en 1678, à trente-neuf ans, gâtée, dit-on, par un petit coureur de page), mais dans les premiers temps, elle aima ardemment Lauzun, qui n'avoit pas encore fait fortune, et qui étoit son parent. Il est vrai que lorsque Louis XIV la désira elle ne se fit pas désirer long-temps. Lauzun, un jour qu'elle étoit assise sur le gazon avec d'autres dames, lui écrasa la main sous sa botte. Elle dévora cet affront et se tut. Qui décidera quelle épithète il convient de donner à l'action de Lauzun ? Les savants ont quelquefois eu de longues querelles pour régler de moins intéressantes affaires. Mademoiselle de Grammont avoit été l'amie de Madame (Mottev., t. 5, p. 136). Madame de Courcelles (celle-là, ne lui ménageons pas notre mépris et ne lui faisons pas l'honneur de la croire sur parole) a essayé (p. 84 de l'édit. elzév.) de nous la peindre comme une précieuse de profession; au moins avoue-t-elle qu'elle avoit « beaucoup d'esprit, beaucoup d'amour et de charmes apparents. »

Je crois que madame de Monaco doit, en somme, trouver grâce devant ses juges.

Avec ces détours, Guiche est oublié. Il mourut tout à coup, en 1673, à temps peut-être. « Ce pauvre garçon a fait une grande amende honorable de sa vie passée, s'en est repenti, en a demandé pardon publiquement; il a fait demander pardon à Vardes et lui a mandé mille choses qui pourront peut-être lui être bonnes; enfin il a fort bien fini la comédie et laissé une riche et heureuse veuve.

« La comtesse de Guiche fait fort bien; elle pleure quand on lui conte les honnêtetés et les excuses que son mari lui a faites en mourant; elle dit : « Il étoit aimable, je l'aurois ai-
« mé passionnément s'il m'avoit un peu aimée; j'ai souffert
« ses mépris avec douleur, sa mort me touche et me fait pi-
« tié; j'espérois toujours qu'il changeroit de sentiments pour
« moi. » (Sévigné, du 8 décembre 1673.)

Il mourut de chagrin à Creutznach (Palatinat), n'ayant que trente-cinq ans. Pour toute oraison funèbre on lui trouve ces lignes : « Ha ! fort, fort bien, nous voici dans les lamentations du comte de Guiche. Hélas ! ma pauvre enfant, nous

et sans amitié ; il étoit mestre de camp du régiment des gardes françoises conjointement avec le maréchal de Grammont, son père.

Portrait de Manicamp[1].

Manicamp avoit les yeux bleus et doux, le nez aquilin, la bouche grande, les lèvres fort rouges

n'y pensons plus ici, pas même le maréchal (de Grammont), qui a repris le soin de faire sa cour. Pour votre princesse (de Monaco), comme vous dites très bien, après ce qu'elle a oublié (le roi, qui l'avoit aimée), il ne faut rien craindre de sa tendresse. Madame de Louvigny et son mari (frère de Guiche) sont transportés. La comtesse de Guiche voudroit bien ne point se remarier, mais un tabouret la tentera. Il n'y a plus que la maréchale qui se meurt de douleur. » (Sévigné, jour de Noël, 1673.)

Cette note est longue. Quoi ! tant de mots pour de si chétives marionnettes ! Qu'est-ce que cela dit à l'histoire ? Ah ! d'Alembert avoit raison de faire la guerre aux compilateurs. — De grâce ! considérez qu'ils ont eu leurs jours de gloire, qu'ils ont régné sur la scène du monde, qu'ils ont été polis, galants, spirituels, et que, si on ne parle pas d'eux sur les marges de ce livre, on n'en parlera nulle part.

1. Manicamp, déjà nommé, est catégoriquement accusé d'*italianisme* dans *la France devenue italienne*, ailleurs et ici. Le numéro 2803 du t. 2 du nouveau *Catalogue de la Bibliothèque nationale* (V. aussi les numéros 2816 et 2879) désigne une pièce qui a pour titre : *Capitulation accordée par M. le comte de Fuensaldaigne à M. le duc d'Elbeuf, et, en son nom, à M. de Manicamp, pour la reddition de Chauny* (le 16 juillet 1652). Ce Manicamp, père du nôtre, maréchal de camp sous Gassion, prend en 1644 (V. Quincy) les forts de Rébus et de Hennuyen. Louis XIII ne l'aimoit pas. En mourant il l'appelle (Montglat, Coll. Michaud, p. 136) pour se réconcilier avec lui. Avec Candale, Condé, Conti, Mercœur, le maréchal de Grammont, le marquis de Roquelaure, M. de Montglat, Hocquincourt, etc. (*Estat de la France*, 1648), il est « un de ceux qui doivent espérer l'ordre ». Il venoit d'être fait (1647. Du Plessis, Coll. Michaud, 386) lieutenant général en Catalogne ; on lui promet le bâton en 1650 (Lenet,

et relevées, le teint un peu jaune, le visage plat, les cheveux blonds et la tête belle, la taille bien faite si elle ne se fût un peu trop négligée ; pour l'esprit, il l'avoit assez de la manière du comte de Guiche ; il n'avoit pas tant d'acquis, mais il avoit pour le moins le génie aussi beau. La fortune de celui-là, qui n'étoit pas à beaucoup près si établie que celle de l'autre, lui faisoit avoir un peu plus d'égard ; mais naturellement ils avoient tous deux les mêmes inclinations à la dureté et à la raillerie : aussi s'aimoient-ils fortement, comme s'ils eussent été de différens sexes.

Dans le temps même que madame d'Olonne montroit à tout le monde la lettre du chevalier de Grammont, celui-ci découvrit l'amour du comte

---

Coll. Michaud, p. 276) ; il est à côté de Mazarin, en 1651, lorsque celui-ci rentre en France (Mottev., t. 4, p. 308) ; en 1653 il est gouverneur de La Fère, « à cause que ses terres sont situées aux environs », très attaché au cardinal, lieutenant général du maréchal d'Hocquincourt (Montglat, p. 290). Il est quelquefois difficile de retrouver toutes les traces des personnages qui, comme ceux dont il s'agit quelquefois dans l'*Histoire amoureuse*, n'ont joué qu'un rôle très particulier dans l'histoire. Ainsi pour notre Manicamp (Bernard de Longueval). L'une de ses sœurs, « douce et mélancolique », quitta la cour aux jours saints de 1655 (Walck., t. 2, p. 20), pour se faire carmélite ; une autre devint maréchale d'Estrées. Madame de Sévigné étoit de ses amies (lettre du 24 avril 1672). Manicamp, revenu ou non des folies de sa jeunesse, mena une vie effacée. Cavoie lui fit accroire un jour qu'il alloit être nommé roi de Pologne (1674. Saint-Simon, note au *Journal de Dangeau*, t. 5, p. 356). Au temps de sa verte faveur, « le petit Manicamp, *qui a soutenu toute sa vie le même caractère* », persuade au roi (1660) qu'il est de bon air de jurer (Choisy, Coll. Michaud, p. 561), et le roi le croit un moment. La reine-mère le désabuse.

M. G. Brunet (Note du *Nouveau Siècle de Louis XIV*, p. 65) l'appelle l'abbé de Lauvigni de Manicamp.

de Guiche pour la comtesse de Fiesque. Cela ne lui servit pas peu à le faire emporter contre madame d'Olonne, croyant sa réconciliation plus aisée avec la comtesse, moins il garderoit de mesures avec l'autre; mais, cependant qu'il essaie à se raccommoder, voyons ce que fit le comte de Guiche pour se rendre aimable. Il faut savoir premièrement que le comte avoit une fort grande passion pour mademoiselle de Beauvais[1], fille de peu de naissance et de beaucoup d'esprit; il faut savoir encore qu'il avoit été tellement tracassé

1. Voltaire (*Siècle de Louis XIV*, ch. 24) donne le titre de baronne à madame de Beauvais la mère. Suivant Guy-Patin (lettre du 4 mai 1663), « le père de cette madame de Beauvais étoit un fripier de la halle; d'autres disent encore moins que fripier, mais seulement crocheteur ».

Je ne sais pourquoi Walckenaer (t. 2, p. 114) ne la nomme que mademoiselle. Mais dame ou demoiselle, fille d'un crocheteur ou baronne, madame de Beauvais, attachée au service de la reine-mère et assez dévouée à sa maîtresse, malgré quelques intrigues, est assurée de voir son nom sauvé de l'oubli parcequ'elle a eu l'insigne honneur d'être la première femme qu'ait connue de près Louis XIV.

« On mande de Paris que madame de Beauvais est morte », écrit Dangeau le 14 août 1690. — Saint-Simon, en note : « Créature de beaucoup d'esprit, d'une grande intrigue, fort audacieuse, qui avoit eu le grapin sur la reine-mère, et qui étoit plus que galante. On lui attribue d'avoir la première déniaisé le roi à son profit. » De là son crédit si vigoureux. Les éloges ne pleuvent pourtant pas sur elle. « Vieille, chassieuse et borgnesse..... De temps en temps elle venoit à Versailles, où elle causoit toujours avec le roi en particulier. » (Saint-Simon, ch. 7, t. 1, p 69.)

Oui, « borgnesse », toutes les chansons le disent ; mais elle payoit bien ses amants, comme ce Fromenteau, qui de rien, grâce à elle et au roi, son fidèle protecteur, devint un La Vauguyon, souche de ducs. On découvrit qu'elle avoit touché 100,000 livres de Fouquet : c'est assez grave ; et peut-être ne connoît-on pas tous ses métiers ! Qui donc, pour la

par ses parens dans cet amour, qui craignoient
qu'elle ne lui fît faire la même sottise que sa sœur
avoit fait faire au marquis de Richelieu[1], que

louer enfin, a dit qu'elle étoit « laide, borgne, mais très propre et ardente? » Son fils, le baron de Beauvais, est l'*Ergaste* de La Bruyère. De ses deux filles, l'une (Jeanne-Baptiste), l'aînée, épousa J.-B. Amador de Vignerot du Plessis, marquis de Richelieu et le second des petits-neveux du cardinal; l'autre, celle pour qui sont recueillies ces indications, « par son mérite et sa vertu, avoit acquis dans l'estime de la reine-mère l'avantage d'être préférée à sa mère dans les confidences d'honneur et de distinction ». (1665. Motteville, t. 5, p. 255.) L'éloge est grand.

1. Françoise du Plessis-Richelieu, sœur du cardinal, mariée à René de Vignerot, sieur du Pont de Courlay, devint mère : 1. de François, marquis du Pont de Courlay, gouverneur du Havre; 2. de la duchesse d'Aiguillon.

François eut deux fils.

Le premier, Armand-Jean de Vignerot du Plessis, (par substitution) duc de Richelieu, épouse le 26 décembre 1649, à vingt ans, Anne Poussart, veuve de François-Alexandre d'Albret, sire de Pons, et fille de François Poussart, baron du Vigean, et d'Anne de Neubourg.

Le second, Jean-Baptiste Amador de Vignerot du Plessis, marquis de Richelieu, épouse, également à vingt ans, le 6 novembre 1652, Jeanne-Baptiste de Beauvais.

L'aîné, à dix-huit ans, avoit été faire cette extravagante expédition de Naples qui ne réussit pas au duc de Guise (Mottev., t. 2, p. 325). On disoit de lui sans façon : « Ce pauvre sot ! » (V. Montp., t. 2, p. 71.) Ce n'est pas qu'il fût fort imbécile, mais il manquoit de sens commun. Son jeu et ses dépenses, sans compter d'autres fantaisies, le ruinoient. En 1661, madame de Motteville écrit : « On vit alors quasi finir la maison du cardinal de Richelieu. Le duc de Richelieu, son neveu, avoit eu cette charge (de général des galères) et le gouvernement du Havre; mais, par l'ordre de la cour et par la nécessité où le mettoient ses dépenses déréglées, il se défit de l'une et de l'autre. »

Sa tante avoit voulu lui faire épouser mademoiselle de Chevreuse (Mottev., t. 3, p. 423).

La nouvelle duchesse de Richelieu, devenue première dame d'honneur, mourut en mai 1684 « regrettée universellement »

cette considération, autant que les rigueurs de la belle, l'avoient fort rebuté et l'avoient fort engagé au dessein d'aimer la comtesse ; mais il n'avoit pas pour celle-ci toute l'inclination qu'elle

(Sévigné, 1 juin 1684). En secondes noces, le duc épouse Anne-Marguerite d'Acigné (morte en 1698). Madame de Caylus a peint leur ménage, leur train, leur hôtel, leur salon littéraire, à la façon de la *chambre bleue*. Madame de Maintenon les aimoit. Saint-Simon (t. 1, p. 164) confirme ce que madame de Caylus a dit. Le duc étoit « l'ami intime et de tous les temps » de madame de Maintenon. Seul, il la voyoit à toutes heures. On s'emparoit facilement de l'esprit de cet homme, et cela explique ses mariages. Veuf une seconde fois, il épousa le 20 mars 1702, à soixante-treize ans, Marguerite-Thérèse Rouillé, veuve du marquis de Noailles, ce qui fait écrire à madame de Coulanges (lettre du 4 avril) : « J'ai si peu de commerce avec M. de Richelieu que je ne l'ai point vu depuis son mariage. Si on le voyoit toutes les fois qu'il se marie, on passeroit sa vie avec lui : il est trop jeune pour moi. »

Pour le marquis, en 1652, « il est bien fait, jeune, plein d'esprit et de courage. Son frère aîné n'a point d'enfants et est fort malsain. » (Montp., t. 2, p. 373.)

Son mariage avec mademoiselle de Beauvais, ajoute Mademoiselle, « surprit tout le monde. Quoique cette fille soit jolie et aimable, elle n'est pas assez belle pour faire passer pardessus mille considérations qu'il devoit avoir. Aussi, dès le lendemain, madame d'Aiguillon l'enleva et l'envoya en Italie pour voir s'il persévéreroit à l'aimer. Au bout de quelque temps il revint, et l'a toujours fort aimée. Elle disoit dans sa douleur : « Mes neveux vont toujours de pis en pis ; « j'espère que le troisième épousera la fille du bourreau ! » Il est vrai qu'elle avoit sujet de se plaindre ; mais madame de Beauvais ne lui avoit nulle obligation et n'étoit point obligée de négliger son bien à ses dépens, comme étoit madame de Pons, fille de madame du Vigean, dont la mère est comme la femme de charge de sa maison. »

Une autre Beauvais, Uranie de la Cropte de Beauvais, fille de François-Paul de Beauvais, maréchal de camp, écuyer de Condé, fut courtisée par le roi, refusa l'honneur qu'il lui vouloit faire, et le céda à mademoiselle de Fontanges. Elle

méritoit, et c'étoit moins une seconde passion qu'un remède à la première. Il ne faisoit pas beaucoup de chemin ; tout ce qu'il pouvoit faire étoit d'émouvoir la comtesse et de mettre au desespoir le chevalier, et pour cela il s'en tenoit aux regards et aux assiduités, sans se soucier d'aller plus vite. La comtesse, qui, à ce qu'on croit, n'avoit jamais eu le cœur touché que du mérite de Guitaud[1], favori du prince de Condé,

aimoit Louis-Thomas de Savoie, comte de Soissons. Chassée à cause de lui par Monsieur, elle l'épousa le 12 octobre 1680. Encore un mariage qui déplut aux rigoristes ; il ne put être reconnu que le 27 février 1683.

Madame, peu coutumière du fait, a donné à cette troisième demoiselle de Beauvais un certificat de vertu (lettre du 19 fév. 1720) : « J'avois une fille d'honneur nommée Beauvais ; c'étoit une fort honnête créature. Le roi en devint amoureux, mais elle tint bon. Alors il se tourna vers sa compagne, la Fontange. »

1. « Le petit Guitaut », comme on disoit ; Guillaume de Peichpeyrou (ou Puypeyroux. Tall. des R., t. 1, p. 112) de son nom. Il étoit fils du vieux Guitaut, capitaine des gardes de la reine-mère, et cousin de Comminges, des gardes du roi (Mottev., t. 3, p. 446). De bonne heure il s'étoit attaché à Condé. Il est blessé en Guienne à son service en 1650 (Pierre Coste, p. 49) ; il lui est très utile durant sa captivité (Montp., t. 2, p. 123) ; il est blessé à côté de lui au combat de Saint-Antoine (Quincy, t. 1, p. 158 ; Montp., t. 2, p. 261). Il suivit sa fortune, c'est-à-dire ne rentra en grâce que tardivement et sans grande chance de fortune. Mais son mariage avec Jeanne de La Grange lui donna le marquisat d'Espoisses, en Nivernois.

Nous avons vu quelle part Guitaut a eue dans les malheurs de Bussy. Il ne le servit guère auprès de Condé ; il fit le fier, long-temps après, pour signer un traité de paix solide. Cependant il aimoit madame de Sévigné, dont il étoit le voisin à Paris (se rappeler la lettre de l'incendie, en février 1671), et qui alloit souvent le visiter dans sa terre de marquis. « C'est un homme aimable et d'une bonne compagnie, disoit-elle (22 août 1676) ; sa maison est gaie, parée, pleine de fêtes ; on y

qu'il y avoit quatre ou cinq ans qu'elle ne pouvoit plus voir et avec qui elle entretenoit un commerce de lettres, sentit sa constance ébranlée par les pas que fit le comte de Guiche pour elle ; et, quoi que Jarzay, ami de Guitaud, lui dît pour l'obliger à chasser le comte, elle n'y donna pas d'abord les mains, en faisant semblant de traiter cet amour de ridicule ; elle éluda long-temps les conseils de tous ses amis ; enfin, voyant elle-même que le comte ne s'aidoit pas, elle se résolut de se faire honneur de la nécessité où elle se croyoit de le perdre, et, afin que cela ne parût pas un sacrifice au chevalier, qui s'étoit vanté de faire chasser son neveu, elle les chassa tous deux, déférant pour lors aux avis de Jarzay[1], à ce qu'elle lui dit. Et là-dessus il se fit une plaisanterie, que la comtesse alloit sceller les congés de ses amans ; mais le chevalier la fit tant presser par ses meilleurs amis, qu'il obtint permission de la revoir au bout de quinze jours, et ce fut sur cela qu'il fit ce couplet de sarabande :

revoit « Fiesque, qui donne de la joie à tout un pays. » (Lettre du 25 octobre 1673.)

Guitaut est mort le 25 décembre 1685, « chevalier des ordres du roi et gouverneur des îles de Saint-Honorat et de Sainte-Marguerite. » (*Mémoires du marquis de Sourches*, t. 1, p. 381.)

1. Jarzay faisoit des chansons comme tout le monde (*Prétieuses*, t. 2, p. 139, note). La page ci-contre parle de ce marquis léger. Madame de Beauvais (Voy. p. 70) fut exilée à cause de lui, le 23 décembre 1649 (Voy. les mémoires manuscrits de Dubuisson Aubenay, gentilhomme attaché au secrétaire d'Etat Du Plessis Guénégaud, Bibl. Maz., ms. in-fol. H. 1765). Elle l'avoit aidé à se prétendre amoureux de la reine, comme l'on va le voir. M. Chéruel (note au tome 5 de Saint-Simon) a indiqué, d'après les *Carnets de Mazarin* (Ms. Bibl. nat., fonds Baluze, carnet 13), le rôle que joue Mazarin dans cette intrigue.

SARABANDE.

orsque Jarzay[1], *par un amour extrême*
Qu'il a toujours pour son ami Flamand,
Sçut obliger la personne que j'aime
Au dur scellé qui cause mon tourment,

Lors je pensois, comme il pensoit lui-même,
Ne revoir ma Philis qu'au jour du jugement;
Mais ce n'étoit qu'un pur bannissement.

Cinq ou six mois s'étant passés, pendant lesquels le chevalier, trop heureux de n'avoir plus son neveu sur les bras, avoit gouté auprès de la

---

1. Jarzay est l'un des quatre grands diseurs de bons mots de Ménage (*Ménagiana*). Il s'appelle René du Plessis de la Roche-Pichemer. Nous le voyons d'abord, après Candale et avant Miossens, bâtard d'Albret, « galant estably et bien payé » de la célèbre madame de Rohan, fille de Sully (Tallem., t. 3, p. 42). En 1647, il aime mademoiselle de Saint-Mesgrin (Marie de Stuert, morte demoiselle en 1693). Gaston, par hasard, la désiroit : il veut faire jeter Jarzay par les fenêtres du Luxembourg (Mott. t. 2, p. 229). En 1648, il est en pleine faveur chez Ninon (Walck., t. 1, p. 255).

Jusque alors il n'a point risqué sa légèreté dans les agitations de la politique; l'année 1648 lui permet de s'y aventurer parmi les plus folâtres. Il commence par être mazarin; il accepte, en août 1648, le bâton de capitaine des gardes enlevé au marquis de Gèvres (Montglat, p. 196), bâton refusé généreusement par Charost et Chandenier (Mott., t. 2, p. 453). Il ne le garde pas long-temps.

Il est un de ceux qui imaginent (Walck., t. 1, p. 334) de mettre le duc de Nemours aux pieds de madame de Longueville pour créer un rival à La Rochefoucauld. Rien n'est plus étrange que la fantaisie qui le prend d'être le vainqueur du cardinal de Mazarin en quelque chose, de lui enlever le cœur d'Anne d'Autriche (1649), et que la manière dont il affiche ses prétentions. Condé, curieux de scandale et déjà mécontent,

comtesse le plaisir d'aimer seul, quelques amis du comte de Guiche lui représentèrent qu'étant le plus beau garçon de la cour, il lui étoit honteux de trouver une dame cruelle, et que le mauvais succès qu'il avoit eu auprès de la comtesse lui avoit fait tort dans le monde. Ces raisons lui firent résoudre de se rembarquer. Il revint blessé

l'y poussoit (Mott., t. 3, p. 400). Après l'éclat, après la triomphante colère de la reine, Condé se déclare offensé en la personne de Jarzay ; il en fait son ami, il ne sort plus qu'avec lui.

C'est en cette même année 1649 qu'a lieu la bataille ridicule du jardin des Tuileries, chez Renard. Un peu auparavant, près de Sens, Jarzay avoit été presque battu ; il tient la campagne contre le marquis ou comte de La Boulaye, très grand frondeur (Mott., t. 3, p. 276) ; mais on dit que la paix se va faire, que les querelles sont suspendues. Les gens de la cour, exilés de Paris depuis si long-temps, s'y glissent par petites bandes; ils font des parties fines. Jarzay est un de ceux qui osent être bruyants. On sait ce qui lui arrive. Parmi les *Mazarinades*, celle-ci lui est consacrée (Bibl. nat., t. 2, n. 1278) : « Le Grand Gerzay battu, ou la Canne de M. de Beaufort au festin de Renard aux Thuilleries, en vers burlesques.

Madame de Motteville (t. 3, p. 291) a fait de tout cela un charmant récit, où Jarzay, «le moins sage de tous les hommes», Candale, Manicamp et les autres, figurent agréablement. Cela est fâcheux à dire, mais Jarzay, ce jour-là, fut bâtonné par Beaufort. Il en devint populaire dans Paris pour sa consolation. « Il n'étoit pas aimé, parcequ'il étoit d'un naturel brusque, qu'il étoit vain, railleur et léger. » (Mott., t. 3, p. 377.)

Toutes ces aventures le transforment en un furieux partisan de Condé. Il est blessé au combat de Saint-Antoine, comme Villars, Guitaut, le marquis de Clérambault, du Fouilloux, etc. (Quincy, t. 1, p. 158). Bientôt il est « l'entier confident » du prince (Lenet, Coll. Michaud, p. 541). J'oublie une blessure reçue au bras dans la rue Dauphine (Montp., t. 2, p. 157).

L'amour marche à la traverse en ces jours de bagarre. La folie du marquis lui donne des grâces ; il est l'un des plus fortunés vainqueurs des belles.

En 1658, on le chasse comme partisan de Condé (Montp.,

de la campagne à la main droite; mais il y avoit déjà quelque temps que sa blessure, quoique grande, ne l'empêchoit pas de se promener, lorsqu'il rencontra la comtesse dans les Tuileries : il étoit avec l'abbé Fouquet[1], ami particulier de cette dame, qui, croyant leur faire plaisir, les engagea dans une conversation tête à tête et les laissa seuls assez long-temps. Le comte ne parla point d'amour, mais il fit des mines et jeta des regards qui ne parlèrent que trop à la comtesse, qui en entendoit encore plus qu'il n'en vouloit dire. Cette conversation finit par une foiblesse qui prit au comte de Guiche, d'où le secours de la comtesse et de l'abbé le firent revenir.

Leurs opinions furent partagées sur la cause de cette foiblesse. L'abbé l'attribua à la blessure du comte, et la comtesse à sa passion. Il n'y a rien qu'une femme croie plus volontiers que

---

t. 3, p. 326); carrière perdue, comme celle de tant de brillants personnages du temps de la Régence! Sa disgrâce devoit pour long-temps se faire sentir à ses enfants. Bussy écrit : « Le roi ne voit pas d'ordinaire les enfants des exilés (comme les comtes de Limoges et les Jarzay) ». (Sév., 24 juin 1672.)

La fin de l'histoire n'est pas gaie : « Jarzé étoit avec M. de Munster; il a eu permission de se faire assommer et il y a bien réussi. Vous savez que Jarzé étoit aussi exilé. »

Jarzay, exilé, avoit eu permission de se mêler aux combattants de la campagne de Hollande. A peine arrivé, une sentinelle le tua (*Lettre de Pellisson* du 19 juin 1672). Son petit-fils fut amputé du bras, en 1688, à Philipsbourg. Il y avoit trois ans qu'il avoit le régiment d'Hamilton (Sourches, t. 1, p. 48). On le voit, en 1708, ambassadeur d'un jour en Suisse (Saint-Simon, t. 6, p. 208).

1. Basile Fouquet, mort en 1683. Il reparoîtra, plus puissant acteur et plus nécessaire à étudier.

78 HISTOIRE AMOUREUSE

d'être aimée, parceque l'amour lui fait croire qu'on la doit aimer, et parcequ'on ne se persuade pas malaisément ce que l'on désire. Ces raisons là firent que la comtesse ne douta point de l'amour du comte de Guiche. Dans ce temps-là madame d'Olonne, qui ne vouloit pas qu'un jeune homme si bien fait lui échappât, pria Vineuil [1]

---

[1]. Je vois un Vineuil (Tall. des R., t. 1, p. 472) qui, en 1643, « à la porte des Thuilleries », reçoit des coups de plat d'épée du comte de Maulny. « On l'appeloit *Ardier le gentilhomme.* » C'est donc le nôtre, mais les coups de plat d'épée étonnent. Ici on lit : comte de Vineuil (*Mém. de M. de ****, Coll. Michaud, p. 534) ; ailleurs : Ardier, sieur de Vineuil, gentilhomme de M. le Prince ; ailleurs : marquis de Vineuil, secrétaire du roi. Celui-ci, spirituel, bien fait (Tall., t. 4, p. 231), jouit, dans la fleur de sa beauté, de la fille du maréchal de Châtillon (plus tard madame de Wurtemberg). Faut-il, philosophiquement, faire la synthèse de ces diverses entités ? Faut-il croire à un Vineuil unique sous trois apparences ? Cela se peut. Vineuil avoit de l'esprit, il aimoit le mordant, il etoit bien fait ; il plut (Walck., t. 1, p. 337) à madame de Montbazon, à madame de Movy. Retz en est garant quant à ce qui regarde la première (*Mém. du card. de Retz*, p. 175). « Vigneuil, dit-il (1649), aimé *effectivement.* »
On voit Vineuil chargé de proposer à madame de Chevreuse le mariage de sa fille avec le prince de Conti, lorsque celui-ci cessa de vouloir être cardinal de la sainte Eglise (Lenet, p. 316) ; il avertit Condé de son imminente arrestation, en 1650 (Montp., t. 2, p. 77). La guerre commence ; il est des plus actifs dans son parti. Il est arrêté à Poitiers en 1651 (Mott. t. 4, p. 307) ; en 1653, venant de Flandre avec des lettres, il se fait encore prendre (Montp., t. 2, p. 390). Brienne, le vieux Brienne, a indiqué quel fut le rôle politique de Vineuil (*Mém. de Brienne*, Coll. Michaud, p. 133). Nous ne le retrouvons que plus tard, à Saumur (Sevigné, 17 septembre 1675) : « Vineuil est bien vieilli, bien toussant, bien crachant et devot, mais toujours de l'esprit. »
MM. d'Olonne, de Vassé et Vineuil étoient exilés. Ce fut au retour de cet exil que, le roi demandant à M. de Vineuil ce qu'il faisoit à Saumur, lieu de son exil, il dit qu'il alloit

de lui amener le comte de Guiche, ce qu'il fit;
mais, l'heure de ce cavalier n'étant pas encore
venue, il en sortit aussi libre qu'il y étoit entré.
Il continua son dessein pour la comtesse. Ses assiduités ayant renouvelé la jalousie du chevalier, celui-ci voulut s'éclaircir de l'état auquel
étoit son neveu auprès de sa maîtresse, et, pour
lui mieux ressembler, il écrivit de la main gauche
à cette belle un billet que voici :

BILLET.

*On est bien embarrassé quand on n'a qu'une
pauvre main gauche. Je vous supplie, Madame, que je vous puisse parler aujourd'hui à quelque heure du jour; mais que
mon cher oncle n'en sache rien, car je courrois fortune de la vie, et peut-être vous-même ne seriez pas
quitte à meilleur marché.*

La comtesse, ayant lu ce billet, donna charge
à son portier[1] de faire savoir à celui qui viendroit
quérir la réponse qu'il dît à son maître qu'il lui
envoyât Manicamp à trois heures après midi.
Lorsque le chevalier eut reçu cette réponse, il
crut avoir de quoi convaincre la comtesse de la
dernière intelligence avec son neveu, et, dans
cette pensée, il s'en alla chez elle. La rage qu'il

---

tous les matins à la halle, où se débitoient les nouvelles, et
qu'un jour on y disputoit pour savoir lequel étoit l'aîné, du roi
ou de Monsieur.

Madame de Sévigné dit encore (20 novembre 1676) que
Vineuil doit faire la vie de Turenne. Rien n'en a paru.

1. N'en déplaise à ceux qui veulent un titre plus relevé,
on appeloit portiers les plus qualifiés concierges de la cour.

avoit dans le cœur lui avoit tellement changé le visage que, pour peu que la comtesse se fût defiée de lui, elle eût tout découvert à son abord; mais, ne songeant à rien, elle ne prit pas garde comme il étoit fait. « Y a-t-il long-temps, Madame, lui dit-il, que vous n'avez vu le comte de Guiche? — Il y a, répondit-elle, cinq ou six jours. — Mais il n'y a pas si long-temps, répliqua le chevalier, que vous en avez reçu des lettres? — Moi! des lettres du comte de Guiche? Pourquoi m'écriroit-il? Est-il en état d'écrire à quelqu'un? — Prenez garde à ce que vous dites, Madame, repartit le chevalier, car cela tire à conséquence. — La vérité est, dit la comtesse, que Manicamp me vient d'envoyer demander si le comte de Guiche me pourroit voir aujourd'hui, et je lui ai mandé qu'il vînt sans son ami. — Il est vrai, reprit brusquement le chevalier, que vous venez de mander à Manicamp qu'il vînt sans le comte de Guiche; mais c'est sur une lettre de celui-ci que vous lui avez mandé cela, et je ne le sais, Madame, que parce que c'est moi qui l'ai écrite et à qui on a rendu votre réponse. N'est-ce pas assez de ne pas reconnoître l'amour que j'ai pour vous depuis douze ans, sans me préférer encore un petit garçon qui ne paroît vous aimer que depuis quinze jours et qui ne vous aime point du tout. Ensuite de ce discours, il fit des actions d'un homme enragé un quart d'heure durant. La comtesse, qui se vit convaincue, voulut tourner l'affaire en raillerie : Mais puisque vous vous doutez de l'intelligence de votre neveu et de moi, lui dit-elle, que ne me demandiez-vous des choses de plus grande importance qu'une heure à me voir? — Ah! Madame, répliqua-t-il, je n'en sais que trop pour vous croire la plus ingrate femme du monde, et moi le plus malheureux de tous les hommes. » Comme il achevoit ces paroles, Manicamp entra, ce qui le fit sortir pour cacher le désordre où il étoit. « Qu'y a-t-il, Madame? lui dit Manicamp; je vous trouve tout embarrassée? » La comtesse lui conta toute la tromperie du chevalier, et leur conversation ensuite; et, après quelques discours sur ce sujet, Manicamp sortit. Presque à la même heure il rapporta ce billet de la part du comte de Guiche:

BILLET.

De peur que les faussaires ne me nuisent au jeu désagréablement, et que vous ne vous mépreniez au caractère et au style, je vous ai voulu faire connoître l'un et l'autre. Le dernier est plus difficile à imiter, étant dicté par quelque chose qui est au dessus de leurs sentimens.

La comtesse ayant lu ce billet : « Mon Dieu! lui dit-elle, que votre ami est fou! J'ai bien peur qu'il ne se fasse, et à moi aussi, des affaires dont nous n'avons pas besoin ni l'un ni l'autre. — Pourvu, Madame, lui répondit Manicamp, que vous vous entendiez bien tous deux, vous ne sçauriez avoir de méchantes affaires. — Mais, lui répondit la comtesse, il ne sçauroit prendre avec moi un autre parti que celui d'amant?—Non, Madame, répliqua-t-il, cela lui est impossible, et ce qui vous le doit persuader, c'est qu'il revient à la charge après avoir été battu ; cette recherche marque en lui une furieuse nécessité de vous aimer. » Comme ils alloient continuer cette conversation, il entra du monde qui l'interrompit, et Manicamp, étant sorti, alla un moment après conter à son ami ce qui venoit de se passer entre la comtesse et lui. Le comte de Guiche, ne croyant pas que le billet qu'il avoit écrit à la comtesse fût suffisant pour lui bien persuader son amour, en écrivit un autre qui l'exprimât plus clairement, et il en chargea Manicamp, qui, le lendemain, le portant à cette belle, le perdit par les chemins, de sorte qu'il retourna sur ses pas dire au comte de Guiche l'accident qui lui étoit arrivé. Celui-ci écrivit cette lettre à la comtesse :

BILLET.

Si vous étiez persuadée de mes sentimens, vous comprendriez aisément qu'on est mal satisfait d'un homme aussi peu soigneux que l'est Manicamp. Vous allez voir la plus grande querelle du monde si vous n'y mettez la main. Jugez ce que je sens pour vous, puisque je romps avec le meilleur de mes amis, sans retour de mon côté ; mais, comme il lui reste encore d'autres assistances, et que vous n'êtes pas si en colère que moi, j'ai peur qu'il ne me force de lui pardonner par votre entremise.

Manicamp alla chercher partout la comtesse, et l'ayant enfin trouvée chez madame de Bonnelle [1]

---

1. Madame de Bonnelle, femme de Noël de Bullion, seigneur de Bonnelle, marquis de Gallardon, membre du parlement

qui jouoit : « Je porte le bonheur, Madame, aux gens que j'approche », lui dit-il, et, s'étant mis auprès d'elle, il lui fourra finement dans sa poche la lettre de son ami et sortit. Quelque temps après, la comtesse s'étant retirée chez elle, le jeu fini,

de Paris, semble un peu folle à madame de Sévigné (1 avril 1672). Tallemant des Réaux (*Historiette* de madame de Cavoie) lui donne peu d'esprit. Ce même Tallemant, à la date de 1639 (t. 2, p. 149), parle de son mariage : « Le cardinal de Richelieu souhaitta que Bonnelle (Noël de Bullion), fils aisné de Bullion (surintendant), espousast mademoiselle de Toussy (Charlotte de Prie, fille du marquis de Toucy), qui estoit un peu parente de Son Eminence. Bonnelle n'en avoit point envie. »

M. P. Paris extrait d'un recueil de lettres manuscrites (de Henry Arnault au président Barillon) quelques lignes qui montrent qu'un mois tout au plus après le mariage les époux vivoient mal ensemble.

En 1652, madame de Bonnelle est amie de Mademoiselle (Montp., t. 2, p. 313). Sa maison est richement montée ; il s'y donne des fêtes. La comtesse de Fiesque y vient comme chez elle ; on y joue (Montp., t. 2, p. 341). Ce n'est pas assez dire : la maison de madame de Bonnelle (V. Loret) est la maison de jeu la plus considérable de ce temps-là. Le peuple le savoit, et cette renommée ne lui plait guère. Madame de Bonnelle est un jour, en Fronde (1652), insultée sur le Pont-Neuf (V. les *Variétés historiques*, t. 3, p. 340). Une lettre de cachet, le 22 octobre 1652, lui apprit qu'elle étoit exilée comme frondeuse (Berthod, Coll. Michaud, p. 371). Elle revint, elle rejoua, elle se ruina ; il lui fallut aller se refaire en Normandie. On sait que son fils Fervaques fut le galant de madame de La Ferté, sœur de madame d'Olonne, en un temps où il étoit bien jeûne et où elle ne l'étoit plus. Ce Fervaques étoit un gros et grand bloc de chair molle. Madame de Bonnelle a eu trois nièces suffisamment galantes : la duchesse d'Aumont, la duchesse de Ventadour et la duchesse de La Ferté, belle-fille de la maréchale.

M. de Bonnelle n'avoit pas passé pour un aigle. « Malgré l'alliance qu'il fit de Charlotte de Prie, sœur ainée de la maréchale de La Mothe, il ne fut jamais que conseiller d'honneur au Parlement. » (Saint-Simon, t. 4, p. 158.)

trouva, en prenant son mouchoir, la lettre du comte de Guiche, cachetée et sans dessus. Si elle eût songé à ce que ce pouvoit être, elle ne l'eût pas ouverte; mais, de peur d'être obligée de ne la pas ouvrir, elle n'y voulut pas songer, et l'ouvrit brusquement, sans faire la moindre réflexion. Toute la vivacité de la comtesse ne lui put faire imaginer ce que lui vouloit dire le comte de Guiche sur le sujet du mécontentement qu'il témoignoit avoir contre Manicamp, de sorte qu'elle commanda à un de ses gens de lui aller dire le lendemain qu'il la vînt voir, résolue de le gronder de la lettre qu'il lui avoit donné du comte de Guiche, et de lui défendre de s'en charger à l'avenir. Comme il entra dedans la chambre le lendemain, sa curiosité lui fit oublier sa colère. « Eh bien ! lui dit-elle, apprenez-moi votre brouillerie avec votre ami. — C'est, Madame, lui dit-il, qu'avant-hier je vous en apportois une lettre, et je la perdis ; il est enragé contre moi. Je ne sçais que lui dire, car j'ai tort. » La comtesse craignant que cette lettre perdue fût retrouvée par quelqu'un qui fît une histoire d'elle qui réjouît le public : « Allez, lui dit-elle, la chercher par tout, et ne revenez pas que vous ne me la rapportiez. » Manicamp sortit aussitôt, et revint le soir lui dire qu'il n'avoit rien trouvé, que le comte de Guiche ne le vouloit plus voir, et qu'il venoit la supplier de les remettre bien ensemble. — Je le ferai, dit-elle, quoi que vous ne le méritiez pas. J'irai demain chez mademoiselle Cornuel[1] ; dites à votre ami qu'il s'y trouve. — Je n'ai plus de commerce avec lui, dit Mani-

---

1. Il y avoit trois Cornuel : la mère et deux belles-filles. Cette fois ce ne seroit pas trois pages, c'est vingt, trente

camp, et rien ne le peut radoucir pour moi qu'un billet de votre part. — Moi, écrire au comte de Guiche ! reprit la comtesse ; vous êtes fort plaisant de me proposer cela ! — Quoique nous soyons brouillés, Madame, répondit Manicamp, je ne sçaurois m'empêcher de vous dire encore qu'il mérite bien cette grâce ; ne le regardez pas en ce rencontre, donnez ce billet à l'amitié que vous avez pour moi, et je vous promets, quand il aura fait son effet, que je vous le remettrai entre les mains. La comtesse, lui ayant fait donner sa parole que le lendemain il lui rapporteroit son billet, écrivit ainsi :

BILLET.

Je ne vous écris que pour vous demander la grâce de ce pauvre Manicamp. Il faut pourtant vous en dire davantage pour vous obliger de me l'accorder : croyez ce qu'il vous dira de ma part ; il est assez de mes amis pour faire que je ne lui refuse rien de tout ce qui lui peut être utile.

Le comte de Guiche, ayant reçu ce billet, le trouva trop doux pour le rendre ; il crut qu'il en

---

pages, un article de revue bien limé, qui seroit de mise. Madame Cornuel mérite plus encore. Rien n'a égalé, au XVIIe siècle, le naturel, l'abondance, le sel, le mordant, le goût de ses bons mots. Entre toutes les causeuses de France elle a tenu sans conteste le premier rang. Celles-là même qui, au dessous d'elle, avoient de la réputation, reconnoissoient sa supériorité. Notez qu'elle n'a rien écrit, qu'aucun des traits de son esprit vivant n'est compromis par là, et n'oubliez pas que nous ne connoissons guère qu'une centaine de ces mots si vifs, si fins, si perçants, qu'admiroient les contemporains et qu'ils redoutoient. De si loin on a quelque peine à en sentir profon-

seroit quitte pour désavouer Manicamp, et cependant il le chargea de cette réponse :

REPONSE AU BILLET.

Je souhaiterois infiniment que vous eussiez autant de penchant à m'accorder ce que je désirerois de vous, qu'il m'a eté facile d'accorder la grâce au criminel. Je vous avoue qu'avec une telle recommandation il étoit impossible de rien refuser. Si j'étois assez heureux pour vous en pouvoir donner des preuves par quelque chose de plus difficile, vous connoîtriez que vous m'avez fait injure lorsque vous avez douté de la vérité de mes sentimens ; ils sont, je vous assure, aussi tendres qu'une aussi aimable personne que vous les peut inspirer, et seront toujours aussi discrets que vous les pourrez souhaiter, quoi qu'en disent nos gouverneurs. Je vous conjure de déférer beaucoup aux avis du criminel, car, quoiqu'il soit homme assez mal soigneux, il mérite qu'on se loue de son zèle pour notre service.

Ces avis étoient de se défier fort du chevalier, qui faisoit tout ce qu'il pouvoit pour traverser son

---

dément la pointe, quelques uns s'émoussent en traversant les années ; mais il en reste assez pour que nous lui devions garder sa place dans une histoire des salons françois. L'auteur des études sur *la Société polie* auroit dû la lui faire. Madame de Sévigné, qui s'y entendoit, écrivoit bien à sa fille, qui s'y entendoit aussi (17 avril 1676) : « Ne trouvez-vous pas madame Cornuel admirable ? »

Elles étoient trois, et les deux belles-filles valoient presque la mère. De cette maison il est sorti pendant long-temps des épigrammes de toute espèce.

Madame Cornuel étoit la fille unique d'un M. Bigot, inten-

neveu, et pour le faire paroître à la comtesse indiscret et infidèle. Après cela, Manicamp lui dit que le comte de Guiche étoit tellement transporté de joie pour le billet qu'elle lui avoit écrit qu'il

dant du duc de Guise, qui l'avoit dorlotée. Elle étoit jolie en sa jeunesse, éveillée, galante et riche. « Elle a de l'esprit, dit en 1658 Tallemant des Réaux (t. 6, p. 228 de la 2e édit.), autant qu'on en peut avoir; elle dit les choses plaisamment et finement. ».

Cornuel, avant de l'épouser, avoit été marié à une veuve du nom de Legendre, qui avoit déjà une fille, mademoiselle Legendre, et qui donna à son mari une autre fille qu'on nomma Margot. Toutes les deux portèrent le nom de Cornuel; elles étoient également spirituelles et jolies. Mademoiselle Legendre fut aimée de l'abbé de La Rivière, avec qui nous aurons à compter.

On a cité (Pougens, *Lett. philosoph.*, 1826, in-12, p. 131) un bon mot de Cornuel lui-même. Le bonhomme étoit chiche de son esprit; il étoit étourdi, bourreau d'argent, et peu aimé de son frère.

Ce frère avoit été contrôleur des finances et président des comptes, ce qui lui avoit permis de donner des affaires à Cornuel le financier. Avant de mourir il épouse sa servante. Sa fille, madame Coulon, gratifiée d'une *Historiette* par Tallemant, qui ne l'a pas consultée pour la lui décerner, fut très galante. (*Historiettes*, 201.)

Le président Cornuel (Conrart, Coll. Petitot, 193) « étoit malsain (de mauvaise santé) et homme de plaisir ». M. Paulin Paris a mis cette indication, et beaucoup d'autres comme il en sait mettre, dans le tome 4 de son Tallemant des Réaux :

« *Les Notes généalogiques du Cabinet des titres* se contentent de dire que Claude Cornuel avoit épousé en premières noces Marthe Perrot, morte à quarante-six ans, le 18 mars 1624, et en secondes noces Françoise Dadien, veuve de Gabriel de Machault, conseiller de la cour des aides; mais les actes de baptême de la paroisse de Saint-Sulpice portent, sous la date du 19 septembre 1607, le baptême de Marie, fille de Claude Cornuel et de Marthe Grignon. » Marie fut madame Coulon.

Claude Cornuel, président de la chambre des comptes,

lui avoit été impossible de le retirer; mais qu'elle ne s'en mît point en peine, qu'il étoit aussi sûrement dans les mains de son ami que dans le feu ; qu'au reste, il n'avoit jamais vu d'homme si

avoit le titre de sieur de la Marche et de Mesnil-Montant, près Paris.

L'abbé de Laffemas, le fils du terrible et spirituel Laffemas, poëte ingénieux quelquefois, lui fit cette épitaphe :

> Ci gist ce fameux gabeleur,
> Ce grand dénicheur de harpies,
> Qui, plus subtil qu'un basteleur,
> De ses vols fist des œuvres pies,
> Raffinant sur le paradis
> Comme il faisoit sur les édits.
> Passans, quoy que l'on puisse dire
> Et gloser sur son testament,
> Il est mort glorieusement.
> A mal exploitter, bien escrire,
> En mourant il se résolut,
> Au mespris des choses plus chères,
> Ne voulant plus parler d'enchères,
> Si ce n'estoit pour son salut.
> Aussy les traités et les offres,
> Sources vivantes de ses coffres,
> Firent un pont d'or de son bien ;
> Il donna beaucoup, mais je gage
> Qu'il eust pu donner davantage
> Sans donner un double du sien.

Cornuel n'étoit pas mort commodément. « Il eut le loisir d'avoir bien peur du diable, et, comme il se tourmentoit comme un procureur qui se meurt, Bullion lui disoit : « Ne vous « inquiettez point : tout est au roy, et le roy vous l'a donné.» (*Note de Tall.*, t. 2, p. 150.)

« Estant au lit de la mort, Cornuel se confessa au vicaire de sa paroisse, qui luy refusa l'absolution s'il ne restituoit auparavant deux cent mille escus qu'il avoit mal acquis. Le malade en parla à M. de Bullion, qui alla consulter le cas avec le cardinal de Richelieu. La réponse du cardinal fut que toutes ces sortes de restitutions appartenoient au roy, comme seigneur de tous les biens; que le roy donnoit en pur don les deux cent mille escus dont il s'agissoit au président Cornuel pour les bons services qu'il avoit rendus à l'Estat, et qu'ainsy le président pouvoit se faire donner l'absolution.

amoureux que le comte, et qu'assurément il l'aimeroit toute sa vie. — « Mais, interrompoit la comtesse, qu'est-ce que veut dire tant de visites de votre ami chez madame d'Olonne ? La va-t-il

Cornuel, muni de ce sauf-conduit, passa paisiblement en l'autre vie. » (Amelot de La Houssaye, t. 2, p. 428.)

Madame la duchesse d'Aiguillon, quand il alloit mourir, « envoya emprunter six chevaux blancs qu'il avoit ; et quand il fut mort, elle dit que les morts n'avoient que faire de chevaux ». (Tall. des R., t. 2, p. 170.) Anecdote qui indique quels graviers on trouvoit au fond du lit de ce beau fleuve d'élégances qu'on appelle la vie de cour au XVIIe siècle !

Cornuel avoit été le bras droit de Bullion (Tall. des R., t. 2, p. 146). On trouve dans le *Catalogue des Partisans* divers détails qui ont rapport à Claude Cornuel et à ses amis.

Par exemple : « Catelan, cette maudite engeance, est venu des montagnes du Dauphiné, lequel, après avoir esté laquais en cette ville, fut marié par Cornuel à la sœur d'une nommée la Petit, sa bonne amie, à présent femme d'un nommé Navarret ; pour faciliter lequel mariage dudit Catelan, Cornuel donna audit Catelan tous les offices de sergeant vacans jusques alors ; et ensuite ledit Catelan s'est avancé dans la maltote, sous feu Bullion et Tubeuf, et entr'autres traitez a fait celui des retranchemens de gages, droits et revenus de tous les officiers de France, dont il a fait recette sous le nom du nommé Moyset, qui est son nepveu et s'appelle Catelan comme luy. » Et encore : « D'Alibert, confident de Cornuel, qui demeure rue des Vieux-Augustins, a esté de tous les traittez qui se sont faits, par le moyen desquels il possède de grands biens, tant en maisons dans Paris qu'en rentes capitalisées. »

Tallemant des Réaux (t. 4, p. 118) nous apprend que les entreprises de ces gens de finances faillirent compromettre très gravement le père de Pascal : « Quand on fit la réduction des rentes, luy (le père de Pascal) et un nommé de Bourges, avec un advocat au conseil dont je n'ay pu sçavoir le nom, firent bien du bruit, et, à la teste de quatre cents rentiers comme eux, ils firent grand'peur au garde des sceaux Séguier et à Cornuel. »

Ce que Guy Patin raconte ainsi (lettre du 7 avril 1638) : « Le jour d'avant (25 mars 1638) on avoit mis dans la Bastille, prisonniers, trois bourgeois qui avoient été chez M. Cornuel

prier de le servir auprès de moi?— Il n'y va point, Madame, répondit Manicamp; c'est-à-dire qu'il y a été une fois ou deux, mais je vois dejà l'esprit du chevalier dans ce que vous me venez de

et l'avoient en quelque façon menacé, sur le bruit que l'on veut arrester les rentes de l'Hostel-de-Ville et convertir cet argent *in usus bellicos*. Les trois rentiers se nomment de Bourges, Chenu et Celoron, et sont tous trois *boni viri optimeque mihi noti*. »

En voilà bien assez pour Claude Cornuel et son frère Guillaume. L'aîné laissa donc une fille, madame Coulon, femme légère; le cadet laissa Marion Legendre, sa belle-fille, et Marguerite Cornuel, sa fille; sans compter sa femme, « sa garce », dit *la Voix du Peuple au roy* (dans le t. 5, p. 349, des mss. de Conrart). Cette voix du peuple, fortement enrouée, attache à son nom cette phrase : « Plus criminel que tous les hommes qui ont dévoré les peuples, élevé du centre de la terre à une richesse de deux millions d'or par un gouffre de concussions, corruptions et larcins publics et particuliers. »

Madame Coulon reste à l'écart : on ne tient compte que des trois Cornuel, de Cléophile et de ses deux filles. (*Dictionnaire des Prétieuses.*)

La Mesnardière, parlant de la mère, dit :

> Chez Cornuel, la dame accorte et fine,
> Où gens fascheux passent par l'estamine.

On peut s'en douter, connoissant ces trois Caquet-bon-bec et leurs amis ou amies. Il y a, à la suite des *Mémoires de Montpensier*, un portrait de Margot Cornuel attribué à notre Vineuil. Ce portrait est lestement troussé. Margot étoit effectivement très liée avec madame d'Olonne en 1658 et 1659 (Montpensier, t. 3, p. 408). Quant à mademoiselle Legendre, la précieuse *Cléodore* (V. Colombey, *Journée des Madrigaux*, p. 34), elle venoit la deuxième pour l'esprit. *La Gazette du Tendre* lui donne l'épithète d'*aymable* (au chapitre *de Grand service*). Je ne vois pas pour quel motif l'auteur de la *Journée des Madrigaux* parle d'elle ainsi : « Cléodore demandoit si, parmy ces beaux esprits, il n'y en avoit pas un qui eût l'esprit satyrique qu'elle haïssoit. »

La faveur dont mademoiselle Legendre jouit auprès de

dire, et je suis assuré que le comte de Guiche reconnoîtra son oncle à ce trait de fripon. Mais, Madame, écoutez mon ami avant que de le condamner. — J'en suis d'accord, lui dit-elle. »

l'abbé de La Rivière ne lui rendit pas toujours service, si l'on croit Tallemant des Réaux (t. 5, p. 146).

« Boutard contoit que la Pecque Cornuel l'avoit voulu marier avec Marion, mademoiselle Legendre, et qu'elle luy avoit fait un grand dénombrement des avantages qu'il auroit. Je lui ris au nez, disoit-il, et je lui dis qu'elle oublioit la faveur de M. de La Rivière. Or, La Rivière concubinoit et concubine, je pense, encore, avec elle. Elle est à cette heure comme sa ménagère, et, à Petit-Bourg, on l'a vue quelquefois avec un trousseau de clefs. Autrefois il y avoit un couplet qui disoit :

> Il court un bruit par la ville
> Que Marion Cornuel
> Voudroit bien faire un duel
> Avec monsieur de Rouville.
> Qu'ils aillent chez la Sautour,
> C'est là que l'on fait l'amour.

Rouville, déjà nommé, étoit le beau-frère de Bussy Rabutin. Quant à *la Pecque*, ce mot, qui signifie l'entendue, la faiseuse d'affaires, Boutard s'étoit habitué à le joindre au nom de madame Cornuel.

On connoît au moins une intrigue de la Pecque, puisque Pecque il y a. Elle fut la maîtresse de M. de Sourdis, gouverneur d'Orléans, et gouverneur ridicule. (V. l'*Historiette de Sourdis*.) La marquise en enrageoit ; par contre, madame de Bonnelle se risqua à ennuyer la Pecque : elle alloit chez elle, à une heure indue, demander M. de Sourdis.

Madame Cornuel étoit née vers 1610. Elle avoit les dents fort laides, et Santeul les comparoit à des clous de girofle. Elle mourut à Paris en février 1694. Saint-Simon (*Note au Journal de Dangeau*, t. 4, p. 449) rappelle son dernier bon mot. Dans ses *Mémoires* (t. 1, p. 116), il dit : « Il y avoit une vieille bourgeoise au Marais chez qui son esprit et la mode avoit toujours attiré la meilleure compagnie de la cour et de la ville ; elle s'appeloit madame Cornuel, et M. de Soubise étoit de ses amis. Il alla donc lui apprendre le mariage qu'il venoit de conclure, tout engoué de la naissance et des grands biens qui s'y trouvoient joints (l'héritière de Venta-

Manicamp en jugeoit fort bien. Le chevalier avoit dit à la comtesse que le comte de Guiche étoit amoureux de madame d'Olonne ; qu'elle ne servoit que de prétexte, et mille autres choses de cette nature, qui lui parurent si vraisemblables, que, quoiqu'elle se défiât du che-

dour). « Ho ! Monsieur, lui répondit la bonne femme, qui se mouroit et qui mourut deux jours après, « que voilà un grand « et bon mariage pour dans soixante ou quatre-vingts ans « d'ici ! »

Dans le *Nouveau Recueil des plus belles poésies* (Paris, Loyson, 1654, in-12, p. 352), il y a une épître adressée à mademoiselle de Vandy (l'une de nos héroïnes) à propos de ses galants ; on y voit ces vers :

> Ordonnez-leur d'aller chez Cornuel,
> Chez Cornuel, la dame accorte et fine,
> Où gens fâcheux passent par l'étamine,
> Tant et si bien qu'après que criblés sont,
> Se trouve en eux cervelle s'ils en ont.
> Si pas n'en ont, on leur fait bien comprendre
> Que fats céans onc ne se doivent rendre ;
> Et six yeux fins, par s'entreregarder,
> Semblent leur dire : « Allez vous poignarder. »

C'est la pièce de La Mesnardière. Voici l'épitaphe faite pour madame Cornuel :

> Cy gît qui de femme n'eut rien
> Que d'avoir donné la lumière
> A quelques enfants gens de bien,
> Et peu ressemblants à leur mère,
> Célimène, qui de ses jours,
> Comme le sage, et sans foiblesse,
> Acheva le tranquille cours.
> Dans ses mœurs que de politesse !
> Quel tour, quelle délicatesse,
> Eclatent dans tous ses discours !
> Ce sel tant vanté de la Grèce
> En faisoit l'assaisonnement,
> Et, malgré la froide vieillesse,
> Son esprit léger et charmant
> Eut de la brillante jeunesse
> Tout l'éclat et tout l'enjoûment.
> On vit chez elle incessamment
> Des plus honnêtes gens l'élite ;

valier sur le chapitre du comte de Guiche, elle
ne se put empêcher d'y ajouter foi en ce rencontre. Le lendemain, une de ses amies l'étant
venue presser d'aller à la campagne, elle se

> Enfin, pour faire en peu de mots
> Comprendre quel fut son mérite,
> Elle eut l'estime de Lenclos.
>
> (Rec. de pièces cur. et nouv., Lahaye, Moetjens, 1694, in-12, t. 1, p. 191.)

La réputation de madame Cornuel ne lui survécut pas assez. Toutefois, Titon du Tillet (*Parn. franç.*, in-fol., p. 462) l'a citée avec honneur.

M. Paulin Paris, qui a tiré des papiers de Conrart une lettre d'elle, a réuni quelques uns des traits qui peuvent servir à son histoire. Il est loin de les avoir recueillis tous. Peut-être essaierai-je de la peindre avec soin. En attendant, j'indiquerai toutes les sources qu'on peut consulter, ou du moins celles que j'ai consultées. Il y a d'abord un long morceau de Vigneul de Marville (Bonaventure d'Argonne) qui doit être transcrit tout entier :

« Madame de Cornuel, dont les bons mots ont été si remarquables durant le cours d'une vie de plus de quatre-vingts ans, s'appeloit Anne Bigot et étoit d'une famille originaire d'Orléans. Dès sa plus tendre jeunesse on ne parloit que de son esprit et de ses belles qualitez naissantes. S'étant rencontrée dans une assemblée, où elle brilloit pardessus les autres dames, M. de Cornuel, trésorier de l'extraordinaire des guerres, qui l'aimoit, lui prit un bouquet qu'elle avoit à son côté, témoignant par cette liberté qu'il la vouloit épouser. En effet, il l'épousa au bout de quinze jours.

« Depuis son mariage elle fit paroître une grandeur d'ame extraordinaire et bien au dessus des foiblesses de son sexe. Nullement touchée d'avarice, elle abandonna au premier venu mille pistoles que M. de Cornuel, son époux, lui avoit données pour le jeu. La clef étoit toujours à la porte de son cabinet, en prenoit qui vouloit. Elle n'adoroit point la fortune ; mais, indifférente à ses bizarreries comme à celles du temps et des saisons, elle ne cultivoit que la vertu et les muses, moins parcequ'elles sont savantes que parcequ'elles sont honnêtes et polies. Jamais personne n'a mieux entendu que cette dame l'art de se faire des amis et de se les attacher, bien persuadée

laissa persuader, et la certitude qu'elle crut avoir de la tromperie du comte de Guiche fit qu'elle ne voulut point d'éclaircissement avec lui ; et pour ne pas tout rompre, elle voulut prévenir

qu'il est des amis comme des richesses, que c'est en vain qu'on les acquiert si on ne les sait conserver. La conversation avec les personnes de distinction qui abordoient chez elle étoit tous ses délices. Elle écoutoit avec une attention qui débrouilloit toutes choses, et répondoit encore plus aux pensées qu'aux paroles de ceux qui l'interrogeoient. Quand elle considéroit un objet, elle en voyoit tous les côtez, le fort et le foible, et l'exprimoit en des termes vifs et concis, comme ces habiles dessinateurs qui en trois ou quatre coups de crayon font voir toute la perfection d'une figure.

« On a recueilli plusieurs de ses bons mots, et plût à Dieu qu'on n'en eût perdu aucun! C'est un méchant caractère que celui de diseur de bons mots, et ce caractère, si blâmable dans les hommes, l'est encore plus dans les femmes, à cause que les bons mots sont d'ordinaire accompagnés d'une liberté et d'une hardiesse qui ne sont pas séantes à ce sexe, parcequ'ils en obscurcissent la pudeur et la modestie, qui font ses plus beaux ornements. Mais madame de Cornuel, outre qu'il ne lui échappoit rien qui pût ni la faire rougir, ni faire rougir personne, disoit si à propos toutes choses, et revêtoit ses pensées de termes si propres et si agréables, qu'ils instruisoient toujours sans jamais blesser : de sorte que ces mots étoient bons en ce qu'ils étoient utiles, et plaisoient à tous ceux qui aiment une vérité bien dite.

« D'ordinaire, les personnes de ce caractère, pour dire un bon mot, en hasardent cent de méchans, et l'expérience fait voir que les plus habiles dans ces jeux d'esprit n'en ont pas dit, en toute leur vie, deux douzaines de tout à fait bons. La raison qu'on en peut rendre, c'est que les bons mots sont des fruits qui viennent sans être cultivés. Tout d'un coup ils naissent, et tout d'un coup ils font leur effet, comme les éclairs. Ils surprennent autant ceux qui les disent que ceux qui les écoutent. Ce sont, pour ainsi dire, de petits libertins qui ne veulent dépendre que d'eux-mêmes. Quand on les cherche ils ne viennent pas, ou, s'ils viennent, c'est de mauvaise grâce, se faisant tirer à force, et se défigurant en se faisant tirer. A-t-on dit un bon mot, le plaisir et les louanges qu'on

Guitaud par une fausse confidence, de peur qu'il n'apprît par d'autres voies la vérité de toutes choses : elle lui envoya donc la copie de la dernière lettre du comte de Guiche, et partit après

en reçoit excitent la vanité et la présomption naturelle à en produire plusieurs tout de suite ; mais ce sont ou des monstres ou des avortons. On en rit soi-même pour les faire trouver bons ; mais personne n'en rit, parcequ'en effet ils ne sont pas bons.

« Madame de Cornuel n'avoit pas un de ces défauts. Elle ne parloit point par vanité, mais par raison, et avec autant de jugement que d'esprit. Comme elle savoit que les véritables bons mots ne dépendent point de nous, elle se contentoit de les produire avec ce beau naturel qui en est comme la fleur, sans presque y toucher. Mais, comme il y a des influences du ciel qui tombent plus heureusement sur de certaines terres que sur d'autres, il semble aussi que les bons mots viennent aussi plus aisément à la bouche des personnes qui savent leur donner un beau tour et les bien exprimer. Tout ce que disoit madame de Cornuel, elle le disoit bien, et jamais pas une de ses paroles n'a été rejetée par les personnes d'un goût raffiné, parceque, outre qu'elles renfermoient toujours un grand sens, elles étoient toujours belles et bien choisies. C'étoit autant de sentences et de maximes, tenant en cela du génie des Salomon, des Socrate et des César, qui ne parloient que pour instruire ; génie grand et heureux qui s'est réveillé de nos jours dans MM. de La Rochefoucauld et Pascal, et enfin dans madame de Cornuel, qui auroit dû écrire ses sentences et ses maximes, si, comme les oracles, elle ne s'étoit contentée de dire les vérités et les laisser écrire aux autres. »

L'éloge est en règle ; il n'est pas au dessus du sujet. Je ne puis songer à enregistrer maintenant ces mots excellents, et me bornerai à dresser la liste d'indications dont j'ai parlé : Titon du Tillet (*Parnasse françois*) ; Tallemant des Réaux (chap. 299) ; Paulin Paris (*Notes aux Lettres*, t. 5, p. 139) ; Sévigné (t. 3, p. 31, édit. Didot, t. 3, p. 47) ; Vigneul de Marville (t. 1, p. 341, *Recueil d'ana*) ; La Place (*Pièces curieuses*, t. 3, p. 377) ; Conrart (p. 270) ; Le Père Brottier (*Paroles mémorables*, p. 85) ; Sévigné (8 septembre 1680, 11 septembre 1676, 7 octobre 1676, 16 mars 1672, 6 mai 1672, 17 avril 1676) ; Quatremère de Quincy (*Ninon de Lenclos*) ;

cela avec son amie. Le chevalier, qui étoit alerte sur toutes les actions de la comtesse, et qui avoit gagné tous ses gens, eut le paquet qu'elle envoyoit à Guitaud deux heures après qu'il fut fermé; il tira copie de la lettre du comte de Guiche, et jeta le paquet au feu. Deux jours après, ayant appris que la comtesse étoit partie, il lui écrivit cette lettre :

LETTRE.

Si vous eussiez eu autant d'envie de vous éclaircir des choses dont vous témoignez douter que j'en avois de vous ôter par mille véritables raisons toutes sortes de scrupules, vous n'eussiez pas entrepris un si long voyage, ou du moins eussiez-vous témoigné du chagrin de paroître si bonne amie. Je ne voudrois pas vous défendre d'avoir de la tendresse, mais je souhaiterois fort d'avoir quelque part à l'application, et je vous avoue que, si j'étois assez heureux pour y parvenir par la même voie, j'essaierois de n'en être pas indigne par ma conduite.

Dans le temps que l'on porta cette lettre à la comtesse, le chevalier alla trouver son neveu, chez

---

Tallemant (t. 10, p. 187, de la 3e édition); La Place (t. 1, p. 202); Tallemant (t. 4, p. 185, édit. P. Paris); Tallemant (t. 3, p. 245, 160); *Lettres de Bussy* (28 avril 1690); Tallemant (t. 2, p. 411); La Place (t. 1, p. 377); *Ménagiana* (édit. de La Monnoye, t. 1, p. 317, 332, 354; t. 2, p. 8, 124, 131, 407); *Lettres de Madame* (t. 1, p. 130, 129); Tallemant (t. 1, p. 388, note); Tallemant (t. 2, p. 170, 411); Saint-Simon (t. 1, p. 116); Dangeau (t. 4, p. 449); Walckenaer (*Mémoires sur Sévigné*, t. 5, p. 13; t. 1, p. 39; t. 1, 260), et Guy Patin, Loret, mademoiselle de Montpensier, les Mercures, les Gazettes, les Romans, les Poésies du temps.

lequel il rencontra Manicamp. Après quelque prélude de plaisanterie sur les bonnes fortunes du comte de Guiche en général : « Ma foi, mes pauvres amis, leur dit-il, vous êtes plus jeunes et plus gentils que moi, je l'avoue, et je ne vous disputerai jamais de maîtresse que je ne connoîtrai pas de plus longue main ; mais aussi il faut que vous me cédiez la comtesse et celles qui ont quelque engagement avec moi. La vanité que leur donne le grand nombre d'amans les peut obliger à vous laisser prendre quelques espérances. Il n'y en a guère qui rebutent d'abord les vœux des soupirans, mais tôt ou tard elles se remettent à la raison, et c'est alors que le nouveau venu passe mal son temps et que le galant dit, d'accord avec sa maîtresse : Serviteur à Messieurs de la sérénade. Vous m'avez promis, comte de Guiche, de ne me plus tourmenter auprès de la comtesse ; vous m'avez manqué de parole et fait une infidélité qui ne vous a servi de rien, car la comtesse m'a donné toutes les lettres que vous lui avez écrites. Je vous en montrerai les originaux quand vous voudrez ; cependant voici la copie de la dernière, que je vous ai apportée. » Et, disant cela, il tira une lettre du comte de Guiche, et, l'ayant lue : « Hé bien ! mes chers[1], leur dit-il, vous jouerez-vous une autre fois à moi ? »

Pendant que le chevalier parloit, le comte de Guiche et Manicamp se regardoient avec étonnement, ne pouvant comprendre que la comtesse les eût si méchamment trompés. Enfin, Manicamp, prenant la parole et s'adressant au comte :

---

1. Le mot *cher*, ainsi employé, vient des Précieuses.

« Vous êtes traité, lui dit-il, comme vous méritez ; mais, puisque la comtesse n'a pas eu de considération pour nous, ajouta-t-il se tournant du côté du chevalier, nous ne sommes pas obligés d'en avoir pour elle. Nous voyons bien qu'elle nous a sacrifiés, mais il y a eu des temps, chevalier, où vous l'avez été aussi ; nous avons grand sujet de nous plaindre d'elle, mais vous n'en avez point du tout de vous en louer ; quand nous nous sommes réjouis quelquefois à vos dépens, la comtesse a été pour le moins de la moitié avec nous. — Il est vrai, reprit le comte de Guiche, que vous n'auriez pas raison d'être satisfait de la préférence de la comtesse en votre faveur si vous saviez l'estime qu'elle fait de vous, et cela me fait tirer des conséquences infaillibles qu'elle est fort entre vos mains, puisque après les choses qu'elle m'a dites elle ne me trahit que pour vous satisfaire. Hé bien ! chevalier, jouissez en repos de cette perfide. Si personne ne vous trouble que moi, vous vivrez bien content auprès d'elle. » Là-dessus, s'étant tous trois réconciliés de bonne foi et donné mille assurances d'amitié à l'avenir, ils se séparèrent.

Le comte de Guiche et Manicamp s'enfermèrent pour faire une lettre de reproche à la comtesse au nom de Manicamp, sur quoi la pauvre comtesse, qui était innocente, lui répondit que son ami et lui avoient été pris pour dupes, et que le chevalier en savoit plus qu'eux ; qu'elle ne leur pouvoit mander comme il avoit eu la lettre qu'il leur avoit montrée, mais qu'un jour elle leur feroit voir clairement qu'elle ne les avoit point sacrifiés. Cette lettre ne trouvant plus Manicamp à Paris, qui en étoit sorti la veille avec le comte de Guiche pour suivre le roi en son voyage de Lyon[1], il ne la reçut qu'en arrivant à la cour; ils n'en pensèrent ni plus ni moins à l'avantage de la comtesse.

Pendant que tout cela se passoit, l'affaire de Marsillac avec madame d'Olonne alloit son chemin, cet amant la voyant le plus commodément du monde, la nuit chez elle, le jour chez mademoiselle Cornuel, fille aimable de sa personne et de beaucoup d'esprit. Madame d'Olonne avoit dans la ruelle de son lit un cabinet, au coin duquel elle avoit fait faire une trappe qui répondoit dans un autre cabinet au dessous, où Marsillac entroit quand il étoit nuit; un tapis de pied cachoit la trappe et une table la couvroit. Ainsi Marsillac, passant les nuits avec madame d'Olonne, selon le bruit commun, ne perdoit pas son temps; cela dura jusqu'à ce qu'elle alla aux eaux[2], auquel temps Marsillac, qui lui écrivoit mille lettres qu'on ne rapporte point ici parcequ'elles n'en valent pas la peine, lui écrivit cette lettre un jour avant que de lui dire adieu :

LETTRE.

Je n'ai jamais senti une douleur si vive que celle que je sens aujourd'hui, ma chère, parceque je ne vous ai point encore quittée depuis que nous nous aimons; il n'y a que l'absence, et encore la première absence de ce

1. En 1658, vers la fin de l'année.
2. La mode d'aller aux eaux n'est pas nouvelle. On les aimoit extrêmement au XVIIe siècle. J'en pourrois donner beau-

que l'on aime éperdument, qui puisse réduire au pitoyable état où je suis. Si quelque chose pouvoit adoucir mon chagrin, ma chère, ce seroit la créance que j'aurois que vous souffrirez autant que moi. Ne trouvez pas mauvais que je vous souhaite de la peine, puisque c'est une marque de notre amour. Adieu, ma chère, croyez bien que je vous aime et que je vous aimerai toujours, car, si une fois vous en étiez bien persuadée, il n'est pas possible que vous ne m'aimiez toute votre vie.

REPONSE.

Consolez-vous, mon cher; si ma douleur vous soulage, elle est au point où vous la pouvez souhaiter : je ne vous la sçaurois mieux faire voir que disant que je souffre autant que j'aime. En doutez-vous, mon cher? venez me trouver, mais venez de meilleure heure, afin que je sois long-temps avec vous et que je me récompense en quelque manière de l'absence que je vais souffrir. Adieu, mon cher; soyez en repos de mon amour : il sera pour le moins aussi grand que le vôtre.

Marsillac ne manque pas d'être au rendez-vous bien plus tôt qu'à son ordinaire. En abordant sa

coup de preuves ; il faut nous contenter de celle-ci, qui ne nous fait pas sortir du cercle de nos connoissances. En 1658, précisément en l'année où nous sommes, mademoiselle de Montpensier, selon son habitude régulière, va aux eaux de Forges. Elle dit : « La maréchale de La Ferté étoit à Forges. Madame d'Olonne y vint, madame de Feuquières de Salins, mademoiselle Cornuel (Margot), force dames de Paris. » (Montp., t. 3, p. 325.)

Les eaux de Forges passent pourtant pour être de celles dont les qualités ne sauroient être recherchées par les héroïnes de Bussy.

maîtresse, il se jette sur son lit, et fut ainsi fort long-temps à fondre en larmes et à ne pouvoir parler qu'à mots entrecoupés. Madame d'Olonne de son côté ne paroissoit pas moins touchée, mais comme elle eût encore bien souhaité de son amant d'autres marques d'amour que celle de sa douleur : « Hé! quoi! mon cher, lui dit-elle, vous me mandiez tantôt que mes déplaisirs soulageroient les vôtres ; cependant l'affliction où vous me voyez ne vous rend pas moins désespéré. » A ces mots, Marsillac redoubla ses soupirs sans lui répondre. L'abattement de l'ame avoit passé jusqu'au corps, et je crois que cet amant pleuroit alors l'absence de sa vigueur plutôt que celle de sa maîtresse. Toutefois, comme les jeunes gens reviennent de loin et que celui-ci étoit d'un bon tempérament, il commença de se ravoir, et il se rétablit en peu de temps, de manière que madame d'Olonne eut peine à reconnoître qu'il eût été depuis peu si malade. Après qu'il lui eut donné plusieurs témoignages de sa bonne santé, elle lui recommanda d'en avoir soin sur toutes choses, et lui dit qu'elle jugeroit par là de l'amour qu'il avoit pour elle. Là-dessus ils se firent mille protestations de s'aimer toute leur vie ; ils convinrent des moyens d'écrire et se dirent adieu, l'un pour aller à la cour et l'autre aux eaux.

Le lendemain, Marsillac étant allé dire adieu à mademoiselle Cornuel, sa bonne amie, il la pria de bien persuader à sa maîtresse de prendre plus garde à sa conduite qu'elle n'avoit encore fait. « Reposez-vous-en sur moi, lui dit cette fille; elle sera bien incorrigible si je ne vous la mets sur un pied honnête. » Deux jours après, mademoiselle Cornuel alla chez madame d'Olonne, et l'ayant priée de faire dire à sa porte qu'elle étoit sortie : « Je suis trop votre amie, Madame, lui dit-elle, pour ne vous pas parler franchement de tout ce qui regarde votre conduite et réputation. Vous êtes belle, vous êtes jeune, vous avez de la qualité, du bien et de l'esprit, vous êtes fort aimée d'un honnête homme que vous aimez fort, tout cela vous devroit rendre heureuse; cependant vous ne l'êtes pas, car vous savez ce que l'on dit de vous; nous en avons quelquefois parlé ensemble, et, cela étant, vous seriez folle si vous n'étiez contente. Je n'entreprends pas de considérer vos fragilités; je suis femme comme vous, et je sais par moi-même les besoins de notre sexe. Vos manières sont insupportables; vous aimez les plaisirs, Madame, et j'y consens, mais c'est un ragoût pour vous que le bruit, et sur cela je vous condamne. Vous ne sauriez vous défaire de vos emportemens? Est-il possible que vous ne soyez pas au desespoir quand vous entendez dire la réputation où vous êtes, et qu'on cache l'amour qu'on a pour vous par honte plutôt que par discrétion ?—Hé ! qu'y a-t-il de nouveau, ma chère ? Le monde recommence-t-il ses déchaînemens contre moi ? — Non, Madame, dit mademoiselle Cornuel, il ne fait que les continuer, parceque vous continuez toujours à lui donner de nouvelles matières. — Je ne sais donc ce qu'il faut faire, reprit madame d'Olonne; toute la prudence qu'on peut avoir en amour je pensois l'avoir, et, depuis que je me mêle d'aimer, je n'ai jamais laissé traîner d'affaires, sachant bien d'ordinaire que le grand bruit ne se fait qu'avant que l'on soit d'accord et quand on n'agit pas de concert ensemble. Je vous prie, ma chère, ajouta-t-elle, de me bien dire exactement ce qu'il faut que je fasse pour bien aimer et pour avoir une galanterie qui ne me feroit point de tort dans le monde quand elle seroit soupçonnée, car je suis résolue de faire mon devoir à l'avenir dans la dernière régularité. — Il y a tant de choses à dire sur ce chapitre, dit mademoiselle Cornuel, que je n'aurois jamais fait si je ne voulois rien oublier; néanmoins, je vous dirai les principales le plus succinctement qu'il me sera possible.

Premièrement, il faut que vous sachiez, Madame, qu'il y a trois sortes de femmes qui font l'amour : les débauchées, les coquettes et les honnêtes maîtresses. Quoique que les premières fassent horreur, elles méritent assurément plus de compassion que de haine, parcequ'elles sont emportées par la force de leur tempérament, et qu'il faut une application presque impossible pour réformer la nature; cependant, s'il y a un rencontre où il faille se vaincre soi-même, c'est en celui-là, dans lequel il ne va pas moins que de l'honneur ou de la vie.

Pour les coquettes, comme le nombre en est plus grand, je m'étendrai davantage sur le chapitre. La différence des débauchées à elles, c'est que dans le mal que font celles-ci il y a au moins de la sincerité; dans celui que font les coquettes il y a de la trahison. Les coquettes nous disent pour s'excuser, quand elles écoutent les douceurs de tout le monde, que, quelque honnête femme qu'on soit, on ne hait pas une personne qui nous dit qu'elle nous aime.

Mais on leur peut répondre qu'il y a des distinctions à faire. Si cet amant s'adresse à une femme qui veut être honnête pour elle-même ou pour un amant, j'avoue qu'elle ne pourra pas haïr un homme pour les sentimens qu'il aura pour elle ; mais cela n'empêchera pas qu'elle ne doive prendre garde à ne pas avoir plus de complaisance pour lui que pour un autre qui ne lui auroit jamais rien temoigné, de peur qu'elle n'entretienne par là ses espérances, et qu'enfin cela ne fasse du bruit et ne nuise à la réputation qu'elle veut conserver.

Si c'est une femme préoccupée à qui un homme témoigne de l'amour, elle aura les mêmes précautions que l'autre pour empêcher que cela ne continue ; mais, s'il est opiniâtre, je soutiens qu'elle le haïra autant qu'elle aimera son véritable amant, parcequ'il est naturel de haïr les ennemis de celui qu'on aime, parceque l'amour que l'on ne veut pas reconnaître importune, et parceque, l'amant bien traité pouvant soupçonner qu'une passion qui dure à son rival est pour le moins soutenue de quelques espérances, une honnête maîtresse regarde comme son ennemi mortel un rival qui la met au hasard de perdre son amant qu'elle aime plus que sa vie. Cela étant sans difficulté, il faut que vous sachiez encore qu'il y a plusieurs sortes de coquettes. Les unes trouvent de la gloire à se voir aimées de beaucoup de gens sans en avoir aimé aucun, et ne voient pas que ce sont les avances qu'elles font qui attirent le monde et qui les retiennent plutôt que le mérite. D'ailleurs, comme il n'est pas possible qu'elles dispensent leurs faveurs si également qu'il ne paroisse quelqu'un mieux traité qu'un autre, et qu'il y en a même qui ne se contentent pas de l'égalité, et qui veulent de la préférence, cela donne de la jalousie aux mécontens, et enfin du dépit, qui leur fait dire en les quittant tout ce qu'ils savent et ne savent pas.

Il y a d'autres coquettes qui ménagent plusieurs amans afin de sauver le véritable dans la multitude et de faire dire qu'elles n'ont point d'affaire, puisqu'elles traitent également tous ceux qui les voient; mais on découvre la vérité, qui est le mieux qui leur puisse arriver, ou, plutôt que de croire qu'elles n'aiment personne, tout le monde croit qu'elles les aiment tous.

Il y en a d'autres qui, en ménageant plusieurs amans, veulent persuader que, si elles aimoient quelqu'un, elles ne se hasarderoient pas à le fâcher; cependant elles le fâchent et le perdent avec cela : car de s'imaginer, si c'est en l'absence de leur véritable amant qu'elles font l'amour, qu'il ne le sçaura pas connoître, ou, si c'est devant lui, qu'en usant comme de concert ensemble il verra bien que ce n'est rien, puisqu'elles le prennent pour témoin de ce qu'elles font, ou qu'en tout cas, s'il se fâche, les douceurs qu'elles lui feront et les promesses de n'y plus retourner l'obligeront à se radoucir, tout cela est fort sujet à caution. L'on ne trompe pas long-temps un amant. S'il ne découvre aujourd'hui, il découvrira demain.

Disant : Lon la la,
Il vous quittera là.

Et quand la passion seroit si forte qu'il ne s'en pourroit guérir, les reproches et les fracas qu'il fera donneront plus de chagrin à la maîtresse coquette que tous ces ménagemens ne lui auront fait de plaisir. Il y a des coquettes qui croient être en si mauvaise réputation dans le monde qu'elles n'oseroient avoir de la rigueur pour personne, de peur que cela ne passe pour un sacrifice à quelqu'un, et qui ne songent pas qu'il vaudroit mieux pour leur honneur qu'elles fussent convaincues du sacrifice. Voilà, Madame, la manière des coquettes. Il faut maintenant que je vous fasse voir celle des honnêtes maîtresses [1].

Pour elles, ou elles sont satisfaites de leur amant, ou elles ne le sont pas. Si elles ne le sont pas, elles tâchent de le ramener à son devoir par une conduite tendre et honnête; si cela ne se peut absolument, elles rompent sans bruit, sur un prétexte de dévotion ou de jalousie d'un mari, après avoir retiré, si elles peuvent, leurs lettres et tout ce qui les peut convaincre; et, sur toutes choses, elles font en sorte que leurs amans ne croient pas qu'elles les quittent pour d'autres.

Si elles sont contentes de leurs amans, elles les aiment de tout leur cœur, elles le leur disent sans cesse et leur écrivent le plus tendrement qu'elles peuvent; mais, comme cela seulement ne leur prouve pas leur amour, parceque les coquettes en

---

1. Tout cela est long, bien long. Aussi, dans quelques éditions, a-t-on supprimé en cet endroit quatre ou cinq pages. Sans vouloir faire le juré-mesureur de style, il me semble que ces quatre ou cinq pages ne sont pas les meilleures de Bussy, si elles sont de lui. Il a ordinairement la plume plus légère, le tour plus libre, la pensée plus claire.

disent autant ou plus tous les jours, leurs actions et leurs procédés justifient assez le fond de leur cœur, parcequ'il n'y a que cela d'infaillible. On peut toujours dire qu'on aime, quoiqu'on n'aime pas ; on ne peut avoir long-temps un procédé tendre pour quelqu'un sans l'aimer.

Une honnête maîtresse craint plus que la mort de donner de la jalousie à son amant, et, quand elle le voit alarmé sur quelque soupçon qu'il a pu prendre de l'opiniâtreté de son rival, elle ne se contente pas du témoignage de sa conscience ; elle redouble ses soins et ses caresses pour celui-là, et ses rigueurs pour celui-ci. Elle ne remet pas la dernière sévérité pour une autre fois, croyant qu'elle se défera toujours d'un importun trop tard. Elle sçait qu'autant de momens qu'elle différeroit de chasser ce rival, elle donneroit autant de coups de poignard dans le cœur de celui qu'elle aime ; elle sçait que, d'abord que son amant commence à avoir des soupçons, le moindre petit soin qu'elle prendra de les lui ôter lui conservera l'estime et l'amour qu'il a pour elle ; au lieu que, si elle négligeoit de le satisfaire et de le guérir, il viendroit à avoir si peu de confiance en elle, qu'elle ne le pourroit rétablir en lui offrant même de perdre sa réputation ; elle sçait qu'un amant croiroit toujours que ce seroit la crainte qu'elle auroit de lui qui lui arracheroit les sacrifices qui passeroient dans son esprit, en un autre temps, pour des grandes marques d'amour ; elle sçait que des femmes en qui on a de la confiance on excuse tout, qu'on ne pardonne rien à celles de qui on se défie ; elle sçait enfin qu'on vient quelquefois à être fatigué du tracas qu'on reçoit d'une maîtresse et des reproches qu'on lui a faits après lui avoir pardonné mille fautes considérables, et qu'on rompt sur une bagatelle, lorsque la mesure est pleine et qu'on ne peut plus souffrir tant de chagrins.

Il y a des femmes qui aiment fort leurs amans qui ne laissent pas de leur donner de la jalousie par leur mauvaise conduite, et cela vient de ce qu'elles se flattent trop de l'assurance qu'elles ont de leurs bonnes intentions, et de ce qu'elles ne tranchent pas assez nettement les espérances aux gens qui leur parlent d'amour, ou qui seulement leur en témoignent par des soins et des assiduités. Elles ne sçavent pas que les civilités d'une femme qu'on aime sont des faveurs dont tous les amans se flattent quelquefois, parcequ'ils ont du mérite, ou souvent parcequ'ils en croient avoir, tantôt parcequ'ils n'ont pas bonne opinion des gens à qui ils s'adressent, et pensent que la résistance qu'on fait n'est seulement que pour se faire valoir. De sorte que, si une femme qui n'a jamais donné lieu de parler d'elle est toujours fort jalouse de sa réputation, elle doit prendre garde, comme j'ai déjà dit, de n'entretenir en nulle manière les espérances de tout ce qui a de l'air d'amant; que, si c'est une femme qui n'ait pas eu jusque là assez de soin de sa conduite, et qu'elle en veuille prendre à l'avenir, comme vous, Madame, il faut qu'elle soit plus rude qu'une autre, et surtout qu'elle soit égale en sa sévérité, car la moindre bonté à quoi elle se relâche rengage plus un amant que cent refus ne le rebutent.

Une honnête maîtresse a tant de sincérité pour son amant que, plutôt que de manquer à lui dire les choses de conséquence, elle lui dit jusqu'à des bagatelles, sachant bien que, s'il alloit sçavoir par d'autres voies de certaines choses indifférentes, que l'on rend criminelles en les redisant, cela feroit le plus méchant effet du monde. Elle ne garde aucune mesure avec lui sur la confiance ; elle lui dit non seulement ses propres secrets, mais ceux même qu'elle a pu savoir autrefois, ou qu'elle apprend d'ailleurs tous les jours. Elle traite les gens de ridicules qui disent qu'étant maîtresse du secret d'autrui, nous ne le devons pas dire à nos amans. Elle répond à cela que, s'ils nous aiment toujours, ils n'en diront jamais rien, et que, s'ils viennent à nous quitter, nous aurions bien plus à perdre que le secret de notre ami ; mais elle croit qu'on ne les doit jamais regarder comme n'en devant plus être aimées, et qu'autrement nous serions folles de leur accorder des faveurs.

Sa maxime est enfin que qui donne son cœur n'a plus rien à ménager ; elle sait qu'il n'y a que deux rencontres où elle se pourroit dispenser de dire tout à son amant, l'un s'il étoit fort étourdi, et l'autre s'il avoit eu quelque galanterie auparavant la sienne : car il seroit imprudent à elle de lui en parler, à moins qu'il la pressât fort, et en ce cas-là ce seroit lui qui attireroit le chagrin qu'il en recevroit.

Enfin une honnête maîtresse croit que ce qui justifie son amour même auprès des plus sévères, c'est quand elle est vivement touchée, quand elle prend plaisir à le faire bien voir à son amant, quand elle le surprend par mille petites grâces à quoi il ne s'attend pas, quand elle n'a rien de réservé pour lui, quand elle s'applique à le faire estimer de tout le monde, et qu'enfin elle fait de sa passion la plus grande affaire de sa vie. A moins que cela, Madame, elle tient que l'amour est une débauche, et que c'est un commerce brutal et un métier dont des femmes perdues subsistent.

Mademoiselle Cornuel ayant cessé de parler : « Bon Dieu ! dit madame d'Olonne, les belles choses que vous venez de dire ! mais qu'elles sont difficiles à pratiquer ! J'y trouve même un peu d'injustice, car enfin, puisque nous trompons bien même nos maris, que les lois ont faits nos maîtres, pourquoi nos amans en seroient-ils quittes à meilleur marché, eux que rien ne nous oblige d'aimer que le choix que nous en faisons, et que nous prenons pour nous servir, et tant et si peu qu'il nous plaira ? — Je ne vous ai pas dit, reprit mademoiselle Cornuel, que nous ne devions quitter nos amans quand ils nous déplaisent, ou par leur faute ou par lassitude, mais je vous ai fait voir la manière délicate dont il vous falloit dégager pour ne leur pas donner sujet de crier dans le monde : car enfin, Madame, puisqu'on a mis si tyranniquement l'honneur des dames à n'aimer pas ce qu'elles trouvent aimable, il faut s'accommoder à l'usage, et se cacher au moins quand on veut aimer. — Eh bien ! ma chère, lui dit madame d'Olonne, je m'en vais faire merveille : j'y suis tout à fait résolue ; mais avec tout cela je fonde les plus grandes espérances de ma conduite sur la fuite des occasions. — Que ce soit fuite ou résistance, dit mademoiselle Cornuel, il n'importe, pourvu que votre amant soit satisfait de vous. » Et là-dessus, l'ayant exhortée à demeurer ferme en ses bonnes intentions, elle lui dit adieu.

Pendant qu'ils furent séparés, madame d'Olonne et Marsillac, ils s'écrivirent fort souvent ; mais, comme il n'y a rien de remarquable, je ne parlerai point de leurs lettres, qui ne parloient de leur amour et de leur impatience de se voir que fort communément. Madame d'Olonne revint la première à Paris. Le comte de Guiche, pendant le voyage de Lyon, persuada à Monsieur[1], frère du

1. M. le duc d'Anjou auroit pu prétendre au rôle des Candale et des Guiche ; mais il préféra aux belles quelques uns de ses amis. Madame de Motteville l'a peint lorsqu'il étoit encore jeune (1647, t. 2, p. 267) : « Il seroit à souhaiter, dit-elle, qu'on eût travaillé à lui ôter les vains amusemens qu'on lui a souffert dans sa jeunesse. Il aimoit à être avec des femmes et des filles, à les habiller et à les coiffer ; il sçavoit ce qui seyoit à l'ajustement mieux que les femmes les plus curieuses, et sa plus grande joie, étant devenu grand, étoit de les parer et d'acheter des pierreries pour prêter et donner à celles qui étoient assez heureuses pour être ses favorites. Il étoit bien fait ; les traits de son visage paroissoient parfaits ; ses yeux noirs étoient admirablement beaux et brillans, ils avoient de la douceur et de la gravité ; sa bouche étoit semblable en quelque façon à celle de la reine, sa mère ; ses cheveux noirs, à grosses boucles naturelles, convenoient à son teint, et son nez, qui paraissoit devoir être aquilin, étoit alors assez bien fait. On pouvoit croire que, si les années ne diminuoient point la beauté de ce prince, il en pourroit disputer le prix avec les plus belles dames ; mais, selon ce qui paroissoit à sa taille, il ne devoit pas être grand. » Il ne le fut pas en effet, et sa figure s'épaissit un peu ; mais il n'en fut pas moins beau à la façon des efféminés. Il eut de temps en temps des velléités d'amour naturel, mais jamais elles ne durèrent. Madame d'Olonne, et, un peu plus tard, la gracieuse et plaintive duchesse de Roquelaure, faillirent être aimées. Pour ce qui est de madame d'Olonne, mademoiselle de Montpensier (t. 3, p. 405 ; 1659) vient en aide à Bussy et développe son texte : « Comme le roi fait toujours la guerre à Monsieur, un jour il lui demandoit : « Si vous eussiez été roi, « vous auriez été bien embarrassé ; madame de Choisy et ma- « dame de Fienne ne se seroient pas accordées, et vous n'au-

roi, auprès duquel il étoit fort bien, de faire une galanterie, à son retour à Paris, avec madame d'Olonne, et s'étoit offert de l'y servir et de lui

« riez su laquelle vous auriez dû garder. Toutefois, ç'auroit
« été madame de Choisy; c'étoit elle qui vous donnoit ma-
« dame d'Olonne pour maîtresse. Elle auroit été la sultane
« reine ; et, lorsque je me mourois, madame de Choisy ne l'ap-
« peloit pas autrement. » Monsieur étoit fort embarrassé sur
tout cela, et disoit au roi, d'un ton qui paroissoit sincère,
qu'il n'avoit jamais souhaité sa mort, et qu'il avoit trop d'a-
mitié pour lui pour se résoudre à le perdre. Le roi lui répondit : « Je le crois tout de bon. » Puis il disoit : « Lorsque vous
« serez à Paris, vous serez donc amoureux de madame d'O-
« lonne ? Le comte de Guiche le lui a promis, à ce que l'on
« mande de Paris. » Monseigneur rougit, et la reine lui dit
d'un ton de colère : « C'est bien vous faire passer pour un
« sot que de promettre ainsi votre amitié ! Si j'étois à votre
« place, je trouverois cela bien mauvais. Pour vous, qui ad-
« mirez en tout le comte de Guiche, vous en êtes ravi. » Puis
elle ajouta : « Cela sera beau de vous voir sans cesse chez une
« femme qui peste continuellement contre vous, et qui n'a ni
« honneur, ni conscience. Vous deviendrez un joli garçon ! »
Monsieur dit qu'il ne la verroit pas. »

Tout efféminé qu'il étoit, et peut-être même en raison de son caractère, Monsieur paroît avoir eu quelques grands élans de sensibilité. Il éclate en sanglots à la mort de sa mère ; il est alors plus affligé fils que Louis XIV (Montp., t. 4, p. 95). A la mort de madame de Roquelaure il montre aussi une tristesse enfantine. Nous demanderons à sa femme, madame la Palatine, de nous achever son portrait. Il aimoit passionnément le bruit des cloches, jusqu'à revenir exprès à Paris la veille de toute grande fête carillonnée : à l'automne, quand les dernières feuilles, jaunies, déjà glacées, tremblent au bruit des sonneries de la Toussaint; au printemps, quand le chant joyeux des cloches de Pâques s'envole, comme un essaim de jeunes oiseaux, au travers des sérénités du ciel bleu. Avec cela il étoit joueur, mauvais joueur même (Lettres, t. 1, p. 48). Il n'aimoit pas la chasse et il ne consentoit à monter à cheval que pour aller à la guerre, où il se conduisit en bon capitaine. Il écrivoit avec une telle négligence qu'il ne pouvoit se relire; du reste, il écrivoit peu (t. 1, p. 257). Madame raconte tranquillement qu'elle n'avoit pas grand plaisir au lit

faire avoir bientôt contentement. Le prince avoit promis au comte de Guiche de faire les pas nécessaires pour embarquer la dupe, de sorte que, dans

avec lui (t. 1, p. 300) et qu'il ne vouloit pas être dérangé pendant son sommeil. Il étoit superstitieux (t. 2, p. 276), et Madame le surprit à promener des médailles bénites, la nuit, sur les diverses parties de son corps de la santé desquelles il doutoit.

Il n'est pas probable que ce soit Madame qui ait tort (t. 1, p. 402), et les libelles ou les couplets qui aient raison, lorsqu'elle dit : « La maréchale de Grancey étoit la femme la plus sotte du monde. Feu Monsieur feignit d'être amoureux d'elle ; mais si elle n'avoit pas eu d'autre amant, elle auroit certes conservé toute sa bonne renommée. Il ne s'est jamais rien passé de mal entre eux. Elle-même disoit que, s'il venoit à se trouver seul avec elle, il se plaignoit aussitôt d'être malade : il prétendoit avoir mal de tête ou mal de dents. Un jour la dame lui proposa une liberté singulière : Monsieur mit vite ses gants. J'ai vu souvent qu'on le plaisantoit à cet égard, et j'en ai bien ri. Cette Grancey avoit une fort belle figure et une belle taille lorsque je vins en France, et tout le monde n'avoit pas pour elle le même dédain que Monsieur, car, avant que le chevalier de Lorraine ne fût son amant, elle avoit déjà eu un enfant. »

La femme défend bien son mari. Mieux vaudroit pour lui qu'elle pût se plaindre. Elle ne le flatte pas, d'ailleurs, et raconte parfaitement (27 janvier 1720) tous ses travers : « Feu Monsieur aimoit beaucoup les bals et les mascarades ; il dansoit bien, mais c'étoit à la manière des femmes ; il ne pouvoit danser comme un homme, parcequ'il portoit des souliers trop hauts. »

Achevons avec dix lignes de Saint-Simon (t. 3, p. 170) :
« Monsieur, qui, avec beaucoup de valeur, avoit gagné la bataille de Cassel, et qui en avoit montré toujours de fort naturelle en tous les sièges où il s'étoit trouvé, n'avoit d'ailleurs que les mauvaises qualités des femmes. Avec plus de monde que d'esprit et nulle lecture, quoique avec une connoissance étendue et juste des maisons, des naissances et des alliances, il n'étoit capable de rien. Personne de si mou de corps et d'esprit, de plus foible, de plus timide, de plus trompé, de plus gouverné, ni de plus méprisé par ses favoris, et très souvent de plus mal mené par eux. »

les conversations qu'il eut avec madame d'Olonne, il ne lui parla que de l'amour que ce prince avoit pour elle ; il lui dit qu'il le lui avoit témoigné plus de cent fois pendant le voyage, et qu'elle le verroit assurément soupirer aussitôt qu'il seroit revenu. Une femme qui avoit des bourgeois et des gentilshommes, les uns bien et les autres mal faits, pouvoit bien aimer un beau prince. Madame d'Olonne reçut la proposition du comte de Guiche avec une joie qu'on ne peut exprimer, et si grande qu'elle ne fit pas seulement les façons que des coquettes font en de pareilles rencontres. Un autre eût dit qu'elle ne vouloit aimer personne, mais moins un prince que qui que ce fût, parcequ'il n'auroit pas tant d'attachement. Madame d'Olonne, qui étoit la plus naturelle femme du monde et la plus emportée, ne garda pas de bienséance, et répondit au comte de Guiche qu'elle s'estimoit plus qu'elle n'avoit encore fait, puisqu'elle plaisoit à un si grand prince et si raisonnable. Lorsque la cour fut revenue à Paris, le duc d'Anjou ne répondit point aux empressemens à quoi le comte avoit préparé madame d'Olonne, qui se livra tout entière. Tout cela ne lui produisit rien, et ne servit qu'à lui faire connoître l'indifférence que le prince avoit pour elle. Le comte de Guiche, voyant que le prince ne mordoit point à l'hameçon, changea de dessein, et voulut au moins que les services qu'il avoit voulu rendre à madame d'Olonne lui servissent de quelque chose auprès d'elle. Il résolut donc d'en faire l'amoureux, et, pour ce que le commerce qu'il avoit eu avec elle sur les amours du duc d'Anjou lui avoit donné de grandes fa-

DES GAULES. 115

miliarités, il ne balança point de lui écrire cette lettre :

LETTRE.

Nous *avons travaillé jusqu'ici en vain, Madame; la reine[1] vous hait, et le duc d'Anjou appréhende de la fâcher. J'en suis au désespoir pour vos interêts. Vous m'en pouvez bien consoler, Madame, si vous voulez, et je vous conjure de le vouloir. Puisque l'aigreur de la mère et la foiblesse du fils ont ruiné nos desseins, il*

---

1. Quelque délicatesse est de temps en temps indispensable. Rien ne nous oblige, toutes les fois qu'un nom se présente, à rechercher tous les souvenirs guillerets qu'il peut rappeler et à vouloir absolument enluminer toutes nos notes de couleurs voyantes. C'est affaire aux gens qui écrivent *les Crimes des rois de France* et autres ouvrages de cette force de raconter comment toute reine a été nécessairement une Messaline. Anne d'Autriche, même en admettant bien des choses, a été une femme digne d'estime, une mère de famille pleine de dignité, une reine indulgente et honnête. Ce qu'on a dit des affaires arrivées du temps de Louis XIII et ce qui arriva sous la régence ne la déshonore en rien. Elle ne fut pas galante, elle ne fut pas coquette, encore moins débauchée. On ne peut lui reprocher que d'avoir aimé un peu, et ce n'est pas ici le lieu d'être si impitoyable. Les pamphlets ne doutent jamais de rien. En voici un qui a de l'audace (Cat. de la Bibl. nat., t. 2, n. 3547) : LES AMOURS D'ANNE D'AUTRICHE, *épouse de Louis XIII, avec M. le C. de R., père de Louis XIV*; Cologne, P. Marteau, 1693, in-12.

Le brillant Montmorency se déclara, dès 1626, le chevalier de la reine (Tallem., t. 2, p. 307). A Castelnaudary, sur le champ de sa défaite, il portoit le portrait d'Anne d'Autriche lorsqu'il fut pris (Vittorio Siri, *Memorie Recondite*, t. 7), et cela, dit-on, rendit Louis XIII inflexible au jour de sa condamnation. De simples gentilshommes, avant ce fou de Jarzay, se mirent à l'aimer : ainsi d'Esguilly-Vassé (Tallem., t. 2. p. 241). Bellegarde (Roger de Saint-Lary) employa Malherbe à exprimer sa passion, et l'on a un pont-breton de Voiture

faut prendre d'autres mesures. Aimons-nous, Madame; cela est déjà fait de mon côté, et, si le duc d'Anjou vous eût aimée, je vois bien que je me serois bientôt brouillé avec lui, parceque je n'aurois pu ré-

qui indique l'heure où le duc de Bellegarde dut cesser de faire le beau poète :

L'astre de Roger
Ne luit plus au Louvre ;
Chascun le descouvre,
Et dit qu'un berger
Arrivé de Douvre
L'a fait deloger.

Qui ne connoît, de ce même Voiture, la pièce charmante adressée à la reine-régente, pièce dans laquelle il lui rappelle ce temps de pastorales, de fêtes romanesques, de scènes de chevalerie, et dans laquelle il ose lui dire : « Lorsque vous étiez

Je ne veux pas dire amoureuse ;
La rime le veut toutefois. »

Tout le scandaleux de l'amourette Buckingham, Tallemant (t. 2, p. 10) l'a resserré en une très courte phrase. Il n'y a rien de plus à imaginer que des folies :

« Ce qui fit le plus de bruit, ce fut quand la cour alla à Amiens, pour s'approcher d'autant plus de la mer : Bouquinquant tint la reyne toute seule dans un jardin; au moins il n'y avoit qu'une madame du Vernet, sœur de feu M. de Luynes, dame d'atours de la reyne; mais elle estoit d'intelligence et s'estoit assez eloignée. Le galant culebutta la reyne et luy escorcha les cuisses avec ses chausses en broderies; mais ce fut en vain. »

Pour le mariage de la régente avec le cardinal Mazarin, on ne voit pas qu'il soit plus possible d'en douter, et rien n'est plus facile à excuser et à comprendre.

Dès le temps de la première Fronde, nul n'étoit ignorant de la liaison formée entre la mère du roi et le ministre. Un couplet dit en 1650 :

Mazarin, plie ton paquet :
Notre roi est devenu sage ;
Ton adultère lui déplaît.

Si mesdames de Motteville, Talon et la duchesse de Nemours disculpent la reine, les mémoires de Brienne le fils (t. 2,

*sister à l'inclination que j'ai pour vous. Je ne doute
pas, Madame, que la différence ne vous choque d'a-
bord; mais défaites-vous de votre ambition, et vous
ne vous trouverez pas si misérable que vous pensez.
Je suis assuré que, quand le dépit vous aura jetée entre mes bras, l'amour vous y retiendra.*

p. 40, 337), ceux de Retz, les Lettres de Madame, et la Correspondance même de Mazarin (*Lettres inédites*, publiées par
M. Ravenel, p. 491), maintiennent l'opinion générale. Madame, dont il ne faut pas se défier obstinément, et qui a pu
être bien instruite, dit en propres termes (27 septembre
1718) : « La reine-mère, veuve de Louis XIII, a fait encore
bien pis que d'aimer le cardinal Mazarin : elle l'a épousé. Il
n'étoit pas prêtre, et n'avoit pas les ordres qui pussent empêcher de se marier. »

C'est encore Madame (16 avril 1718) qui dit : « La reine-
mère avoit l'habitude de manger énormément quatre fois par
jour. » Si cela est, ses enfants ont tenu d'elle. Mais il faut finir par quelque morceau de panégyrique. Madame de Motteville s'offre à nous pour cette besogne, qui lui a tant plu.

Vers les derniers moments de la vie de la reine, quand son
affreuse maladie redoubloit de pourriture, madame de Motteville fait un retour sur le passé (t. 5, p. 248) : « La grandeur
de sa naissance l'avoit accoutumée à l'usage des choses déli-
cieuses qui peuvent contribuer à l'aise du corps, et sa propreté étoit sur cela si extrême, qu'on pouvoit s'étonner doublement quand on voyoit que sa vertu la rendoit si dure sur
elle-même. Selon ses inclinations naturelles et selon la délicatesse de sa peau, ce qui étoit innocemment délectable lui
plaisoit; elle aimoit les bonnes senteurs avec passion. Il étoit
difficile de lui trouver de la toile de batiste assez fine pour lui
faire des draps et des chemises, et, avant qu'elle pût s'en
servir, il falloit la mouiller plusieurs fois pour la rendre plus
douce. »

Elle s'étoit maintenue propre et agréable fort long-temps.
En 1661, sa fidèle amie (t. 5, p. 112) l'affirme : « Quoique
elle approchât alors de soixante ans, elle étoit encore aimable,
et, sans flatterie, on pouvoit dire qu'elle avoit de grandes
beautés. Outre qu'elle avoit de la fraîcheur sur le visage, ses
belles mains et ses beaux bras n'avoient rien perdu de leur
perfection, et les belles tresses de ses cheveux étoient de

Quoi qu'on veuille dire contre les femmes, il y a souvent plus d'imprudence que de malice dans leur conduite. La plupart ne pensent plus, quand on leur parle d'amour, qu'elles ne doivent jamais aimer; cependant elles vont plus loin qu'elles ne pensent; elles font des choses quelquefois, croyant qu'elles seront toujours cruelles, dont elles se repentent fort quand elles sont devenues plus humaines. La même chose arriva à madame d'Olonne. Elle eut un chagrin insupportable d'avoir manqué le cœur du prince après l'avoir compté parmi ses conquêtes. Cherchant quelqu'un à qui s'en prendre pour amuser sa douleur, elle ne trouva rien de plus vraisemblable à croire sinon que le comte de Guiche, pour son propre intérêt, l'avoit empêché de l'aimer : de sorte que, tant pour se venger de lui que pour rassurer Marsillac, que toute cette intrigue avoit alarmé, elle lui sacrifia la lettre du comte de Guiche, sans considérer que l'amour peut-être l'obligeroit à faire la même chose des lettres de Marsillac. Celui-ci, à qui madame d'Olonne donnoit tant de faveurs, en usa comme on fait d'ordinaire quand on est

même grosseur et de même couleur qu'elles avoient été à vingt-cinq ans. »

Décidément elle n'avoit pas été laide. Ecoutons madame de Motteville en 1644 (t. 2, p. 71) : « Il y avoit un plaisir non pareil à la voir coiffer et habiller. Elle étoit adroite, et ses belles mains, en cet emploi, faisoient admirer toutes leurs perfections. Elle avoit les plus beaux cheveux du monde; ils étoient fort longs et en grande quantité, qui se sont conservés long temps sans que les années aient eu le pouvoir de détruire leur beauté. . . . .

« ..... Après la mort du feu roi elle cessa de mettre du rouge, ce qui augmenta la blancheur et la netteté de son teint. »

content de sa maîtresse ; il lui rendit mille grâces de sa sincérité, et se contenta de triompher de son rival sans en vouloir tirer une gloire indiscrète.

Cependant le comte de Guiche, qui ne sçavoit pas le destin de sa lettre, alla le lendemain chez madame d'Olonne ; mais il y vint bien du monde ce jour-là, et il ne lui put parler d'affaires ; il remarqua seulement qu'elle l'avoit fort regardé, et, de chez elle, il alla dire l'état de ses affaires à Fiesque, que depuis son retour de Lyon il avoit faite sa confidente ; il les alla dire aussi à Vineuil, et tous deux séparément jugèrent, sur la fragilité de la dame et la gentillesse du cavalier, que la poursuite ne seroit ni longue ni infructueuse. Et en effet, madame d'Olonne avoit trouvé le comte de Guiche si fort à son gré et si bien fait qu'elle s'étoit repentie du sacrifice qu'elle venoit de faire à Marsillac. Le lendemain, le comte de Guiche retourna chez elle, et, l'ayant trouvée seule, il lui parla de son amour. La belle en fut aise et reçut cette déclaration le plus agréablement du monde ; mais, après être convenus de s'aimer, comme ils étoient sur certaines conditions, des gens entrèrent qui obligèrent le comte de Guiche à sortir un moment après.

Madame d'Olonne, s'étant aussi débarrassée de sa compagnie le plus tôt qu'elle put, monta en carrosse. Voulant découvrir si la comtesse de Fiesque ne prenoit plus d'interêt avec le comte de Guiche, elle l'alla trouver. Après quelques conversations sur d'autres sujets, elle lui demanda son avis sur les desseins qu'elle lui dit qu'avoit le comte de Guiche pour elle. La comtesse lui dit qu'il ne falloit que consulter son cœur en de pareils rencontres. « Mon cœur ne me dit pas beaucoup de choses en faveur du comte, reprit madame d'Olonne, et ma raison m'en dit mille contre lui : c'est un étourdi que je n'aimerai jamais. » En disant ces mots elle prit congé de la comtesse, sans attendre sa réponse.

D'un autre côté, le comte de Guiche étant retourné à son logis, il rencontra Vineuil, qui l'attendoit dans une impatience extrême de sçavoir l'état de ses affaires. Le comte de Guiche lui dit assez froidement qu'il croyoit que tout étoit rompu, de la manière dont madame d'Olonne le traitoit ; et, comme Vineuil vouloit savoir le détail de la conversation, le comte de Guiche, qui avoit peur de se découvrir, changeoit de propos à tous momens. Cela donna quelques soupçons à Vineuil, qui étoit fin et amoureux de madame d'Olonne, et qui ne se mêloit des affaires du comte de Guiche que pour se prévaloir auprès de sa maîtresse des choses qu'il auroit apprises. Il sortit, voyant qu'il ne découvroit rien, et fut trois jours durant dans des inquiétudes mortelles de ne pouvoir apprendre ce qu'il soupçonnoit et qu'il vouloit sçavoir. Assurément il alloit chez Fiesque avec un visage de favori disgracié depuis qu'il voyoit que le comte de Guiche ne lui donnoit plus de part dans l'honneur de sa confidence ; il n'en disoit rien à cette belle, pour ne se pas décréditer en montrant son malheur.

Enfin, au bout de trois jours, étant allé chez le comte de Guiche : « Qu'ai-je fait, Monsieur, lui dit-il, qui vous ait obligé de me traiter ainsi ? Je vois bien que vous vous cachez de moi sur l'affaire de madame d'Olonne ; apprenez-m'en la raison, ou si vous n'en avez point, continuez à me dire ce que vous sçavez, comme vous avez accoutumé. — Je vous demande pardon, mon pauvre Vineuil, lui dit le comte de Guiche; mais madame d'Olonne, en m'accordant les dernières faveurs, avoit exigé de moi que je ne vous en parlasse point, ni à Fiesque encore moins qu'au reste du monde, parcequ'elle disoit que vous étiez méchant et Fiesque jalouse. Quelque indiscret qu'on soit, il n'y a point d'affaire qu'on ne tienne secrète dans le commencement, quand on a pu se passer de confident pour en venir à bout. Je l'éprouve aujourd'hui, car naturellement j'aime assez à conter une aventure amoureuse; cependant j'ai été trois jours sans vous conter celle-ci, vous à qui je dis toutes choses. Mais donnez-vous patience, mon cher; je m'en vais vous dire tout ce qui s'est passé entre madame d'Olonne et moi, et, par un détail le plus exact du monde, réparer en quelque manière l'offense faite à l'amitié que j'ai pour vous.

« Vous saurez donc qu'à la première visite que je lui rendis après lui avoir écrit la lettre que vous avez vue, il ne me parut à sa mine ni rudesse, ni douceur; et la compagnie qui étoit chez elle empêcha de m'en éclaircir mieux. Tout ce que je pus remarquer fut qu'elle m'observoit de temps en temps. Mais y étant retourné le lendemain et l'ayant trouvée seule, je lui représentai si bien mon amour et la pressai si fort d'y répondre, qu'elle m'avoua qu'elle m'aimoit, et me promit de m'en donner des marques, à la condition que je viens de vous dire. Vous sçavez bien que je lui voulus promettre tout. Dans ces momens-là nous ouïmes du bruit, de sorte que madame d'Olonne me dit que je revinsse le lendemain, un peu devant la nuit, deguisé en fille qui lui apporteroit des dentelles à vendre. M'en étant donc retourné chez moi, je vous y trouvai, et vous pûtes bien voir par la froideur avec laquelle je vous reçus et je vous parlai que tout le monde m'importunoit alors, et particulièrement vous, mon cher, de qui j'étois plus en garde que de personne. Vous vous en aperçûtes aussi, et c'est ce qui vous fit soupçonner que je ne vous disois pas tout. Lorsque vous fûtes sorti, je donnai ordre que l'on dît à ma porte que je n'étois pas au logis, et je me préparai pour ma mascarade du lendemain. Tout ce que l'imagination peut donner de plaisir par avance, je l'eus vingt-quatre heures durant; les quatre ou cinq dernières me durèrent plus que les autres; enfin, celle que j'attendois avec tant d'impatience étant arrivée, je me fis porter chez madame d'Olonne. Je la trouvai en cornette sur son lit, avec un deshabillé couleur de rose. Je ne vous sçaurois exprimer, mon cher, comme elle étoit belle ce jour-là! Tout ce que l'on peut dire est au dessous des agrémens qu'elle avoit : sa gorge étoit à demi découverte; elle avoit plus de cheveux abattus[1] qu'à l'ordinaire et tout annelés; ses yeux étoient plus brillans que les astres; l'amour et la couleur de son visage animoient son teint du plus beau vermillon du monde. « Eh bien, mon cher! me dit-elle, me sçaurez-vous bon gré de ce que je vous épargne la peine de soupirer long-temps ? Trou-

---

1. Au dessous des deux raies circulaires qui s'élevoient du milieu du front et gagnoient le derrière de l'oreille.

vez-vous que je vous fasse trop acheter les grâces que je vous fais? Dites, mon cher? ajouta-t-elle. Mais quoi! vous me paroissez tout interdit. — Ah! Madame, lui répondis-je, je serois bien insensible si je conservois du sang-froid en l'état où je vous vois! — Mais puis-je m'assurer, me dit-elle, que vous ayez oublié la petite Beauvais et la comtesse de Fiesque? — Oui, lui dis-je, Madame, vous le pouvez. Et comment me souviendrois-je des autres, ajoutai-je, que vous voyez bien que je me suis presque oublié moi-même. — Je ne crains, répliqua-t-elle, que l'avenir : car, pour le présent, mon cher, je me trompe fort si je vous laisse penser à d'autres qu'à moi. » Et en achevant ces paroles elle se jeta à mon col, et, me serrant avec ses bras que vous connoissez, elle me tira sur elle. Ainsi tous deux couchés, nous nous baisâmes mille fois, n'en voulant pas demeurer là, et cherchant quelque chose de plus solide, mais de ma part inutilement. Il faut se connoître, Vineuil, et savoir à quoi l'on est propre. Pour moi, je vois bien que je ne suis pas né pour les dames; il me fut impossible d'en sortir à mon honneur, quelque effort que fît mon imagination et l'idée et la présence du plus bel objet du monde. « Qu'y a-t-il, me dit-elle, Monsieur, qui vous met en si pauvre état? Est-ce ma personne qui vous cause du dégoût, ou si vous ne m'apportez que le reste d'une autre? »

« La honte que me fit ce discours, mon cher, acheva de m'ôter les forces qui me restoient. « Je vous prie, Madame, lui dis-je, de ne point accabler un misérable de reproches ; assurément je suis ensorcelé. » Au lieu de me répondre, elle appelle sa femme de chambre : « Dites, Quentine, mais dites-moi la verité, comme suis-je faite aujourd'hui ? Ne suis-je pas malpropre ? Ne trompez pas votre maîtresse : il y a quelque chose à mon fait qui ne va pas bien ». Quentine n'osant répondre en la colère où elle la vit, madame d'Olonne lui arracha un miroir qu'elle avoit. Après avoir fait toutes les mines qu'elle avoit accoutumé de faire quand elle vouloit plaire à quelqu'un, pour juger si mon impuissance venoit de sa faute ou de la mienne, elle secoua sa jupe, qui étoit un peu froissée, et entra brusquement dans son cabinet qu'elle avoit à la ruelle de son lit. Pour moi, qui étois comme un condamné, je me demandois à moi-même si tout ce qui s'étoit passé n'étoit point un songe, avec toutes les réflexions qu'on peut faire en pareil rencontre. Je m'en allai au logis de Manicamp, où, lui ayant conté toute mon aventure : « Je vous ai bien de l'obligation, mon cher, me dit-il, car assurément c'est pour l'amour de moi que vous avez été insensible auprès d'une si belle femme.— Quoique peut-être vous en soyez cause, lui dis-je, je ne l'ai pas fait pour vous obliger. Je vous aime fort, ajoutai-je, je vous l'avoue ; mais avec tout cela je vous avois oublié en ce rencontre. Je ne comprends pas une si extraordinaire foiblesse ; je pense qu'en quittant les habits d'un homme j'en avois quitté les véritables marques. Cette partie est morte en moi par laquelle j'ai été jusqu'ici une espèce de chancelier[1]. Comme j'achevois de parler, un de mes gens m'apporta une lettre de la part de

---

1. J'ignore absolument ce que signifie cette manière de parler, et ne l'expliquerai pas.

madame d'Olonne qu'un des siens lui avoit donnée. La voici dans ma poche ; je vous la vais lire.»
En disant cela, le comte lut cette lettre à Vineuil :

LETTRE.

Si j'aimois le plaisir de la chair, je me plaindrois d'avoir été trompée ; mais, bien loin de m'en plaindre, j'ai de l'obligation à votre foiblesse : elle est cause que, dans l'attente du plaisir que vous ne m'avez pu donner, j'en ai goûté d'autres par imagination qui ont duré plus long-temps que ceux que vous m'eussiez donnés si vous eussiez été fait comme un autre homme. J'envoie maintenant savoir ce que vous faites, et si vous avez pu gagner votre logis à pied ; ce n'est pas sans raison que je vous fais cette demande, car je n'ai jamais vu un homme en si méchant état que celui où je vous laissai. Je vous conseille de mettre ordre à vos affaires ; avec plus de chaleur naturelle que je ne vous en ai vu, vous ne sçauriez encore vivre long-temps. En verité, Monsieur, vous me faites pitié, et, quelque outrage que j'aie reçu de vous, je ne laisse pas de vous donner un bon avis : fuyez Manicamp[1]. Si vous êtes sage, vous pourrez recouvrer votre santé, mais restez quelque temps sans le voir. C'est assurément de lui que vient votre foiblesse, car, pour moi, à qui mon miroir et ma représentation ne mentent point, je ne crains pas qu'on me puisse accuser, ni me faire reproche.

« A peine eus-je achevé de lire cette lettre que j'y fis cette réponse :

1. Voyez ce qu'on a dit de Guiche et de Manicamp.

LETTRE.

Je vous avoue, Madame, que j'ai bien fait des fautes en ma vie, car je suis homme et encore jeune; mais je n'en ai jamais fait une plus grande que celle de la nuit passée : elle n'a point d'excuse, Madame, et vous ne sçauriez me condamner à quoi que ce soit que je n'aie bien mérité. J'ai tué, j'ai trahi, j'ai fait des sacriléges; pour tous ces crimes-là vous n'avez qu'à chercher des supplices; si vous voulez ma mort, je vous irai porter mon épée; si vous ne me condamnez qu'au fouet, je vous irai trouver nu, en chemise. Souvenez-vous, Madame, que j'ai manqué de pouvoir, et non de volonté; j'ai été comme un brave soldat qui se trouve sans armes lorsqu'il faut qu'il aille au combat. De vous dire, Madame, d'où cela est venu, j'en serois bien empêché; peut-être m'est-il arrivé comme à ceux de qui l'appétit se passe quand ils attendent trop à manger; peut-être que la force de l'imagination a consumé la force naturelle. Voilà ce que c'est, Madame, de donner tant d'amour: une médiocre beauté, qui n'auroit pas troublé l'ordre de la nature, auroit été plus satisfaite. Adieu, Madame; je n'ai rien à vous dire davantage, sinon que peut-être me pardonnerez-vous le passé, si vous me donnez lieu de faire mieux à l'avenir: je ne demande pour cela que jusqu'à demain, à la même heure qu'hier.

«Après avoir envoyé par un de mes laquais ces belles promesses à celui de madame d'Olonne qui attendoit sa réponse à mon logis, je m'en allai, et, ne doutant point que mes offres ne fussent bien reçues, je voulus prendre un soin particulier de moi. Je me baignai, et me fis frotter avec des essences de senteur; je mangeai des œufs frais, des culs d'artichauts, et pris un peu de vin; ensuite je fis cinq ou six tours de chambre et me mis au lit sans Manicamp. J'avois si fort en tête de réparer ma faute que je fuyois mes amis comme la peste. Le lendemain m'étant levé gaillard de corps et d'esprit, je dînai de fort bonne heure, aussi légèrement que j'avois soupé, et ayant passé l'après-dînée à donner ordre à mon petit équipage d'amour, je m'en allai chez madame d'Olonne à la même heure que l'autre fois. Je la trouvai sur son même lit, ce qui me donna d'abord quelques appréhensions qu'il ne me portât malheur; mais enfin, m'étant assuré le mieux que je pus, je m'allai jeter à ses genoux. Elle étoit à demi déshabillée et tenoit un éventail dont elle jouoit. Sitôt qu'elle me vit, elle rougit un peu, dans le souvenir assurément de l'affront qu'elle avoit reçu la veille; et, Quentine s'étant retirée, je me mis sur le lit avec elle. La première chose qu'elle fit fut de me mettre son éventail devant les yeux. Cela l'ayant rendue aussi hardie que s'il y eût eu une muraille entre nous deux : « Eh bien! me dit-elle, pauvre paralytique, êtes-vous venu aujourd'hui ici tout entier? —Ah! Madame, lui répondis-je, ne parlons plus du passé. » Et là-dessus me jetant à corps perdu entre ses bras, je la baisai mille fois et la priai qu'elle se laissât voir toute nue. Après un peu de résistance qu'elle fit pour augmenter mes désirs et pour affecter la modestie qui sied si bien aux femmes, plutôt que par aucune défiance qu'elle eût d'elle-même, elle me laissa voir tout ce que je voulus. Je vis un corps en bon point et le mieux proportionné du monde et un fort grand éclat de blancheur. Après cela, je recommençai à l'embrasser. Nous faisions déjà du bruit avec nos baisers ; déjà nos mains, entrelacées les unes dans les autres, exprimoient les dernières tendresses d'amour ; déjà le mélange de nos âmes avoit fait l'union de nos corps, quand elle s'aperçut du pauvre état où j'étois. Ce fut alors que, voyant que je continuois à l'outrager, elle ne songea plus qu'à la vengeance. Il n'y a point d'injures qu'elle ne me dît ; elle me fit les plus violentes menaces du monde. Pour moi, sans faire ni prières ni plaintes, parceque je sçavois ce que j'avois mérité, je sortis brusquement de chez elle et me retirai chez moi, où, m'étant mis au lit, je tournai toute ma colère contre la cause de mes malheurs.

> *D'un juste dépit tout plein,*
> *Je pris un rasoir en main ;*
> *Mais mon envie étoit vaine,*
> *Puisque l'auteur de ma peine,*
> *Que la peur avoit glacé,*
> *Tout malotru, tout plissé,*
> *Comme allant chercher son centre,*
> *S'étoit sauvé dans mon ventre.*

« Ne pouvant donc rien faire, voici à peu près comme la rage me fit parler : « Eh bien ! traître, qu'as-tu à dire, infâme partie de moi-même et véritablement honteuse, car on seroit bien ridicule de te donner un autre nom ? Dis-moi, t'ai-je jamais obligé à me traiter de la sorte et me faire recevoir les plus rudes affronts du monde ? Me faire abuser des grâces qu'on me fait et me donner à vingt-deux ans les infirmités de la vieillesse ! » Pendant que la colère me fit parler ainsi,

> *L'œil attaché sur le plancher,*
> *Rien ne le sçauroit plus toucher.*
> *Aussi, lui faire des reproches,*
> *C'est justement parler aux roches.*

« Je passai le reste de la nuit en des inquiétudes mortelles ; je ne sçavois pas si je devois écrire à madame d'Olonne ou la surprendre par une visite imprévue. Enfin, après avoir été long-temps à balancer, je pris ce dernier parti, au hasard de trouver quelque obstacle à nos plaisirs. Je fus assez heureux pour la rencontrer seule à l'entrée de la nuit. Elle s'étoit mise au lit aussitôt que j'étois sorti d'auprès d'elle. En entrant dans sa chambre, je lui dis : « Madame, je viens mourir à vos genoux ou vous satisfaire. Ne vous emportez pas, je vous prie, que vous ne sachiez si je le mérite. » Madame d'Olonne, qui craignoit autant que moi un malheur semblable à ceux qui m'étoient arrivés, n'eut garde de m'épouvanter par des reproches ; au contraire, elle me dit tout ce qu'elle put pour rétablir en moi la confiance de moi-même, que j'avois quasi perdue ; et, en effet, si j'avois été ensorcelé, comme je lui avois dit deux jours auparavant, je rompis le charme à la troisième fois. Vous jugez bien, ajouta le comte de Guiche, qu'elle ne me dit point d'injures en la quittant, comme elle avoit fait les autres fois. Voilà l'état de mes affaires, que je vous prie de faire semblant d'ignorer. »

Vineuil le lui ayant promis, ils se séparèrent. Le comte de Guiche alla chez madame la comtesse de Fiesque, à qui, entre autres choses, il dit qu'il ne songeoit plus à madame d'Olonne.

Cet amant ne fut pas long-temps avec sa nouvelle maîtresse sans que Marsillac s'en aperçût, quelque soin qu'elle prît de tromper celui-ci et quelque peu d'esprit qu'il eût; mais la jalousie, qui tient lieu de finesse, lui fit découvrir moins d'empressement en elle pour lui qu'elle n'avoit accoutumé: de sorte que, lui ayant fait quelques plaintes douces au commencement, et puis après un peu plus aigres, voyant enfin qu'elle n'en faisoit pas moins, il se résolut de se venger tout d'un coup de son rival et de sa maîtresse. Il donna donc à ses amis toutes les lettres de madame d'Olonne et les pria de les montrer partout. Mademoiselle d'Orléans[1] haïssoit fort le comte de Guiche. Il lui donna la lettre qu'il avoit écrite à sa maîtresse, dans laquelle il parloit mal de la reine et du duc d'Anjou. La première chose que fit la

---

1. Toutes les fois qu'il y a, comme pour mademoiselle de Montpensier, des mémoires qui nous restent, cela nous dispense de la plus grande partie de notre tâche. La grande Mademoiselle n'a pas besoin d'une notice. Née en 1627, elle a déjà passé la trentaine au moment où nous la rencontrons. Elle étoit grande, fort blonde, d'une haute mine, pétrie de fierté et affable, rieuse au besoin; amie de l'extraordinaire, peu habituée aux rigueurs de l'orthographe et curieuse de romans, voire même de poésies; précieuse assez, point libertine, mais mal satisfaite du célibat. Bussy ne lui déplaisoit pas. On connoît sa vie, sa jeunesse active, ses prouesses sous les murs d'Orléans et à la porte Saint-Antoine, ses mariages manqués, ses amours avec Lauzun, son admiration pour Condé.

J'ai dit qu'elle aimoit les écrits et n'écrivoit pas correcte-

princesse fut de montrer au duc d'Anjou la lettre du comte de Guiche, croyant l'animer d'autant plus contre lui qu'elle sçavoit que ce prince l'aimoit fort. Cependant le prince n'eut pas tout l'em-

ment. En voici la preuve fournie par le bibliographe G. Peignot (*Documents authentiques sur les dépenses de Louis XIV*, p. 44) :

« A Choisy, ce 5 août 1665.

« Monsieur le Sr Segrais qui est de la cadémie et qui a bocoup travalié pour la gloire du Roy et pour le public aiant este oublié lannée passée dans les gratifications que le Roy a faicts aux baus essprit ma prié de vous faire souvenir de luy set un aussi homme de mérite et qui est a moy il y a long tams lespere que sela ne nuira pas a vous obliger a avoir de la consideration pour luy set se que je vous demande et de me croire

« Monsieur Colbert   Votre afectionee amie

« Anne Marie Louise d'Orléans. »

De même son courage, soutenu par son humeur aventureuse, est incontestable ; néanmoins elle étoit peureuse (Montp., t. 2, p. 383) et avoit particulièrement peur des morts (t. 2, p. 418). En 1648, madame de Motteville (t. 3, p. 102) disoit d'elle : « Elle avoit de la beauté, de l'esprit, des richesses, de la vertu, et une naissance royale. Cette princesse crut que toutes ces choses ensemble pouvoient mériter cet honneur. Sa beauté, néanmoins, n'étoit pas sans défaut, et son esprit, de même, n'étoit pas de ceux qui plaisent toujours. Sa vivacité privoit toutes ses actions de cette gravité qui est nécessaire aux personnes de son rang, et son âme étoit trop peu portée par ses sentiments. Ce même tempérament ôtoit quelquefois à son teint un peu de sa perfection en lui causant quelques rougeurs ; mais comme elle étoit blanche, qu'elle avoit les yeux beaux, la bouche belle, qu'elle étoit de belle taille et blonde, elle avoit tout à fait en elle l'air de la grande beauté. »

Et elle-même, dans son portrait (*Mém.* t. 4, p. 105), elle dit : « Je suis grande, ni grasse ni maigre, d'une taille belle et fort aisée ; j'ai bonne mine, la gorge assez bien faite, les bras et les mains pas beaux, mais la peau belle, ainsi que la

portement que la princesse avoit espéré, et se contenta de dire à Péguilin¹ que son cousin étoit un ingrat et qu'il ne lui avoit jamais donné sujet de parler de lui comme il faisoit, et que tout le

gorge. J'ai la jambe droite et le pied bien fait ; mes cheveux sont blonds et d'un beau cendré ; mon visage est long, le tour en est beau ; le nez grand et aquilin, la bouche ni grande ni petite, mais façonnée et d'une manière fort agréable ; les lèvres vermeilles, les dents point belles, mais pas horribles aussi ; mes yeux sont bleus, ni grands ni petits, mais brillants, doux et fiers comme ma mine. J'ai l'air haut sans l'avoir glorieux. »

Sa statue, au Luxembourg, est loin d'être un chef-d'œuvre, mais elle ne la représente pas mal. Il y a à Versailles une dizaine de portraits d'elle : en bergère, en déesse, etc., et au naturel, qui ne lui nuisent pas tous.

Mademoiselle est née le 29 mai 1627, et elle est morte le 5 mars 1693.

A la suite de ses Mémoires on classe ordinairement divers écrits qui assurément ne sont pas d'elle, mais dont quelques uns ont vu le jour dans les réunions de son palais du Luxembourg. Ainsi :

1. *Relation de l'île imaginaire*. — 2. *Histoire de la princesse de Paphlagonie*. — 3. *Portraits*. — 4. *Lettre à et de madame de Motteville*. — 5. *Réflexions morales et chrétiennes sur le livre de* l'Imitation de Jésus-Christ. — 6. Un discours sur les béatitudes.

Nous ne parlerons pas de l'ouvrage *les Amours de M. de Lauzun* (t. 3 de l'*Hist. amoureuse des Gaules*, édition de 1740).

Somaize (t. 1, p. 56) la désigne sous le nom de la princesse *Cassandane*. Jean de la Forge l'a encensée sous le nom de *Madonte*. Vertron (*Nouvelle Pandore*, t. 1, p. 276) l'a louée également. Dans la satire des *Vins de la cour*, le vin de Mademoiselle est pétillant.

Mademoiselle a eu, tant qu'elle a vécu, les sympathies des gens de lettres. Encore aujourd'hui sa renommée est restée debout. Le canon de la Bastille, qui a tué son mari, lui a conquis un certain retentissement de gloire.

1. On a fait la vie de Lauzun. Elle ne seroit pas faite que les mémoires suffisent bien. Quel homme incompréhensible

ressentiment qu'il en auroit aboutiroit à n'avoir plus pour lui la même estime qu'il avoit eue, mais que, si la reine sçavoit la manière dont il parloit d'elle, elle n'auroit pas assurément tant de mo-

que ce favori, qui a une jeunesse si triomphante, une virilité si pavanée encore, et, dans la personne de son neveu, Riom, une vieillesse si vertement gaillarde !

Parmi les pièces historiques qui datent de la Fronde, la Bibliothèque nationale en possède une (*Catal.*, t. 2, n. 3142) qui a pour titre : *La défaite des troupes des sieurs de l'Isle-Bonne et du Plessis-Belière et Sauvebœuf par le comte de Lauzun, en Guienne* (30 septembre), etc., 1652, in-4. Lauzun avoit juste vingt ans. Si c'est de lui qu'il s'agit, il commençoit bien. En 1660, aux fêtes de la Bidassoa, Antoine Nompar de Caumont est capitaine d'une compagnie des gardes à bec de corbin, charge de la famille (Montp., t. 3, p. 515); en 1668 il est nommé colonel-général des dragons (Daniel, t. 2, p. 505); en 1662 il avoit déjà tâté de la prison. « Il y eut de grandes intrigues, dit Mademoiselle (t. 4, p. 35) entre beaucoup de femmes de la cour, dans lesquelles M. de Péguilin fut mêlé et envoyé à la Bastille pendant sept ou huit mois, avec un ordre exprès du roi de ne lui laisser voir personne. Bien des gens sentirent sa prison avec douleur, et, quoique je ne le connusse pas dans ce temps-là aussi particulièrement que j'ai fait depuis, je ne laissai pas de le plaindre sur la réputation générale et particulière qu'il avoit d'être un des plus honnêtes hommes de la cour, celui qui avoit le plus d'esprit et le plus de fidélité pour ses amis, le mieux fait, qui avoit l'air le plus noble. L'histoire véritable ou médisante disoit qu'il faisoit du fracas parmi les femmes ; qu'il leur donnoit souvent des sujets de se plaindre pour n'avoir pas la force d'être cruel à celles qui lui vouloient du bien. Ainsi elles se faisoient des affaires et lui attirèrent ce châtiment, qui ne lui étoit rude que par rapport à la peine qu'il souffroit d'avoir déplu au roi, pour lequel il avoit une amitié passionnée. »

Le style de ce morceau est vif, on y sent l'instinct de l'amoureuse, on y voit l'hyperbole dans ce mot : « le mieux fait ».

Un fait certain, c'est que Lauzun étoit, suivant l'expression vulgaire, la coqueluche des dames de la cour. La plupart le vouloient pour amant. Cela tenoit à une certaine suf-

dération que lui. La princesse, n'étant pas satisfaite de voir tant de bonté au prince pour le comte de Guiche, résolut d'en parler à la reine, et, comme elle dit son dessein à quelqu'un, le maréchal

fisance très apparente qui ne déplaît jamais lorsqu'elle n'est point fade, et à des qualités secrètes qui plaisent encore plus. Tout se sait, grâce à la médisance; on sut ce que Lauzun valoit, on le courtisa : il fut forcé d'être brusque, inconstant, et, avec cette brusquerie et cette inconstance, il ne contenta pas toutes les coquettes.

Madame de Monaco, sa cousine, l'aima véritablement, ce qui ne l'empêcha pas de se donner au roi et au marquis de Villeroi ensuite. Lauzun ne recula pas, il se mit résolument en face de son maître; une nuit il lui joua le tour (Choisy, Coll. Michaud, p. 631) de le laisser se morfondre sans succès dans un corridor. Quand il fut vaincu, il eut de la colère, il s'emporta. La Bastille se rouvrit. Nous ne citerons plus qu'un seul nom de femme, celui de madame Molière. Lauzun est l'un de ceux qui ont déchiré le cœur de notre grand poète.

Mais voici le portrait de ce preneur de villes : « C'étoit un petit homme blond, bien fait dans sa taille, de physionomie haute et d'esprit, mais sans agrément dans le visage; plein d'ambition, de caprice et de fantaisie; envieux de tout; jamais content de rien, voulant toujours passer le but; sans lettres, sans aucun ornement dans l'esprit; naturellement chagrin, solitaire, sauvage; fort noble dans toutes ses façons, méchant par nature, encore plus par jalousie; toutefois bon ami quand il vouloit l'être, ce qui étoit rare; volontiers ennemi, même des indifférents; habile à saisir les défauts, à trouver et à donner des ridicules; moqueur impitoyable, extrêmement et dangereusement brave, heureux courtisan; selon l'occurrence, fier jusqu'à l'insolence et bas jusqu'au valetage; et, pour le résumer en trois mots, le plus hardi, le plus adroit et le plus malin des hommes. »

A cette touche, qui n'a pas reconnu Saint-Simon, ce merveilleux Saint-Simon (t. 10 de l'édit. Sautelet, p. 88) que les libraires d'aujourd'hui popularisent ? Saint-Simon dit simplement « un petit homme. » Bussy écrit (à Sévigné, 2 fév. 1689) : « C'est un des plus petits hommes pour l'esprit aussi bien que pour le corps ». En admettant que Bussy soit sévère

de Grammont [1] en fut averti et l'alla supplier de ne pas pousser son fils. Elle le promit et n'y manqua pas. Cette princesse étoit fière et ne pardonnoit pas aisément aux gens qui n'avoient pas pour elle

pour l'esprit, il ne doit rien inventer pour le corps. C'étoit donc un fort petit homme, ce qui prouve une fois de plus que les petits hommes, à qui on a déjà concédé la supériorité intellectuelle, peuvent réclamer aussi le rôle le plus actif dans la vie amoureuse et compter sur les succès les plus réels.

Ne voulant pas raconter la vie de Lanzun, je me bornerai à un extrait des Mémoires de Mademoiselle (t. 4, p. 454), qui, en 1682, respire le désenchantement et la vérité : « Il me paroissoit fort intéressé, ce que je ne croyois pas, ni personne de ceux qui le connoissoient avant sa prison ; il paroissoit tout jeter par les fenêtres, et en bien des occasions il en usoit ainsi. Ses manières, cachées et extraordinaires, faisoient qu'il ne se montroit que dans ses beaux jours et que l'on ne connoissoit que ses beaux moments. Il connoissoit son humeur et sçavoit la cacher. »

Lauzun avoit un frère, le chevalier de Lauzun, qui, après une vie obscure, mourut en 1704 (Saint-Simon, t. 6, p. 147). On retrouvoit en lui tous les vices de son aîné, sans aucune de ses qualités : Lauzun le nourrit dans ses ténèbres.

1. Le maréchal de Grammont étoit fils d'Antoine II de Grammont, comte de Guiche et de Louvigny, prince souverain de Bidache, duc à brevet le 13 décembre, et mort en août 1644. Cet Antoine II étoit un bâtard de Henri IV. Il refusa honorablement d'être reconnu en qualité de fils naturel du roi ; mais il n'en est pas moins vrai que les Grammont sont des Bourbons : de là leur attachement au roi et les égards du roi pour eux.

Antoine II eut deux femmes. De la première, accusée d'adultère, est descendu le maréchal ; de la seconde (Claude de Montmorency-Boutteville, épousée en 1618) est né Philibert, comte de Grammont, qui se trouvoit parent, par sa mère, de madame de Châtillon et de celui qui devoit être Luxembourg.

Le maréchal de Grammont étoit frère de Suzanne-Charlotte de Grammont, mariée à Henry Mitte de Miolans, marquis de Saint-Chaumont (Voy. les *Lettres inédites des Feuquières*, t. 2, notice). De son nom il étoit Antoine III, duc de Gram-

tout le respect à quoi sa grande naissance et son mérite extraordinaire obligeoient tout le monde ;

mont, pair et maréchal de France, souverain de Bidache, comte de Guiche et de Louvigny, vice-roi de Navarre et de Béarn, maire héréditaire de Bayonne. Il étoit né en 1604 à Hagetman en Gascogne ; il mourut à Bayonne en 1678. Il eut quatre enfants : le comte de Guiche, le comte de Louvigny (Antoine-Charles), plus tard duc de Grammont, marié en 1688 à Marie-Charlotte de Castelnau, mort en 1720, après avoir laissé des mémoires sous le nom de son père ; madame de Monaco, née en 1639, mariée en 1660, morte le 5 juin 1678, et la marquise de Ravelot, veuve en 1682, puis religieuse.

Les *Mémoires de Grammont* ne mentent pas quand ils l'appellent (Coll. Michaud, p. 329) « le courtisan le plus délié et le plus distingué qu'il y eût à la cour », ni même lorsqu'ils lui donnent (p. 326) « un esprit jeune et de tous les temps ». En 1625, Antoine III, alors comte de Guiche, fréquente à l'hôtel de Rambouillet. Il n'y brille pas parmi les versificateurs ; on lui fait des farces : on le gave de champignons (Tallemant des R., t. 2, p. 492), on le couche, on lui découd, on lui rétrécit ses habits. Mais il va à la guerre : de 1629 à 1630, il se distingue à Mantoue. Toutefois, on ne le considéra jamais ni comme un Gassion, ni comme un Condé. Après la bataille d'Honnecourt, il y eut tant de couplets militaires décochés sur lui avec le refrain :

Lampon, Lampon,
Camarades, Lampon,

qu'on l'appela le maréchal Lampon.

On avoit inventé les « éperons à la Guiche » ; on disoit :

Le maréchal de Guiche,
Qui fuit comme une biche.

On a même dit qu'il se fit battre exprès à Lomincourt (1642) pour plaire à Richelieu, qui vouloit la guerre longue. C'étoit faire bon marché de la gloire des armes, et, sauf le sang versé, l'estimer à son prix.

Richelieu l'avoit fait maréchal de bonne heure, parcequ'il avoit épousé sa parente, mademoiselle Françoise-Marguerite du Plessis-Chivray, après avoir failli épouser mademoiselle de Rambouillet en personne. Souple devant son parent le cardinal, et, par habitude, devant les ministres qui lui succédè-

mais, quand une fois elle étoit persuadée qu'on l'aimoit, il n'y avoit rien de si bon qu'elle.

rent, le maréchal étoit arrogant devant les simples mortels. Tallemant (t. 3, p. 180) parle de son avarice et l'accuse de sodomie, ni plus ni moins qu'un Condé.

A propos de Condé, pendant la Fronde, le maréchal de Grammont ne voulut pas être contre lui. On approuva généralement sa conduite.

En 1644, il eut la charge de mestre de camp des gardes (Mott., t. 2, p. 80). Il étoit fort assidu auprès de la régente. A la fin de 1648, il est fait duc (Mott., t. 3, p. 117); en 1649, il bloque Paris du côté de Saint-Cloud (Mott., t. 3, p. 160). Il fut l'un des plus constants et des meilleurs amis de Mazarin; on le voit à côté de lui, à l'heure de la mort (Aubery, *Hist. du card. Mazarin*, liv. 8, t. 3, p. 357, de la 2e édit.).

Madame de Motteville dit de lui (t. 2, p. 218) : « Eloquent, spirituel Gascon, et hardi à trop louer. » Cela rappelle un trait qui est dans les recueils d'anecdotes (La Place, t. 5, p. 23). Un valet du roi lui manque : il le bat. Le roi s'inquiète au bruit : « Sire, dit-il, ce n'est rien ; ce sont deux de vos gens qui se battent. » Il est sublime en son genre, ce mot-là. Quel courage de lâcheté peut inspirer l'esprit de cour à un militaire ! On a conservé (*Catal. de la Bibl. nat.*, t. 2, n. 3304) une *Relation de l'ambassade* du maréchal en Espagne (octobre 1659) pour arranger le mariage espagnol et demander l'infante. Il traverse les Pyrénées suivi de son fils, de Manicamp, d'un Feuquières, d'un Castellane, d'un train de Jean de Paris. Les *Mémoires de madame de Motteville* en sont tout émerveillés (t. 5, p. 75, 1660) : « La reine (elle étoit alors infante) nous dit qu'en voyant arriver les François à Madrid, cette quantité de plumes et de rubans de toutes couleurs, avec toutes ces belles broderies d'or et d'argent, lui avoient paru comme un parterre de fleurs fort agréable à voir ; que la reine sa belle-mère et elle avoient été les voir passer, quand ils arrivèrent, par des fenêtres du palais qui donnoient sur la rue, et que ce jardin courant la poste leur avoit paru fort beau. »

Si les François envoient encore des ambassades dans mille ans, et que ce soient des ambassades monarchiques, elles auront le même succès.

La carrière du maréchal se termine à la mort de Mazarin. A partir de ce moment, il vit retiré, sauf de rares apparitions à la cour, dans son gouvernement. Lorsque Pierre Potemkin,

Pendant que le maréchal et ses amis tâchoient d'étouffer le bruit qu'avoit fait Marsillac avec la

en 1668, traversa les Pyrénées, venant d'Espagne, et arrivant au nom d'Alexis Mikhaïlowitch, Grammont n'y étoit pourtant pas (Voy. la Relation de cette ambassade moscovite, 1855, in-8, Gide et Baudry, édit. Emmanuel Galitzin).

Parlant du comte de Guiche, nous avons poussé sur la scène sa sœur, madame de Monaco. Elle « étoit vraiment (Montp. t. 3, p. 449) une belle et aimable personne ». Son « mariage s'étoit fait à Bidache au retour de l'ambassade d'Espagne. M. de Valentinois étoit jeune, bien fait et grand seigneur. » Nous savons qu'elle aimoit déjà Lauzun. Avoit-elle beaucoup d'esprit? Madame de Sévigné écrit : « La duchesse de Valentinois est favorite de Madame; elle n'en met pas plus grand pot-au-feu pour l'esprit ni pour la conversation. »

Et l'autre Madame (la Palatine) a mis ceci dans ses lettres brutales (14 octobre 1718) : « Quelqu'un m'a raconté qu'il avoit surpris Madame et madame de Monaco se livrant ensemble à la débauche. »

Hélas!

Nous savons comment finit madame de Monaco. Voici quelques textes qui s'y rattachent et nous intéressent :

« Madame de Monaco est partie de ce monde avec une contrition fort équivoque et fort confondue avec la douleur d'une cruelle maladie. Elle a été défigurée avant que de mourir. Son desséchement a été jusqu'à outrager la nature humaine par le dérangement de tous les traits de son visage. La pitié qu'elle faisoit n'a jamais pu obliger personne de faire son éloge. » (Sévigné, 20 juin 1678.)

« On m'a écrit, répond Bussy, que la maladie dont madame de Monaco est morte lui a fait faire pénitence. » — « Elle a eu, en effet, beaucoup de fermeté. » (Sévigné, 27 juin 1678.)

Dans cette même lettre du 20 juin 1678, que nous citons la première, madame de Sévigné, qui doute de ce qu'on lui a dit, commençoit de la sorte : « On m'a mandé la mort de madame de Monaco, et que le maréchal de Grammont lui a dit, en lui disant adieu, qu'il falloit plier bagage, que le comte de Guiche étoit allé marquer les loges (29 novembre 1673) et qu'il les suivroit bientôt. »

Il les suivit. Louvigny devint duc de Grammont. Sa sœur « la borgnesse » (Sévigné, 19 février 1672) avoit été mariée

lettre du comte de Guiche, on apprit que Madame d'Olonne montroit celle-ci pour ruiner un mariage qui faisoit la fortune de Marsillac :

LETTRE.

Ne songez-vous point, Madame, à la contrainte où je suis ? Il faut que, deux ou trois fois la semaine, j'aille rendre visite à mademoiselle de la Rocheguyon[1]*, que je lui parle comme si je l'aimois, et que je donne un temps à cela que je ne devrois employer qu'à vous*

comme on avoit pu. Elle finit ses jours en religion. Sa famille avoit besoin de ses prières, en commençant par la bisaïeule.

Le maréchal de Grammont est le *Galerius* de Somaize (t. 1, p. 169). Il ne paroît pourtant pas avoir été un précieux très minaudier. Voiture et Sarrazin lui ont fait leur cour. Levasseur, dans ses *Evénements illustres*, fait faire son panégyrique par Apollon lui-même, et Apollon ne veut pas s'en acquitter en moins de huit pages. Amelot de la Houssaye (t. 2, p. 119) est moins flatteur qu'Apollon. Il dit, sans préjudice de la bâtardise : « Le maréchal duc de Grammont et le comte de Guiche, son fils, se vantoient d'être de l'ancienne maison de Comminges ; mais on dit qu'ils mentoient, et que le vrai nom de leur maison étoit Menandor. »

1. Voici la descendance :

a. Roger du Plessis-Liancourt, duc de La Roche-Guyon.

b. Son fils Henri Roger, comte de La Roche-Guyon, sert sous Gassion, épouse Anne-Elisabeth de Lanoye, de la cabale de Condé; meurt à Mardick (1646) (Mottev., t. 2, p. 185).

c. Mademoiselle de La Roche-Guyon, fille de Henri-Roger, née en 1646. Vardes, qui l'aime, emploie Jarzay à empêcher le second mariage de sa mère, mademoiselle de Lanoye (Tallem. des R., t. 4, p. 306), avec le prince d'Harcourt, Charles de Lorraine, depuis duc d'Elbeuf. Jarzay étoit alors cornette de chevau-légers.

La maison de La Roche-Guyon avoit été autrefois une

voir, à vous écrire et à songer à vous ; et, en quelque
état où je puisse être, ce me seroit une grande peine
d'être obligé d'entretenir un enfant. Mais maintenant
que je ne vis que pour vous, vous devez bien juger
que c'est une mort pour moi. Ce qui me fait prendre
patience en quelque manière, c'est que j'espère de me
venger d'elle en l'épousant sans l'aimer, et qu'après
cela, voyant de plus près la différence qu'il y a de
vous à elle, je vous aimerai toute ma vie encore plus,
s'il se pouvoit, que je ne fais.

Cela surprit d'abord tout le monde : on n'avoit vu jusque là que des amants indiscrets et point encore de maîtresses ; on ne pouvoit s'imaginer qu'une femme, pour se venger d'un homme qu'elle n'aimoit plus, aidât tellement elle-même à se convaincre. Cette indiscrétion ne fit pourtant pas l'effet que madame d'Olonne s'étoit promis :

bonne maison, mais elle étoit tombée en quenouille au XVIe siècle, et tout étoit rentré dans la famille de Liancourt (Tallem., t. 1, p. 280).

Madame de Motteville, parlant de la mort du comte de La Roche-Guyon devant Mardick, dit : « Il étoit fils du duc de Liancourt, seul héritier de ses grands biens et de son oncle maternel, le maréchal de Schomberg. Il avoit épousé l'héritière de la maison de Lanoye, qui demeura grosse d'une fille, dont elle accoucha quelque temps après la mort de son mari. Ce jeune seigneur fut infiniment regretté, tant par la considération de ses père et mère, qui étoient estimés de tous les honnêtes gens, que par l'agrément de sa personne. »

Mademoiselle de La Roche-Guyon a eu l'honneur d'être élevée à Port-Royal. On chercha querelle (quelque confesseur aux cheveux gras) à son grand-père ; on lui fit la guerre jusque dans le confessionnal. M. de Liancourt, chrétien courageux, refusa d'obéir aux injonctions du confesseur de Saint-Sulpice. Et voilà une guerre allumée ! *Les Provinciales* ne seroient pas écrites sans cela.

M. de Liancourt[1], grand-père de mademoiselle de
la Rocheguyon, sachant que madame d'Olonne
le vouloit aigrir contre Marsillac, répondit à ceux
qui lui parlèrent de cette lettre que, hors l'offense de Dieu, Marsillac ne pouvoit pas mieux
faire, jeune comme il étoit, que s'appliquer à gagner le cœur d'une aussi belle dame qu'étoit Madame d'Olonne ; que ce n'étoit pas d'aujourd'hui
qu'on déchiroit les femmes dans les ruelles des

1. Le vieux duc de Liancourt avoit été fait duc sous
Louis XIII. En 1648 il fut reconnu au Parlement (Mottev.,
t. III, p. 117), et sa femme eut alors le tabouret ducal. Madame de Liancourt étoit Jeanne de Schomberg, séparée en
1618 de François de Cossé, comte de Brissac, remariée à Roger du Plessis-Liancourt, duc de La Roche-Guyon, marquis
de Liancourt et de Guercheville.

Elle est auteur du *Règlement donné par une dame de haute
qualité à sa petite-fille*, publié en 1698. Elle entraîna son
mari dans les querelles du jansénisme. Le duc fut long-temps
l'ami de Mazarin (Mottev., t. 2, p. 11). C'étoit un homme
intègre, sage, poli.

En 1669 il assiste avec sa femme au mariage de madame
de Grignan, comme il appert de ce fragment du contrat
(Walck., t. 3, p. 134) : « Roger du Plessis, duc de La Roche-Guyon, pair de France, seigneur de Liancourt, comte
de Durétal, et dame Jeanne de Schomberg, son épouse. »

La Fontaine (*Amours de Psyché*, t. 1, p. 589 de l'édit. de
Lahure) a chanté :

Vaux, Liancourt et leurs naïades.

Liancourt étoit l'un des séjours enchantés de la France.
Expilly (t. 4, p. 192) en donne la description. Liancourt étoit
un bourg du Beauvoisis. « Ce bel édifice, dit-il, est accompagné de jardins du meilleur goût et où l'on voit de belles
cascades, etc., etc.

« Outre cela on trouve encore dans cette belle maison quantité d'autres choses gracieuses et bien ménagées, comme le
jeu de la longue paume, le bassin ovale, le canal de l'Escot,
la salle d'eau, le pré des tilleuls, les dix-sept fontaines. » La
description est longue.

maîtresses, mais que, comme la passion qu'on avoit pour elle étoit bien plus violente que celle qu'on avoit pour les autres, elle ne duroit pas d'ordinaire si long-temps; par exemple, celle de Marsillac n'étoit plus si ferme pour madame d'Olonne, et il aimoit encore mademoiselle de la Rocheguyon. Madame d'Olonne ne ruina donc point les affaires de Marsillac, comme elle avoit espéré, et, confirmant seulement ce qu'elle avoit dit d'elle, elle ôta à ses amis le moyen de la défendre.

Les choses étant en ces termes, et le comte de Guiche étant demeuré le maître en apparence, madame d'Olonne alla un soir trouver la comtesse de Fiesque, et, après quelques discours généraux, elle la pria de remercier de sa part l'abbé Fouquet de quelque service qu'elle prétendoit avoir reçu de lui, et de lui bien exagérer l'obligation qu'elle lui avoit. Mais, l'abbé étant un des principaux personnages de cette histoire, il est à propos de faire voir comment il étoit fait.

Portrait de l'abbé Fouquet.

L'abbé Fouquet, frère du procureur général et surintendant des finances, étoit originairement d'Anjou, de famille de robe avant la fortune, mais depuis gentilhomme comme le roi. Il avoit les yeux bleus et vifs, le nez bien fait, le front grand, le menton plus avancé, la forme du visage plate, les cheveux d'un châtain clair, la taille médiocre et la mine basse ; il avoit un air honteux et embarrassé ; il avoit la conduite du monde la plus éloignée de sa profession; il étoit agissant, ambitieux et fier avec des gens qu'il n'aimoit pas, mais le plus chaud et le meilleur ami qui fut jamais. Il s'étoit embarqué à aimer plus par gloire que par amour ; mais après, l'amour étoit demeuré le maître. La première femme qu'il avoit aimée étoit madame de Chevreuse[1], de la maison de Lorraine, dont il avoit été fort aimé ; l'autre

[1]. M. Victor Cousin ne m'en voudra pas si, au bas de l'une des pages de ce livre réprouvé, je me permets de lui rendre mes humbles hommages. Il est reçu à l'heure présente de rire de sa philosophie, que je ne défendrai pas et dont j'entreprendrois en vain de démontrer la profondeur ou la hardiesse ; mais, s'il a jugé lui-même que cette philosophie a fait son temps, il n'en reste pas moins le promoteur d'une littérature historique qui n'existoit pas et de laquelle nous relevons tous, pauvres petits compilateurs de mémoires. Ses derniers livres sont de beaux modèles. Comme il a parlé amplement de madame de Chevreuse, il me messiéroit d'en vouloir parler beaucoup. C'est la *Candace* (t. 1, p. 54) du *Dictionnaire des Précieuses*. Son histoire est longue, et par maints endroits touche à la politique : aussi n'est-il pas jusqu'au soi-disant historien Alexandre Dumas qui n'ait pris la plume pour en raconter quelque aventure.

Fille de M. de Montbazon, elle épouse le beau connétable de Luynes. Leur ménage ne manque pas d'originalité. Louis XIII couchoit de temps en temps avec eux, je ne sais en quelle place du lit. Ce grand roi paroît l'avoir aimée, à moins qu'il ne colorât d'une apparence raisonnable l'affection qu'il avoit pour Luynes (Amelot de la Houssaye, t. 1, p. 45). Croyons poliment que c'est pour elle qu'il se glissoit ainsi entre les deux époux. Mais cela ne dura point : il se mit vite à la haïr comme il haïssoit, et dénonça à Luynes les galanteries du duc de Chevreuse, son grand chambellan. Le grand chambellan, Claude de Lorraine, prince de Joinville, ami de la marquise de Verneuil (Tallem., t. 2, p. 177), avoit en effet trouvé belle madame de Luynes, et, quand son premier mari l'eut possédée quatre ans et demi et fut mort, il l'épousa. C'étoit le second des Guise ; il étoit bien fait et honnête homme. L'amour ne dura guère. Madame de Chevreuse se laisse aimer par M. de Moret (le jeune, tué à Castelnau-

étoit madame de Châtillon, qui, dans les faveurs qu'elle lui avoit faites, avoit plus considéré ses

dary); en Angleterre, ambassadrice et chargée de régler le mariage d'Henriette avec le frère de Louis XIII, elle accepte les compliments du comte de Holland; M. de Chasteauneuf, peu après, ne lui déplut point; Richelieu fut aussi son galant pendant le peu de temps qu'il ne la persécuta pas pour les services qu'elle rendoit à son amie, Anne d'Autriche. La persécution amène une suite d'événements bizarres : elle y pêche en eau trouble l'amour d'un archevêque. C'étoit à Tours, lorsqu'elle fuyoit la prison de Loches et chevauchoit vers l'Espagne (Tallem., t. 1, p. 401). Le duc de Lorraine Charles IV fut aussi l'un de ses adorateurs; mais il seroit bien long de nommer tous ceux qui l'aimèrent et qu'elle aima. Madame de Chevreuse trouvoit du temps, au milieu de ses intrigues, pour aller jaser à l'hôtel de Rambouillet.

Lorsque Louis XIII mourut, Anne d'Autriche, pour laquelle elle avoit souffert, la rappelle, la nomme surintendante de sa maison (Motteville, t. 5, p. 117), avec tous les honneurs possibles. Mais la régente n'est plus la reine, et le crédit de la duchesse n'entre que pour peu de chose dans les mouvements de la nouvelle politique. Elle s'en console ou feint de s'en consoler. Elle avoit été vraiment belle et d'une beauté pleine d'esprit ; elle étoit vieillie, fatiguée, mais agréable encore, et Geoffroy, marquis de Laigues, protestant, d'une ancienne maison du Dauphiné, ex-capitaine des gardes de Gaston, se mit alors à l'aimer. On croit qu'il l'épousa secrètement. Laigues a joué un rôle tantôt à côté de Condé, tantôt à côté de la reine (Motteville, t. 4, p. 267), tantôt à côté de Retz. C'est lui qui, en 1648, avertit la cour du sérieux de la scène des barricades; c'est lui, en 1650, qui conseille l'arrestation des princes. Volage, mais habile et clairvoyant, il fut réellement l'un des chefs de la Fronde ou du parti royal (Motteville, t. 3, p. 264, 279, 362). Il « avoit une grande valeur (Retz, p. 132), mais peu de sens et beaucoup de présomption ». Il s'étoit brouillé avec Condé à la suite d'une querelle de jeu (Guy-Joly, p. 10, 1648). Il inventa une ambassade de l'archiduc au Parlement en 1649. Le marquis de Noirmoutiers étoit son compagnon assidu.

Madame de Chevreuse n'eut pas toujours à s'en louer. Laigues avoit connu intimement Voiture (Tallemant des Réaux, t. 3, p. 62).

intérêts que ses plaisirs. Comme c'étoit une des plus belles femmes de France et des plus extraordinaires, il faut faire voir ici la peinture de sa vie[1].

Le duc de Chevreuse mourut en 1657, très âgé. C'étoit, par ordre de naissance, le quatrième fils du Balafré. Il étoit né en 1578. La duchesse (Marie de Rohan, fille d'Hercule de Rohan, duc de Montbazon, grand veneur de France) étoit née en 1600. Elle mourut à Gagny, près de Chelles, le 12 août 1679.

On n'a pas toujours dit qu'elle fut l'une des ennemies de Fouquet (Mottev., t. 5, p. 132), et qu'avec Laigues elle détermina à prendre parti contre lui la reine-mère, qui, le 27 juin 1661, l'étoit allée voir.

Sa fille, non pas Anne-Marie, abbesse de Pont-aux-Dames, morte le 5 août 1652 (Walck., t. 1, p. 418), mais Charlotte-Marie, née en 1627 en Angleterre, a été très passionnée pour sa part. Mademoiselle dit : « C'étoit une belle fille (t. 2, p. 368) qui n'avoit pas beaucoup d'esprit. » Elle avoit de l'esprit lorsqu'elle aimoit. Voyez Retz (p. 97 et 353) : « Elle avoit plus de beauté que d'agrément, estoit sotte jusques au ridicule par son naturel. La passion lui donnoit de l'esprit, et mesme du sérieux et de l'agréable, uniquement pour celui qu'elle aimoit ; mais elle le traitoit bientôt comme ses jupes : elle les mettoit dans son lit quand elles lui plaisoient ; elle les brusloit, par une pure aversion, deux jours après »

Madame de Motteville (t. 3, p. 271) la juge ainsi : « Mademoiselle de Chevreuse étoit belle, elle avoit en effet de beaux yeux, une belle bouche et un beau tour de visage ; mais elle étoit maigre et n'avoit pas assez de blancheur pour une grande beauté. »

Conti (Pierre Coste, p. 92) fut, en 1651, ébloui de cette beauté, qu'il voyoit grande. Retz la savoura. Ce fut l'abbé Fouquet qui en jouit le dernier. Elle mourut en trois jours, le 7 novembre 1652, d'une maladie qui la défigura (Guy-Joly, p. 70) et laissa véhémentement soupçonner le poison. Elle avoit alors vingt-cinq ans, comme vous voyez. C'est bien jeune pour mourir quand on est galante.

1. Le premier livre est clos. Le commentateur n'a-t-il rien oublié ? N'a-t-il fait aucune confusion de date ? A-t-il le

droit d'affirmer qu'on ne sauroit rien ajouter aux couleurs qu'il a fournies ? Le commentateur sait qu'il a oublié bien des choses; il sait combien il est difficile d'éviter toute erreur, et il sait surtout que son commentaire n'empêchera personne d'en faire un meilleur.

Mais, en vérité, faut-il que des notes de ce genre, en un livre de ce goût, soient méthodiquement composées et classées ? Doivent-elles raconter régulièrement l'histoire des personnes, en partant de la date de la naissance pour arriver à la date de la mort ? Ne faut-il point s'y passer des parchemins généalogiques lorsqu'on le peut ? Est-ce la vie politique, la vie au grand jour de ces gens, que j'ai à exposer ? Dois-je me garder, si en un coin je ne puis accumuler tout ce que les livres m'ont appris, de réserver pour un autre endroit le surplus de mon butin ? M'est-il interdit de revenir sur mes pas lorsque j'ai marché trop vite ? Je ne le pense pas, et, si j'ai tort, je demande qu'on me le pardonne.

Ai-je assez montré madame d'Olonne dans ses fonctions de précieuse et sous son nom de *Doriménide* (Somaize, t. 1, p. 97) ? Ai-je assez parlé de sa sœur Magdelaine, femme de la Ferté-Senneterre ? Les notes qui viendront à la suite des miennes, dans les tomes 2 et 3 de la présente collection, ne peuvent manquer, lorsqu'il le faudra, de les compléter ou de les réformer. C'est égal, j'ajouterai toujours quelque chose.

On ne voit pas souvent dans les *faits divers* de nos journaux qu'il soit question de vols commis dans les appartements des Tuileries par des dames de la cour. Madame d'Olonne ne se contraignoit pas. Elle a envie d'un soufflet de peau d'Espagne qui est attaché au service de la cheminée d'Anne d'Autriche, beau soufflet, du reste, soufflet de bois d'ébène garni d'argent : elle charge un sien admirateur, Moret, d'enlever le soufflet désiré, et Moret le décroche, le cache, l'enlève et l'apporte (Montp., t. 3, p. 416). Le mal est que la reine sut quel feu son soufflet volage excitoit aux étincelles.

Un peu plus il falloit insister sur le chapitre de Beuvron, et ne pas craindre, avec madame de Caylus (p. 415 de l'édit. Petitot), de le montrer éperdument amoureux de madame Scarron. La comtesse de Beuvron, sa belle-sœur (mademoiselle de Théobon), est morte à 70 ans (Saint-Simon, t. 6, p. 429). Enfin c'est lui plus probablement que son frère qui a gâté

Le grand chemin de la Ferté.

Leur sœur, Catherine-Henriette, duchesse d'Arpajon, est née en 1622; elle est morte le 11 mai 1701. Le duc d'Arpajon avoit été marié deux fois lorsqu'il l'épousa. Les Beuvron étoient parents des Matignon, dont on voit si souvent le nom à côté du leur.

Puisque j'ai cité plus haut Somaize et dit le nom précieux de madame d'Arpajon, je puis bien demander à Somaize autre chose qu'un nom (t. 1, p. 71). Il répondra en sa faveur :

« La plus noire médisance ne l'a jamais pu accuser que de trop de froideur, tant sa vertu est connue de tout le monde et tant l'on en est bien persuadé. Ce n'est pas qu'elle soit de ces femmes qui sont sages par force, car les charmes de son visage ont de quoy disputer avec ceux des plus belles. Elle ecrit fort bien en prose et discerne admirablement les bons vers d'avec les mauvais. »

Passons à Candale. Il n'étoit pas le premier de son nom. Le duc d'Epernon, son père, avoit eu deux frères : 1º le duc de Candale, 2º le cardinal de la Valette. Cet oncle avoit pris son nom d'un duché maternel. Il s'ensuit que, lorsque Tallemant impute à un Candale la création du petit Tancrède de Rohan, c'est à Candale I qu'il en veut.

Madame de Saint-Loup (mademoiselle de La Roche-Posay), la *Silénie* des Précieuses (t. 2, p. 354), la première maîtresse de Candale, mériteroit certainement qu'on parle d'elle dans ces notes; mais je me contenterai de renvoyer les lecteurs à Tallemant des Réaux. Il y a aussi Bartet, ce pauvre Bartet, dont je n'ai pas mené l'histoire jusqu'au bout. Les gens de cour n'en voulurent pas beaucoup à Candale, qui lui avoit joué le vilain tour que vous savez, parcequ'il étoit insolent et peu aimé (V. les Mém. de Conrart). Saint-Simon (t. 6, p. 121) raconte comment il trouva un asile auprès de Lyon chez les Villeroi. Le plaisant est qu'il poussa la vie jusqu'à 105 années complètes, n'étant mort qu'en 1707 et étant né en 1602. Il avoit été l'homme de Mazarin. M. Chéruel a indiqué les lettres très particulières qu'il lui écrivoit (*Archives des aff. étrang.*, France, t. 154, pièce 107, etc.).

J'emprunterai encore, au sujet de Candale, quelques lignes à Amelot de la Houssaye :

« Le dernier duc de Candale prétendoit être prince, à cause que sa mère étoit fille bâtarde d'Henri IV; mais toute la cour se moquoit de cette prétention, dont il ne recueillit que le sobriquet de *Prince des Vandales*.

« Mademoiselle d'Epernon, sœur unique du duc de Candale, aimoit éperdument le chevalier de Fiesque, et voulut lui faire faire sa fortune en l'épousant. » (Amelot de la Houssaye, t. 2, p. 411.)

Il meurt à Mardick ; elle se fait religieuse.

J'ai laissé Conti de côté, non pour l'oublier, mais dans l'intention de le placer plus loin, à côté de son frère.

M. Walckenaer (t. 4, p. 350) a expliqué très clairement comment Jeannin étoit possesseur du marquisat de Montjeu. Expilly (t. 4, p. 855) parle aussi de ce marquisat. Mais ce n'est pas pour indiquer ces éclaircissements géographiques que je remettrai Jeannin, le « coquet » Jeannin en scène ; c'est pour demander à Saint-Simon (t. 5, p. 3) d'autres éclaircissements plus utiles, et qu'il donne de la manière la plus imprévue en parlant des fêtes de Sceaux, vers l'année 1703. Voici la page du maître :

« Il s'y étoit fourré, sur le pied de petite complaisante, bien honorée d'y être, comme que ce fût, soufferte, une mademoiselle de Montjeu, jaune, noire, laide en perfection, de l'esprit comme un diable, du tempérament comme vingt, dont elle usa bien dans la suite, et riche en héritière de financier. Son père s'appeloit Castille, comme un chien citron, dont le père, qui étoit aussi dans les finances, avoit pris le nom de Jeannin pour décorer le sien, en l'y joignant de sa mère, fille du célèbre M. Jeannin, ce ministre d'Etat au dehors et au dedans, si connu sous Henri IV.

« Le père de notre épousée avoit pris le nom de Montjeu d'une belle terre qu'il avoit achetée. Il avoit ajouté beaucoup aux richesses de son père dans le même métier. Il avoit la protection de M. Fouquet ; elle lui valut l'agrément de la charge de greffier de l'ordre, que Novion, depuis premier président, lui vendit en 1657, un an après l'avoir achetée. La chute de M. Fouquet l'éreinta. Après que les ennemis du surintendant eurent perdu l'espérance de pis que la prison perpétuelle, les financiers de son règne furent recherchés. Celui-ci se trouva fort en prise : on ne l'épargna pas ; mais il avoit su se mettre à couvert sur bien des articles ; cela même irrita. Le roi lui fit demander la démission de sa charge de l'ordre, et, sur ses refus réitérés, il eut défense d'en porter les marques.

« Il avoit long-temps trempé en prison, on le menaça de l'y rejeter ; il tint ferme. On prit un milieu : on l'exila chez lui en Bourgogne, et Châteauneuf, secrétaire d'Etat, porta l'ordre, et fit par commission la charge de greffier. Enfin le financier, mâté de sa solitude dans son château de Montjeu, où il ne voyoit point de fin, donna sa démission. La charge fut taxée et Châteauneuf pourvu en titre. Montjeu eut après cela liberté de voir du monde, et même de passer les hivers à Autun. Bussy-Rabutin, qui étoit exilé aussi, en parle assez souvent dans ses fades et pédantes lettres. A la fin, Montjeu eut permission de revenir à Paris, où il mourut en 1688. Sa femme étoit Dauvet, parente du grand fauconnier.

« Madame du Maine conclut le mariage et en fit la noce à Sceaux. Le duc de Lorraine s'en brouilla avec le prince et la princesse d'Harcourt, et fit défendre à leur fils et à leur belle-fille de se présenter jamais devant lui, surtout de ne mettre pas le pied dans son Etat »

Le livret du Musée de Versailles (par M. E. Soulié), dont j'ai déjà loué ou louerai l'exactitude, commet une erreur (t. 2, p. 466) à propos du nom de comtesse de Fiesque : il confond la mère (Anne Le Veneur) et la belle-fille (Gilonne d'Harcourt). La belle-fille ne doit pas être trop sacrifiée à l'amour de l'anecdote. Elle eut réellement de l'esprit, elle ne fut pas libertine et elle aima les lettres jusqu'à la folie. Somaize (t. 1, p. 96) la traite fort bien :

« *Felicie* est une prétieuse de haute naissance qui fleurissoit du temps de *Valère* (Voiture), bien qu'elle fût dans un âge où à peine les autres sçavent-elles parler. Sa ruelle est encore aujourd'hui la plus fréquentée de tout Athènes, et l'esprit de cette illustre femme est généralement cherché de tout ce qu'il y a de plus grand et de plus spirituel dans cette grande ville. Les autheurs les plus connus et qui ont le plus de réputation font gloire de soumettre leurs ouvrages à son jugement : aussi a-t-elle des lumières qui ne sont pas communes à celles de son sexe, ce qui est aisé de juger par les visites que les deux *Scipions* (M. le Prince et son fils) luy rendent. La belle *Dorimenide* (madame d'Olonne) est une de ses plus intimes amies. »

Son persécuteur, le chevalier de Grammont (dans Somaize, le chevalier de Galerius, poursuivant de *Lidaspasie*, mademoiselle Leseville, et de sa sœur), avoit été abbé. Peut-être n'ai-je pas dit de cet homme assez de mal. L'esprit séduit si bien, même en ses débauches ! Mais Saint-Simon nous ramènera dans le vrai, s'il ne nous pousse pas au delà. Il le cite à son tribunal (t. 5, p. 333) lorsqu'il meurt, en 1707 :

« C'étoit un homme de beaucoup d'esprit, mais de ces esprits de plaisanterie, de réparties, de finesse et de justesse à trouver le mauvais, le ridicule, le foible de chacun, de le peindre en deux coups de langue irréparables et ineffaçables, d'une har-

diesse à le faire en public, en présence et plutôt devant le roi
qu'ailleurs, sans que mérite, grandeur, faveurs et places en
puissent garantir hommes ni femmes quelconques. A ce métier, il amusoit et instruisoit le roi de mille choses cruelles,
avec lequel il s'étoit acquis la liberté de tout dire jusque de
ses ministres. C'étoit un chien enragé à qui rien n'échappoit.
Sa poltronnerie connue le mettoit au dessous de toutes suites
de ses morsures ; avec cela, escroc avec impudence et fripon
au jeu à visage découvert.

« Avec tous ces vices, sans mélange d'aucun vestige de vertu,
il avoit débellé la cour et la tenoit en respect et en crainte.
Aussi se sentit-elle délivrée d'un fléau que le roi favorisa et
distingua toute sa vie. »

Vient la tribu des La Rochefoucauld : le père, François VI ;
le fils Marsillac, François VII, et Sillery, son oncle. Que
voici encore une vive peinture de Saint-Simon ! Nous sommes en 1706 (t. 5, p. 261), et nos héros ont perdu leurs grâces juvéniles :

« Ce Marly produisit une querelle assez ridicule. Il faisoit
une pluie qui n'empêcha pas le roi de voir planter dans ses
jardins. Son chapeau en fut percé : il en fallut un autre. Le
duc d'Aumont étoit en année, le duc de Tresmes servoit pour
lui. Le porte-manteau du roi lui donna le chapeau ; il le présenta au roi. M. de La Rochefoucauld étoit présent. Cela se
fit en un clin d'œil. Le voilà aux champs, quoique ami du duc
de Tresmes. Il avoit empiété sur sa charge, il y alloit de son
honneur : tout étoit perdu. On eut grand' peine à les raccommoder. Leurs rangs, ils laissent tout usurper à chacun ; personne n'ose dire mot, et pour un chapeau présenté tout
est en furie et en vacarme. On n'oseroit dire que voilà des
valets. »

A quoi bon s'acharner après Marsillac ? Je n'ai nulle raison
pour ne montrer que ses ridicules, et je dois enregistrer ses
états de services. Né le 15 juin 1634, il commence à servir
en 1652 ; au siège de Landrecies, en 1655 ; il est mestre de
camp du régiment de Royal-Cavalerie en 1666 ; il va en Flandre en 1667, en Franche-Comté en 1668 ; il est gouverneur
du Berry en 1671 ; il prend part au passage du Rhin en 1672 ;
il devient grand veneur en 1679, et chevalier de l'ordre du
Saint-Esprit en 1689. Il est mort le 11 janvier 1714.

Ai-je dit qu'il aima la première Madame ? (V. La Fayette.)

Quant à Sillery, voici ce qu'Amelot de la Houssaye (t. 1,
p. 539) dit de l'origine de sa maison ; cela nous dispense de
parler aux généalogistes : « *Brulart*. Cette maison est origi-

naire d'Artois et vient d'un Adam Brulart, seigneur de Hez audit pays, lequel Filippe de Valois fit grand maître des engins, cranequiniers et arbalestriers de France. »

L'amour de la généalogie m'entraîne. Les Villarceaux sont des Mornay de la branche d'Ambleville et Villarceaux. Ils se manifestent ainsi dans le monde :

Pierre de Mornay, assassiné en 1626, épouse le 6 avril 1616 Anne-Olivier de Leuville, morte en 1653.

De ce mariage :

1º Louis, mort le 21 février 1691, à soixante-douze ans, après avoir épousé, en 1643, Denise de La Fontaine, d'où trois fils et une fille;

2º Claude, mort jeune;

3º René, mort le 2 septembre 1691;

4º Madeleine, abbesse de Gif;

5º Charlotte, qui épousa (1643) Jacques Rouxel, comte de Grancey, maréchal de France, etc. (morte le 6 mai 1694).

J'ai fait l'éloge de Mercœur. Ce Somaize qui, en somme, apprend peu de chose, apprend qu'il aima une demoiselle Sciroeste d'Avignon (t. 1, p. 215). Ce fut sans doute littérairement et en tout honneur. Il ne faut pas nous gâter nos bons maris, qui sont rares dans la société dont nous faisons l'histoire.

Villars étoit peu de chose par la naissance, avons-nous dit. Saint-Simon (t. 1, p. 26) n'y va pas de main morte; il écrit : « petit-fils d'un greffier de Coindrieu ». Bagatelle.

Nous ne sommes pas très riches de documents sur le compte des Manicamp. N'oublions donc pas un fait, si petit qu'il soit (Amel. de la Houss., t. 2, p. 430). « Le maréchal d'Estrées, frère de Gabrielle, a pour troisième femme Gabrielle de Longueval, fille d'Achille de Manicamp. »

La terre de Manicamp est une terre de Soissonnois érigée en comté (octobre 1693) pour Louis de Madaillan de l'Esparre, marquis de Montataire (Expilly).

Et je n'ai plus qu'un ou deux mots, l'un pour madame de Bonnelle, l'autre pour Guitaut.

Le surintendant Bullion, père de M. de Bonnelle, soutient en 1636, après Corbie, le courage du cardinal. Cette année même il fait nommer son fils président à mortier à la place de Le Coigneux. En 1643, à la rentrée en grâce des proscrits, le président Le Coigneux demande sa place; on fait Bonnelle conseiller d'honneur et cordon bleu (Amelot de la Houssaye, t. 2, p. 100). Le président Bellièvre, son beau-frère, le trouva bien accommodant.

C'est peu de chose que nous dirons de Guitaut :

Le vieux Guitaut est mort le 12 mars 1663, à quatre-vingt-deux ans. Notre Guitaut est né le 5 octobre 1626, et est mort le 27 décembre 1685. On comprend bien qu'il y a de l'intérêt, dans une Histoire amoureuse, à savoir au juste l'âge des gens.

C'est dans la rue Saint-Anastase, et non dans la rue Culture-Sainte-Catherine, où elle alla demeurer plus tard, qu'il est voisin de madame de Sévigné (Walck., t. 4, p. 68).

HISTOIRE
AMOUREUSE
DES GAULES

LIVRE SECOND.

HISTOIRE DE Mme DE CHATILLON.

Portrait de madame de Châtillon.

adame la duchesse de Châtillon, fille de M. de Boutteville[1] qui eut la tête coupée pour s'être battu en duel, contre les édits du roi père de Louis XIV,

---

1. Quel duelliste que Boutteville, le père de madame de Châtillon! Il alloit provoquer quiconque étoit devant lui cité comme une fine lame. Chaque matin, chez lui, dans une salle basse, il y avoit assaut de braves; le vin et le pain étoient en permanence sur la table avec les fleurets (Amelot de la Houssaye, t. 2, p. 262). On sait quelle fut sa mort. Avant de monter sur l'échafaud, Cospean l'amena à se convertir (La Houssaye, t. 1, p. 518).

Sa fille, madame de Châtillon, ne sera que trop souvent sur la scène. Boutteville laissa aussi un fils posthume, né en 1627, François-Henri de Montmorency, qui devint Luxembourg. Dans sa tendre jeunesse, il ne paroît pas si bravache que son père: le chevalier de Roquelaure lui donne un souf-

femme de Gaspard, duc de Châtillon[2], avoit les yeux noirs et vifs, le front petit, le nez bien fait, la bouche rouge, petite et relevée, le teint comme il lui plaisoit; mais d'ordinaire elle le

flet qu'il accepte (Tallem., chap. 202, t. 6, p. 178). Il est assidu auprès de Condé, son parent. En 1649 il fait partie de la confédération des nobles contre les tabourets de quelques duchesses (Mottev., t. 3, p. 375); il figure chez Renard à côté de Jarzay (La Rochefoucauld, p. 431) et provoque Beaufort, qui refuse de se battre avec lui, le 23 janvier 1650. Il aimoit alors la belle et jeune marquise de Gouville; mais le temps des amours tranquilles étoit passé: il faut qu'il combatte pour Condé. Il s'enferme alors dans Bellegarde avec Tavannes. La ville est dégarnie; qu'importe? « Ils arborent sur le rempart (Désormeaux, *Vie de Condé*, t. 2, p. 351) un drapeau blanc, semé de têtes de morts, pour annoncer qu'ils étoient bons François, mais qu'ils se défendroient jusqu'au dernier soupir. » C'est là l'apprentissage du futur *tapissier de Notre-Dame*. Il partage la fortune de Condé chez les Espagnols; il est fait prisonnier après l'engagement de Furnes (Montglat, p. 331). Il se marie, le 17 mars 1661, avec l'héritière de Piney-Luxembourg.

Sa jeunesse, si agitée, ne ressemble pas entièrement à celle des langoureux Guiche et Candale; d'ailleurs, il avoit le malheur d'être contrefait. On a toutefois écrit avec beaucoup d'abondance l'*Histoire des amours du maréchal de Luxembourg* (1695).

Saint-Simon, qui ne l'a point connu jouvenceau et qui ne peut lui pardonner ce qu'il a fait pour passer du dix-huitième rang des pairs au second (chap. 9, 1694), a plus d'une fois taillé pointue sa plume pour dire de lui le mal qu'il en pensoit. Ce n'en fut pas moins, lorsque l'heure arriva, l'un de nos plus habiles capitaines. Saint-Simon l'avoue, au reste (t. 1, p. 144) : « Rien de plus juste que le coup d'œil de M. de Luxembourg, rien de plus brillant, de plus avisé, de plus prévoyant que lui devant les ennemis ou un jour de bataille, avec une audace, et en même temps un sang-froid qui lui laissoit tout voir et tout prévoir au milieu du plus grand feu et du danger du succès le plus imminent; et c'étoit là où il étoit grand. Pour le reste, la paresse même. »

Luxembourg est mort le 4 janvier 1695 (V. Dangeau). Sa

vouloit avoir blanc et rouge; elle avoit un rire charmant, et qui alloit réveiller la tendresse jusqu'au fond des cœurs; elle avoit les cheveux

mère (a), également mère de madame de Châtillon, lui survit; elle meurt à 91 ans, en 1696, après avoir (Saint-Simon, t. 1, p. 215) vécu « toute sa vie retirée à la campagne ».

2. Gaspard IV de Coligny, marquis d'Andelot, puis duc de Châtillon, promettoit d'être un jour un général. Dès 1641 il est nommé maître de camp du régiment (Daniel, t. 2, p. 381) de Piémont, quoique son père vînt de perdre la bataille de la Marfée.

En 1644, le père de mademoiselle de Vigean, que Condé aimoit, s'entend avec le maréchal de Châtillon pour marier sa fille à son fils (Mottev., t. 2, p. 129). C'est alors que Condé pousse le fils à aimer passionnément et à enlever mademoiselle de Montmorency. Châtillon s'attache de plus en plus à son protecteur; il combat près de lui à Lens. Condé l'envoie raconter sa victoire et demande pour lui le bâton de maréchal (Mottev., t. 3, p. 3); il n'obtient qu'un brevet de duc (t. 3, p. 117) à la fin de l'année 1648 (et non 1646.—Saint-Simon, t. 1, chap. 8). Saint-Simon l'appelle « bon et paisible mari ». Pourquoi cela?

Quoi qu'il en soit, c'est lui qui commence la réputation de Ninon (V. Saint-Evremont); il étoit beau et vraiment aimable. Le coup de canon ou la balle qui le tua à Charenton, en 1649, fut détesté dans les deux partis (Guy Joly, p. 20). Chavagnac a raconté cette triste mort (9 février). Diverses pièces, publiées alors, contiennent son panégyrique; elles sont numérotées 22706, 22707, 22708, dans la *Bibliothèque* du P. Lelong. Châtillon ne laissa aucuns biens (Omer Talon, 331). « Il étoit beau », avons-nous dit déjà, « bien fait de sa personne et brave au dernier point. » Au moment où il mourut, il aimoit mademoiselle de Guerchy. « Dans le combat (Montp., t. 2, p. 47) il avoit une de ses jarretières (bleues) nouée à son bras. »

Son frère aîné, Coligny, a été, avec le duc de Guise, le héros du duel romanesque de la place Royale, que M. V. Cousin a raconté dans son *Histoire de madame de Longueville*; mais il en a été le héros malheureux.

(a) Elisabeth, fille de Jean Vienne, président en la chambre des comptes (Saint-Simon, t. 1, p. 134), mariée en 1617.

fort noirs, la taille grande, l'air bon, les mains longues, sèches et noires, les bras de la même couleur et carrés, ce qui tiroit à de méchantes conséquences pour ce que l'on ne voyoit pas ; elle avoit l'esprit doux et accort, flatteur et insinuant ; elle étoit infidèle, intéressée et sans amitié. Cependant, quelque épreuve que l'on fît de ses mauvaises qualités, quand elle vouloit plaire, il n'étoit pas possible de se défendre de l'aimer ; elle avoit des manières qui charmoient ; elle en avoit d'autres qui attiroient le mépris de tout le monde. Pour de l'argent et des honneurs, elle se seroit déshonorée, et auroit sacrifié père, mère et amants [1].

Gaspard de Coligny, et depuis duc de Châ-

1. Nécessité sera de s'y prendre à deux et à trois fois pour dire ce que je puis avoir à dire de madame de Châtillon. Ce ne fut pas seulement une dame galante, comme madame d'Olonne ; ce fut aussi une femme politique, une Aspasie, une Impéria. Mais je n'ai pas à l'encenser, car elle n'a été que belle et n'a pas été aimable.

Les notes que nous consacrerons à éclaircir ou à garantir l'histoire que Bussy a faite de madame de Châtillon ne peuvent avoir la prétention de former un ensemble chronologique : ce sont les traits épars d'un tableau qui ne diffère pas de celui qu'il a peint. M. Walckenaer, dans le premier volume de ses Mémoires, a d'ailleurs étudié avec soin toute cette histoire.

On ne doit pas se fier éperdument à l'*Histoire véritable de la duchesse de Châtillon*, Cologne, Pierre Marteau (Hollande, à la Sphère), 1699, petit in-12 (catalogue Le Ber, no 2224). Madame de Châtillon est née en 1626 ; elle a été mariée à Coligny en 1645 ; elle est devenue veuve en 1649 ; elle s'est remariée en 1664 au duc de Mecklembourg ; elle est morte le 24 janvier 1695. Boutteville avoit laissé trois enfants : madame de Châtillon (Isabelle-Angélique), Marie-Louise, qui fut madame la marquise de Valençay, et enfin François-Henri, qui devint le maréchal de Luxembourg. On voit dans

tillon, après la mort du maréchal son père et de son frère aîné, devint amoureux de mademoiselle de Boutteville; et parceque le prince de Condé en devint amoureux aussi, Coligny le

les *Prétieuses* de Somaize (t. 1, p. 191) cette prédiction, qui s'applique à madame de Châtillon sous le nom de *Camma* (1661) : « L'amour se deffera de sa puissance entre les mains de Camma et luy donnera tout ce qu'il possède, ce qui s'appellera du nom de *Métamorphose galante.* »

Presque partout nous citons Somaize : c'est que tout notre monde a vécu de la vie précieuse, c'est que tous ces libertins et toutes ces femmes légères ont filé dans les ruelles le parfait amour avant de passer si chaleureusement à la réalité. Les lettres et les dialogues de Bussy, s'ils ne sont pas authentiques, sont parfaitement vraisemblables. Ainsi s'exprimoit la galanterie la plus hardie. Madame de Châtillon « faisoit la prude (Conrart, p. 231) et la sévère plus qu'aucune autre dame.» Elle étoit Montmorency, elle étoit Coligny elle avoit du sang d'azur dans les veines; elle se sentoit duchesse et bel-esprit. Mademoiselle Desjardins a écrit pour elle le *Triomphe d'Amarillis*; elle y passe divinité et y trône sur les nuages. Nous sommes loin des gourgandines de Régnier avec ce monde beau parleur; nous sommes loin aussi des vigoureuses passions de l'Italie ou de l'Espagne. Peu s'en faut que madame de Châtillon ne figure parmi les dévotes. Parmi les pièces justificatives de l'*Histoire de madame de Longueville* par M. V. Cousin, il y a quelques lettres de Madame de Longueville, de la princesse douairière et de Madame de Châtillon : ce sont des mères de douleur, des colombes chrétiennes ; elles parlent le mielleux langage de saint François de Sales. On a quelque peine à tenir ses lèvres pincées lorsqu'on voit madame de Châtillon déposer solennellement en faveur de la sainteté de la mère Magdelaine de Saint-Joseph (1655), religieuse carmélite dont on poursuivoit à Rome la béatification.

Parlons d'abord de son second mari, de celui qui lui donna le nom de Meckelbourg, pour qu'il n'y ait plus qu'à songer librement à madame de Châtillon. C'est en février 1664, à trente-huit ans, qu'elle l'épousa. Christian-Louis de Meckelbourg (Mecklembourg)-Schwerin, chevalier de l'ordre le 4 novembre 1663, étoit veuf et avoit à peu près le même âge

pria de se déporter de son amour, puisqu'il n'avoit pour but que la galanterie, et que lui songeoit au mariage. Le prince, parent et ami de Coligny, ne put honnêtement lui refuser sa

qu'elle. Il est mort à La Haye en 1692 (Saint-Simon, *Notes à Dangeau*, t. 2, p. 273). Il étoit rêveur, et sa femme lui donna de quoi rêver. Madame de Sévigné nous apprend (30 décembre 1672) qu'on se moquoit de lui volontiers. Madame (28 août 1719) dit : « C'étoit un singulier personnage que ce prince. Il étoit bien élevé, il apprécioit fort bien les affaires, il raisonnoit avec justesse ; mais, dans tout ce qu'il faisoit, il étoit plus simple qu'un enfant de six ans. »
Et le reste.
Il y avoit une chanson ainsi tournée :

> Ventadour et Mecklembourg
> Sont toujours tout seuls au cours ;
> Ce n'est pas que l'amour
> Leur tracasse la cervelle,
> Mais c'est qu'à la cour
> On les fuit comme des ours.

Laissons ce malheureux, qui n'a pas mérité son sort, et qu'après tout il ne faut pas plaindre s'il a tenu absolument à posséder la brillante madame de Châtillon.

De très bonne heure, mademoiselle de Boutteville s'étoit montrée encline à l'amour. D'abord elle s'imagine que Condé l'adore (1644). Condé faisoit semblant de l'aimer par ordre de mademoiselle du Vigean, qu'il aimoit en réalité (Motteville, t. 2, p. 130). Elle n'a que dix-neuf ans quand Coligny l'enlève. Ce fut une scène de mélodrame : un suisse de madame de Valençay, sa sœur, y périt vertueusement. La mère poussoit des cris de Rachel désespérée. Un amant évincé, Brion, faisoit chorus. Voiture n'y vit pas de mal (Œuv., t. 2, p. 174), et dit du ravisseur, dans un rondeau que nous approuvons :

> Il a bien fait, s'il faut que l'on m'en croye.

On parloit beaucoup alors de la beauté de mademoiselle de Guerchy. Madame de Châtillon apprit avec une grande joie que le jeune prince de Galles la jugeoit plus belle que sa rivale (Montp., t. 2, p. 1, 1647); mais M. de Châtillon

demande, et, comme sa passion ne faisoit que de naître, il n'eut pas beaucoup de peine à s'en défaire. Il promit à Coligny que non seulement il n'y songeroit plus, mais qu'il le serviroit en

devoit, au jour de sa mort, avoir la jarretière de cette rivale nouée autour de son bras.

Je sais bien que les Mémoires de M. de *** ne peuvent pas être considérés comme des mémoires d'une grande valeur et qu'ils ressemblent à une compilation ; je les appellerai toutefois en témoignage. Ce qu'ils disent nous fait faire un grand pas dans notre histoire, et, aux louanges méritées en 1648 par la beauté de la duchesse, ils ajoutent déjà quelque chose des critiques sévères que sa conduite postérieure va attirer sur elle.

« Elisabeth de Montmorency étoit de belle taille ; son air et son port étoient nobles et pleins d'agréments ; ses traits étoient réguliers, et son teint avoit tout l'éclat que peut avoir une brune ; mais sa gorge et ses mains ne répondoient pas à la beauté de son visage. Son esprit vif et plein de feu rendoit sa conversation agréable, et elle avoit des manières douces et flatteuses dont il étoit impossible de se défendre. Elle avoit de la vanité et aimoit la dépense ; mais, comme elle n'avoit pas assez de bien pour la soutenir, elle obligeoit ceux qui s'attachoient auprès d'elle à fournir à ses profusions. Bien qu'elle eût beaucoup de discernement, après avoir vu à ses pieds un prince aussi grand par ses belles qualités que par sa naissance, elle s'abaissoit souvent à des complaisances indignes d'elle pour des personnes qui lui étoient inférieures en toutes choses, mais qui pouvoient être utiles à ses desseins. » (Mém. de M. de ***, Collect. Michaud, p. 469.)

Mais il faut d'abord que la dame soit veuve ; mariée elle est contrainte ; Châtillon expire donc dans l'une des premières journées sérieuses de la Fronde.

« Ce jeune seigneur fut regretté publiquement de toute la cour à cause de son mérite et de sa qualité, et tous les honnêtes gens eurent pitié de sa destinée. Sa femme, la belle duchesse de Châtillon, qu'il avoit épousée par une violente passion, fit toutes les façons que les dames qui s'aiment trop pour aimer beaucoup les autres ont accoutumé de faire en de telles occasions ; et comme il lui étoit déjà infidèle et qu'elle croyoit que son extrême beauté devoit réparer le dégoût d'une

cette affaire contre le maréchal son père et ses parents, qui s'y opposoient; et, en effet, malgré tous les arrêts du Parlement et tous les obstacles que le maréchal son père y pût apporter,

jouissance légitime, on douta que sa douleur fût aussi grande que sa perte. » (Mott., t. 3, p. 183.)

Voilà la veuve en campagne. Un prêtre que nous reverrons, Cambiac, M. de Nemours, Condé et d'autres de ci et de là, lui enlèvent son cœur, qu'elle expose fort aux surprises, peu par amour sincère, si ce n'est pour Nemours, beaucoup par intérêt. Cambiac lui servit à conquérir un pouvoir absolu sur la princesse douairière, qu'il dirigeoit, et qui lui légua des rentes considérables (Lenet, p. 219). On verra ce que signifia l'intrigue qu'elle eut avec Condé. En 1652, au moment de la bataille Saint-Antoine, elle ne lui plaît pas encore beaucoup, car il lui fait une rude grimace chez Mademoiselle (Montp., t. 2, p. 269). Le canon avoit tonné tout le jour. A dîner, « elle faisoit des mines les plus ridicules du monde, et dont l'on se seroit bien moqué si l'on eût été en humeur de cela ». Un peu plus tard, la même année (Montp., t. 2, p, 326), elle « mouroit d'envie de donner dans la vue à M. de Lorraine. Elle vint un soir chez moi, dit Mademoiselle, parée, ajustée, la gorge découverte », etc. « Dès qu'elle fut partie, M. de Lorraine nous dit : Voilà la plus sotte femme du monde ; elle me déplaît au dernier point. » — La veille ou l'avant-veille, elle avoit fait venir un joaillier, lui présent, et avoit en vain essayé de se faire offrir quelque bijou.

En même temps elle aime Nemours, et la guerre n'y fait rien. Mademoiselle est toujours bonne à interroger (t. 2, p. 214) ; elle nous dira comment les amoureux couroient alors les grands chemins au travers des mousquetades. Belle époque ! et qu'un écrivain a récemment eu raison (M. Feillet, dans la *Revue de Paris*) de traiter mal. Les seigneurs mettent tout en révolution ; ils jouent à la bataille, ils écrivent des billets doux pendant que les campagnes succombent sous une effroyable misère.

« Madame de Nemours partit aussitôt pour le venir trouver. Madame de Châtillon vint avec elle jusqu'à Montargis ; elle disoit qu'elle alloit pour conserver sa maison de Châtillon. Mais comme elle fut arrivée à Montargis, elle jugea que de là elle conserveroit bien ses terres, et qu'il y avoit plus

le prince assista si bien Coligny, alors de ce nom, qu'on appela depuis Châtillon par la mort de son frère, qu'il lui fit enlever mademoiselle de Boutteville, et lui prêta vingt mille francs pour de sûreté pour elle à se mettre dans les filles de Sainte-Marie, d'où elle ne sortoit que deux ou trois fois pour aller voir M. de Nemours, quoique des officiers qui vinrent à Orléans en ce temps-là me dirent qu'elle alloit tous les jours voir M. de Nemours toute seule avec une écharpe; qu'elle croyoit être bien cachée, mais qu'il n'y avoit pas un soldat dans l'armée qui ne la connût. »

Peut-être sera-t-il à propos de placer ici une relation qu'on est tout étonné, tant elle entre dans le détail des choses, de trouver dans les Mémoires de M. de *** (p. 533.— 1652) : « M. le Prince étoit plus amoureux que jamais de la duchesse de Châtillon, et sa jalousie pour le duc de Nemours avoit augmenté depuis qu'il n'avoit plus été le médiateur de l'accommodement du parti avec la cour. Le prince de Condé avoit prié cette duchesse de ne plus voir son rival, et, comme elle crut que la guerre, si elle duroit, éloigneroit bientôt ce prince, elle lui promit tout ce qu'il voulut, ce qui ne l'empêcha pas néanmoins de chercher les moyens de voir le duc de Nemours sans que Son Altesse en eût connoissance. Madame de Châtillon, ayant su que le prince de Condé étoit retenu au lit par quelque incommodité, en avertit le duc de Nemours et lui manda de la venir voir à dix heures du soir. Cet amant ne manqua pas à l'assignation, et, pour ne point faire d'affaire à la duchesse, il laissa son carrosse dans une rue détournée, d'où il prit à pied le chemin de la maison, le nez enveloppé dans un manteau.

« L'obscurité et le soin qu'il prenoit de se cacher lui firent manquer la porte. Il entra dans une autre, qu'il trouva ouverte, et une fille le conduisit sans lumière à une chambre où, après lui avoir dit que sa maîtresse l'attendoit au lit, elle le laissa seul, tirant sur elle la porte, qu'elle ferma à clef. Le duc de Nemours s'aperçut bientôt de la méprise, parcequ'il ne s'attendoit pas à un traitement si favorable. Il voyoit bien qu'il n'étoit pas loin de la maison de la duchesse, et il savoit que dans celle qui touchoit à la sienne il logeoit une fort jolie femme, qu'il avoit vue plusieurs fois chez madame de Châtillon; il avoit même appris que le mari de cette femme

sa subsistance. Coligny mena sa maîtresse à Château-Thierry, où il consomma le mariage; de là ils passèrent outre, et s'en allèrent à Stenay, ville de sûreté que M. le Prince, à qui

étoit sorti de la maison pour aller poser une sauvegarde que M. le Prince lui avoit donnée, à la prière de la duchesse, pour une assez belle maison qu'il avoit en Brie. Il résolut de profiter de l'occasion que la fortune lui offroit, et se coucha auprès de cette dame. Elle lui fit la guerre sur sa paresse, et il s'en excusa en termes généraux, pour ne rien dire qui pût découvrir la méprise. Il comprit par la suite que c'étoit pour moi qu'elle le prit et que le voisinage avoit fait notre connoissance. J'avois l'honneur d'être connu de lui, et il savoit que mon père avoit un beau château à un quart de lieue de La Queue, en Brie. Ainsi il lui fut plus aisé de répondre juste à ses questions. J'y vins un quart d'heure après, et, trouvant la porte fermée, je crus que le mari étoit revenu, et je m'en retournai sans hésiter. Le duc passa la nuit avec la dame, qui ne s'aperçut de son erreur que par le retour de la lune. Elle alloit s'exhaler en reproches contre celui qui venoit de la tromper d'une manière si peu civile; mais, ayant reconnu le duc de Nemours, elle se contenta de le prier de lui garder le secret.

« M. le Prince, qui vouloit être éclairci si la duchesse de Châtillon lui tenoit exactement parole, avoit mis des espions en campagne pour investir la maison. Ils vinrent lui dire qu'ils avoient vu le carrosse du duc de Nemours dans une rue voisine. Alors, oubliant ses incommodités, il s'habilla et se fit porter en chaise chez la duchesse. Elle fut surprise de sa visite, et craignit autant l'arrivée du duc de Nemours qu'elle l'avoit désirée un moment auparavant. Le prince de Condé demeura avec elle jusqu'à minuit, et il s'en alla sans lui rien témoigner de ses soupçons. Le lendemain, après dîner, le duc de Nemours envoya un page pour s'informer de ce que faisoit la duchesse de Châtillon, et il apprit qu'elle étoit allée à la promenade. Il se douta qu'elle étoit au Jardin des Simples, parcequ'elle cherchoit les promenades éloignées. Il s'y rendit aussitôt, et, ayant vu son carrosse à la porte, il la chercha partout. Après avoir parcouru le parterre et le bois, il monta jusqu'en haut en tournant, et il l'aperçut entre deux palissades seule avec le duc de Beaufort. Il prêta l'oreille, et

elle étoit, leur avoit donnée pour leur séjour. Soit que Coligny ne trouvât pas sa maîtresse aussi bien faite qu'il se l'étoit imaginé, soit que l'amour qui étoit satisfait lui donnât le loisir de faire des réflexions sur le mauvais état de sa fortune, soit qu'il craignît d'avoir donné à sa femme le mal qu'il avoit, il lui prit un chagrin épouvantable le lendemain de son mariage ; et, pendant qu'il fut à Stenay, le chagrin lui continua de telle sorte qu'il ne sortoit non plus des bois qu'un sauvage. Deux ou trois jours après, il s'en alla à l'armée, et sa femme dans un couvent de religieuses à deux lieues de Paris. Ce fut là où Roquelaure[1], qui sçavoit sa nécessité, lui en-

il entendit que madame de Châtillon disoit à ce duc qu'elle n'avoit jamais aimé que lui, et que ses seuls intérêts l'avoient empêchée de conclure le traité de M. le Prince avec la cour. Il alloit sauter les palissades pour suivre les transports de sa jalousie, lorsqu'il vit faire la même chose au prince de Condé, qui, sans rien dire au duc de Beaufort, accabla la duchesse de reproches et jura de ne la voir jamais. »

Le lendemain, duel de Nemours et sa mort.

Elle se console (Montp., t. 2, p. 292), et voici, pour cette fois, un dernier texte invoqué en preuve : « Son Altesse Royale et M. le Prince entrèrent et s'approchèrent ; elle leva son voile et se mit à faire une mine douce et riante. Je crus voir une autre personne sous cette coiffe : elle étoit poudrée et avoit des pendants d'oreilles ; rien n'étoit plus ajusté. Dès que M. le Prince alloit d'un autre côté, elle rabaissoit sa coiffe et faisoit mille soupirs. Cette farce dura une heure et réjouit bien les spectateurs. »

1. Celui-ci, c'est Gaston Jean-Baptiste, né en 1615, et marquis de son nom. Il étoit fils d'Antoine, baron de Roquelaure, maréchal de France, né en 1543, mort en 1625, après avoir donné le jour à dix-huit enfants : 1º du premier lit, à cinq filles et à un fils mort en 1610 ; 2º du second lit, à quatre filles et à huit fils, dont Gaston est le troisième.

Voici la notice que consacre à notre Roquelaure le livret

voya mille pistoles, et Vineuil deux mille écus, qu'on leur doit encore, quoique la duchesse

intéressant du *Musée de Versailles* (t. 2, p. 630), livret qui a la valeur d'un ouvrage sérieux et qui fait honneur à M. Eudoxe Soulié : « Fils du maréchal Antoine de Roquelaure, né en 1615, il porta d'abord le nom de marquis de Roquelaure, servit dans les armées du roi comme capitaine de chevau-légers, puis comme colonel d'un régiment d'infanterie, et fut fait deux fois prisonnier, en 1641, au combat de la Marfée; en 1642, à la bataille d'Honnecourt. Maître de la garde-robe du roi, il combattit à Rocroy en 1643, fut fait maréchal de camp, fit les campagnes de Flandre et de Hollande, et devint lieutenant général en 1650. Louis XIV érigea sa terre de Roquelaure en duché-pairie en 1652 et le fit chevalier de l'ordre du Saint-Esprit en 1661. Il se trouva à la conquête de la Franche-Comté en 1668, à celle de Hollande en 1672, fut gouverneur général de Guyenne en 1676, et mourut à Paris le 11 mars 1683. » Tels sont les états de service de l'homme.

On voit à Bordeaux, en 1650, un chevalier de Roquelaure (Lenet, p. 381) dans le parti de Condé. Le marquis appartient au parti de la cour, et va, cette année-là même, à Bordeaux (Mott., t. 4, p. 77) avec le maréchal de la Meilleraye. Il ne se gênoit pas d'ailleurs pour garder des intelligences dans le camp ennemi, ce qui, un moment, en 1649 (Mott., t. 3, p. 267), le fait éloigner par Mazarin. Il étoit « hardi, grand parleur et gascon ». Peut-être voudroit-on que dans cette note un pareil personnage fût moins officiellement décrit, car le nom de Roquelaure a le privilège, au temps des lectures sournoises du collége, de tenir en éveil notre gaîté; mais c'est surtout le fils de notre Roquelaure qui a été friand de scandale. Celui-ci, déjà doué d'une langue de hâbleur, n'a pas aussi hardiment sauté par dessus les bornes. Ce fut, d'ailleurs, un maréchal de France *in petto* (Monglat, p. 287).

N'allons pas jusqu'à réduire la vérité : il fatigua plus d'une fois ses contemporains. Dans le *Ballet des Noces de Thétis et de Pelée*, en 1654, Benserade lui fit chanter malignement, sous le costume d'une dryade :

> Il n'est point de forêt qui ne soit indignée
> Du fracas ennuyeux que j'ai fait tant de fois,
> Et, sitôt que je hante une souche de bois,
> Il vaudroit tout autant qu'on y mît la cognée.

Lorsque Lauzun fut disgracié, Roquelaure demanda, sans

DES GAULES. 165

soit riche et que cet argent ait été employé à son usage particulier.

Le défaut d'âge de Coligny lorsqu'il épousa sa femme rendant son mariage invalide, et se

vergogne, ses lods et ventes à Louis XIV (La Place, t. 3, p. 216), qui lui répondit : « Il ne faut pas profiter de la disgrâce des malheureux. » Attrape, camarade ! Tallemant lui a consacré son chapitre 234; il le taxe d'impertinence, doute de sa bravoure, mais reconnoît qu'il étoit « bon abatteur de bois ». Nous savons ce que parler veut dire.

Tallemant parle aussi de sa femme, Charlotte-Marie de Daillon, fille du comte du Lude, « une des plus belles, pour ne pas dire la plus belle de la cour ». Loret (septembre 1653) n'a pas oublié ce mariage. Roquelaure étoit riche; il donne à sa fiancée douze bourses parfumées contenant 6,000 pièces d'or de 11 livres 10 sous : cela faisoit 69,000 livres, et feroit quelque chose comme 200,000 livres. Lorsqu'elle fut accouchée deux fois, Loret la trouve encore

Plus fraîche et plus belle que Flore.

« Assurément, c'est une belle créature », dit Mademoiselle. Quant à madame de Sévigné, elle déclare que madame de Roquelaure battoit toutes les autres à plate couture. Elle aimoit Vardes lorsqu'elle se maria, et ne put jamais s'habituer à se plaire en son état de femme mariée. Douce, rêveuse, plaintive, elle fut peut-être touchée, vers la fin, de l'amour que témoignoit pour elle le duc d'Anjou. Elle mourut en 1657. Le lendemain de sa mort, le duc d'Anjou va à confesse, communie et fait dire mille messes (Montp., t. 3, p. 268).

Roquelaure ne fut jamais duc vérifié. En 1663 Louis XIV lui fit défendre de soumettre son brevet au Parlement (Mott., t. 5, p. 196).

La Bibliothèque nationale possède (Catal., t. 2, n° 3668) une affiche faite au sujet du ban et arrière-ban de Normandie, le 21 août 1674, au nom de Roquelaure, commandant en chef des troupes de la province.

Son fils, Biran, voluptueux sans scrupule (Saint-Simon, t. 5, p. 77), épouse mademoiselle de Laval, fille d'honneur de la dauphine et maîtresse du roi. Une fille lui arrive trop vite : « Mademoiselle, dit-il, soyez la bienvenue ; je ne vous attendois pas si tôt. » Il se rua dans le bas comique et accepta

trouvant majeur à son retour, on passa un contrat de mariage, dans l'hôtel de Condé, devant tous les parents de la demoiselle, et ensuite ils furent épousés dans Notre-Dame par le coadjuteur de Paris[1]. Quelque temps après, madame de Châtillon, se trouvant incommodée, alla prendre des eaux, où le duc de Nemours se rencontra et devint amoureux d'elle.

Portrait de M. le duc de Nemours.

Le duc de Nemours avoit les cheveux fort blonds, le nez bien fait, la bouche petite et de belle couleur et la plus jolie taille du monde ; il avoit dans ses moindres actions une grâce qu'on

---

cavalièrement son rôle de mari avantagé (V. Caylus, V. les *Lettres de Madame*, t. 1, p. 236). On voit dans les *Etats du comptant* pour 1685 (Pierre Clément, *le Gouvernement de Louis XIV*, p. 283): « Au sieur duc de—, pour le parfait paiement de ce que Sa Majesté a donné à ladite duchesse par son contrat de mariage, 40,000 livres. »

Lui aussi, ce Roquelaure, fut un duc à brevet ; il étoit ami intime de Vendôme. Saint-Simon (t. 1, p. 150) a raconté une scène terrible que lui fit au jeu, en 1695, cet ami redoutable. L'affront fut digéré, et les plaisanteries, interrompues un instant, rejaillirent de plus belle.

Roquelaure le fils est mort en 1734. Dès 1718 on avoit publié en Hollande *le Momus françois*, ou les Aventures divertissantes du duc de Roquelaure. C'est un recueil de sottises et d'ordures.

1. Tout le monde a lu ses mémoires. Il est né en 1614 et fut élève de saint Vincent de Paul. Tallemant des Réaux l'a peint : « Petit homme noir qui ne voit que de fort près, mal fait, laid, et maladroit de ses mains à toute chose. Il n'avoit pourtant pas la mine d'un niais ; il y avoit quelque chose de fier dans son visage. »

Nous ne mettrons ici qu'un trait de son histoire : son amour et ses projets pour madame de la Meilleraye. « Cela est bien

ne pouvoit exprimer, et dans son esprit enjoué et badin un tour admirable. La liberté de se voir à toute heure, que l'usage a introduite dans les lieux où l'on prend des eaux, donna mille occasions au duc de Nemours de faire connoître son amour à sa maîtresse; mais, sçachant qu'on n'a jamais réglé d'affaires amoureuses, au moins avec les dames qu'on estime un peu, qu'en faisant une déclaration de bouche ou par écrit, il se résolut de parler, et, un jour qu'il étoit seul chez elle : « Il y a plus de trois semaines, Madame, lui dit-il, que je balance à vous dire ce que je sens pour vous; et quand, à la fin, je me détermine de vous en parler, c'est après avoir vu toutes les difficultés que je puis trouver en ce dessein. Je me fais justice, Madame, et par cette raison je ne devrois pas espérer; d'ail-

---

fou! » dit un fou, l'abbé de Choisy (p. 565, collect. Michaud). C'est Saint-Simon (t. 8, p. 187) qui parle : «La maréchale de la Meilleraye (morte en 1710, à quatre-vingt-huit ans) avoit été parfaitement belle et de beaucoup d'esprit. Elle tourna la tête au cardinal de Retz, jusqu'à ce point de folie de vouloir tout mettre sens dessus dessous en France, à quoi il travailla tant qu'il put, pour réduire le roi en tel besoin de lui qu'il le forçât d'employer tout Rome pour obtenir dispense pour lui, tout prêtre et évêque sacré qu'il étoit, d'épouser la maréchale, dont le mari étoit vivant, fort bien avec elle, homme fort dans la confiance de la cour, du premier mérite, dans les plus grands emplois. Une telle folie est incroyable et ne laisse pas d'avoir été. »

Que voulez-vous? Cet homme avoit une âme de feu quand l'amour lui mettoit martel en tête.

Retz, quelque jugement qu'on porte sur sa vie politique, a fait une fin qui ne manque pas de grandeur. Madame de Sévigné l'a aimé et admiré fidèlement. Il est mort le 24 août 1679. Nous lui saurons gré, avec le *Valesiana* (p. 293), de sa constante sympathie pour les gens de lettres.

leurs, vous venez d'épouser un amant aimé, et c'est une difficile entreprise de l'ôter de votre cœur et de se mettre en sa place. Cependant je vous aime, Madame, et quand vous devriez, pour n'être pas ingrate, vous servir de cette raison contre moi, je vous avoue que c'est mon étoile, et non pas mon choix, qui m'oblige à vous aimer. » Madame de Châtillon n'avoit jamais eu tant de joie que ce discours lui en donna. M. de Nemours lui avoit paru si aimable[1] que, si c'eût été l'usage que les femmes eussent parlé les premières de leur amour, celle-ci

1. Henri II de Savoie avoit épousé, le 22 mars 1657, Marie d'Orléans-Longueville, fille de Henri II de Longueville, née le 5 mars 1625, morte bien tard, en 1707, le 16 juin. Elle figure parmi les précieuses sous le nom de *Nitocris* (Prét., t. 2, p. 308). Elle aimoit les romans de chevalerie. C'est à elle que l'abbé Cotin a dédié le sonnet célèbre :

Votre prudence est endormie, etc.

Elle a laissé des Mémoires. Nemours (1624-1652) avoit un frère aîné, Charles-Amédée, beau, brave, spirituel, ami de Condé (Lenet, p. 455). Retz le juge sévèrement : « Moins que rien (p. 214) pour la capacité. » Nemours est l'un des héros de la Fronde (Mottev., t. 3, p. 103), et dès le début. Il reçoit treize blessures à la bataille Saint-Antoine (Mottev., t. 4, p. 340) : il avoit ses prétentions comme un autre (Montp., t. 2, p. 251). Nous avons dit comment on le rendit amoureux de madame de Longueville, sa belle-mère, ma foi.

Il faut le regarder comme l'un des plus doux et des plus honnêtes coureurs d'aventures de ce temps. Sa vie l'ennuyoit ; il en étoit presque honteux. Madame de Motteville dit de lui quelque chose qui lui fait honneur (t. 4, p. 348, — 1648) :

« Il avoit mandé au ministre que ses prétentions n'empêcheroient point la paix, et qu'il renonçoit de bon cœur à tous ses avantages pour rentrer dans son devoir, dont il ne s'étoit écarté que par malheur et par l'engagement d'amitié où il s'étoit trouvé avec M. le Prince. »

La triste querelle de Nemours et de Beaufort (V. Conrart,

n'eût pas attendu si long-temps que fit son amant. Mais la peur de ne paroître pas assez précieuse l'embarrassa si fort qu'elle fut quelque temps sans sçavoir que répondre. Enfin, s'efforçant de parler pour cacher le désordre que son silence témoignoit : « Vous avez raison, Monsieur, lui dit-elle avec toutes les façons du monde, de croire qu'on aime fort son mari ; mais vous voulez bien qu'on prenne la liberté de vous dire que vous avez tort d'avoir sur votre chapitre tant de modestie que vous avez. Si on étoit en état de reconnoître les bontés que vous avez pour les gens, vous ver-

---

p. 143) a été racontée en détail par Mademoiselle (t. 2, p. 192, 288). Elle coûta la vie à l'agresseur.

    Chacun différemment témoigne son regret,

dit Benserade ;

    Les hommes en public, les femmes en secret.

De très nombreuses pièces de la Bibliothèque nationale (Catal., t. 2, nos 2869-2878) s'y rapportent.

On peut lire avec intérêt l'ouvrage dont voici le titre (no 2232 du *Catalogue Leber*) : *Le duc de Guise et le duc de Nemours*, Cologne, chez Clou Neuf (Hollande, à la Sphère), 1684, petit in-12.

Pierre Coste (p. 60) dit bien que c'est aux eaux que Nemours aima madame de Châtillon, depuis peu mariée. « On peut dire, remarque-t-il, qu'il n'a eu de véritable inclination que pour cette duchesse. Ajoutons ici quelques lignes tirées des Mémoires de Mademoiselle (t. 2, p. 51; 1649); elles confirment le témoignage de notre texte :

« M. de Nemours commençoit alors à faire le galant de madame de Châtillon ; cet amour avoit commencé dès le premier voyage de Saint-Germain, et la galanterie de son mari qui avoit commencé en ce temps-là pour Guerchy fit que celle de M. de Nemours lui déplut moins. Auparavant rien n'étoit égal à leurs amours..., etc.

« ... L'on remarqua que, le jour que l'on l'alla consoler de la mort de son mari, elle étoit fort ajustée dans son lit. »

riez bien qu'ils vous estiment plus que vous ne faites.— Ah! Madame, reprit le duc de Nemours, il ne tient qu'à vous que je ne passe pour être le plus honnête homme de France. » A peine eut-il achevé ces mots, que la comtesse de Maure[1] en-

1. Anne Doni, fille d'Octavien Doni, baron d'Attichy, et de Valence de Marillac, morte en 1663.

« Elle passoit, quand elle estoit fille, pour la plus desreiglée personne du monde en fait de repas et de visites, mais ce n'estoit rien au prix de ce que c'est à cette heure, car elle a trouvé un homme qui lui dame bien le pion. Il fait tout le contraire des autres. »

« Avec soixante mille livres de rente, et pas un enfant, ils n'ont jamais un quart d'escu. » (Tallem. des R., t. 3, p. 160.)

Son mari étoit Louis de Rochechouart, comte de Maure, frère du duc de Mortemart.

« Le désordre de ses affaires, dit Tallemant, autant que le bien public, l'engagea dans le party de Paris. » Condé s'en moqua beaucoup d'abord. On connoît les beaux triolets :

> Buffle à manches de velours noir
> Porte le grand comte de Maure,

qui sont de Bachaumont et de Condé lui-même.

Mademoiselle d'Attichy, fille d'honneur de la reine-mère, n'avoit permis à personne de lui conter fleurette (Tallem., t. 2, p. 316).

Bautru lui disoit : « Vous n'êtes pas mal fine avec vostre sévérité. Vous avez si bien fait que vous pourrez, quand vous voudrez, vous divertir deux ans sans qu'on vous soupçonne. »

La Mesnardière (p. 437, édit. in-4 de 1656) atteste son esprit en un style fort alambiqué. C'est un triste poète lyrique que M. de La Mesnardière.

> Attichy, dont l'esprit est brillant et solide,
> Aime les chants du chœur qui sur Pinde réside,
> Et veut que l'air facile et la sublimité.
> Y marquent la Naissance et la Capacité.

D'après un bon juge, madame de Motteville (t. 3, p. 249; 1649), madame la comtesse de Maure, « nièce du maréchal de Marillac, étoit une dame dont la beauté avoit fait autrefois beaucoup de bruit. Elle avoit une vertu éclatante et sans

tra dans sa chambre, devant laquelle il fallut bien changer de conversation, quoique ces deux amants ne changeassent point de pensée. Leur distraction et leur embarras firent juger à la comtesse de Maure que leurs affaires étoient plus avancées qu'elles n'étoient, et cela fut cause

tache, de la générosité avec une éloquence extraordinaire, une âme élevée, des sentiments nobles, beaucoup de lumière et de pénétration. »

M. V. Cousin, l'historien de madame de Sablé, l'a représentée en son logis de la place Royale, à côté de son amie, toutes deux en leur chambre isolée, cloîtrées, couchées, craintives d'un courant d'air, effarouchées d'un bruit, les volets fermés, la lampe allumée à midi au mois de mai, restant trois mois sans se voir et s'écrivant dix fois par jour. Jamais épicuriennes n'ont raffiné plus voluptueusement les délicatesses de l'amour de la vie et de la crainte de la douleur. (Tallem., t. 3, p. 137.)

Voici un extrait de *La Princesse de Paphlagonie*: « Il n'y avoit point d'heure où la princesse Parthénie (madame de Sablé) et la reine de Misnie (madame de Maure) ne conférassent des moyens de s'empescher de mourir et de l'art de se rendre immortelles. »

Ce sont là les précieuses, non plus de l'amour et du beau langage, mais de la philosophie préservatrice et conservatrice. Elles inventent des pâtes réconfortantes, des sirops veloutés, des élixirs de vie perpétuelle.

Achevons le portrait avec *La Princesse de Paphlagonie:*

« La reine de Mysie estoit une femme grande, de belle taille et de bonne mine ; sa beauté estoit journalière par ses indispositions, qui en diminuoient un peu l'éclat. Elle avoit un air distrait et resveur qui lui donnoit une élévation dans les yeux et qui faisoit croire qu'elle mesprisoit ceux qu'elle regardoit ; mais sa civilité et sa bonté raccommodoient ce que les distractions pouvoient avoir gâté. Elle avoit de l'esprit infiniment. »

Le réduit de madame la comtesse de Maure, *Madonte* (*Prét.*, t. 1, p. 206) s'appeloit *le Palais Nocturne*.

La connoissant telle qu'elle étoit, nous pouvons nous étonner de la voir en visite.

qu'elle se préparoit à faire une visite fort courte, lorsque le duc de Nemours la prévint. Le prince, amoureux et discret, sçachant bien qu'il jouoit un méchant personnage devant une femme clairvoyante comme la comtesse de Maure, sortit et s'en alla chez lui écrire cette lettre à sa maîtresse :

LETTRE.

Je sors d'auprès de vous, Madame, pour être plus avec vous que je n'étois. La comtesse de Maure m'observoit, et je n'osois vous regarder; je craignois même, comme elle est habile, que cette affectation ne me découvrît : car enfin, Madame, on sçait si bien qu'il vous faut regarder quand on est auprès de vous que l'on croit que qui ne vous regarde pas y entend finesse. Si je ne vous vois pas maintenant, Madame, au moins ne s'aperçoit-on pas que j'ai de l'amour, et j'ai la liberté de ne l'apprendre qu'à vous. Mais que je serois heureux si je pouvois vous le persuader au point qu'il est, et que vous seriez injuste en ce cas-là, Madame, si vous n'aviez pas quelque bonté pour moi!

Madame de Châtillon se trouva fort embarrassée en recevant cette lettre. Elle ne sçavoit quel parti prendre, de la douceur ou de la sévérité. Celui-ci lui pouvoit faire perdre le cœur de son amant, l'autre son estime, et tous les deux le rebuter. Enfin elle résolut de suivre le plus difficile, comme étant le plus honnête; et, quoi que lui dît son cœur, elle aima mieux faire ce que lui conseilla sa raison. Elle ne fit point de réponse au duc, et, comme il entra le lendemain dans sa chambre : « Venez-vous encore ici, Monsieur, lui dit-elle, me faire quelque nouvelle offense? Parceque l'on a l'humeur douce et le visage, croyez-vous qu'il n'y a qu'à entreprendre avec les gens? S'il ne faut qu'être rude pour avoir votre estime, on en fait assez de cas pour se contraindre quelque temps. Oui, Monsieur, on sera fière, et je vois bien qu'il le faut être avec vous. » Ces dernières paroles furent un coup de foudre tombé sur ce pauvre amant. Les larmes lui vinrent aux yeux, et ses larmes parlèrent bien mieux pour lui que tout ce qu'il put dire. Après avoir été un moment sans parler : « Je suis au désespoir, Madame, lui répondit-il, de vous voir en colère, et je voudrois être mort, puisque je vous ai déplu. Vous allez voir, Madame, dans la vengeance que j'ai résolu de prendre de l'offense que vous avez reçue, que vos intérêts me sont bien plus chers que les miens propres; je m'en vais si loin de vous, Madame, que mon amour ne vous importunera plus. — Ce n'est pas cela que je vous demande, interrompit cette belle; vous pourriez bien sans me fâcher demeurer encore ici. Ne sçauriez-vous me voir sans me dire que vous m'aimez, ou du moins sans me l'écrire? — Non, non, Madame, répliqua-t-il; il m'est absolument impossible. — Eh bien! Monsieur, voyez-moi donc, reprit madame de Châtillon; j'y consens, mais remarquez bien tout ce qu'on fait pour vous. — Ah! Madame, interrompit le duc en se jetant à ses pieds, si je vous ai adorée toute cruelle que vous avez été, jugez ce que je ferai quand vous aurez de la douceur! Oui, Madame, jugez-en, s'il vous plaît, car je ne sçaurois vous exprimer ce que je sens. » Cette conversation ne finit pas comme elle avoit commencé : madame de Châtillon se dispensa de garder toute la rigueur qu'elle s'étoit promise, et, si le duc de Nemours n'eut pas de grandes faveurs, au moins eut-il raison d'espérer d'être aimé. Dans cette confiance, il ne fut pas chez lui qu'il écrivit cette lettre à sa maîtersse :

LETTRE.

Après m'avoir dit, Madame, que vous consentiez que je vous visse, puisqu'il m'étoit impossible de vous voir sans vous dire que je vous aime, ou du moins sans vous l'écrire, je devrois vous écrire avec confiance que ma lettre ne seroit pas mal reçue; cependant je tremble, Madame, et l'amour, qui n'est jamais sans crainte de déplaire, me fait imaginer que vous avez pu changer de sentiments depuis trois heures. Faites-moi la faveur, Madame, de m'en éclaircir par deux lignes. Si vous saviez avec quelle ardeur je les souhaite et avec quels transports de joie je les recevrai, vous ne me jugeriez pas indigne de cette grâce.

Madame de Châtillon n'eut pas reçu cette lettre qu'elle lui fit cette réponse :

RÉPONSE.

Pourquoi seroit-on changée, Monsieur ? Mais, mon Dieu ! que vous êtes pressant ! N'êtes-vous pas satisfait de connoître vos forces, sans vouloir encore triompher de la foiblesse d'autrui ?

Le duc de Nemours reçut cette lettre avec une joie qui le mit quasi hors de lui-même. Il la baisa mille fois et ne pouvoit cesser de la lire. Cependant l'amour de ces deux amants augmentoit tous les jours, et madame de Châtillon, qui avoit déjà rendu son cœur, ne défendoit plus le reste que pour le rendre plus considérable par la difficulté. Enfin, le temps de prendre des eaux étant passé, il fallut se séparer; et, quoique l'un et l'autre s'en retournât à Paris, ils jugèrent bien tous deux qu'ils ne se verroient plus avec tant de commodité qu'ils avoient fait à Bourbon [1]. Dans la vue de ces difficultés, leur adieu fut pitoyable. Le duc de Nemours assura plus sa maîtresse par ses larmes qu'il aimeroit toujours que par les choses qu'il lui dit; et la contrainte qui parut que mada-

---

1. J'ai déjà parlé des eaux de Forges. — Expilly leur consacre toute une page. C'est, dit-il, d'un voyage que Louis XIII y fit avec Anne d'Autriche que date leur fortune. Saint-Simon (t. 6, p. 104; 1707) les regarde comme bien inutiles.

Il y avoit aussi les eaux d'Aix-la-Chapelle (Saint-Simon, t. 5, p. 36), qui jouissoient d'une grande vogue. Ici il est question des eaux de Bourbon, non pas de Bourbon-l'Ancy, (Expilly, t. 1, p. 729), dans l'Autunois, qui avoit des sources minérales assez estimées, mais de Bourbon l'Archambault (Expilly, p. 731), près de Moulins.

me de Châtillon faisoit pour ne pas pleurer fit le même effet en son amant. Ils se quittèrent fort tristes, mais fort persuadés qu'ils s'aimeroient bien, et qu'ils s'aimeroient toujours. Le reste de l'automne ils se virent fort peu, parcequ'ils étoient observés; mais ils s'écrivirent souvent.

Au commencement de l'hiver, la guerre civile, qui commençoit de s'allumer, obligea le roi de sortir de Paris assez brusquement et se retirer à Saint-Germain[1]. Dans ce temps-là le maréchal, père de Coligny[2], vint à mourir, et le prince de Condé, qui étoit alors le bras droit du cardinal Mazarin, obtint le brevet de duc et pair pour son cousin de Coligny. Les troupes arrivant de toutes parts, on bloqua la ville. La cour cependant ne paroissoit pas triste, et les courtisans et les gens de guerre étoient ravis du mauvais état de ces affaires. Le cardinal seul, qu'elles pouvoient ruiner, en cachoit une partie à la reine, et le tout au jeune roi, à qui on ne parloit de la guerre que pour dire les défaites des rebelles; et le reste du temps on l'amusoit à des jeux proportionnés à son âge. Entre autres personnes avec qui il aimoit à jouer, la duchesse de Chastillon tenoit le premier rang, et ce fut sur cela que Benserade[3]

---

1. A la fête des Rois, en janvier 1649.
2. Bussy a servi sous le maréchal de Châtillon (*Mémoires*, t. 1, p. 65). Né en 1584, le 26 juillet, il est mort le 4 janvier 1646. C'étoit le petit-fils de l'amiral. Bon François et courageux, mais général médiocre, bon homme au fond, mais brutal, débauché et prodigue, il avoit épousé le 13 août 1615 Anne de Polignac, belle et vertueuse personne, qui fut toute sa vie une protestante zélée et mourut en 1651.
3. Pendant que Benserade étoit jeune, il étoit fort plein de lui-même et se piquoit d'être homme à bonnes fortunes. Un jour,

fit ce couplet de chanson sous le nom de son mari :

> Châtillon, gardez vos appas
> Pour une autre conquête.
> Si vous êtes prête,
> Le roi ne l'est pas ;
> Avec vous il cause,
> Mais, en vérité,
> Il faut bien autre chose
> Pour votre beauté
> Qu'une minorité.

Dans tous ces petits jeux, le duc de Nemours ne perdit pas son temps. Il n'y en avoit guère où la duchesse et lui ne se donnassent des témoignages de leur amour; et, à mesure que la pas-

certaine jalousie l'ayant porté à faire des couplets de chansons fort médisants contre des filles de la reine-régente, il fut chassé de la cour pour ce sujet. Mais, comme la reine l'aimoit et le trouvoit réjouissant, elle fit sa paix et obtint de ses filles qu'il seroit rappelé. Un d'entre elles, qui n'y consentoit pas de bon cœur, ne pouvant résister à une semblable intercession, prit le parti de se venger par les armes dont elle avoit été attaquée, et fit ce quatrain contre lui :

> Revenez, revenez, beau faiseur de chansons ;
> La reine a commandé que l'on vous les pardonne,
> Pourvu que votre rousse et suante personne
> Change pendant l'été plus souvent de chaussons.
> (Sénecé, éd. elzev., t. 1, p. 313.)

> Ce bel esprit eut trois talents divers
> Qui trouveront l'avenir peu crédule :
> De plaisanter les grands il ne fit point scrupule,
> Sans qu'ils le prissent de travers ;
> Il fut vieux et galant sans être ridicule,
> Et s'enrichit à composer des vers.
> (Sénecé, t. 1, p. 254.)

Benserade demeuroit au Louvre au moment où nous en sommes (*Prêt.*, t. 1, p. 46).

sion de ces amants croissoit, leur prudence faisoit le contraire. On remarquoit, à la bohémienne, qu'ils se mettoient toujours vis-à-vis l'un de l'autre et en état de se pouvoir dire le secret; à colin-maillard, que, quand l'un avoit les yeux bouchés, l'autre se venoit livrer à lui, afin que la main, en cherchant à connoître celui qu'elle avoit pris, eût le prétexte de tâter partout; enfin il n'y avoit point de jeu où l'amour ne leur fît trouver moyen de se faire des tendresses.

Le duc de Châtillon, que la connoissance de l'humeur de sa femme obligeoit à l'observer, vit quelque chose de l'intelligence du duc de Nemours et d'elle. La gloire plus que l'amour lui fit recevoir ce déplaisir avec une impatience extrême. Il en parla à un de ses bons amis, qui, prenant à son chagrin toute la part qu'il y devoit prendre, en alla parler à la duchesse. « Le service que j'ai voué, dit-il, à la maison de monsieur votre mari, m'oblige à vous venir donner un avis qui vous est de conséquence. Belle comme vous êtes, Madame, il n'est pas possible que vous ne soyez aimée, et comme assurément, vos intentions étant bonnes, vous ne prenez pas assez garde à vos actions, la plupart des femmes qui vous envient et des hommes jaloux de la gloire de monsieur votre mari donnent un méchant jour à tout ce que vous faites. Monsieur votre mari, lui-même, s'est aperçu que vous avez une conduite qui, bien qu'elle fût plus imprudente que criminelle, ne laisseroit pas de vous faire tort dans le monde et de lui donner du chagrin. Vous sçavez comme il est glorieux, Madame, et combien il craindroit le ridicule sur cette matière.

Je vous en donne avis et vous supplie très humblement d'y prendre garde : car, si, vous reposant sur la netteté de votre conscience, vous négligez trop votre réputation, monsieur votre mari pourroit se porter à des violences contre vous qui ne vous laisseroient pas en état de lui faire voir votre innocence.—Ce que vous me dites, Monsieur, lui répliqua madame de Châtillon, ne me doit pas surprendre ; monsieur le duc m'a de bonne heure accoutumée à ses caprices. Dès le lendemain qu'il m'eut épousée, il prit une si furieuse jalousie de Roquelaure, qui l'avoit servi en mon enlèvement, qu'il ne la put cacher, et cependant on ne lui en peut pas donner moins de sujet que nous avions fait. Aujourd'hui le voici qui recommence à prendre des soupçons. Je ne sçaurois encore deviner sur qui ils tombent ; tout ce que je vous puis dire, c'est que je doute qu'il eût là-dessus l'esprit en repos quand je serois à la campagne et que je ne verrois que mes domestiques. — Je n'entre pas, Madame, reprit cet ami, dans un plus long détail avec vous ; je ne sçais même si monsieur votre mari regarde quelqu'un, quand il me témoigne de n'être pas satisfait de vous ; mais vous pouvez, sur ce que je vous dis, prendre des mesures pour votre conduite. » Et là-dessus, ayant pris congé d'elle, il la laissa dans des inquiétudes épouvantables. D'abord elle en avertit le duc de Nemours, avec qui elle résolut qu'ils se contraindroient plus qu'ils n'avoient fait par le passé.

Cependant monsieur le Prince, qui ne songeoit qu'à réduire le peuple de Paris par la faim, à livrer le Parlement, qui avoit mis la tête du Cardinal à prix, crut qu'une des choses qui pouvoient le plus avancer ce succès étoit la prise de Charenton, que Clanleu[1] gardoit avec cinq ou six cents hommes. Il rassembla une partie des quartiers, et avec mille hommes, à la tête desquels voulut se mettre Gaston de France[2], oncle du roi, lieutenant général de la Régence, il vint attaquer Charenton par trois endroits. Comme il n'y avoit que des retranchements assez mauvais aux avenues, il ne fut pas difficile aux troupes du roi de les forcer ; mais le duc de Châtillon, qui com-

---

1. Walckenaër (t. 1, p. 190) l'appelle le marquis de Chaulieu. Il avoit été le compagnon d'armes de Bussy en 1638 (*Mém.*, t. 1, p. 54) et avoit été à Monsieur, comme on disoit (Montp., t. 2, p. 47). Il se vit entraîné dans la Fronde, combattit et mourut à Charenton en 1649 (février).

« Clanleu, qui la commandoit, y fut tué, se défendant vaillamment, refusant la vie qu'on lui voulut donner, et disant qu'il étoit partout malheureux et qu'il trouvoit plus honorable de mourir en cette occasion que sur un échafaud. » (Mott., t. 1, p. 181.)

Les pièces 679, 680, 681, 682, 683, 691, du tome 2 du catalogue de la Bibl. nat., ont rapport à cette mort regrettable. La dernière (n° 691) lui donne le titre de baron.

2. Gaston d'Orléans « a toujours eu l'esprit un peu page » (Tallem. des R., t. 2, p. 290). On cite vingt plaisanteries de ce prince qui ressemblent à de grosses malpropretés. « Les princes sont des animaux qui ne s'échappent que trop. » C'est Tallemant (t. 2, p. 49) qui le dit, et il y aura du monde pour le croire. Gaston fut un animal plein de la plus cruelle vanité. C'est celui-là qui tenoit à l'étiquette chez lui ; c'est celui-là qui parle à chaque instant de faire jeter le monde par les fenêtres. Et il n'étoit pas méchant.

« Il étoit aimable de sa personne. Il avoit le teint et les traits du visage beaux ; sa physionomie étoit agréable, ses yeux étoient bleus, ses cheveux noirs. » (Mott., t. 2, p. 233.)

Gaston étoit même assez bon prince quelquefois. A quoi bon rappeler la triste figure qu'il a faite en politique ? Ses amours et ses amourettes sont nombreux.

mandoit les attaques sous monsieur le Prince, poussant vigoureusement les ennemis, fut blessé au bas-ventre d'une mousquetade dans le bourg, dont il mourut la nuit d'après. Monsieur le Prince le regretta fort, et sa douleur fut si violente qu'elle ne put pas durer. Par ce qui s'est passé on peut juger que la duchesse ne fut que médiocrement affligée, et on le jugera encore mieux par ce qui arrivera ensuite; cependant elle pleura, elle s'arracha les cheveux, et fit voir les apparences du plus grand désespoir du monde. Le public fut tellement trompé que l'on fit ce sonnet sur cette mort :

SONNET.

Châtillon est donc mort au moment où la cour
Lui préparoit l'honneur que méritoient ses armes !
Mars vient de le ravir au milieu des alarmes,
Et, malgré la victoire, il a perdu le jour.

Quand on vous eut ôté l'espoir de son retour,
Quels furent vos transports, beauté pleine de charmes !
Quiconque les a vus et les a vus sans larmes,
Il faut qu'il ait le cœur insensible à l'amour.

En un pareil état, en pareille surprise,
Alcione jamais, ni jamais Artemise,
N'eurent tant de raison de se plaindre du sort.

O discorde funeste, en misères féconde,
Que ne feras-tu point, si ton premier effort
A déjà fait pleurer les plus beaux yeux du monde ?

Le duc de Nemours, qui étoit mieux averti que le reste du monde, ne s'étonna point de l'affliction de madame de Châtillon. Il prit si bien le temps que l'excès de la douleur avoit altéré cette pauvre désespérée, et la pressa si fort de lui accorder des faveurs que la crainte qu'elle avoit eue de son mari l'avoit empêchée de lui faire pendant sa vie, qu'elle lui donna rendez-vous le jour de son enterrement. Bordeaux[1], l'une de ses demoiselles, qui croyoit que la mort du duc ruineroit la fortune de Ricoux, qui la recherchoit en mariage, étoit en une véritable affliction : de sorte que, lorsqu'elle vit le duc de Nemours sur le point de recevoir les dernières faveurs de sa maîtresse un jour que les plus em-

1. Quelle est encore cette demoiselle de Bordeaux et quel est ce monsieur de Ricoux ? Je vois Mademoiselle (t. 3, p. 54) qui parle d'une dame de Ricousse, coiffeuse de madame de Châtillon. Évidemment c'est notre demoiselle mariée à son ami.

En fait de Bordeaux, il y a madame de Bordeaux, mère de madame Fontaine-Martel :

Bordeaux dispute à la Cornu
Le glorieux et bel avantage
De faire les maris cocus,

dit une chanson médiocre (*Nouv. Siècle de Louis XIV*, p. 97). Il y a une dame de Bordeaux qui prend part à la fête donnée à Saint-Maur par M. le Duc le 2 avril 1672. Il y a la femme de Bordeaux, intendant des finances (Tallem., chap. 221) ou receveur général à Tours (Tallem., chap. 354) ; il y a aussi la femme du fils de ce Bordeaux, qui étoit Bordeaux elle-même et d'une autre famille ; il y en a d'autres encore. Je n'ai pas de lumières pour les classer entre elles.

Pour ce qui est de l'époux de notre demoiselle, le même embarras subsiste. Je vois un abbé de Richou ou Richoux, amant de madame de Montglat (V. Montglat, p. 40). Est-ce un parent ? Je vois un Ricous au passage du Rhin (*Relation de Guiche*, Coll. Michaud, p. 338). Qui est ce Ricous ? Je vois un Ricousse que La Roche Foucauld prie de tuer le cardinal de Retz (Retz, p. 298). Cela se rapproche. Et un M. de Ricousse, que Condé donne à Gourville en 1653 pour leurs affaires (Gourville, p. 509). Nous brûlons sans doute.

portés se contraignent, l'horreur de cette action redoubla sa douleur, et, sans sortir de la chambre, elle troubla le plaisir de ces amants par des soupirs et par des larmes. Le duc, qui vit bien que, s'il n'apaisoit cette femme, il n'auroit pas à l'avenir dans son amour toute la douceur qu'il souhaitoit, prit soin de la consoler en sortant, et lui dit qu'il sçavoit bien la perte qu'elle faisoit au feu duc, mais qu'il vouloit être son ami et prendre soin de sa fortune, ainsi que le défunt; qu'il avoit autant de bonne volonté que lui et peut-être plus de pouvoir, et qu'en attendant qu'il pût faire quelque chose de considérable pour elle, il la prioit de recevoir quatre mille écus qu'il lui enverroit le lendemain. Ces paroles eurent tant de vertu que Bordeaux essuya ses larmes, promit au duc d'être toute sa vie dans ses intérêts, et lui dit que sa maîtresse avoit toutes les raisons du monde de ne rien ménager pour lui donner des marques de son amour. Le lendemain Bordeaux eut les quatre mille écus que le duc lui avoit promis: aussi le servit-elle depuis préférablement à tous ceux qui ne lui en donnèrent pas tant.

Au commencement du printemps, la paix étant faite, la cour revint à Paris. Monsieur le Prince, qui venoit de tirer monsieur le Cardinal[1] d'une mé-

---

1. Mazarin donna l'abbaye de Doudeauville à l'abbé Cl. Quillet, qui lui avoit dédié le poème latin de la *Callipædia*, dont le début n'a rien de trop élégant:

> Quid faciat lætos thalamos, quo semine felix
> Exsurgat proles...

Je ne prétends pas dire que c'est là le plus beau trait de sa vie et l'action la plus utile à la France qu'il ait faite; mais cela ne laisse pas de montrer qu'il entendoit la gaudriole. Ah!

chante affaire, lui vendoit bien chèrement les services qu'il lui avoit rendus dans cette guerre. Non seulement le Cardinal ne pouvoit fournir aux grâces qu'il lui demandoit tous les jours, mais il ne pouvoit supporter l'insolence avec laquelle il les demandoit. Le Pont-de-l'Arche, que le prince lui avoit arraché pour son beau-frère le duc de Longueville [1]; le mariage du duc de Richelieu, qu'il

si l'on en croyoit les Mazarinades! Si même on en croyoit La Porte, le valet de chambre de Louis XIV! Voici au moins l'incontestable vérité: « Le cardinal Mazarin avoit été soupçonné de n'avoir pas eu beaucoup de religion; sa jeunesse étoit déshonorée par une mauvaise réputation qu'il avoit eue en Italie, et il n'avoit jamais témoigné assez de vénération pour les mystères les plus sacrés. » (Motteville, 5e p., t. 5, p. 94.)

Giulio Mazarini est né à Piscina (a), dans l'Abruzze, le 14 juillet 1602; il est mort à Vincennes le 9 mars 1661. Ce fut un grand homme d'Etat, un homme d'esprit et un homme de cœur dans son genre. Il paroît démontré qu'il fut l'heureux amant de la reine-mère (V. ses lettres, *Société de l'histoire de France*, 1836, édit. Ravenel, in-8).

On l'a raillé pour les travers de son humeur; on a fait de lui un Harpagon: il achetoit des tableaux, il avoit une bibliothèque admirable, il dépensoit un argent fou pour des machines d'opéra. En 1658 il monte une loterie gratuite (Montp., t. 3, p. 304) de cinq cent mille livres! Et puis il aima les lettres et les gens de lettres sans appareil de mécénat.

Nous ne songeons pas à le canoniser, pas même à l'absoudre du mal qu'il a laissé faire dans l'administration du royaume; mais il faut être juste pour sa mémoire, qui a été, comme sa vie, si agitée.

1. Henri d'Orléans, descendant de Dunois, né le 27 avril 1595, marié : 1. en 1617, à Louise de Bourbon, fille du comte de Soissons, morte en 1637; 2. le 2 juin 1642, à Anne-Geneviève de Bourbon-Condé, née le 27 août 1619. Il est mort le 11 mars 1663. Le duc de Longueville, en sa jeunesse, étoit galant et brave. On lui connoît une fille naturelle,

(a). On vient de retrouver son acte de baptême.

avoit fait hautement avec mademoiselle de Pons [1] contre l'intention de la cour, et l'audace avec laquelle il avoit exigé de la reine qu'elle vît Jarzay, après la hardiesse que celui-ci avoit eue d'écrire à Sa Majesté une lettre d'amour, fit enfin résoudre le Cardinal de se délivrer de la tyrannie où il étoit, sous prétexte de venger le mépris qu'on faisoit à l'autorité royale. Il communiqua ce dessein à monsieur le duc d'Orléans, qui se souve-

---

l'abbesse de Maubuisson, morte en 1664. Somaize a trouvé joli (t. 1, p. 187) de l'appeler *Léonidas*.

1. Anne Poussart, fille de François Poussart, sieur de Fors (Faure) et marquis du Vigean, et d'Anne de Neubourg, dame d'honneur de la reine, puis de madame la Dauphine, épousa : 1. François d'Albret, sire de Pons, comte de Marennes ; 2. Armand-Jean du Plessis.

Il ne faut pas la confondre avec Judith de Pons, fille de Jean-Jacques de Pons, marquis de La Caze, et de Charlotte de Parthenay, dame de Genouillé, qui fut l'une des maîtresses, l'une des victimes du duc de Guise (Motteville, t. 2, p. 202), qui étoit fille d'honneur de la reine-mère (Tallem. des Réaux, 2e édit., chap. 232) et qui mourut fille en 1688. Madame de Motteville dit qu'elle étoit « gloutonne de plaisirs ». Voyant que Guise ne se pressoit pas de se faire roi de Naples et de la faire reine (Mottev., t. 2, p. 348), elle se livra à Malicorne, son écuyer.

Deux nièces éloignées du maréchal d'Albret ont aussi porté le nom de Pons. Mademoiselle de Pons l'aînée épousa le frère du maréchal (François-Amanieu), s'appela madame de Miossens, et mourut en 1714, sans enfants. Saint-Simon (chap. 22, t. 1, p. 367) dit qu'elle faisoit peur par la longueur de sa personne. La cadette, « belle comme le jour », fut mariée à un Sublet, qui devint d'Heudicourt, grand louvetier.

Le roi avoit failli aimer cette seconde mademoiselle de Pons, qui s'y seroit prêtée et auroit peut-être prévenu La Vallière, si la reine-mère et le maréchal (1661) ne l'avoient fait enlever. Elle revint tard à la cour et déjà sans jeunesse : aussi se maria-t-elle avec joie. Vive, enjouée et badine, madame d'Heudicourt a paru aussi un peu folle.

noit du bâton rompu de son exempt par le prince, et qui, pour cela et pour la jalousie de son grand mérite, avoit des raisons de le haïr; et parceque monsieur le Cardinal fit connoître à Monsieur que la Rivière[1], qui le gouvernoit, étoit pensionnaire du prince, il tira parole de lui qu'il cacheroit cette affaire à son favori. On arrêta au palais, où logeoit pour lors le roi, messieurs le prince de Condé, le prince de Conti, et le duc de Longueville, leur

---

1. « Il étoit de basse naissance, et, parmi quelques bonnes qualités, il en avoit aussi de mauvaises. » (Mott., t. 3, p. 373.)

Louis Barbier de la Rivière, fils d'Antoine Barbier, sieur de la Rivière, commissaire de l'artillerie en Champagne, est né en 1695 à Montfort-l'Amauri (Amel. de la Houssaye, t. 1, p. 367). D'abord régent de philosophie au collége du Plessis et de Navarre, il dut à l'évêque de Cahors, Pierre Habert, d'être introduit auprès de Gaston, et à son esprit agréable de lui plaire. Amelot de la Houssaye dit que Gaston, qui aimoit Rabelais passionnément, fut bien content de trouver quelqu'un qui le sût par cœur. Successivement premier aumônier de Monsieur, abbé de quinze abbayes, ministre d'Etat pendant la Fronde, chancelier des ordres, il est disgracié tout à coup pour s'être attaché à Condé, malgré le duc d'Orléans. Néanmoins, il meurt (30 janvier 1670) évêque de Langres, c'est-à-dire duc et pair. Le château de Petit-Bourg a été rebâti par lui. Il en a fait un château remarquable, et y mena une vie assez douce (Omer Talon, p. 381) pour se consoler de n'être pas devenu cardinal. L'abbé de la Rivière avoit eu de nombreuses intrigues : il aima, entre autres, la présidente Lescalopier (Tallem. des Réaux, ch. 202).

Dans les *Honny soit-il* de Maurepas il y a celui-ci en son honneur :

> S'advancer et se mesconnoître,
> Vendre deux ou trois fois son maître,
> Trahir son pays par argent,
> Mépriser avec insolence
> Ceux qui l'ont veu estre indigent :
> Honny soit-il qui mal y pense !

beau-frère. Cependant monsieur de Turenne[1], qui, par les liaisons qu'il avoit avec monsieur le Prince, pouvoit craindre d'être pris, et qui d'ailleurs étoit enragé contre la cour pour la principauté de Sedan, qu'on avoit ôtée à sa maison, se retira à Stenay, où madame de Longueville[2] arriva bien-

1. Turenne a aimé beaucoup et long-temps les femmes. C'est ce que ne disent ni l'abbé Raguenet, ni Ramsay, ni les diverses histoires de Turenne approuvées par les archevêques de Tours et de Rouen.
Personne n'ignore qu'il fut très épris de madame de Longueville. Pierre Coste (p. 87) ne le cache point, tout en affirmant que Turenne n'étoit pas d'un naturel impétueux :
« Quoique le vicomte de Turenne ne fût pas fort porté à l'amour, le commerce continuel qu'il eut alors avec cette belle princesse l'ayant rendu plus sensible qu'à son ordinaire, il tâcha de s'en faire aimer. La duchesse de Longueville non seulement ne répondit point à son amour, mais le sacrifia à La Moussaye, qui étoit alors gouverneur de Stenay. »
Ramsay (t. 2, p. 155) explique l'histoire à sa manière. C'est comme dans les panégyriques ou dans les oraisons funèbres : tout est sagesse, mouvement de l'esprit, politique profonde. Le cœur humain, la nature, ne paroît point.
« Quoique madame de Longueville fût dans une dévotion si grande qu'elle ne se mêloit d'aucune cabale, néanmoins son esprit avoit tant d'ascendant sur les personnes qu'elle les faisoit pencher du côté où elle avouoit bien que son inclination la portoit, c'est-à-dire du côté de Monsieur son frère. »
Turenne « aimoit naturellement la joie ». (*Mém. de Grammont*, ch. 4.) Avec la joie il aima extrêmement, jusqu'à la compromettre, madame de Sévigné. Il avoit soixante ans quand il soupiroit aux pieds de madame de Coaquin (Choisy, p. 354), et se laissoit arracher le secret de l'Etat. En 1650, tenant campagne contre le parti de la cour, il entretenoit à Paris, dans la rue des Petits-Champs, une jolie grisette (V. les *Mémoires de Retz*).
2. Bussy doit une fameuse chandelle à madame de Longueville. Aussitôt après l'apparition de l'*Histoire amoureuse des Gaules*, les officiers et jusqu'aux valets de Condé poussent des cris, s'empressent autour du maître, demandent à tuer l'auteur de cette histoire. Condé n'est apaisé que par sa sœur.

tôt après, et les officiers du prince se jetèrent dans Bellegarde. Madame de Châtillon s'attacha au-

(*Recueil de La Place*, t. 7, p. 88.) Plus tard, elle travailla en vain à protéger celui qui l'avoit flattée si peu.

Nous pourrions tout uniment renvoyer le lecteur au livre de M. Cousin, qui est un ardent panégyrique; du moins nous ne traînerons pas la note en longueur.

L'affaire dramatique, dans cette vie si occupée, c'est, en 1643, le duel de Maurice, comte de Coligny, frère de notre Châtillon, contre le duc de Guise. Madame de Motteville (t. 2, p. 44) en a parlé suffisamment.

Tallemant des Réaux (*Historiette* de Sarrazin) dit que madame de Longueville aima Charles de Bourdeilles, comte de Mastas en Saintonge : c'est le Matha des *Mémoires de Grammont*, mort en 1674. Je ne sais si on peut dire qu'elle aima son frère Conti. Celui-ci, du moins, a conçu pour elle une passion très vive. M. de Longueville, à qui d'autres sont plus favorables, « avoit la mine basse », si l'on en croit M. de *** (p. 470), « et n'avoit dans sa personne aucun des agréments qui peuvent plaire aux femmes. » Ce même M. de *** dit de madame de Longueville : « Le duc de Châtillon avoit eu s?s premières inclinations, et comme ce duc, après son mariage, n'eut plus pour elle les mêmes empressements, elle conserva toujours contre la duchesse une haine secrète. »

Et M. Cousin (2e édit., p. 28) : « Elle a pu être touchée du dévoûment de Coligny, qui donna son sang pour la venger des outrages de madame de Montbazon; elle prêta un moment une oreille distraite aux galanteries du brave et spirituel Miossens; plus tard, elle se compromit un peu avec le duc de Nemours; mais elle n'a aimé véritablement qu'une seule personne : La Rochefoucauld; elle s'est donnée à lui tout entière; elle lui a tout sacrifié, ses devoirs, ses intérêts, son repos, sa réputation. Pour lui elle a joué sa fortune et sa vie; elle est entrée dans les conduites les plus équivoques et les plus contraires. C'est La Rochefoucauld qui l'a jetée dans la Fronde. »

Madame de Longueville, née le 27 août 1619, a été réellement une femme d'une très grande beauté. En 1647, madame de Motteville (t. 2, p. 240) fait son portrait avec un certain enthousiasme : « Quoiqu'elle eût eu la petite vérole depuis la régence et qu'elle eût perdu quelque peu de la perfection de son teint, l'éclat de ses charmes attiroit toujours l'inclina-

près de madame la Princesse douairière[1], et mit
dans ses intérêts le duc de Nemours, son amant.

tion de ceux qui la voyoient ; et surtout elle possédoit au
souverain degré ce que la langue espagnole exprime par ces
mots de *donayre brio y bizaria* (bon air, air galant) ; elle avoit
la taille admirable, et l'air de sa personne avoit un agrément
dont le pouvoir s'étendoit même sur notre sexe. Il étoit impossible de la voir sans l'aimer et sans désir de lui plaire. Sa
beauté, néanmoins, consistoit plus dans les couleurs de son
visage que dans la perfection de ses traits. Ses yeux n'étoient
pas grands, mais beaux, doux et brillants, et le bleu en
étoit admirable : il étoit pareil à celui des turquoises. Les
poëtes ne pouvoient jamais comparer aux lis et aux roses
le blanc et l'incarnat qu'on voyoit sur son visage, et ses
cheveux blonds et argentés, et qui accompagnoient tant de
choses merveilleuses, faisoient qu'elle ressembloit beaucoup
plus à un ange que non pas à une femme. »

On a une lettre de mademoiselle de Vandy (*Manuscrits de
Conrart*, t. 8, p. 145) où il est dit qu'elle a un « teint de perle,
l'esprit et la douceur d'un ange ». Le mot *ange* se retrouve
ailleurs encore. Félicitons-en M. de La Rochefoucauld.

Madame de Longueville a été précieuse. C'est tantôt *Léoda-
mie* (Somaize, t. 1, p. 241), tantôt *Ligdamire* (t. 1, p. 141) :
« Du temps de Valère (Voiture), lorsqu'elle donnoit un peu
plus de son temps à la galanterie, c'estoit chez elle que la
parfaite se pratiquoit, et, à présent qu'elle a d'autres pensées,
c'est chez elle que l'on apprend les plus austères vertus. »

1. Charlotte-Marguerite de Montmorency, née en 1593,
mariée le 3 mars 1609 à Henri II de Bourbon-Condé, est
morte le 2 décembre 1650. Son extraordinaire beauté fit faire
à Henri IV bien des folies. Toute jeune qu'elle étoit, et mariée, elle y trouva de l'agrément. On croit qu'elle espéroit, à
la suite d'un double divorce, arriver jusqu'au trône de son
admirateur. Cela aussi étoit bien fantastique.

Elle montra de la tête, au temps de la Fronde, lorsqu'il fallut soutenir Condé. Alors elle est chef du parti, elle délibère.
Désormeaux (*Vie de Condé*, t. 2, p. 354) en donne un exemple : « La nuit venue, la princesse douairière assembla un
petit conseil, où elle n'admit que la princesse sa bru, la duchesse de Châtillon, sa parente et sa favorite, la comtesse de
Tourville, Lenet, conseiller d'Etat, l'abbé de La Roquette et
quatre gentilshommes. »

Quelque temps après que les princes furent en prison, madame la Princesse douairière eut per-

Le Père Lelong (n. 22,711 et n. 23,096) et le catalogue de la Bibliothèque nationale (*Histoire*, t. 2, n. 1682) indiquent diverses pièces mises alors sous son nom par les fabricants de livres politiques. Mais plus qu'habile elle avoit été et elle étoit restée belle. Croyons-en Voiture :

> La belle princesse n'est pas
> Du rang des beautés d'ici-bas,
> Car une fraischeur immortelle
> Se voit en elle.

M. Cousin (Longueville, 2e édit., p. 180) cite des vers de fête qui lui furent adressés. Le titre en est un peu bien pompeux : *La Vie et les miracles de sainte Marguerite-Charlotte de Montmorency, princesse de Condé, mis en vers à Liancourt.*

Jamais sainte ne fut canonisée si facilement. Madame la Princesse douairière étoit d'abord la fierté en personne. Madame de Motteville (t. 4, p. 91) est bien informée : « Cette princesse étoit dans un âge qui pouvoit encore lui faire espérer une longue suite d'années ; elle paroissoit saine, elle avoit encore de la beauté, et l'on peut croire que l'amertume de sa disgrâce contribua beaucoup à sa fin. Elle étoit un peu trop fière, haïssant trop ses ennemis et ne pouvant leur pardonner. Dieu voulut sans doute l'humilier avant sa mort pour la prévenir de ses graces et la faire mourir plus chrétiennement. »

Passe pour l'arrogance. Madame la princesse étoit une Madeleine non repentie, et quelle Madeleine pour la grace, pour la pénitence, pour la béatification ! Dans l'Eglise ce n'est pas l'Eglise elle-même, l'épouse du doux Jésus, qu'elle avoit aimée. Madame de Motteville (t. 4, p. 94) garantira ce qu'on avance : « Madame la Princesse avoit été fortement occupée de l'amour d'elle-même et des créatures. Je lui ai ouï dire, un jour qu'elle railloit avec la reine sur ses aventures passées, parlant du cardinal Pamphile, devenu pape, qu'elle avoit regret de ce que le cardinal Bentivoglio, son ancien ami, qui vivoit encore lors de cette élection, n'avoit point été élu en sa place, afin, lui dit-elle, de se pouvoir vanter d'avoir eu des amants de toutes conditions, des papes, des rois, des cardinaux, des princes, des ducs, des maréchaux de France, et même des gentilshommes. »

mission d'aller demeurer chez sa cousine madame de Châtillon. Un prêtre nommé Cambiac[1], qui s'étoit introduit chez madame de Boutteville par le moyen de madame de Brienne[2], fut envoyé à madame de Châtillon par sa mère. Il n'y fut pas long-

---

Amelot de la Houssaye (t. 2, p. 405) entre dans le détail : « Le cardinal de La Valette aimoit éperdûment la princesse de Condé, Charlotte de Montmorency, et elle, à ce qu'on disoit alors, l'aimoit réciproquement, parceque, outre qu'il étoit bien fait, il lui donnoit beaucoup. »

Je recommande tous ces textes religieux au benoît M. Louis Veuillot et à Monseigneur Parisis.

1. Cambiac étoit un « ecclésiastique de Toulouse, dit Lenet (p. 379, en 1650), doux, modeste, beau, propre et fort intrigant ». Sauval, mauvaise source quelquefois (Walck., t. 2, p. 445), le fait chanoine d'Alby et de Montauban. Le même Sauval donne Bouchu pour amant à madame de Chatillon en même temps que Cambiac.

Cambiac étoit tout à fait attaché à la famille des Condé : c'étoit l'un de leurs conseillers intimes.

2. Il y a madame de Brienne la mère (Louise de Béon, fille de Bernard, seigneur du Massés), mariée en 1623, morte le 2 septembre 1667 ; mademoiselle de Brienne (madame de Gamaches), et madame de Brienne la jeune, mariée en 1656, morte en 1664.

« La reine estimoit » la mère « pour son mérite (Mottev., t. 4, p. 293) et sa piété ». C'étoit l'amie de madame de Motteville (t. 5, p. 234). Elle soigna avec dévoûment la reine-mère dans sa longue et triste maladie.

Madame de Brienne la jeune étoit fille du comte de Chavigny :

> Pour mettre leur pouvoir au jour,
> Le ciel, la nature et l'amour,
> De corail, d'ivoire et d'ébène
>   Firent Brienne,
>   Firent Brienne.

Elle étoit donc belle. Elle étoit sage aussi :

> Un prélat à Pont-sur-Seine
> Adresse souvent ses pas
> Pour voir la chaste Brienne,

temps qu'il se rendît maître de son esprit, en telle sorte qu'il se mit entre elle et le duc de Nemours ; ce commerce lui donnant lieu d'avoir de grandes familiarités avec madame de Châtillon, il en devint amoureux, et jusqu'au point de s'en évanouir en disant la messe. Madame la Princesse douairière étant tombée malade de la maladie dont elle mourut [1], Cambiac, qui s'étoit acquis beaucoup de crédit sur son esprit, l'employa en faveur de madame de Châtillon : il lui fit donner pour cent mille écus de pierreries et la jouissance sa vie durant de la seigneurie de Marlou [2], qui valoit vingt mille livres de rente. Le duc de Nemours, que les soins de Cambiac pour madame de Châtillon avoient un peu alarmé, fut tout à fait jaloux de la nouvelle du testament de la princesse ; il ne crut pas qu'il fût aisé de résister à des services si considérables, et,

> Pleine de divins appas ;
> Mais c'est pour lui chose vaine
> S'il y va crotter ses bas.

Somaize la désigne, à ce qu'il paroît, sous le nom de la précieuse *Bérélise* (t. 1, p. 38, 228). Mais arrêtons-nous. Le destin de ce livre veut que quand les gens sont sages nous n'en parlions pas beaucoup.

1. À la fin de 1650.
2. « Merlou, autrefois Mello, bourg avec un château, une église collégiale, un prieuré, une maison religieuse de filles, etc., dans le Beauvoisis, élection de Clermont, à deux lieues ouest-nord-ouest de Creil. C'est une ancienne baronnie qui relève du roi et appartient à la maison de Luxembourg. Elle avoit donné le nom à une illustre maison, éteinte il y a environ trois cents ans, et de laquelle étoit Dreux de Mello, connétable de France sous Philippe-Auguste. Celles de Nesle, d'Offemont, de Montmorency et de Bourbon-Condé, l'ont possédée successivement.

« Le château est sur une hauteur ; c'est un bâtiment très ancien. » (Expilly.)

quoiqu'il ne pût blâmer sa maîtresse de les avoir reçus, il étoit enragé qu'elle les tînt de la main d'un homme qu'il regardoit comme son rival. Il n'avoit pas tort: ce qu'avoit fait Cambiac avoit coûté des faveurs à cette belle, car, quoiqu'elle aimât mieux le duc de Nemours, elle aimoit le bien encore davantage. Cependant, comme elle n'eut plus affaire de Cambiac après la mort de madame la Princesse, il ne lui fut pas difficile de guérir l'esprit de son amant en chassant le pauvre prêtre.

Le coadjuteur de Paris et madame de Chevreuse, qui avoient été du complot d'arrêter les princes, trouvant que le cardinal devenoit trop insolent, firent entrer monsieur le duc d'Orléans dans cette considération, et lui représentèrent que, s'il contribuoit à la liberté des princes, non seulement il se réconcilieroit avec eux, mais il les mettroit tout à fait dans ses intérêts. Outre le dessein d'affoiblir l'autorité du cardinal, qui donnoit de l'ombrage au parti qu'on appeloit la Fronde, chacun avoit encore son intérêt particulier. Madame de Chevreuse vouloit que monsieur le prince de Conti[1], pour qui la cour avoit demandé à Ro-

---

1. Cinquième fils de Henri II de Bourbon-Condé, né le 11 octobre 1629, mort le 21 février 1666 à Pézenas, où il eut une cour très littéraire. Molière y fut son poète favori, ce qu'il ne faut pas oublier pour son honneur.

Conti avoit la tête foible. Destiné d'abord à l'Eglise, abbé de Saint-Denis et de Cluny, puis renégat de dévotion (en 1646), général, et général médiocre ; dévot une seconde fois ; puis libertin, amoureux ; puis dévot de rechef, prétendant au chapeau rouge, et encore renégat ; irrésolu enfin, rebelle, sujet dévoué, enthousiaste, sceptique, girouette des plus aisées, il a une physionomie à lui.

Armand de Conti avoit passé sa thèse en Sorbonne ; ce fut l'occasion d'une querelle qu'Amelot de La Houssaye (t. 1,

me le chapeau de cardinal, épousât sa fille, et le coadjuteur vouloit être subrogé à la nomination du prince. Ce fut sur cette promesse, que les princes de Condé et de Conti donnèrent signée de leurs mains à madame de Chevreuse, qu'elle et le coad-

p. 37) a indiquée. Le goût de ces exercices, des discours, des oraisons, des petites pièces pompeuses, lui demeura. Le plus curieux de ses écrits est assurément ce vœu explicite (V. Amelot de La Houssaye, t. 2, p. 143), qui fut trouvé dans les papiers de sa très chère sœur, madame de Longueville.

« Parmi les lettres et les papiers de feue madame la duchesse de Longueville se trouve la copie d'un vœu que M. le prince de Conty avoit fait en 1653 à Bordeaux d'entrer et de mourir dans la compagnie de Jésus. Le voici en la forme qu'il étoit écrit :

JESUS, MARIA, JOSEPH, ANGELUS CUSTOS,
BEATUS PATER IGNATIUS.

Omnipotens, sempiterne Deus, ego ARMANDUS DE BOURBON, *licet undecumque divino tuo conspectu indignissimus, fretus tamen pietate ac misericordia infinita, et impulsus tibi serviendi desiderio, voveo coram sacratissima Virgine Maria et curia cœlesti universa, divinæ majestati tuæ castitatem perpetuam, et propono firmiter Societatem Jesu me ingressurum, in qua vivere et mori ad majorem tuam gloriam ardentissime cupio. A tua ergo immensa bonitate et clementia infinita per Jesu Christi sanguinem peto suppliciter ut hoc holocaustum in odorem suavitatis admittere digneris, et, ut largitus es ad hoc desiderandum et offerandum, sic etiam ad explendum gratiam uberem largiaris. Amen. Datum Burdigalæ die 2 Februari, purificationi B. Mariæ Virginis consecrata, et sanguine meo subsignatum, anno Domini* 1653, *ætatis meæ* 23 *cum quatuor mensibus.*

« ARMANDUS DE BOURBON.

« *Sancta* MARIA, *mater Dei et virgo, ego te in dominam, patronam et advocatam eligo, rogoque enixe ut me adjuves ad servandum votum meum et ad executioni mandandum propositum meum. Amen.* »

Latin médiocre, vœu de maniaque, que la sainte Vierge n'a point exaucé. Cette pièce n'en a pas moins son agrément.

Nous avons vu que ce jésuite aimoit Bussy, qu'il cultivoit

juteur travaillèrent à les faire sortir de prison. La chose ayant réussi comme ils l'avoient projeté, et le cardinal même ayant été contraint de sortir hors de France, monsieur le Prince n'eut pas de modération dans sa nouvelle prospérité, et cela

le vers badin et la prose salée. Au besoin il faisoit un sermon et anathématisoit les spectacles.

Allons aux sources, interrogeons Choisy d'abord : « Conti avoit une sorte d'esprit indécis, voulant et ne voulant pas, changeant d'avis, alternativement devot et voluptueux, d'une santé mediocre, d'une taille très contrefaite ».

Un peu plus loin (p. 625), le vénérable Choisy contrecarre M. Cousin et ses douces légendes : « Chacun sait comme quoi ce prince s'abandonna à la passion éperdue qu'il eut pour madame de Longueville. »

Ne criez pas haro sur Choisy; Lenet (p. 474) dit bien la même chose : « Ce jeune prince avoit pris une folle passion pour la duchesse de Longueville, sa sœur, quelques années avant sa prison, et se l'étoit mise si avant dans le cœur, qu'il ne songeoit qu'à faire des choses extrêmes pour lui en donner des marques. »

Il dit même que la manie du vœu l'avoit déjà pris dans sa prison. Cette fois, ce n'étoit pas jésuite qu'il vouloit être : il se donnoit au diable corps et âme. L'homme se doit d'être moins prodigue de son *moi*, d'où qu'il vienne. En attendant Dieu ou le diable, Conti se donnoit volontiers et souvent aux dames, qu'il aimoit, et auxquelles son rang, sa figure et son esprit plaisoient, malgré les défauts de sa taille. Condé le railloit; Conti le provoqua (Saint-Simon, t. 1, p. 16).

Laigues lui voulut faire épouser mademoiselle de Chevreuse (Mottev., t. 4, p. 182), en 1651; lui-même courtisoit madame de Sévigné. Enfin il arriva (V. les Mém. du marq. de Chouppes et de Gourville), poussé par Cosnac, par Sarrazin et d'autres, à épouser une fille de madame Martinozzi, qui avoit de la beauté et de la vertu. Condé ne fut pas flatté de voir son frère neveu du cardinal.

Il y a ceci de remarquable dans l'histoire de Conti que Louis XIV, malade en 1663, jeta les yeux sur lui, préférablement à tout autre, pour lui confier le gouvernement après sa mort (Motteville, t. 5, p. 187).

Madame de La Fayette le dit aussi.

obligea la cour de faire de nouveaux desseins sur sa personne. Il se retira d'abord en sa maison de Saint-Maur, et quelque temps après à Monrond, et de là à son gouvernement de Guienne. Le duc de Nemours le suivit, et madame de Longueville, qui étoit avec son frère, s'étant éprise du mérite du duc, lui fit tant d'avances, que ce prince, quoique fort amoureux d'ailleurs, ne lui put résister ; mais il se rendit par la fragilité de la chair plutôt que par l'attachement du cœur. Le duc de La Rochefoucauld[1], qui étoit depuis trois ans amant ai-

1. François VI de La Rochefoucauld n'a rien oublié pour se faire bien connoître. Il a laissé un petit livre, cinquante pages immortelles, et des Mémoires. En 1658, il écrit : « Je suis d'une taille médiocre, libre et bien proportionnée ; j'ai le teint brun, mais assez uni ; le front élevé et d'une raisonnable grandeur ; les yeux noirs, petits et enfoncés, et les sourcils noirs et épais, mais bien tournés. Je serois fort empêché de dire de quelle sorte j'ai le nez fait, car il n'est ni camus, ni aquilin, ni gros, ni pointu, au moins à ce que je crois ; tout ce que je sçais, c'est qu'il est plutôt grand que petit et qu'il descend un peu trop bas. J'ai la bouche grande, les lèvres assez rouges d'ordinaire et ni bien ni mal taillées. J'ai les dents blanches et passablement bien rangées. On m'a dit autrefois que j'avois un peu trop de menton ; je viens de me regarder dans le miroir pour savoir ce qui en est, et je ne sçais pas trop bien qu'en juger. Pour le tour du visage, je l'ai ou carré ou en ovale ; lequel des deux ? Il me seroit fort difficile de le dire. J'ai les cheveux noirs, naturellement frisés, et avec cela assez épais et assez longs pour pouvoir prétendre à une belle tête.

« J'ai quelque chose de chagrin et de fier dans la mine : cela fait croire à la plupart des gens que je suis méprisant, quoique je ne le sois point du tout. J'ai l'action fort aisée, et même un peu trop, et jusqu'à faire beaucoup de gestes en parlant. Voilà naïvement comme je pense que je suis fait au dehors, et l'on trouvera, je crois, que ce que je pense de moi là-dessus n'est pas fort éloigné de ce qui en est. »

En 1648, il étoit encore prince de Marcillac ; madame de

mé de madame de Longueville, vit l'infidélité de
sa maîtresse avec toute la rage qu'on peut avoir
en de pareilles occasions. Elle, qui étoit remplie
d'une grande passion pour le duc de Nemours, ne
se mit guère en peine de ménager son ancien amant.
La première fois qu'elle vit le duc de Nemours
en particulier, dans le moment le plus tendre du
rendez-vous, elle lui demanda comme il avoit
été avec madame de Châtillon. Le duc ayant répondu qu'il n'en avoit jamais eu aucune faveur :
« Ah ! je suis perdue, lui dit-elle, et vous ne m'aimez guère, puisqu'en l'état où nous sommes à
présent, vous avez la force de me cacher la vérité ! » Ce commerce ne dura guère, et le duc de
Nemours ne pouvoit se contraindre à témoigner
de l'amour qu'il ne sentoit pas ; et l'on peut croire
que la princesse, qui étoit malpropre et qui sentoit mauvais, ne pouvoit pas cacher ses méchantes qualités à un homme qui aimoit ailleurs éperdument. Ces dégoûts ne retardèrent pas aussi
le voyage que le duc de Nemours devoit faire en
Flandre pour amener au parti du prince un secours d'étrangers ; mais la véritable cause de son
impatience étoit le désir de revoir madame de

Motteville dit : « Ce seigneur étoit peut-être plus intéressé
qu'il n'étoit tendre (Mottev., t. 3, p. 128). Il avoit beaucoup d'esprit et l'avoit fort agréable ; mais il avoit encore
plus d'ambition » (t. 3, p. 154).

En 1643, elle ajoutoit à son nom (t. 2, p. 9) cette phrase :
« Ami de madame de Chevreuse et de la dame de Hautefort,
qui étoit fort bien fait, avoit beaucoup d'esprit et de lumière, et dont le mérite extraordinaire le destinoit à faire une
grande figure dans le monde. »

Il n'est pas nécessaire d'être diffus lorsqu'il s'agit d'une
personne que tout le monde connoît si bien.

Châtillon, qu'il aimoit toujours plus que sa vie. Il vint donc passer à Paris, où il la revit et la mit dans le malheureux état que l'on peut appeler l'écueil des veuves. Lorsqu'elle s'aperçut de son malheur, elle chercha du secours pour s'en délivrer. Desfougerets [1], célèbre médecin, entreprit cette cure, et ce fut dans le temps qu'il la traitoit de cette maladie que monsieur le Prince revint de Guienne à Paris, et amena avec lui La Rochefoucauld.

Portrait de monsieur le prince de Condé [2].

Monsieur le Prince avoit les yeux vifs, le nez aquilin et serré, les joues creuses et décharnées,

---

1. Son affaire est bonne. C'est le *Desfonandrès* de Molière. Il avoit de la réputation; on le consulte lorsque Mazarin va mourir. «Charlatan, dit Guy Patin, charlatan s'il en fut jamais; homme de bien, à ce qu'il dit, et qui n'a jamais changé de religion que pour faire fortune et mieux avancer ses enfants.»

Il fit avorter en effet, lorsqu'elle eut occasion de le désirer, madame de Châtillon. Un petit Nemours, qui eût peut-être été un hardi capitaine ou un brillant abbé, disparut ainsi.

2. Bossuet a tout dit pour sa gloire. Ce fut un grand général et un grand esprit. Le petit portrait que Bussy lui consacre n'est pas une si mauvaise chose pour n'être pas une oraison funèbre.

C'est sur la dénonciation catégorique de Condé (Guy Patin, lettre du 18 août 1665) que Bussy fut arrêté. Condé ne lui pardonna jamais ce qu'il avoit écrit de sa sœur, ni sans doute sa conduite en Berry au temps de la Fronde.

Le père de Condé se croyoit de temps en temps oiseau, et chantoit; sanglier, et donnoit des coups de boutoir. Son fils se crut tour à tour, et avec délices, lièvre, mort, chauve-souris, salade. Il y a de la folie dans la substance cérébrale de la race. C'est cette folie qu'il faut accuser de certains travers de Condé (Lett. de Madame, 5 juin 1719): «Il alla à l'armée et

la forme du visage longue, la physionomie d'un aigle, les cheveux frisés, les dents mal rangées et malpropres, l'air négligé et peu de soin de sa personne, et la taille belle. Il avoit du feu dans l'esprit, mais il ne l'avoit pas juste; il rioit beaucoup et désagréablement; il avoit le génie admi-

il s'habitua à de jeunes cavaliers; quand il revint, il ne pouvoit plus souffrir les dames. »

De ce temps (1643) date une chanson fine, qu'il y a quelque agrément à se rappeler, lorsqu'on voit plus tard (en 1652, à Paris) Condé baiser en pleine rue la châsse de sainte Geneviève. Le dialogue a pour interlocuteurs Condé et son ami de La Moussaye (un Goyon). Les deux improvisateurs descendent le Rhône en bateau sous un bel orage:

Carus amicus Mussæus,
Ah! Deus bone! quod tempus!
Landerirette!
Imbre sumus perituri,
Landeriri.

— Securæ sunt nostræ vitæ;
Sumus enim Sodomitæ,
Landerirette,
Igne tantum perituri,
Landeriri.

Le père de Condé avoit aussi, dit-on, ces défauts-là; son page, Hocquetot ou Hecquetot (un Beuvron), lui étoit, à ce qu'il paroît, trop dévoué, et l'on disoit, toujours en latin (Tall., ch. 2, p. 441) :

Crimina sunt septem, sunt crimina Principis Octo.

La chansonnette de Condé et de son ami, toute réserve faite, vaut mieux que cet affreux calembour. Condé troussoit le vers gaillardement ; on en a la preuve en françois dans les rondeaux du comte de Maure. Il ne faudroit pas oublier ces poésies dans un recueil des vers de la maison de Bourbon.

Condé se permettoit, à l'occasion, des entreprises plus humaines. Revenant ivre de chez la Duryer, cabaretière à Saint-Cloud, il rencontre madame d'Ecquevilly près Boulogne; elle avoit une suite, il en avoit une; en un clin d'œil il n'y eut qu'une bande, qui disparut dans les fourrés du bois (V. Tallem., deuxième édit., chap. 212). *Humaines*, ai-je dit; je

rable pour la guerre, et particulièrement pour les
batailles ; le jour du combat il étoit doux aux
amis, fier aux ennemis. Il avoit une netteté d'esprit, une force de jugement, une facilité de s'exprimer sans égale. Il étoit né fourbe, mais il
avoit de la foi et de la probité aux grandes occa-

voulois dire : mieux appropriées à un homme. Mais là encore
il y a bien du prince chimérique.

Quelques petits témoignages ne peuvent nuire maintenant : « Dans sa jeunesse il avoit connu toutes les dames de
la cour et de la ville dont la beauté avoit fait quelque bruit,
sans s'attacher à pas une. Comme il n'y cherchoit que les
agréments du corps, il n'avoit pas pour elles tous les égards
et toutes les honnêtetés que la noblesse françoise a coutume
d'avoir pour les femmes.

« ... Le cœur volage de ce prince se fixa cependant à la fin
en faveur de la duchesse de Châtillon, sa parente, pour laquelle il eut de la complaisance et de la soumission. » (*Mém.
de M. ****, p. 469; 1648.)

Mademoiselle (t. 2, p. 241), parlant de cette intrigue
(1652), flaire juste : « La suite des choses a bien fait connoître que M. le Prince n'étoit point amoureux. »

Cette affaire-là ne prouve donc pas beaucoup. Il y auroit à
citer le passage de Condé chez Ninon, qu'il protégea toujours ;
il y auroit à parler de mademoiselle du Vigean (V. M. Cousin) et à rappeler mademoiselle de Toussy (Louise de Prie),
plus tard maréchale de La Mothe-Houdancourt.

Tout cela même ne fait pas un cœur bien tendre. Madame
de Motteville jugera l'homme en dernier ressort (Motteville,
t. 2, p. 221 ; 1647) : « Il faisoit le fanfaron contre la galanterie, et disoit souvent qu'il y renonçoit, et même au bal,
quoique ce fut le lieu où sa personne paroissoit davantage. Il
n'étoit pas beau : son visage étoit d'une laide forme, il avoit
les yeux bleus et vifs, et dans son regard se trouvoit de la
fierté. Son nez étoit aquilin, sa bouche étoit fort désagréable,
à cause qu'elle étoit grande et ses dents trop sorties ; mais
dans toute sa physionomie il y avoit quelque chose de grand
et de fier, tirant à la ressemblance de l'aigle. Il n'étoit pas
des plus grands, mais sa taille en soi étoit toute parfaite. »

Coligny-Saligny a dit tout le mal possible de Condé (V. ses
Mémoires). Une de ses phrases est grave, mais n'étonne pas :

sions ; il étoit né insolent et sans égard, mais l'adversité lui avoit appris à vivre.

Ce prince se trouvant quelque disposition à devenir amoureux de la duchesse, La Rochefoucauld l'échauffa encore davantage par le grand désir qu'il avoit de se venger du duc de Nemours. La Rochefoucauld le persuada de lui donner la propriété de Marlou, dont elle n'avoit que l'usufruit, lui disant que madame de Châtillon étoit plus jeune que lui, et que ce présent ne faisoit tort qu'à sa postérité, et qu'une terre de vingt mille livres de rente de plus ou moins ne la rendoit ni plus pauvre ni plus riche.

Lorsque le prince devint amoureux de madame de Châtillon, elle étoit entre les mains de Desfougerets, qui se servoit de vomitifs pour la tirer d'affaire. Le prince, qui étoit sans cesse auprès de son lit, lui demandoit quelle étoit sa maladie ; elle lui dit qu'elle croyoit être empoisonnée. Cet amant, désespéré de voir sa maîtresse en danger de la vie, disoit à l'apothicaire qui la servoit qu'il le feroit pendre ; celui-ci, qui n'osoit se justifier, alloit dire à Bordeaux, qui avoit épousé Ricoux, que, si on le pressoit trop, il diroit tout.

« Il s'est voulu servir de son esprit pour ôter la couronne de dessus la tête du roi ; je sçais ce qu'il m'en a dit plusieurs fois, et sur quoi il fondoit ses pernicieux desseins. »

Condé échoua ; il se repentit même. Sa fin retirée a encore de la grandeur. Il ne faut pas lire exclusivement Désormeaux pour le bien connoître ; nul n'a poussé plus loin les vices et les vertus de la jeune noblesse du XVIIe siècle. Et puis, c'est le vainqueur de Rocroy !

M. Cousin a cru devoir le placer, comme capitaine, au dessus de Bonaparte. On voit pourquoi, mais M. Cousin ne doit pas avoir mis tout le monde de son avis.

Enfin les remèdes firent l'effet qu'on s'étoit promis, et ce fut peu de temps après cette guérison que, le prince ayant fait la donation de Marlou, madame de Châtillon n'en fut pas ingrate[1]; mais

---

1. Plus haut j'ai oublié, à propos de Beaufort, de dire qu'il faisoit à madame de Châtillon la gracieuseté de lui demander d'être aimé d'elle (Conrart, *Mémoires imprimés*, p. 58), « même de bricole ». Le mot est simple et n'a rien d'affecté.
Faisons une halte pour recueillir quatre ou cinq fragments de Mémoires qui nous permettent de pousser en avant notre glose, et qui sont d'utiles éclaircissements.
Marigny (16 juin 1652) dit dans une lettre que M. Louis Pâris a imprimée dans le *Cabinet historique* (décembre 1854, p. 109) : « Le soir, je vis S. A., et, bien qu'elle fust retournée après minuit de chez madame de Chastillon, où elle est assez assidue, je demeurai, etc. »
Voilà l'intimité démontrée. Madame de Motteville (t. 4, p. 330) explique décemment les choses; mais que le panégyriste Désormeaux (t. 3, p. 258) prenne d'abord la parole. (La paix) « paraissoit désespérée lorsqu'une dame jugea qu'un si grand bien devoit être l'ouvrage de la beauté et des grâces : d'autres femmes s'étoient rendues célèbres par des cabales et des passions redoutables. Les malheurs de la France étoient le fruit odieux et amer de leurs intrigues, de leurs caprices, de leurs rivalités. La duchesse de Châtillon aspiroit à une gloire plus pure : heureuse si l'amour seul de l'Etat l'eût guidée ; mais la vanité, le ressentiment, l'intérêt, n'eurent pas moins de part à un projet d'ailleurs si noble que le patriotisme. Elle brûloit d'envie de faire voir aux yeux de l'Europe l'empire que ses charmes, soutenus de l'art le plus séducteur, lui avoient acquis sur l'âme d'un héros si long-temps indocile au joug de l'amour. Elle vouloit en même temps se venger de la duchesse de Longueville, qui avoit tenté de lui enlever la conquête du duc de Nemours, en privant la sœur de la confiance du frère et en dictant un traité qui la réduisît à passer le reste de ses jours avec un époux qu'elle haïssoit. »
Voici madame de Motteville à son tour, et son style soutenu : « Dans cet état, une dame voulut avoir la gloire de la destinée d'un grand prince et d'avoir part à la plus éclatante affaire de l'Europe, qui étoit alors cette paix de la cour, qui paroissoit devoir être suivie de la générale, c'est-à-dire s'il

elle ne lui donna que l'usufruit dont le duc de
Nemours avoit la propriété. Cependant La Rochefoucauld se vengea pleinement du duc de Nemours, et lui donna des déplaisirs d'autant plus

eût été possible de la faire aux conditions qui avoient été proposées. Madame de Châtillon haïssoit madame de Longueville : l'émulation de leur beauté et du cœur du duc de Nemours, qu'elles vouloient posséder l'une et l'autre, faisoit
leur haine. Madame de Châtillon avoit vengé le duc de la Rochefoucauld, en ce qu'elle avoit emporté sur madame de Longueville l'inclination de ce prince, qui s'étoit donné entièrement à elle. Cette belle veuve ne haïssoit pas le duc de Nemours, cette conquête lui plaisoit; mais, ayant toujours eu
quelques prétentions sur les bonnes grâces de M. le Prince,
elle n'étoit pas fâchée non plus de conserver quelque domination sur l'esprit de ce héros, que toute l'Europe estimoit :
si bien qu'elle fit dessein de l'engager à laisser conduire cette
négociation par elle. Son dessein fut de faire la paix sans que
madame de Longueville y eût aucune part, ni par la gloire,
ni par ses intérêts; et, ne voulant pas faire de perfidie au
duc de Nemours, elle le lui fit trouver bon et l'engagea de
rompre tout commerce avec madame de Longueville. Elle se
servit du duc de la Rochefoucauld et de ses passions pour
faire approuver sa conduite au duc de Nemours et pour presser M. le Prince de se confier à elle et de vouloir écouter ses
conseils. Le duc de la Rochefoucauld m'a dit que la jalousie et
la vengeance le firent agir soigneusement et qu'il fit tout ce
qu'elle voulut. Comme cette dame désiroit aussi se faire riche, elle sut tirer alors un présent de M. le Prince, qui,
poussé à cette libéralité par son jaloux négociateur, lui donna,
en qualité de parent, la terre de Marlou, et surtout un pouvoir très ample de traiter la paix avec le cardinal Mazarin.
Elle alla donc à la cour, et y parut avec l'éclat que lui devoit
donner une si grande apparence de crédit sur l'esprit de M. le
Prince; mais le cardinal ne crut pas possible qu'elle pût
être si absolue maîtresse de son sort. Il s'imagina, selon la
raison, que M. le Prince avoit voulu lui complaire, mais que
de tels traités ne se pouvoient pas faire de cette sorte, ou
plutôt il ne voulut pas faire la paix dans des temps où il ne
l'auroit pas faite avantageusement pour le roi et pour lui;
mais, agissant à son ordinaire, il gagna du temps et amusa

cuisants qu'il n'eut pas la force de se guérir de sa passion, comme La Rochefoucauld avoit fait de celle qu'il avoit eue pour madame de Longueville.

le prince de Condé pendant qu'il faisoit la guerre tout de bon en Guienne, et que partout les armes du roi étoient victorieuses. Madame de Châtillon revint à Paris pleine d'espérances et de promesses ; et le cardinal, plus habile et plus fin que ses ennemis, tira de sa négociation un plus solide bien qu'il n'en auroit reçu alors de l'accommodement. »

Madame de Châtillon (Montp., t. 2, p. 251) espéroit réellement qu'on lui paieroit son traité 100,000 écus (un million).

Deux ans après (Mottev., t. 4, p. 36) elle fut accusée d'avoir voulu attaquer sa vie (celle du cardinal Mazarin) par d'autres armes que celles de ses yeux ; il y eut des hommes roués pour avoir été convaincus de ce dessein : il parut qu'elle y avoit eu quelque petite part, et l'heureuse destinée du cardinal le sauva de tous ces maux. L'intrigue a fait nommer cette dame en plusieurs occasions ; mais, comme sa gloire se trouveroit un peu flétrie par cette narration, je n'en parle point... Cette dame étoit belle, galante et ambitieuse, autant que hardie à entreprendre et à tout hasarder pour satisfaire ses passions...

« Elle savoit obliger de bonne grâce et joindre au nom de Montmorency une civilité extrême qui l'auroit rendue digne d'une estime toute extraordinaire, si on avoit pu ne pas voir en toutes ses paroles, ses sentiments et ses actions, un caractère de déguisement et des façons affectées, qui déplaisent toujours aux personnes qui aiment la sincérité. »

Mademoiselle (t. 3, p. 55), qui confond parfois les dates, parle aussi de toutes ces aventures. Elle étoit allée à Marlou comme une simple mortelle, en 1656, disent ses mémoires. « Rien n'étoit plus pompeux que madame de Châtillon ce jour-là : elle avoit un habit de taffetas aurore, bordé d'un cordonnet d'argent ; elle étoit plus blanche et plus incarnate que je l'aie jamais vue ; elle avoit force diamants aux oreilles, aux doigts et aux bras ; elle étoit dans une dernière magnificence. Qui voudroit conter toutes les aventures qui lui sont arrivées, on ne finiroit jamais : ce seroit un roman où il y auroit plusieurs héros de différentes manières. On disoit que M. le Prince étoit toujours amoureux d'elle, comme aussi le roi d'Angleterre, milord Digby, Anglois, et

Outre celui-ci, le prince avoit encore Vineuil pour confident, qui, en le servant auprès de sa maîtresse, tâchoit aussi de s'en faire aimer.

l'abbé Fouquet. On disoit qu'elle étoit bien aise de donner de la jalousie à M. le Prince du roi d'Angleterre, et que les deux autres étoient utiles à ses affaires et à sa sûreté. On roua deux hommes, un nommé Bertaut et l'autre Ricousse, frère d'un homme qui est à M. le Prince et dont la femme est à madame de Châtillon, pour des menées contre l'Etat, où on disoit que madame de Châtillon avoit beaucoup de part, et que c'étoit pour le service de M. le Prince. Dans le même temps, j'ai ouï dire qu'il ne sçavoit ce que c'étoit. Madame de Châtillon se sauva de sa maison de Marlou; elle fut cachée en beaucoup d'endroits, puis elle alla à l'abbaye de Maubuisson. Il y avoit un ecclésiastique, nommé Cambiac, mêlé dans tout cela, de qui l'on dit que l'on trouva force lettres données à madame de Châtillon, et les réponses; ce fut Digby qui les prit et les montra. On disoit encore que c'étoit elle qui avoit découvert à l'abbé Fouquet l'affaire de ces deux hommes roués. On s'étonnoit comment ce commerce de l'abbé Fouquet s'accommodoit avec celui de M. le Prince, lequel avoit fait pendre deux hommes qui étoient allés en Flandre pour l'assassiner; qu'à la question ils déposèrent qu'ils y étoient allés par ordre de M. l'abbé Fouquet. Je ne me souviens pas bien en quelle année ce fut, je me souviens que des gens qui venoient d'auprès de M. le Prince me le contèrent.

« L'habitude de Digby avec madame de Châtillon étoit venue ce qu'il étoit gouverneur de Mantes et de Pontoise pendant la guerre, où il demeura quelque temps après. Il n'étoit pas éloigné de Marlou : il alloit visiter madame de Châtillon; il jouoit à la boule et aux quilles avec elle, et on dit qu'à ces jeux-là elle lui avoit gagné vingt-cinq ou trente mille livres. On tenoit de beaux discours, et les histoires que l'on racontoit étoient difficiles à débrouiller. Tout ce que j'en puis dire, c'est qu'elle me fit grand' pitié quand tous ces bruits-là coururent, et j'admirai, quand je la vis si belle à Chilly, qu'elle eût pu conserver tant de santé et de beauté parmi de tels embarras. »

Nous voyons là que Charles II, roi en exil, aima la duchesse. Elle s'imaginoit qu'il vouloit l'épouser et demanda à

Portrait de monsieur de Vineuil.

Vineuil étoit frère du président Ardier[1], d'une assez bonne famille de Paris, agréable de visage, assez bien fait de sa personne ; il étoit sçavant et honnête homme. Il avoit l'esprit plaisant et satirique, quoiqu'il craignît tout ; cela lui avoit attiré souvent de méchantes affaires. Il étoit entreprenant avec les femmes, et cela l'avoit toujours fait réussir ; il avoit été bien avec madame

---

Anne d'Autriche (Montp., t. 4, p. 239) si on la traiteroit en reine, le cas échéant. La pauvre Majesté, en attendant sa gloire, étoit la très humble sujette de l'abbé Fouquet ; ce qui arrache à mademoiselle de Montpensier (t. 3, p. 298) des soupirs multipliés. « Je ne comprends pas qu'une femme née de la maison de Montmorency et femme d'un Coligny soit capable de s'être embarquée avec un homme comme celui-là. Ce qui justifie madame de Châtillon, c'est qu'il s'est toujours plaint de ses cruautés dans ses plus grandes colères, et ne s'est jamais vanté d'en avoir eu les moindres faveurs. Tout ce qui m'a déplu, c'est qu'il s'est vanté qu'elle n'a refusé aucun présent de lui. »

A une autre note d'autres observations.

1. Denis Godefroy, au tome 2 de son *Cérémonial françois* (page 635), cite le manuscrit de l'*Histoire des guerres de la Valteline et de Gennes* depuis l'an 1624 jusqu'en 1651, par Paul Ardier, président en la chambre des comptes de Paris.

Paul Ardier de Beauregard, qui avoit épousé Louise Ollier, maria sa fille Marie (*Bernise*, dans Somaize) à Gaspard de Fieubet, qui devint chancelier de la reine Marie-Thérèse. Le père de ce Fieubet, Gaspard, baron de Launac, trésorier d'Espagne (Moréri), mort en août 1647, à soixante-dix ans, avoit épousé Claude Ardier, morte en août 1657.

La femme de Jeannin étoit Claude de Fieubet. Tout notre monde se connoît ; à droite et à gauche il y a des alliances qui réunissent tous ces héros et ces héroïnes de l'Histoire amoureuse en une même famille.

de Montbazon[1], bien avec madame de Movy[2] et bien avec la princesse de Wirtemberg[3], et cette dernière galanterie l'avoit tellement brouillé avec

1. Marie de Bretagne d'Avaugour, fille de Claude de Bretagne, baron d'Avaugour, née en 1612, mariée en 1628 à Hercule de Rohan-Guéméné, duc de Montbazon, etc, est morte de la rougeole le 28 avril 1657.
Elle avoit seize ans lorsqu'elle épousa le duc de Montbazon, qui en avoit déjà soixante et un. Ce mariage n'est pas ragoûtant. Quand l'espèce humaine cessera-t-elle de commettre de tels crimes? Ce duc branlant et chevrotant avoit eu de Magdeleine de Lenoncourt : 1. le prince de Guéméné, 2. madame de Chevreuse. Branlant et chevrotant, je dis cela par colère ; car l'homme (1654-1667) « étoit fort et puissant » de son corps (Tall. des R., t. 2, p. 318). C'étoit une bête, sans tergiverser :

<blockquote>
Hé ! quelle anrageson
De voir dans un conseil un asne sans raison.
M D M
Qui croit que le grand Cayre est un homme, et les Plines
Des païs éloignez comme les Filippines.
</blockquote>

(V. l'Onozandre de Bautru, dans les *Variétés historiques*, t. 5, p. 293.)
On parloit avec effroi de son pied magnifique : un provincial le visitoit comme un monument qui fait honneur à une capitale. Il fut obstinément gouverneur, et pauvre gouverneur, de Paris. M. V. Cousin, égaré par sa passion pour madame de Longueville, et d'ailleurs très libre de n'estimer pas beaucoup les brunes à grande mine, trouve madame de Montbazon « la plus triste coquette du monde ». Au fait, j'eusse préféré, sauf son respect, madame de Longueville. Mais madame de Montbazon étoit grandement belle.
François Ogier (*Portef. de Conrart*) écrit à Balzac : « Le portrait de madame de Montbazon sert de patron aux princesses pour se bien coëffer. »
Que Tallemant dépose le premier : « Elle avoit le nez grand et la bouche un peu enfoncée. C'estoit un colosse, et, en ce temps-là, elle avoit desjà un peu trop de ventre, et la moitié plus de tetons qu'il ne faut ; il est vray qu'ils estoient bien blancs et bien durs, mais ils ne s'en cachoient que

feu Châtillon, que, sans la protection de monsieur le Prince, il eût souffert quelques violences.

moins aisément. Elle avoit le teint fort blanc, les cheveux fort noirs et une grande majesté. »

Au bal du lundi-gras 1647, dit le *bal des Polonois*, madame de Montbazon, de haute lutte, emporte le prix de la beauté, à trente-cinq ans. Ce fut une reine, une divinité. V. madame de Motteville (t. 2, p. 220) : « La duchesse de Montbazon y vint parée de perles et d'une plume incarnate sur sa tête ; elle y parut encore dans un grand éclat de beauté, montrant par là que des beaux l'arrière-saison est toujours belle. »

Pour Lenet (p. 346), madame de Montbazon est « une des plus belles et des plus galantes dames qui jamais aient paru dans la cour de France, et de qui la beauté s'est conservée entière jusqu'à l'âge de quarante-huit ans, qu'elle la perd avec sa vie. »

Voici Retz, maintenant (p. 97) : « Madame de Montbazon estoit d'une très grande beauté ; la modestie manquoit à son air. Sa morgue et son jargon eussent suppléé dans un temps calme à son peu d'esprit. Elle eut peu de foi dans la galanterie, nulle dans les affaires. Je n'ai jamais veu personne qui eust conservé dans le vice si peu de respect pour la vertu. »

C'est peut-être en ce sens que M. Cousin l'a méprisée.

Un vers satirique lui dit, sans avoir l'air de douter de rien :

Cinq cens escus bourgeois font lever ta chemise,

et une note du recueil de Maurepas affirme qu'elle se vendit à Chevreuse, gendre de son mari, pour 100,000 fr. d'argent et une donation.

Gaston d'Orléans et le comte de Soissons paroissent l'avoir eue à leur disposition. Beaufort, un jour, avant de monter en carrosse (Conrart, *Mém.*, p. 100), lui dit tout haut : « Madame, j'ai toujours ouï dire que les femmes ont une cuisse plus douce que l'autre ; je vous supplie de me dire laquelle des vôtres est la plus douce, afin que je me mette de ce côté-là. »

Qui parle ainsi fait davantage (Mott., t. 3, p. 263). N'oublions pas d'Hoquincourt, ni son mot si léger : « Péronne est à la belle des belles. » N'oublions pas Bassompierre, de Rouville, de Bonnelle Bullion, qui lui acheta de l'amour, et tant d'autres.

Aussi la haine de Châtillon pour lui avoit assez disposé sa femme à l'aimer.

Elle avoit de l'esprit, « elle aimoit sa beauté (Mott., t. 3, p. 131), et faisoit son idole de soi-même ». En six heures elle disparut du monde.

Dans l'histoire anecdotique le vrai est bien difficile à saisir. Saint-Simon nous déroute (t. 2, p. 149) quand il dit que le duc de Montbazon étoit un « homme de tête et d'esprit ». Voici ce que Saint-Simon donne comme la vérité (p. 167), au chapitre de la mort de madame de Montbazon : « M. de Rancé étoit auprès d'elle, ne la quitta point, lui vit recevoir les sacrements. Déjà touché et tiraillé entre Dieu et le monde; méditant déjà depuis quelque temps une retraite, les réflexions que cette mort si prompte fit faire à son cœur et à son esprit achevèrent de le déterminer. » Le mot *cœur* est jeté là bien négligemment. Rancé est le dernier qui ait eu à soi madame de Montbazon.

Les mariages ridicules comme celui de madame de Montbazon amènent toujours quelque étrange amalgame d'alliances. Mademoiselle de Montbazon (*Mélinde*, de Somaize) épousa en 1661 M. de Luynes, son neveu et son parrain. Ce qui se comprend très bien, comme on le voit :

Hercule DE MONTBAZON

De Magdelaine de LENONCOURT (sa première femme).	De Marie D'AVAUGOUR (sa deuxième femme).
Madame DE CHEVREUSE (d'abord duchesse de Luynes).	Mademoiselle DE MONTBAZON (fille de la 2e madame de Montbazon).
M. DE LUYNES (fils du premier lit de madame de Chevreuse).	

Saint-Simon (t. 5, p. 196) parle d'une autre madame de Montbazon. C'est la femme du prince de Guéméné, fils du premier lit de M. le duc, mort fou à Liége, et la belle-sœur du chevalier de Rohan, décapité en 1674. Elle étoit fille unique et posthume du premier maréchal de Schomberg et de la seconde fille de M. de La Guiche, grand-maître de l'artillerie.

Mais laissons là Vineuil pour quelque temps, et revenons au duc de Nemours.

La jalousie le transportoit tellement, qu'un jour, ayant trouvé chez madame de Châtillon monsieur le Prince parlant tout bas avec elle, il s'écorcha toutes les mains sans s'apercevoir de

    2. Est-ce une Moy ? Les Moy sont une grande maison de Picardie qui remonte haut.

    Expilly (t. 4, p. 936) cite Mouy ou Mouhy, ville du Beauvoisis, avec titre de comté, et Mouy, dans le diocèse de Laon. [Pour cette note et la suivante, voy. p. 207.]

    3. C'est la cadette de madame de la Suze, dont on a publié les *Poésies* (de Sercy, 1669, in-12). Toutes les deux sont filles du maréchal de Châtillon ; toutes les deux furent précieuses en leur temps. L'aînée s'appeloit Henriette, l'autre s'appeloit Anne. Celle-ci, que Vineuil aima (Tallem., t. 4, p. 231), nous l'avons dit, épousa en 1648 George de Wirtemberg, comte de Montbéliard, mort le 3 janvier 1680.

    Elle n'étoit pas si belle que sa sœur, mais elle avoit du tempérament. Vineuil l'eut qu'elle étoit fille. Un Boccace les voit, les menace ; elle le prévient et l'accuse, lui, de l'avoir sollicitée. Le maréchal agite son épée, et Boccace garde dès lors le silence.

    Tallemant dit : « Ce fou de Wirtemberg ». Madame de La Roche-Guyon avoit failli l'épouser. Mademoiselle retrouve en 1674 (t. 4, p. 363) « le prince de Montbelliard de Wirtemberg. Je l'avois vu autrefois à Paris, lorsqu'il avoit épousé mademoiselle de Châtillon, fille du maréchal. Il me parut affreux, habillé comme un maître d'école de village. »

    Les princes allemands n'ont pas de goût pour les panaches.

    Il y avoit à la cour une autre madame de Wurtemberg, dont voici en deux mots l'histoire : La fille du prince de Barbançon (un joli nom !) devient veuve. Le prince Ulric de Wurtemberg, ancien lieutenant de Condé en 1652, qui avoit un régiment allemand dans les troupes d'Espagne, en devient amoureux, se fait catholique, l'épouse, la quitte, abjure. Sa femme accourt à Paris. La reine la pensionne, la duchesse d'Orléans (de Lorraine) la loge auprès d'elle au Luxembourg.

    Je voulois tirer au clair la généalogie des Wurtemberg. Moréri m'embrouille.

ce qu'il faisoit, et ce fut un de ses gens qui lui fit prendre garde de l'état où il s'étoit mis. Enfin, ne pouvant plus souffrir les visites du prince chez sa maîtresse, il la pria de s'en aller pour quelque temps chez elle. Elle, qui l'aimoit fort et qui ne croyoit pas qu'une petite absence ralentît la passion du prince, ne se fit pas presser, et lui promit même de chasser Bordeaux, qui avoit quitté ses intérêts pour être dans ceux de son rival. Madame de Châtillon ne fut pas long-temps à la campagne, et, à son retour, la jalousie reprit de telle sorte au duc de Nemours, qu'il fut vingt fois sur le point de faire tirer l'épée à monsieur le Prince; et il eût succombé à cette tentation sans le combat qu'il fit avec son beau-frère, dans lequel il perdit la vie.

Madame de Châtillon, qui de vingt amants qu'elle a favorisés en sa vie n'en a jamais aimé que le duc de Nemours, fut dans un véritable désespoir de sa mort. Un de ses amis, qui lui en donna la nouvelle, lui dit en même-temps qu'il falloit qu'elle retirât des mains d'un des valets de chambre de feu monsieur de Nemours, qu'il lui nomma, une cassette pleine de ses lettres. Elle l'envoya quérir, et, sur la promesse qu'elle lui fit de lui donner cinq cents écus, elle retira cette cassette; mais le pauvre garçon n'en a jamais rien pu tirer.

Pour monsieur le Prince, quelque obligation qu'il eût au duc de Nemours, la jalousie les avoit tellement désunis qu'il fut fort aise de sa mort; la gloire, aussi bien que l'amour, avoit mis tant d'émulation entre eux qu'ils ne se pouvoient plus souffrir l'un l'autre, et cela étoit si vrai que, si le prince avoit voulu prendre toutes les précautions nécessaires pour empêcher le duc de Nemours de se battre, il ne se seroit point battu. Une chose encore qui fit bien voir qu'il y avoit dans le cœur du prince plus de gloire que d'amour, c'est qu'un moment après la mort de son rival il n'aima presque plus madame de Châtillon, et se contenta de garder des mesures de bienséance avec elle pour s'en servir dans les rencontres qu'il jugeoit à propos.

Et en effet, dans ce temps-là, le cardinal, croyant qu'elle gouvernoit le prince, lui envoya le grand prévôt de France[1] lui offrir de sa part cent mille écus comptant et la charge de surintendante de la maison de la reine future, au cas

---

[1]. « Jean du Bouchet, marquis de Sourches (comte de Montsoreau), seigneur de Launay, etc., prévôt de l'hôtel du roi et grande prévôté de France, mourut le 1 février 1677. Il avoit épousé en 1632 Marie Nevelet, de laquelle il eut Dominique du Bouchet, mort à huit ans, le 24 novembre 1643, et Louis-François du Bouchet, marquis de Sourches, marié à Marie-Geneviève de Chambes, comtesse de Montsoreau, fille de Bernard, comte de Montsoreau. » (*Hist. généal. et chronol. de la maison royale de France*, par le P. Anselme, troisième édit., 1733, t. 9, p. 182, 197 et 198.)

Louis-François du Bouchet fut reçu, en survivance de son père, à la charge de prévôt de l'hôtel et grande prévôté, le 15 septembre 1649. Il mourut le 4 mars 1716. M. Adhelm Bernier a publié en 1836 ses intéressants Mémoires.

Il ne faut pas le confondre avec de Souches, capitaine des gardes suisses de Gaston (*Retz*, p. 242).

Les de Sourches furent nombreux sous Louis XIV; ils étoient grands, blêmes, tristes. On ne les aimoit pas beaucoup. Le louvetier d'Heudicourt fit contre eux, en 1688, une chanson dont Saint-Simon (t. 5) a raconté l'effet sur Louis XIV et sur tout le monde. Elle obtint le plus grand succès d'hilarité. On la trouve dans le *Nouveau Siècle de Louis XIV* (de M. G. Brunet, p. 117). Quoiqu'elle ait perdu son charme

qu'elle obligeât le prince d'accorder les articles qu'il souhaitoit et d'abandonner le comte d'Oignon[1], le duc de La Rochefoucauld et le président Viole[2]. Pendant la négociation du grand prévôt,

aujourd'hui, on sent qu'elle a dû être gaie. Il s'agit de prendre de grands couteaux et de châtrer tous les Montsoreaux pour délivrer la cour de cette engeance. Exemple du style :

> Poulinière Monsereaux,
> Quand vous fîtes ces ragots,
> Preniez-vous plaisir à faire
> Tique, tique, tac, lon len la,
> Preniez-vous plaisir à faire
> Ce qu'on appelle cela?

1. Louis Foucault du Dognon fut d'abord page du cardinal de Richelieu ; il devint le favori de l'amiral de Brézé. Après Orbitello (*Mém. de Navailles*, p. 36), il ramène la flotte à Toulon et court occuper Brouage, l'île de Ré, l'île d'Oléron et le château de La Rochelle, « malgré la volonté de la reine (Mottev., t. 2, p. 180) et du ministre ». Cela se faisoit. Arrive la Fronde : du Dognon devine les bénéfices de l'intrigue ; il s'attache à Condé pour se vendre cher, et se vend (1653) pour le bâton de maréchal. Après quoi il est l'un des juges de Condé. Il meurt à 43 ans, le 10 octobre 1659. Sa femme (Marie Foussé de Dampierre) vivoit encore en 1688 (Sévigné, lettre du 19 novembre).

Le maréchal Foucault est un vilain homme. Tallemant cite de lui (t. 2, p. 408) un méchant trait. Il s'étoit battu contre Cinq-Mars (t. 2, p. 253). Dans son gouvernement d'Aunis (Mottev., t. 4, p. 303), il étoit haï à cause de ses violences.

Saint-Simon (édit. Sautelet, t. 9, p. 117) ne l'encense pas du tout.

La Rochefoucauld (p. 463) dit qu'il eut à se repentir même de son traité avec la cour. Les pièces 3017 et 3018 du *Catal. hist. de la Bibl. nat.* (t. 2) le concernent.

2. En 1494, Nicolas Viole, correcteur des comptes, est prévôt des marchands. Un autre Viole, Pierre Viole, seigneur d'Athis, conseiller au Parlement, jouit (1532-33) du même honneur. Sa statue est dans les niches de l'Hôtel-de-Ville.

Je trouve une Anne de Viole (Anne du Saint-Sacrement)

un chevau-léger, nommé Mouchette, négocioit aussi de la part de la reine avec madame de Châ-

sous-prieure, en 1615, du couvent des Carmélites de Paris; elle mourut en 1630 (Cousin, *Longueville*, p. 379).

Le Viole dont il est question ici est fils de Nicolas de Viole, seigneur d'Osereux, conseiller au Parlement de Paris, plus tard maître des requêtes, et descend des Viole de la Ville. Demeuroit-il rue de La Harpe? En 1662, je ne sais qui nomme une demoiselle de Viole quêteuse en cette rue.

Viole avoit un frère abbé, ami de Lenet, très turbulent comme lui, comme lui (V. les lettres de Marigny dans le *Cabinet historique*, déc. 1854, p. 124) prompt à lever la main. « C'est une maison d'espée (Tallem., t. 4, p. 142) et de robe tout ensemble. » On leur connoît encore un frère ou un cousin, le sieur d'Athis-sur-Orge, qui, un jour, tua le portier du Pont-Rouge (le receveur du Pont-Royal) pour ne pas payer un double. Rien ne doit surprendre s'ils ont été si grands frondeurs.

Dès le 15 décembre 1648, Viole prononce dans le Parlement un discours comminatoire contre le cardinal : « Le président Viole paroissoit un des plus animés contre la cour, et il sembloit qu'on ne pouvoit pas se tromper quand on l'accusoit de fomenter la révolte de cette compagnie. » (Mottev., t. 3, p. 45.)

Il n'étoit pas réellement président, mais avoit été par commission président des enquêtes, et étoit venu dans la grand'chambre avec le titre, mais non le rang (Aubery, *Vie de Mazarin*, liv. 5, p. 572).

En 1649, Guy Joly (p. 29) l'appelle Viole-Douzenceau, conseiller-clerc de la grand'chambre. Lenet, de son côté (p. 206) : « Le président Viole, d'une assez ancienne famille de robe de Paris, sur quelque raillerie qu'on lui avoit faite dans la débauche, où il étoit assez agréable, de ce qu'il étoit un bourgeois, se voyant de ruiné qu'il étoit devenu riche par le bien que lui laissa un commis de l'épargne, nommé Lambert, se mit dans la tête de devenir homme de cour et de traiter de la charge de chancelier de la reine, dont on lui refusa l'agrément à la cour. »

Il étoit vain de sa nature, et, de plus, poussé par son ami Chavigny, ministre disgracié. Un jeune homme, nommé Servientis, lui faisoit ses harangues. Viole étoit cousin germain de la duchesse de Châtillon.

Dans les notes secrètes qui font partie de la *Correspondance*

tillon ; mais celle-ci, voyant qu'elle ne pouvoit porter le prince à faire les choses que la cour dé-

administrative de Louis XIV (Depping, t. 2, p. 54), on le désigne sous le titre de président de la quatrième chambre des enquêtes, et on dit de lui : « Esprit actif, inquiet, entreprenant, fougueux, vindicatif, devoué aux intérêts de M. le Prince ; s'est veu l'un des chefs de la Fronde, et avec grand crédit dans le Parlement, que le dépit d'avoir esté exclu de la charge de chancelier de la reine a emporté dans l'espérance qu'il avoit de parvenir aux premières charges de l'Estat, et donnant tout à sa haute ambition ; s'explique bien, a de la fermeté dans ses résolutions et de grands biens que Lambert, de l'espargne, luy a laissez ou procurez à charge, donnant selon l'intérest du party où il s'est engagé ; n'a point d'enfans de sa femme, qui est une Vallée ; beau-frère de M. du Boulay-Favin, parent à cause d'elle de M. de Bouteville et de madame de Chastillon, avec lesquels il a estroite liaison. »

« Il semble qu'il passoit trop avant », dit Omer Talon (Coll. Michaud, p. 274, 275) ; « il avoit esté toute sa vie (Retz, p. 69) un homme de plaisir et de nulle application à son mestier. » Retz, qui lui met cela sur le dos, ajoute qu'il avoit naturellement une grande timidité. En effet ces jeteurs de hauts cris ne sont pas toujours intrépides.

Viole fut l'un des conseillers de Mademoiselle ; il joua un rôle actif lors de la bataille du faubourg Saint-Antoine (Montp., t. 2, p. 267).

Dans les conditions proposées en 1651 pour la paix par Gourville (V. La Rochefoucauld, p. 477), on voit à son nom : « Permission de traiter d'une charge de président à mortier ou de secrétaire d'Etat, parole que ce sera la première, et une somme d'argent dès l'heure pour lui en faciliter la récompense. »

Ce qui ne fut pas accordé. Il dut aller en Hollande l'année suivante (Lenet, p. 613). Il revint bientôt ; mais en 1654 il est sacrifié tout à fait. Voyez (Bibl. nat.; Catalogue hist., t. 2, n° 3208) l'« arrêt de la cour du Parlement rendu toutes les chambres assemblées, le roi séant et président en icelle, contre les sieurs Viole, Le Net, le marquis de Persan, Marsin et autres adhérents du prince de Condé ». (27 mars 1654.)

Les Espagnols lui payèrent la valeur de ses charges perdues (Montglat, p. 343 ; 1659).

siroit, manda à la reine qu'elle lui conseilloit d'accorder au prince tout ce qu'il lui demanderoit, et qu'après cela Sa Majesté sçavoit bien comme il falloit user avec un sujet qui, se prévalant du désordre des affaires de son maître, lui avoit arraché des conditions honteuses et préjudiciables à son autorité.

Dans ce temps-là, l'abbé Foucquet, ayant été pris par les ennemis, fut amené dans l'hôtel de Condé. D'abord il eut une conversation un peu fâcheuse avec le prince; mais le lendemain les choses s'adoucirent, et quelques jours après on recommença à traiter de la paix avec lui. Comme il étoit prisonnier sur parole et qu'il alloit partout où il lui plaisoit, il rendoit quelques visites à madame de Châtillon, croyant que rien ne se feroit auprès du prince que par son entremise, et ce fut dans ces visites-là qu'il devint amoureux d'elle.

Vineuil gouvernoit alors assez paisiblement madame de Châtillon. Cambiac s'étoit retiré depuis que monsieur le Prince étoit amoureux et que le duc de Nemours étoit mort, et cela avoit fort diminué la passion du prince : de sorte que peu de jours après, ayant été contraint de se retirer en Flandre par l'accommodement de Paris, il fut sur le point de partir sans dire adieu à madame de Châtillon, et, lorsque enfin il l'alla voir, il ne fut qu'un moment avec elle.

Le Roi[1] étant revenu à Paris, l'abbé Foucquet

---

[1]. Je demande la permission de ne pas faire le portrait en pied de Louis XIV. L'histoire d'aucun roi n'est aussi longue, aussi intéressante, aussi littéraire, aussi variée ; mais, bien que cette histoire ne soit pas encore écrite, on ne s'étonnera pas si je

crut que, si madame de Châtillon y demeuroit, il auroit des rivaux sur les bras qui lui pourroient être préférés : de sorte qu'il persuada au cardinal de l'éloigner, disant qu'elle auroit à Paris tous les jours mille intrigues contre les intérêts de la cour qu'elle ne pourroit pas avoir ailleurs; et cela obligea le cardinal à l'envoyer à Marlou. L'abbé Foucquet l'y alloit voir le plus souvent qu'il pouvoit; mais il y avoit encore dans son

ne l'attaque point. Quelques petites touches suffisent pour ce que ce volume réclame. D'abord, Louis XIV, c'est le type du roi. Voyez-le à son baptême; il a cinq ans tout au plus (Montglat, p. 136):

« On le mena, au sortir de la chapelle, dans la chambre du roi, qui lui demanda comme il avoit nom. Il répondit : « Louis XIV. » Sur quoi le roi répliqua : « Pas encore! pas encore! »

En amour, il a commencé par n'être qu'un homme. Plus tard, ç'a été le roi et le roi absolu. D'abord, il a soupiré; comme un autre, il a été galant, tendre, passionné, mélancolique; il a rimé pour les belles, ou il s'est fait faire des chansons en leur honneur. Certainement il a aimé mademoiselle Mancini et La Vallière. C'est Joseph de Maistre qui a dit (*Lettres*, t. 1, p. 73, 2e édition) : « La maîtresse d'un roi marié est une coquine comme celle d'un laquais. » Peut-être a-t-il raison en bonne morale; mais, ô rigoriste! mademoiselle de La Vallière ne sera jamais une coquine.

On auroit quelque peine à dresser complète la liste de toutes les personnes que Louis XIV a recherchées.

« Le roi étoit galant, mais souvent débauché; tout lui étoit bon, pourvu que ce fussent des femmes. » (Madame, 24 décembre 1716.)

Aussi plusieurs de celles qu'il a favorisées sont-elles restées inconnues. Il y avoit dans le nombre des filles de jardinier : n'a-t-on pas voulu y joindre une négresse? Mais, sans interroger bien rigoureusement le secret des *Mémoires*, on citera madame de Beauvais, la comtesse de Soissons, la connétable Colonna, La Vallière, Madame peut-être, mademoiselle de Laval, madame de Soubise, qui à vingt-neuf ans avoit huit enfants et restoit belle; madame de Montespan, la belle Ludres, madame d'Heudicourt, madame de Monaco; mademoi-

voisinage deux hommes qui lui rendoient bien de plus fréquentes visites : l'un étoit Craf, milord anglois, qui avoit loué une maison auprès de Marlou, où il tenoit d'ordinaire son équipage et où il venoit quelquefois loger, et l'autre étoit Digby, comte de Bristol[1], gouverneur de Mantes et de l'Isle-Adam. Ces deux cavaliers devin-

selle de La Motte-Argencourt, mademoiselle de Fontanges et la comtesse d'Armagnac.

Bussy n'a pas dit de mal du roi si les *Alleluia* ne sont pas de lui. Par avance, expliquons le nom que le roi porte dans ces Alleluia. On l'y nomme *Deodatus*. Louis XIV s'appeloit en effet Dieudonné, et toute la France le savoit. Que de fois le voit-on désigné sous ce nom dans les écrits du temps ! En voici quelques-uns (nous citons les numéros du Catalogue de la Bibliothèque nationale, t. 2) :

840. *Le vrai politique, ou l'homme d'Etat désintéressé, au roi*, Louis XIV, *surnommé Dieudonné*. Paris, F. Noël, 1649, in-4. (Pièce.)

1421. *De fortunatis Ludovici Adeodati XIV, Francorum et Navarræ regis christianissimi, natalitiis*, etc., par Bernard. (1650.)

1450. *Les frondeurs victorieux et triomphants sous le règne de Louis XIV dit Dieudonné*. (1650.)

Voy. encore, 3358 (2 fois) en 1660, pour le mariage, et 3498. *Panégyrique de* Louis Dieudonné, 1663, Bilaine, in-12.

1. George Digby. Tallemant des Réaux (chap. 359) dit qu'il s'appeloit Kenelm Digby, qu'il étoit resté fidèle à Charles Ier, qu'il étoit venu en France avec la reine, qu'il avoit épousé Venetia Anastasia, fille d'Edouard Stanley; qu'il avoit un esprit singulier, qu'il aimoit la peinture et recherchoit la pierre philosophale.

Il aima tendrement sa femme. Lorsqu'elle tomba malade, il la fit peindre sans cesse pour conserver toutes ses images. Vigneul de Marville (t. 1, p. 252) est garant de ce détail :

« M. Digby, étant à Paris, prenoit plaisir à montrer le portrait en miniature de feue madame la comtesse Digby son épouse, l'une des plus belles femmes de son tems, *ipso sese solatio cruciabat*. Il racontoit que, pour maintenir sa beauté et une fraîcheur de jeunesse, il lui faisoit manger des chapons

rent amoureux de la duchesse : Craf, homme de paix et de plaisir, et Bristol, fier, brave et plein d'ambition.

Lorsque Cambiac avoit vu monsieur le Prince sortir de France, il s'étoit attaché à madame de Châtillon, de sorte qu'il demeuroit avec elle à Marlou ; et, comme il ne craignoit pas tant l'abbé

nourris de chair de vipère ; en quoi (à ce qu'il disoit) il avoit parfaitement réussi. Cependant, soit que cette nourriture ne fût pas saine, et que ce qui est bon à conserver la beauté n'est pas propre à conserver la santé et la vie, ou bien que l'heure de madame Digby fût venue, elle mourut encore assez jeune, et lorsqu'on y pensoit le moins. On dit qu'elle avoit eu quelque pressentiment de sa mort, et qu'elle pria M. Digby, qui étoit obligé de sortir pour quelque affaire, de revenir au plutôt, parcequ'elle avoit dans l'esprit qu'elle mourroit ce jour-là. En effet, M. Digby étant de retour, la trouva morte, et la fit peindre en cet état, où, pour la consolation de ceux qui la regardent, le peintre a eu l'adresse de ne la représenter qu'un peu endormie. »

« Anne Digby, fille du comte de Bristol et femme de Robert Spencer, comte de Sunderland, avoit toutes les grâces du corps et de l'esprit. » (1662.—*Mém. de M. de****, p. 569.)

Les Mémoires du duc d'York parlent du comte de Bristol. Pendant la Fronde il combattit parmi les défenseurs de la cour (1650.—Mott., t. 4, p. 99). Il avoit inventé une poudre de sympathie qui paroît n'avoir été composée que de gomme arabique et de sulfate de fer, et qu'il regardoit comme une panacée universelle. Il a même composé un *Discours sur la poudre de sympathie pour la guérison des plaies* (Paris, 1658, 1662, 1730, in-12).

Furetière parle de la poudre de sympathie dans *le Roman bourgeois* (édit. elzev., p. 174).

Le comte de Grammont (*Mémoires*, ch. 9) retrouve Digby en Angleterre :

« Le comte de Bristol, ambitieux et toujours inquiet, avoit essayé toutes sortes de moyens pour se mettre en crédit auprès du roi. Comme c'étoit ce même Digby dont Bussy fait mention dans ses annales, il suffira de dire qu'il n'avoit pas changé de caractère. »

Foucquet ni Bristol que monsieur le Prince, il disoit avec franchise à madame de Châtillon ses sentiments sur la conduite qu'elle avoit avec tous ses amants. Elle, qui ne vouloit point être contrariée sur ses nouveaux desseins, et particulièrement par un intéressé, reçut fort mal ses remontrances : de sorte que, les choses s'aigrissant de plus en plus tous les jours, Cambiac enfin se retira en grondant, et comme un homme que l'on devoit craindre. Quelque temps après il lui écrivit une lettre sans nom, et d'une autre écriture que la sienne, par laquelle il lui donnoit avis de ce qui se disoit contre elle dans le monde. Elle se douta pourtant bien que cette lettre venoit de lui, parcequ'il lui mandoit des choses qu'autres que lui ne pouvoient pas sçavoir. Enfin, madame de Châtillon apprenant de beaucoup d'endroits que Cambiac se déchaînoit contre elle, pria madame de Pisieux [1], qu'elle connoissoit fort

1. Charlotte de Valençay d'Etampes, née en 1597. C'est la mère de Sillery. Elle avoit épousé le fils du chancelier de Sillery-Brulart, mort en 1640. Elle fut belle long-temps, mais toujours extravagante. A la mort de son mari, elle fait l'Artémise. Plus tard, à cinquante-huit ans, elle se donna un mari de conscience qui semble avoir été Goulas, l'intendant de Gaston. « Jamais, dit Tallemant (t. 1, p. 468), il n'y eut une si grande friande. »
Madame de Pisieux ou Puysieux étoit sœur d'Eléonore d'Etampes de Valençay (1589-1651), archevêque de Reims, hardi voleur, hardi viveur, un archevêque à citer pour les protestants. A son lit de mort, il dit au confesseur (Tallemant des Réaux, t. 2, p. 459) : « Le diable emporte celui de nous deux qui croit rien de ce que vous venez de dire ! » Il n'en avoit pas moins béni les bonnes femmes dans son église. Madame de Pisieux étoit sœur aussi du cardinal Achille de Valençay, mort en 1646, « fier et brave » homme qui avoit été bon militaire pendant long-temps. Devenue vieille,

et qui avoit du pouvoir sur lui, de retirer quelques lettres de conséquence qu'il avoit d'elle. Madame de Pisieux lui promit, et en même temps manda à Cambiac de l'aller trouver chez elle à Marine, près de Pontoise. Il faut remarquer que, depuis que Cambiac étoit sorti d'auprès de madame de Châtillon, elle avoit fait mille plaintes contre lui au comte Digby. Cet amant, qui ne songeoit qu'à plaire à sa maîtresse et qui se consumoit en dépenses pour elle, ne balança pas à lui promettre une vengeance qui ne lui coûteroit rien, et dans laquelle il trouveroit son intérêt particulier : il prit le temps que Cambiac, étant à Marine, étoit un jour à cheval pour se promener, et l'ayant enlevé avec cinq ou six cavaliers, il l'envoya à Marlou. Madame de Châtillon, qui sçavoit qu'on ne devoit jamais offenser à demi les amants bien traités, fut fort embarrassée de la manière dont on venoit de

elle fut la confidente de Mademoiselle (Montp., t. 4, p. 159). On la chargea de préparer les voies, en 1671, pour marier la princesse avec le comte de Saint-Paul.

Elle avoit grand air et une manière d'autorité qu'elle ne suspendoit même pas pour se satisfaire en boutades. Son esprit étoit vif, mais bizarre et fatigant. Lorsqu'elle meurt (8 septembre 1677), madame de Sévigné écrit : « Nous en voilà délivrés ! Ne trouvez-vous pas, Madame, qu'elle contraignoit un peu trop ses amis ? Il falloit marcher si droit avec elle ! »

Saint-Simon a mis son mot dans cette histoire (t. 4, p. 375) : « Madame de Puysieux, veuve dès 1640, ne mourut qu'en 1677, à quatre-vingts ans, avec toute sa tête et sa santé. C'étoit une femme souverainement glorieuse, que la disgrâce n'avoit pu abattre, et qui n'appeloit jamais son frère le conseiller d'Etat que : Mon frère le bâtard. On ne peut avoir plus d'esprit qu'elle en avoit, et, quoique impérieux, plus tourné à l'intrigue. »

traiter Cambiac, et elle voyoit bien qu'on n'en soupçonneroit point d'autre qu'elle. Elle fut très mal satisfaite de Digby, et lui eût bien plutôt pardonné la mort de Cambiac que son enlèvement. Mais enfin, ne pouvant faire que ce qui venoit d'être fait ne fût point : « Je suis au désespoir, lui dit-elle, de ce qui vous vient d'arriver. Je vois bien que l'impertinent qui vous a fait cet outrage me veut rendre suspecte auprès de vous en vous envoyant chez moi ; mais vous verrez bien par le ressentiment que j'en aurai que je n'ai point de part à cette violence. Cependant, Monsieur, voulez-vous demeurer ici ? Vous y serez le maître. Voulez-vous retourner à Marine ? Je vous donnerai mon carrosse. Vous n'avez qu'à dire. — Je ne sais, Madame, lui répondit froidement Cambiac, ce que je dois croire de tout ceci. Je vous rends grâces des offres que vous me faites : je m'en retournerai sur mon cheval, si vous le trouvez bon. Dieu, qui veut me garantir des entreprises des méchants, aura soin de moi jusqu'au bout. » Et, en achevant ces mots, il sortit brusquement et s'en retourna seul à Marine. Il n'y fut pas plutôt arrivé que madame de Pisieux et lui écrivirent ces deux lettres à un de leurs amis à Paris :

LETTRE

De Cambiac à monsieur de Brienne[1].

Vous serez bien surpris lorsque vous apprendrez l'aventure qui m'est arrivée; mais, pour la dire telle qu'elle est, il faut reprendre un peu plus loin à vous dire que madame de Châtillon vint ici pour obliger madame de Pisieux à la venir trouver afin d'obtenir de moi certaines choses qu'elle souhaitoit. Madame de Pisieux, comme vous sçavez, m'écrivit, et vous sçavez encore que j'ai fait le voyage. Le même jour que j'arrivai, madame de Châtillon envoya La Fleur pour sçavoir si j'y étois, et le lendemain un homme inconnu, sous de fausses enseignes, me vint demander et sçavoir si je m'en retournerois bientôt à Paris. Hier au matin, je partis d'ici à quatre heures. Comme je fus à cent pas de Pontoise, après avoir passé la rivière, je fus investi par six cavaliers, le pistolet à la main, à la tête desquels étoit le comte Digby. Il me dit d'abord que si madame de Châtillon m'avoit fait justice elle m'auroit fait donner cent coups de poignard; mais que je ne craignisse rien. Je vous dirai, sans faire le gascon, que j'agis fort fièrement en ce rencontre, et que dans cette affaire je n'ai pas fait la moindre bas-

---

1. Brienne, fils d'Antoine de Loménie, seigneur de la Ville aux Clercs, secrétaire d'État nommé par Anne d'Autriche à la place de Chavigny.

Il meurt le 5 novembre 1666, à soixante et onze ans, et laisse des Mémoires.

Son fils (Brienne le jeune) est l'un des personnages les plus curieux du XVIIe siècle; mais il nous entraîneroit beaucoup trop loin si nous nous occupions de lui.

sesse. Il me traita fort civilement, et, après avoir dîné, il me conduisit lui-même jusqu'au pied de Marlou, et puis m'envoya avec quatre cavaliers pour faire satisfaction à cette digne personne. Elle fit semblan d'être fâchée de cela, et le fut effectivement de la hauteur avec laquelle je lui parlai, qui lui a fait comprendre que c'est la plus méchante affaire qu'elle se fût jamais attirée. Je m'en retournai à Marine pour dire à madame de Pisieux la trahison que madame de Châtillon lui avoit faite aussi bien qu'à moi ; elle en a le ressentiment qu'en doit avoir une personne de sa qualité, de son honneur et de son courage. Voilà une chose assez extraordinaire. Je vous conjure de me mander vos sentiments là-dessus et ce que vous croyez que je doive faire. Vous voyez bien, ce me semble, que je n'en dois pas demeurer là. Depuis, cette lâche personne a écrit à madame de Pisieux pour la conjurer de faire en sorte que j'étouffe mon ressentiment, en m'assurant qu'elle n'a rien sçu de tout cela. La réponse qui lui a été faite est digne de la générosité de madame de Pisieux. J'ai résolu d'être trois ou quatre jours ici pour me donner le loisir de penser à ce que je dois faire, et pour m'empêcher de m'emporter à rien dont je puisse me repentir ; outre que de s'évaporer en plaintes, c'est se venger foiblement, et j'ai dessein d'en user autrement si je puis. J'attendrai de vos nouvelles avec impatience. Je suis tout à vous. Une lettre ne permet pas de mander un détail plus long ; je vous le ferai quand je vous verrai. Adieu. Le 18 juillet 1655.

LETTRE

De madame de Pisieux à monsieur de Brienne.

J'ai trop de part à l'aventure de monsieur de Cambiac pour ne pas joindre un mot de ma main à la relation qu'il vous a faite de la sienne. Il n'y a point de circonstance qui ne soit surprenante, et tout le mieux que l'on puisse penser de moi en cette affaire, c'est qu'on ne m'y a guère considérée, car toutes les apparences sont que je dois être complice d'une si digne action. Il est vrai que l'offensé me justifie assez, puisqu'il s'est venu retirer au même lieu où on lui avoit dressé le piége. Toute mon étude est présentement à me conduire de façon que, sans m'emporter dans une juste colère, j'y demeure toute ma vie assez pour faire voir que j'étois utile amie à madame de Châtillon. Vous sçavez mon nom et mon courage; je vous ai toujours parlé avec assez de sincérité; je vous ajoute de plus que je fais profession d'un christianisme assez austère et que j'ai dessein de servir mon Dieu et mon maître sans art et sans fourbe. Ces fondements posés, tout ce que le ressentiment et la justice me peuvent permettre, je ne manquerai à rien. Obligez-moi de faire part de ceci à monsieur d'Aubigny[1], et ne passez pas outre.

---

1. Quel d'Aubigny? Le *Dioclès* de Somaize (t. 1, p. 140), ami de Beroé, qui « chante bien et a tousjours après luy deux ou trois musiciens? » Le père de d'Aubigny, l'ami de Saint-Evremont, l'amant de madame des Ursins? C'étoit (Saint-Simon, t. 4, p. 177) un procureur au Châtelet. Un d'Aubigny rattaché à la famille d'Agrippa d'Aubigné, comme celui qui fut évêque de Noyon, puis archevêque de Rouen, quand madame de Maintenon fut reine? L'abbé d'Aubigny, de la maison de Stuart, chanoine de Paris, oncle du duc de

Ce régal ne sera pas mauvais à madame la princesse Palatine[1], *à qui je vous permets d'en parler. Je ne*

Richmond, ami de Retz? Un des trente-six gentilhommes du roi (1669)? Charles Bidault d'Aubigny, gentilhomme de Monsieur en 1661? Le d'Aubigné qu'on dépêcha sous la Fronde à la princesse douairière (Lenet, Coll. Michaud, p. 234, 243)? Ce doit être ce dernier; mais La Chesnaye des Bois (t. 1, p. 493) dit avec raison : « Il n'y a presque point de province en France où l'on ne trouve des gentilshommes du nom d'Aubigné et d'Aubigny; ils ont tous des armes différentes. »

Louis XIV ne simplifia pas la question lorsqu'il créa duchesse et pairesse d'Aubigny mademoiselle de Kéroualles, la maîtresse de Charles II (en décembre 1673).

1. Anne de Gonzague-Clèves, comtesse palatine du Rhin. Fille de Charles de Gonzague-Clèves, duc de Nevers, née en 1616, elle épouse (1639) Henri II, duc de Guise, se sépare, se remarie en 1645 à Edouard de Bavière, comte palatin du Rhin. Restée veuve en 1663, elle meurt le 6 juillet 1684.

Les amateurs du style magnifique et des grands éloges n'ont qu'à relire l'oraison funèbre que Bossuet lui a faite. Les politiques chercheront dans les mémoires du temps la trace des manœuvres par lesquelles elle s'est signalée pendant la régence d'Anne d'Autriche. En 1661, madame de Navailles, dame d'honneur, lui fit une rude guerre (Mottev., t. 5, p. 117) pour l'empêcher de jouir de tous les priviléges attachés à sa charge de surintendante de la maison de la reine. A la mort de Mazarin, la Palatine quitte sa charge, que l'on donne à la comtesse de Soissons. L'inébranlable madame de Navailles continue sa guerre. Affaire sérieuse s'il en fut :

« Le roi, dont les intentions étoient droites, ayant écouté les raisons de part et d'autre, régla les fonctions de la surintendante et de la dame d'honneur. Il donna à la première les honneurs de présenter la serviette, de tenir la pelote et de donner la chemise, avec le commandement dans la chambre et les sermens, et tout le reste à la dame d'honneur, c'est-à-dire servir à table, la préférence dans le carrosse et dans le logement. » Le lendemain, mille autres querelles. Le comte de Soissons appelle en duel le duc de Navailles (pour la serviette) — Refus : la cour applaudit; les mazarins baissent; le roi exile le comte. Ah! la belle chose que l'intérieur d'un palais!

*crois pas que le crime de Cambiac fût assez grand
de s'être mis dans la voie de son devoir par le moyen*

On a dit (Montp., t. 4, p. 62) qu'en 1658, à quarante-trois ans, elle rendit au duc d'Anjou le service que madame de Beauvais rendit à Louis XIV. Ses mémoires sont apocryphes et sont l'œuvre de Sénac de Meilhan. M. Cousin (*Histoire de madame de Sablé*) ne pouvoit se dispenser de faire revivre cette femme célèbre. Somaize (t. 1, p. 290) l'appelle *Pamphilie* :

« Pamphilie, estant l'honneur de son sexe, mérite bien d'estre mise au rang de tout ce qui se trouve d'illustres prétieuses. C'est une princesse formée du sang des demy-dieux, et que la nature mit si advantageusement en œuvre qu'elle fut plus belle que la mère des amours, et qu'elle égalle encore ce qui se peut voir de plus charmant. Elle a pour sœur une célèbre reyne qui a eu l'honneur de recevoir deux fois le sceptre des Sarmates (les Polonais), qu'elle rend tous les jours doublement sujets par sa beauté et par le rang de souveraine. Si elle ne fait pas briller la blancheur de son beau front sous le riche et majestueux tour d'un diadème, ce n'est pas qu'elle en ait esté moins digne, mais que la fortune, qui craignoit de rendre son empire plus grand que le sien, ne put se résoudre à la placer dessus le trône. Pamphilius (le prince palatin), l'un des plus considérables héros qui habitent vers le Rhin et le Danube, a profité du caprice de cette déesse des événemens, ayant, par son mérite, trouvé le moyen de s'insinuer dans le cœur de nostre héroïne, de qui tant d'aultres cœurs avoient en vain voulu estre les victimes, et d'estre en un mot l'heureux espoux de la plus belle moitié du monde. Elle a esté long-temps l'un des mobiles de toutes les actions de la cour du grand Alexandre, joignant les lumières de son bel esprit à celles de ses premiers ministres pour la conduite des plus importantes affaires. Alors les Muses latines et françoises prenoient plaisir d'y establir leur Parnasse en sa faveur, n'y ayant personne qui en connust mieux les talens et qui les accueillist plus obligeamment que la divine Pamphilie. Il y avoit aussi une forte émulation entr'elles à qui auroit l'honneur de se rendre plus agréable à son esprit ; mais ce bonheur fut le précieux partage de celle qui avoit le docte et l'ingénieux Rodolphe (M. Robinet) pour son père, l'un de nos premiers historiographes. Le sort de cette Muse causa tant de jalousie à

de monsieur l'évêque d'Amiens[1], *ni le mien de lui avoir conseillé, pour s'être attiré une si méchante affaire. Je retournerai exprès à Paris afin d'entretenir mes amis du particulier, et vous tout le premier. Il faut que ce petit mot de vengeance m'échappe. Madame de Châtillon n'est pas oubliée quand l'occasion se présente de parler d'elle. Je vous donne le bonjour; je suis trop en colère pour en attendre un aujourd'hui.*

Peu de temps après ces deux lettres écrites, Cambiac retourna à Paris, en ne gardant plus aucune mesure avec madame de Châtillon ; il la déchira partout où il se trouva, et, pour assouvir pleinement sa vengeance, il montra à la reine toutes les lettres les plus emportées de madame de Châtillon. La modestie de l'histoire ne permet

---

plusieurs autres, qu'elles se retirèrent de despit et de honte, et la laissèrent dans une paisible jouissance de l'honneur qu'elle s'estoit acquis, et qui ne donna pas aussi peu d'ombrage à celle qui s'estoit consacrée au service de la princesse Nitocris (la duchesse de Nemours). »

Elle fut aimée du duc de Guise (Montp., t. 2, p. 116) lorsqu'il étoit archevêque de Reims. Retz la juge à notre point de vue particulier (p. 97) : « Madame la Palatine estimoit autant la galanterie qu'elle en aimoit le solide. Je ne crois pas que la reine Elisabeth d'Angleterre ait eu plus de capacité pour conduire un estat. Je l'ai veue dans la faction, je l'ai veue dans le cabinet, et je lui ai trouvé partout également de la sincérité ».

1. Cet évêque est l'ancien P. Faure, agent de la cour, ami du P. Berthod pendant la Fronde, puis évêque de Glandèves, et, en 1653 (Berthod, p. 389), évêque d'Amiens.

En 1656 Mademoiselle (t. 3, p. 80), le traite fort bien : « C'est un prélat qui a beaucoup d'esprit, et, quoiqu'il ait été cordelier, il n'a rien qui tienne du moine ; il a été longtemps à la cour. »

pas qu'on les puisse rapporter, mais par les fragmens les plus honnêtes que voici on jugera du reste.

Elle mandoit en beaucoup d'endroits à Cambiac qu'il en pouvoit parler comme il lui plairoit, mais qu'il étoit plus généreux à lui d'en dire du bien qu'autrement ; que, depuis qu'on s'étoit mis entre les mains des gens, comme elle avoit fait entre les siennes, ils pouvoient en abuser, et que le parti qu'une pauvre femme avoit à prendre en ces rencontres-là, c'étoit de souffrir et se taire. Dans un autre endroit, elle lui mandoit qu'il avoit beau faire, qu'elle l'aimeroit toujours, et, bien qu'elle se préparât à faire une confession générale à Pâques, qu'il n'y avoit rien qui le regardât.

La reine fut fort surprise de l'emportement de madame de Châtillon dans ses lettres ; elle ne fut pourtant pas fâchée du mépris que cela lui attiroit, et, lorsqu'elle eut appris l'insulte que l'on avoit faite à Cambiac, elle en fit un fort grand bruit, et dit publiquement que, puisque l'on maltraitoit les gens qui rentroient en leur devoir, le roi sçauroit bien leur faire justice.

Lorsque le comte Digby vint voir madame de Châtillon après l'enlèvement de Cambiac, il fut fort étonné de ne recevoir d'elle que des reproches, au lieu de remerciemens qu'il attendoit. « Quand on vous témoignoit, lui dit-elle, d'avoir du chagrin contre Cambiac, cela ne vouloit pas dire qu'il le fallût enlever. Il est bien aisé de voir que dans cette belle action vous vous êtes plus considéré que moi ; mais j'aurai soin de mes intérêts à mon tour, et j'oublierai les vôtres. » Digby se voulut excuser sur ses intentions, qui avoient été bonnes; et, comme il vit qu'elle ne s'apaisoit pour quoi que ce soit qu'il lui dît, il se fâcha aussi de son côté, et madame de Châtillon, craignant, en le perdant, de perdre un protecteur et un amant, le radoucit et le pria de considérer une autre fois qu'il falloit dissimuler les injures avec des gens comme Cambiac, ou qu'il falloit les perdre.

Dans le temps que Digby commença à devenir amoureux de madame de Châtillon, le milord Craf, qui, dans le temps des désordres d'Angleterre, avoit suivi Charles en France, avoit loué une maison dans le voisinnage de Marlou, et l'oisiveté, la commodité et la manière insinuante de madame de Châtillon avoient fait naître de l'amour dans le cœur du milord; mais, comme il étoit plus doux que le comte, sa passion n'avoit pas fait tant de chemin que celle du comte.

Les choses étoient en ces termes lorsque l'abbé Foucquet[1], voyant que ses affaires n'avan-

---

1. Ouvrez nos bons recueils, la *Biographie universelle* d'abord : où est l'article de l'abbé Fouquet? Voilà Fouquet son frère ; mais lui-même, où est-il ? Et demandez à bien des gens s'ils le connoissent, on répond : « Fouquet ? eh ! oui, le surintendant, les nymphes de Vaux, le procès fameux; nous ne connaissons que cela :

  Jamais surintendant, etc.,

Ou encore :

  ..... Oronte est malheureux.

— Très bien; mais ce n'est pas cela l'abbé Fouquet. — Ma foi, qui étoit-ce? » C'étoit un homme avec qui nul ne plaisantoit; c'étoit le chef de la famille, le conseil d'abord, le patron, le soutien de son frère Nicolas; c'étoit le bras droit.

çoient pas auprès de madame de Châtillon, se
servit de ce stratagème ici pour les hâter : il avoit
appris que Ricoux, beau-frère d'une des demoiselles de madame de Châtillon, étoit caché dans

de Mazarin, c'étoit le ministre lui-même, l'homme puissant, le roi de France; et cela n'a pas duré qu'un jour. J'adjure les biographies de ne plus passer son nom sous silence. Bussy les instruira si elles ne savent que dire.

Déjà nous en avons parlé incidemment dans quelques notes (page 65, par exemple); Mademoiselle elle-même atteste son pouvoir et la terreur de son nom.

Basile Fouquet, abbé de Barbeaux et de Rigny, disparut de la scène avec son frère; il mourut silencieusement en 1683. Il avoit commencé avec éclat.

Il s'attaque à Retz. Guy Joly et Retz lui-même racontent comment il se chargea, si on le vouloit, d'enlever, d'assassiner, de saler le coadjuteur. Pour un homme d'Eglise, cela est bien oriental. On nourrissoit publiquement (Retz, p. 481) chez la portière de l'archevêché ses deux bâtards, ou plutôt deux de ses bâtards.

Il avoit aidé Vardes à se marier (Montp., t. 3, p. 76). Le président de Champlâtreux travailloit à empêcher le mariage; l'abbé Fouquet et Candale envoient des troupes chez lui et le mettent aux arrêts. On poussa des cris dans la famille, mais le mariage eut lieu. Et de trois. « Il entretenoit à ses dépens cinquante ou soixante personnes, la plupart gens de sac et de corde, qui lui servoient d'espions et le faisoient craindre. » (Gourville, p. 524.)

Nous allons le voir casser tout chez madame de Châtillon. Mademoiselle de Montpensier atteste la vérité de cette scène extraordinaire (t. 3, p. 296) et s'indigne contre tant d'audace. Elle nomme le chef de ses *braves* (t. 3, p. 416) Biscara, officier des gardes de Mazarin. Que faire contre un tel homme? Un jour le gardien de la Bastille témoignoit son étonnement à la vue d'un lévrier qui se trouvoit dans la cour, et demandoit pourquoi il étoit là. « C'est, lui répondit un prisonnier, parcequ'il aura mordu le chien de l'abbé Fouquet. »

Fouquet lui-même, le surintendant, craignoit bien son frère; il écrivit dans ses instructions secrètes : « Si j'estois mis en prison et que mon frère l'abbé, qui s'est divisé dans les derniers temps d'avec moi mal à propos, n'y fust pas et qu'on

Paris, où il avoit des commerces avec elle pour les intérêts de monsieur le Prince ; il mit tant de gens en quête de Ricoux qu'il fut pris et mené à la Bastille. L'abbé Foucquet l'ayant fait

le laissast en liberté, il faudroit doubter qu'il eust esté gagné contre moi, et il seroit plus à craindre en cela qu'un autre. »
C'est ici le lieu de transcrire un long passage des Mémoires de Mademoiselle (t. 3, p. 411); il est d'une grande valeur pour nous. Elle le date de 1659, mais la date ne sauroit être toujours admise sans réserve dans ces mémoires. « Madame d'Olonne alloit en masque tous les jours avec Marsillac, le marquis de Sillery, madame de Salins et Margot Cornuel. Le marquis de Sillery avoit été amoureux de madame d'Olonne ; en ce temps-là il n'étoit que confident. Cette troupe alloit s'habiller chez Gourville ; elle n'osoit le faire chez madame d'Olonne à cause de son mari. Le comte de Guiche continuoit sa belle passion pour elle, et l'abbé Foucquet, qui étoit enragé contre tous les deux, s'avisa de les brouiller et de s'en venger par là. Il obligea le comte de Guiche à demander à madame d'Olonne les lettres de Marsillac lorsqu'il se verroit un moment mieux avec elle ; ce qu'il fit. Elle les lui donna : le comte de Guiche les mit entre les mains de l'abbé Foucquet, qui d'abord les montra à madame de Guéménée, afin qu'elle en parlât au Port-Royal, et que cela allât à M. de Liancourt, pour le dégoûter de lui donner sa petite-fille ; il les montra aussi au maréchal d'Albret, qui alla trouver M. de Liancourt, comme son parent et son ami, pour l'avertir de l'amitié qui étoit entre madame d'Olonne et M. de Marsillac ; et je crois même qu'il avoit pris quelques unes de ces lettres. M. de Liancourt lui dit : « Je m'étonne que vous, qui êtes galant, soyez persuadé que l'on rompe un mariage sur cela. Pour moi, qui l'ai été, j'en estime davantage Marsillac de l'être, et je suis bien aise de voir qu'il écrit si bien. Je doutois qu'il eût tant d'esprit. Je vous assure que cette affaire avancera la sienne. » Je crois que le maréchal d'Albret fut étonné de cette réponse. Les médisants disoient qu'il avoit fait cela autant pour plaire à l'abbé Foucquet que pour donner un bon avis à M. de Liancourt. Véritablement, si l'abbé Foucquet eût pu réussir à rendre ce mauvais office à Marsillac de rompre son mariage, il ne lui en pouvoit pas faire un plus considérable, puisque par là il lui pouvoit faire perdre cin-

interroger, il accusa madame de Châtillon de plusieurs choses, et, entre autres, de lui avoir promis dix mille écus pour tuer le cardinal, et dit qu'elle lui en avoit déjà donné deux mille d'avance. L'abbé Foucquet supprima ces informations et en fit faire d'autres, par lesquelles Ricoux confessoit toujours qu'il étoit à Paris dans le dessein de tuer le cardinal ; mais il n'accusoit point la duchesse de tremper dans cette conjuration, et tout ce qu'il disoit contre elle étoit qu'elle avoit intelligence avec monsieur le Prince et re-

quante mille écus de rente, avec une maison à la campagne, admirable et renommée par tout le monde à cause de ses eaux (cette maison s'appelle Liancourt), et une autre maison fort belle à Paris, surtout une fille fort bien faite. Rien n'égaloit ce parti, et, ce qui rendoit cette affaire agréable, c'est que M. de Marsillac n'en avoit obligation à personne qu'à M. de Liancourt, qui l'a choisi par amitié, parcequ'il étoit son petit-neveu et qu'il voyoit que la maison de La Rochefoucauld n'étoit pas aisée. Il la voulut rétablir par ce mariage, dont la conclusion fut hâtée à cause des avis que donna le maréchal d'Albret. Il se fit cinq ou six mois après. On tira la fille du Port-Royal, où elle avoit été élevée. Comme l'abbé Foucquet vit que cela n'avoit pas réussi, il porta à M. le cardinal toutes les lettres que Marsillac avoit écrites à madame d'Olonne. Il prétendoit qu'il avoit écrit contre le respect dû à Leurs Majestés, et qu'il y en avoit aussi qui ne plaisoient pas à M. le cardinal. Marsillac en eut connoissance, et prit avis de ses amis de ce qu'il avoit à faire. On lui conseilla de tirer de madame d'Olonne les lettres du comte de Guiche, ce qu'il fit. Aidé du marquis de Sillery, lequel reprocha à madame d'Olonne ce qu'elle avoit fait pour se raccommoder avec le comte de Guiche, il l'obligea de lui donner ses lettres. Le marquis de Sillery les porta à M. le cardinal. Il y en avoit une où il parloit de Monsieur et de la reine, et il disoit : « J'ai fait tout ce que j'ai pu pour résoudre l'enfant à être votre galant ; il en avoit assez d'envie, mais il craint la bonne femme. » Ces termes parurent assez familiers, et, comme tout se sait, cela fut bientôt public. »

cevoit quatre mille écus de pension des Espagnols. Il montra ces dernières informations au cardinal et les premières à madame de Châtillon, par lesquelles l'ayant épouvantée au point qu'on peut s'imaginer, il lui dit qu'il la sauveroit si, pour lui faire voir sa reconnoissance, elle lui vouloit donner les dernières marques de son amour. Madame de Châtillon, qui craignoit la mort plus que toutes les choses, ne balança de contenter l'abbé Foucquet qu'autant de temps qu'elle crut qu'il en falloit pour lui faire valoir cette dernière faveur. L'abbé Foucquet ne songeoit plus qu'à faire sauver sa maîtresse. Pour cet effet, il la fit sortir la nuit de Marlou, et la mena en Normandie, où il la faisoit changer tous les huit jours de demeure, déguisée tantôt en cavalier, tantôt en religieuse et tantôt en cordelier. Cela dura six semaines, pendant lesquelles l'abbé Foucquet alloit et venoit de la cour au lieu où étoit madame de Châtillon. Enfin il lui fit prendre une amnistie lorsque Ricoux eut été roué, et la fit revenir à Marlou, où elle ne fut pas long-temps en repos, car elle jeta les yeux sur le maréchal d'Hocquincourt, tant pour les avantages qu'elle pouvoit tirer de lui par les postes qu'il tenoit sur la Somme, que pour la délivrer de la tyrannie de l'abbé Foucquet, qui commençoit à lui devenir insupportable.

Portrait de M. le maréchal d'Hocquincourt[1].

Charles, maréchal d'Hocquincourt, avoit les yeux noirs et brillans, le nez bien fait et le front

---

1. *L'Estat de la France* pour 1649 le dit gouverneur de

un peu serré ; le visage long, les cheveux noirs et crépus et la taille belle ; il avoit fort peu d'esprit, cependant il étoit fin à force de défiance ; il étoit brave et toujours amoureux, et sa valeur auprès des dames lui tenoit lieu de gentillesse. Madame de Châtillon, qui le connoissoit de réputation, crut qu'il étoit tout propre à faire les folies dont elle avoit besoin. De Vignacourt[1], gentilhomme picard, son voisin, fut celui qu'elle employa auprès de lui. Le maréchal, donc, convint avec Vignacourt qu'en s'en allant commander l'armée de Catalogne, il la verroit en passant à Marlou, comme

Péronne, de Montdidier et de Roye, « naguère grand-prévost de l'hostel et mareschal de camp ».

Il avoit fait son chemin pendant la guerre civile. On voit ici, et, à l'article de Foucault, on a vu ce qu'étoient alors les gouverneurs de places. On se croiroit à la fin de la Ligue. Louis XIV est attendu.

D'Hocquincourt aima d'abord madame de Montbazon.

Dans l'affaire dont Bussy donne les détails, Montglat (p. 309) indique bien le rôle que Mazarin fit jouer à la maréchale pour venir à bout de son mari.

D'Hocquincourt, après avoir vendu chèrement sa soumission, se dépita, se jeta dans Hesdin et passa aux Espagnols. Il mourut bientôt à Dunkerque. Pas de pitié pour ces gens-là.

1. On cite Simon de Wignacourt, croisé en 1190 ; Aloph de Wignacourt, grand-maître de l'ordre de Malte en 1601, et Adrien, grand-maître en 1690 (V. Henry-J.-G. de Milleville, 1845). Le portrait d'Aloph ou Olaf (1569-1609) est le meilleur portrait du Caravage. Dangeau (23 août 1690) a parlé d'Adrien.

Notre Wignacourt est Vignacourt d'Orvillé, Picard (d'argent à trois fleurs de lis de gueules au pied nourri) ; en 1652 (Montp., t. 2, p. 327) d'Hocquincourt l'avoit déjà envoyé pour s'entendre avec les chefs de la Fronde. Est-ce lui que la cour envoie en Allemagne dans le courant de 1656 (Aubery, *Vie de Mazarin*, deuxième édit., t. 3, p. 150 ; et Quincy, *Hist. milit. de Louis XIV*, t. 1, p. 216) pour empêcher les électeurs de fournir des troupes à l'Espagne ?

si c'étoit le hasard qui eût fait cette entrevue. La chose arriva ainsi qu'elle avoit été projetée, et madame de Châtillon monta à cheval pour aller conduire le maréchal jusqu'à deux lieues de Marlou. Durant le chemin, elle lui conta le pitoyable état de sa fortune, le pria de vouloir être son protecteur, le flatta du titre de refuge des affligés et ressource des misérables; enfin elle le piqua tellement de générosité, qu'il lui promit de la servir envers et contre tous, et lui donna même ses tablettes, sur lesquelles il donnoit ordre aux lieutenants de ses places de la recevoir, elle et les siens, toutes les fois qu'elle en auroit besoin. Cette entrevue fut découverte par l'abbé Foucquet, qui, voyant le maréchal d'Hocquincourt sur le point de revenir en cour, jugeant le voisinage de madame de Châtillon et de lui dangereux pour les intérêts de la cour et les siens propres, persuada au cardinal de l'éloigner de la frontière de Picardie, et lui fit donner ordre d'aller à son duché. Madame de Châtillon, s'étant mise en chemin, rencontra le maréchal d'Hocquincourt à Montargis, avec lequel elle renouvela les mesures qu'elle avoit prises six mois auparavant, et, après s'être donné réciproquement, lui des paroles positives de la protéger contre la cour, et elle des espérances de lui accorder un jour des marques de sa passion, ils se séparèrent : le maréchal alla trouver le roi, et elle à son duché, où elle passa l'hiver, pendant lequel le maréchal d'Hocquincourt lui écrivoit; et l'abbé Foucquet, qui, comme patron, étoit le plus difficile à contenter, supportoit impatiemment les entrevues qui s'étoient faites entre le maréchal d'Hocquin-

cour et madame de Châtillon, et le commerce
qu'elle conservoit avec lui. Pour s'excuser, elle
lui disoit que le maréchal s'employoit auprès du
cardinal pour faire revenir Bordeaux, qu'on lui
avoit ôtée, et pour lui faire obtenir à elle-même la
permission de retourner à la cour; elle ajoutoit
qu'elle eût bien souhaité ne devoir ces grâces
qu'à lui, mais qu'elle vouloit ménager son crédit pour de plus grandes affaires. Ce qui persuada l'abbé Foucquet que l'intrigue du maréchal et d'elle pouvoit ne regarder que la cour,
c'est qu'au printemps elle revint par son entremise, premièrement à Marlou, et puis quelque
temps après à Paris, et Bordeaux avec elle.
Pendant la campagne du maréchal en Catalogne,
le roi d'Angleterre, que les malheurs de sa maison obligeoient de demeurer en France, et qui
avoit trouvé la duchesse fort à son gré, la revoyoit à Marlou, dans de petits voyages qu'il
faisoit chez Craf, et ce commerce avoit donné
tant d'amour pour elle à ce prince qu'il étoit
résolu de l'épouser, Craf persuadant à son maître de la contenter, à quelque prix que ce fût,
sur les promesses que madame de Châtillon avoit
faites à ce milord de lui donner les dernières faveurs s'il contribuoit à la faire reine; et en effet
elle l'eût été, si Dieu, qui avoit soin de la fortune et de la réputation de ce roi, n'eût amusé
madame de Châtillon d'une folle espérance, qui
lui fit manquer une si belle occasion.

Portrait de Charles, roi d'Angleterre[1].

Charles, roi d'Angleterre, avoit de grands yeux noirs, les sourcils fort épais, et qui se joignoient ; le teint brun, le nez bien fait, la forme du visage longue, les cheveux noirs et frisés. Il étoit grand et avoit la taille belle. Il avoit l'abord froid, et cependant il étoit doux et civil dans la bonne plus que dans la mauvaise fortune ; il étoit brave, c'est-à-dire qu'il avoit le courage d'un soldat et l'âme de prince ; il avoit de l'esprit ; il aimoit ses plaisirs, mais il aimoit encore plus son devoir ; enfin il étoit un des plus grands rois du monde. Mais, quelque heureuse naissance qu'il eût, l'adversité, qui lui avoit servi de gouverneur, avoit été la principale cause de son mérite extraordinaire.

1. Lorsque Charles II courtise madame de Châtillon, il est question de lui faire épouser Mademoiselle (Montp., t. 2, p. 148). Rétabli sur le trône (Mottev., t. 5, p. 83), il refuse Hortense Mancini et cinq millions. Il « ne cédoit à personne (Mém. de Grammont, ch. 6) ni pour la taille ni pour la mine. Il avoit l'esprit agréable, l'humeur douce et familière. » Charles II promettoit beaucoup, ce fut un triste sire.

Il « étoit d'une complexion tendre et fort galant ; aussi toutes les belles de sa cour firent-elles des entreprises sur son cœur. Celles qui eurent le plus de part à sa tendresse furent Barbe de Saint-Villiers, femme de Roger Pulner, comte de Castle-Maine, en Irlande (depuis comtesse de Southampton, et enfin duchesse de Cleveland) ; Françoise-Thérèse Stuart, veuve de Charles Stuart, duc de Richmond et de Lenox (*Mém. de M. de****, p. 562) ; Mademoiselle de Quervalle, baronne de Petersfield, comtesse de Farsam, duchesse de Porstmouth, et madame Nelguin, qui avoit vendu des oranges » (*Ibid.*, p. 568).

Macaulay a dit la vérité sur le compte de ce vilain monarque.

Monsieur le Prince, en sortant de France, avoit témoigné, comme j'ai dit, fort peu de considération pour madame de Châtillon ; mais, ayant su le cas que les Espagnols en faisoient par la pension qu'ils lui avoient donnée, et le crédit qu'elle avoit à la cour de France par le moyen de l'abbé Foucquet, il s'étoit réchauffé pour elle, et cela étoit si violent qu'il lui écrivit des lettres les plus passionnées du monde, et, entre autres, on en intercepta celle-ci, écrite en chiffres.

LETTRE.

Quand tous vos agrémens ne m'obligeroient point à vous aimer, ma chère cousine, les peines que vous prenez pour moi, et les persécutions que vous souffrez pour être dans mes intérêts, et les hasards où cela vous expose, m'obligeront à vous aimer toute ma vie : jugez donc de tout ce que cela peut faire sur un cœur qui n'est ni insensible ni ingrat. Mais jugez aussi des alarmes où je suis sans cesse pour vous. L'exemple de Ricoux me fait trembler, et, quand je songe que ce que j'ai de plus cher au monde est entre les mains de mes ennemis, je suis dans des inquiétudes qui ne me donnent point de repos. Au nom de Dieu, ma pauvre chère, ne vous commettez plus comme vous faites ; j'aime mieux ne retourner jamais en France que d'être cause que vous ayez la moindre appréhension ; c'est à moi à m'exposer, et à mettre par la guerre mes affaires en état que l'on traite avec moi, et alors, ma chère cousine, vous pourrez m'aider de votre entremise ; et cependant, comme les évènemens sont douteux à la guerre, j'ai un coup sûr pour pas-

ser ma vie avec vous et nous lier d'intérêts encore plus que nous n'avons fait jusqu'ici. Ne croyez pas que Madame la Princesse[1] soit un obstacle à cela ; on en rompt de plus considérables quand on aime autant que je fais. Je ne donne en cet endroit, ma chère cousine, aucunes bornes à mon imagination ni à vos espérances ; vous les pourrez pousser aussi loin qu'il vous plaira. Adieu.

L'espérance qu'eut madame de Châtillon, sur cette lettre, de pouvoir épouser monsieur le Prince, lui fit balancer à refuser les offres du roi d'Angleterre. Elle consulta là dessus un de ses amis, en présence de Bordeaux. Celle-ci, de qui le mari

1. Claire-Clémence de Maillé, fille du maréchal de Brézé, mariée le 11 février 1641 au grand Condé, qui n'en vouloit pas et qui ne l'aima jamais. Elle montra du courage pour le défendre en 1650.
Délaissée, elle eut des amants. Mademoiselle (t. 2, p. 51) cite, en 1649, Saint-Mesgrin. En 1671, un de ses valets de pied, Duval, et un page, Rabutin, qui apparemment jouissoient de ses bonnes grâces, mettent l'épée à la main l'un contre l'autre ; elle accourt, elle est blessée. Toute la cour retentit de l'esclandre. Rabutin s'enfuit ; il s'éleva aux premiers honneurs de l'armée impériale en Hongrie (Saint-Simon, note à Dangeau, t. 4, p. 479). A partir de ce moment, madame la princesse fut enfermée à Châteauroux ; son fils lui cacha la mort de Condé. Elle mourut le 16 avril 1694 (Dangeau, 18 avril).
Madame de Motteville (t. 4, p. 80) lui a rendu quelque justice : « La douleur l'avoit embellie... Elle avoit des qualités assez louables ; elle parloit spirituellement quand il lui plaisoit de parler, et, dans cette guerre (de Bordeaux), elle avoit paru fort zélée à s'acquitter de ses devoirs. Elle n'étoit pas laide : elle avoit les yeux beaux, le teint beau et la taille jolie. Sans se faire toujours admirer de ceux qui la conduisoient et de ceux qui étoient auprès d'elle, elle a du moins cet avantage d'avoir eu l'honneur de partager les malheurs de M. le Prince. »

étoit auprès de monsieur le Prince, disoit à sa maîtresse qu'elle étoit visionnaire de songer un moment à épouser une ombre de roi, un misérable qui n'avoit pas de quoi vivre, et qui, en se faisant moquer d'eux, la ruineroit en peu de temps ; que, s'il étoit possible, contre toutes les apparences du monde, qu'il remontât un jour sur le trône, elle pouvoit bien croire qu'étant loin d'elle, il la répudieroit sur le prétexte d'inégalité de condition. Son ami lui disoit, au contraire, que sa vision étoit d'épouser monsieur le Prince, qui étoit marié, et dont la femme se portoit bien ; que les gens de la condition du roi d'Angleterre pouvoient quelquefois être en mauvaise fortune, mais qu'ils ne pouvoient jamais être dans cette extrême nécessité si commune aux particuliers ; qu'il étoit beau à une demoiselle de vivre reine, quand même elle vivroit malheureuse, et qu'elle ne devroit jamais refuser un titre honorable, quand elle ne le devroit porter que sur son tombeau. « Pour vous, Mademoiselle, se retournant vers Bordeaux, vous avez raison de parler comme vous faites à Madame, ne considérant que vos intérêts ; mais moi, qui n'ai égard qu'aux siens, je lui dis ce que je dois dire. » Madame de Châtillon leur rendit grâce de l'amitié qu'ils lui témoignèrent, et leur dit qu'elle songeroit encore à leurs raisons avant que de résoudre. Elle ne vouloit pas répondre plus positivement devant son ami sur une affaire où elle avoit honte de prendre le parti contraire à son avis. Cependant il en vint de plusieurs endroits au roi d'Angleterre de la vie de madame de Châtillon et de sa conduite présente avec l'abbé Foucquet. Il n'y a point d'homme un peu glorieux qui, dans le commencement de son amour, ait assez perdu la raison pour épouser une femme sans honneur.

Le roi d'Angleterre partit du voisinage de Marlou aussitôt qu'il eut appris toutes ces nouvelles, et ne voulut pas hasarder, en voyant madame de Châtillon, un combat qui pouvoit être douteux entre ses sens et sa raison. Madame de Châtillon ne sentit pas alors la perte qu'elle faisoit ; le désir et l'espérance qu'elle avoit du mariage de monsieur le Prince lui rendit toutes autres choses indifférentes.

Madame de Châtillon étant revenue de son duché à Marlou au commencement du printemps, par l'entremise du maréchal d'Hocquincourt, et quelque temps après à Paris, elle n'en fut pas ingrate ; ce petit service, et les promesses qu'il lui fit de tuer le cardinal et de mettre ses places entre les mains de monsieur le Prince, touchèrent le cœur de madame de Châtillon au point d'accorder au maréchal les dernières faveurs. L'été se passa en cette sorte, pendant lequel l'abbé Foucquet, qui entrevoyoit ce commerce, passoit souvent de méchantes heures ; et il eût fait en ce temps-là ce qu'il fit ensuite, si les amans n'aimoient à se tromper eux-mêmes quand il s'agit de quitter ou de condamner leurs maîtresses.

L'hiver d'après, le duc de Candale, à son retour de Catalogne, fit mine d'être amoureux de madame de Châtillon ; l'abbé Foucquet, alarmé d'un si dangereux rival, le fit prier par Boligneux[1]

---

1. Boligneux est une « paroisse avec titre de comté, dans la Bresse ». (Expilly, t. 1, p. 717.)

de cesser de l'être. Monsieur de Candale, qui étoit alors véritablement amoureux de madame d'Olonne, et qui ne s'étoit embarqué auprès de madame de Châtillon que pour la faire servir de prétexte, accorda facilement à l'abbé Foucquet ce qu'il lui faisoit demander; mais comme, avec cette maîtresse, les amans étoient comme une hydre dont on ne coupoit point la tête qu'on n'en fît renaître une autre, La Feuillade [1] reprit la place du duc de Candale. L'abbé Foucquet, qui le connut aussitôt,

Madame de Sévigné parle (31 juillet 1680) de Louis de La Palu, comte de Boligneux, cousin de M. de la Trousse; ailleurs (15 septembre 1677), elle dit : « La vieille Boligneux, qui étoit ma tante. »

Il y avoit en 1690 un régiment de Boligneux dans l'armée de Boufflers (Dangeau, 16 septembre 1690).

Saint-Simon dit de Bouligneux, lieutenant-général, tué devant Verne en 1704 (t. 4, p. 384), que c'étoit un homme « d'une grande valeur, mais tout à fait singulier ».

1. « On dit que messieurs de La Feuillade ne sçauroient prouver qu'ils soient venus des anciens vicomtes d'Aubusson, ni même que le grand-maître cardinal d'Aubusson fût de leur maison. Je laisse à examiner ce fait aux généalogistes. » (Am. de La Houssaye, t. 1, p. 131.)

Et moi aussi. La Feuillade (François d'Aubusson) étoit neveu de l'archevêque d'Embrun, dont on se moqua si souvent à la cour. Il étoit un peu couard. Bussy raconte dans ses Mémoires manuscrits (cabinet de M. Montmerqué) qu'il ne fut pas très satisfait de ce que l'*Histoire amoureuse* contenoit sur son compte. Il avoit été compagnon d'armes et ami de Bussy. Il fut lié avec Fouquet; il l'avertit de sa prochaine disgrâce (Mottev., t. 5, p. 140).

Ce fut le favori de Louis XIV quand Lauzun fut frappé de déchéance. A chaque page, dans les *Etats du comptant* (Archives nat., sect. hist., carton K; p. 120, n° 12), il est question des gratifications que le roi lui accorde; il les payoit en adulations byzantines. La place des Victoires est une place de son fait.

Sur la fin de sa vie, Louis XIV s'en dégoûta. Il mourut en

parla lui-même assez fièrement à la Feuillade, lequel, soit qu'il crût que, son rival étant aimé, il échoueroit dans son entreprise, soit que, son amour naissant lui laissant toute sa prudence, il jugeât à propos de ne se point attirer sur les bras un homme si violent, ne s'opiniâtra donc point dans cette passion. Le marquis de Cœuvres[1] n'eut

septembre 1691, à soixante ans passés. Son père, qu'il n'avoit pas connu, étoit mort au combat de Castelnaudary, en 1631.

Saint-Simon lui attribue la plate réponse que le maréchal de Grammont fit un jour à Louis XIV, lorsque le roi le surprit battant un valet. La Feuillade avoit servi de confident dans l'histoire des amours de mademoiselle de Fontanges.

1. Son père, François Annibal d'Estrées, marquis de Cœuvres, maréchal de France, né en 1573, mourut à quatre-vingt-dix-sept ans, le 5 mai 1670.

Tallemant (t. 1, p. 383) dit qu'il étoit dissolu au dernier point, ayant, selon le bruit public, couché successivement avec ses six sœurs. Il eut en premières noces 1º le marquis de Cœuvres, 2º le comte d'Estrées, 3º l'évêque de Laon, et en secondes noces le marquis d'Estrées.

Il étoit fils d'Antoine d'Estrées, premier baron du Boulonnois, et neveu de la « charmante » Gabrielle. Il avoit épousé la fille de Montmor, trésorier de l'épargne, veuve du maréchal de Thémines. La satire 3 de Régnier lui est dédiée.

Son fils aîné, en 1648, sert en Catalogne avec le titre de maréchal de camp.

En 1615, le père est maître de la garde-robe de Monsieur, qui est bien jeune alors ; il fut employé dans les ambassades, à Bruxelles, pour enlever le prince de Condé (Fontenay-Mareuil, t. 1, p. 21), et surtout à Rome, où il montra de l'habileté. Ses Mémoires sont intéressants pour l'histoire diplomatique.

C'est lui qui, avec le marquis de Rambouillet, est le premier des jeunes gens de la cour roulant carrosse sous Henri IV (Tallem., t. 1, p. 112).

Le marquis de Cœuvres fut fiancé en 1647 (Mottev., t. 2, p. 216) avec mademoiselle de Thémines, fille de la seconde

pas tant de complaisance dans la sienne que la
Feuillade : il continua de voir madame de Châtillon malgré l'abbé Foucquet ; mais, comme il
n'avoit ni assez de fortune ni assez de mérite
pour lui toucher le cœur, elle ne fit que le con-
quêter, et ne le conserva que pour échauffer l'abbé
Foucquet, pour l'obliger à renouveler ses présens
et pour lui faire connoître qu'elle avoit des gens
de qualité dans ses intérêts qui ne souffriroient pas
qu'on la maltraitât. Il fallut donc que l'abbé Foucquet endurât ce rival ; mais il déchargea sa colère
sur le pauvre Vineuil. Celui-ci étoit un des premiers amans de madame de Châtillon, bien traité,
homme de bon sens et dont l'esprit étoit à craindre. L'abbé Foucquet fit entendre au cardinal
qu'il étoit dangereux de le laisser à Paris ; de sorte
que le cardinal, qui ne voyoit alors que par les
yeux de l'abbé, fit donner une lettre de cachet à
Vineuil pour aller à Tours jusqu'à nouvel ordre.
Celui-ci, ne pouvant pas dire adieu à madame de
Châtillon, lui écrivit cette lettre, du dernier octobre 1655 [1].

femme de son père. Il fit partie de l'assemblée de la noblesse en 1649 (Mottev., t. 3, p. 272), réunie pour combattre les prétentions de La Rochefoucauld et de quelques autres. Il se battit en duel avec Plessis-Chivray, frère de la
maréchale de Grammont. Ce fut « un des plus beaux combats de la Régence » (Tallem., t. 4, p. 435) ; il n'y eut pas
de raillerie. En 1650 il est à Laon, place de son père (*Catal.
de la Bibl. nat.*, t. 2, [histoire] n° 1632). En 1670 (Daniel,
t. 2, p. 394) il est colonel du régiment d'Auvergne.

Le comte d'Estrées, son frère, fut maréchal de France ;
l'évêque de Laon devint cardinal.

1. La date est précise. Si ce n'est que de l'appareil et si
elle ne rend pas la lettre authentique, au moins est-il impossible de nier que dans tout ce qui précède et dans tout ce

LETTRE.

Quelque désir que vous m'ayez témoigné que je vous rendisse visite, j'ai cru, par le peu de plaisir que vous avez eu de la dernière, que je ferois beaucoup mieux de m'en abstenir, puisque aussi bien votre froideur m'ôte toute la joie que je recevois autrefois en vous voyant : car, en vérité, je suis persuadé que je ne dois prétendre aucune part en vos bonnes grâces ni en votre confiance. L'engagement où vous êtes est tel qu'il ne souffre pas que vous regardiez rien hors de là, et que vous êtes nécessitée de manquer à ce que vous devez par des obligations essentielles ; je crois même que vous me sçauriez meilleur gré de vous oublier tout à fait que de m'en souvenir en ce rencontre, et que vous approuverez de bon cœur mon détachement de votre personne et de vos intérêts. Avec tout cela, Madame, je ne veux pas que vous me perdiez, parceque je suis bien assuré que vous serez bien aise de retrouver un jour ce que vous méprisez à cette heure : je me conserverai

---

qui suit, Bussy raconte avec une grande clarté et avec des détails fort intéressants des faits qui ont une valeur véritable. L'histoire de la Fronde et du ministère de Mazarin est éclairée, grâce à ce livre badin, d'une lumière qui, sans l'*Histoire amoureuse*, lui manqueroit. Les historiens qui ont souci de la tâche qu'ils se donnent ne peuvent négliger, sans encourir de reproche, une source qui est, en certains cas, unique, et qui est toujours bonne. Il ne faut pas que les grâces trop raffinées du récit écartent la science sévère des enseignements qui l'attendent dans ce livre. Nous croyons pouvoir déclarer, sans crainte de rien donner à l'engoûment que l'annotateur a quelquefois pour son texte, que l'ouvrage de Bussy-Rabutin peut prendre place parmi les plus utiles mémoires écrits sur l'histoire du règne de Louis XIV.

tout autant que peut souffrir la connoissance de l'état présent où vous êtes et l'amitié que je vous ai promise, laquelle ne peut dissimuler que tout le genre humain donne de furieuses atteintes à votre conduite, et que vous êtes devenue le sujet continuel de toutes les conversations du temps. On dépeint votre embarquement le plus bas et le plus abject où se soit jamais mise une personne de votre qualité, et on dit que votre ami exerce sur vous un empire tyrannique, et sur tout ce que vous approchez; qu'il chasse tout ce qui lui plaît, et qu'il menace même ceux qu'il a appris d'être ses rivaux, comme il a fait la Feuillade; et je passe sous silence des particularités de ses visites secrètes qui sont assez connues. Pensez, Madame, au préjudice que reçoit votre réputation de votre commerce, et faites réflexion sur ce que vous êtes et sur ce qu'est celui qui vous ôte l'honneur; car le crédit et la considération qu'il vous attire vous sont fort peu honorables, et ce sont des faux jours qui rejaillissent sur vous plutôt pour vous offenser que pour vous éclairer. Ah! Madame, si les pauvres défunts avoient tant soit peu de sentiment, ils gratteroient leurs tombeaux pour en sortir, et viendroient vous faire des reproches d'une si honteuse dépendance; mais je ne crois pas que vous soyez touchée de souvenir pour eux. Craignez les vivans, qui tôt ou tard seront illuminés sur votre conduite, et qui en feront sans doute le discernement nécessaire. Je ne vous représente pas toutes ces choses par un motif de jalousie, car je vous assure que je ne suis point frappé d'une passion si affligeante et si inutile que celle-là. Si je vous aimois avec emportement, je me déchaînerois en invectives qui vous feroient des torts irréparables, et je me vengerois de ceux que vous me faites avec tant d'ingratitude. Si je ne vous aimois point du tout, je raillerois comme les autres ; mais je me conserve à votre égard dans une médiocrité qui me cause une douleur muette de l'aveuglement de votre conduite, lequel, enfin, vous mènera dans les derniers précipices, si vous ne pensez à vous, et que vous ne vous reteniez par votre prudence, sans attendre les événemens. Je prends demain la route de Touraine, et je vous dis adieu, Madame. Si vous recevez bien les avis que je vous donne, je continuerai à vous aimer ; si c'est mal, j'essaierai de me défaire d'un principe qui en est la cause. Cependant, je ne demande point de bons offices pour mes affaires, mais seulement que vous empêchiez que l'on m'en rende de mauvais, dont je vous serais obligé.*

L'exil de Vineuil ne mit guère l'abbé Foucquet en repos plus qu'il n'étoit auparavant : madame de Châtillon le faisoit enrager à tout moment ; mais ce qui l'inquiétoit le plus étoit le commerce du maréchal d'Hocquincourt avec elle. Cela l'avoit rendue si fière qu'elle traitoit souvent l'abbé Foucquet comme si elle ne l'eût pas connu. Celui-ci voyoit bien d'où venoit sa fierté.

Dans ces entrefaites, le maréchal d'Hocquincourt, se trouvant pressé par madame de Châtillon de lui tenir les paroles qu'il lui avoit données, et ne le voulant pas faire, fit avertir le cardinal de tout ce qu'il avoit promis à madame de Châtillon, par un gentilhomme à lui, qui paroissoit le trahir, et en même temps fit donner le même avis à l'abbé Foucquet par madame de Calvoisin[1], femme du gouverneur de Roye. Cette ruse

---

1. Nous ne paraphraserons pas cette indication rapide.

eut tout l'effet que le maréchal en avoit attendu ; le cardinal en prit l'alarme, et, pour rompre une si dangereuse intrigue, fit négocier avec le maréchal d'Hocquincourt. L'abbé Foucquet, de son côté, que la Calvoisin avoit averti, pria le cardinal de trouver bon qu'il fît arrêter madame de Chastillon, et la mît en un lieu où elle n'auroit du commerce avec personne, jusqu'à ce qu'il jugeât à propos de la remettre en liberté. Le cardinal y ayant consenti, l'abbé Foucquet fit prendre madame de Châtillon à Marlou et conduire avec une demoiselle à Paris, où il la fit entrer la nuit, et loger chez un nommé de Vaux[1], dans la rue de Poitou. Le lendemain qu'elle fut arrivée, l'abbé Foucquet tira un écrit d'elle, par ordre du cardinal, au maréchal d'Hocquincourt, par lequel elle le prioit de faire son accommodement avec le roi, et de ne plus songer à monsieur le Prince ni à elle, parceque cela la mettoit en danger de sa vie ; et comme, quelques jours avant qu'elle fût prise, elle étoit demeurée d'accord avec le maréchal, que, s'ils venoient à être arrêtés, et qu'on exigeât d'eux des lettres contre les mesures qu'ils avoient prises ensemble, ils n'y ajouteroient point de foi si elles n'étoient écrites d'un double C, elle ne le mit point dans cette lettre, mais bien dans une autre qu'elle écrivit au même temps au maréchal, par laquelle elle lui mandoit de demeurer ferme dans sa première résolution qu'il avoit prise de servir monsieur le Prince et de lui donner ses places. Le maréchal, qui n'en

---

1. Je pense que ce M. de Vaux est un agent subalterne de la police de l'abbé Fouquet ou un logeur du Marais.

avoit point eu d'intention, et qui ne l'avoit promis à madame de Châtillon que pour en avoir des faveurs et pour arracher du cardinal des grâces qu'il n'en pouvoit avoir sans se faire craindre, supprima la lettre d'intelligence et envoya à monsieur le Prince celle que l'abbé Foucquet avoit fait écrire à madame de Châtillon, par laquelle connoissant qu'elle étoit en danger de sa vie, il lui manda de faire son traité avec la cour, pourvu qu'il tirât madame de Châtillon de prison. Le cardinal, qui croyoit le maréchal tellement amoureux de madame de Châtillon qu'il donneroit tout ce qu'on lui demanderoit pour la mettre en liberté, la lui voulut compter pour cent mille livres, sur les cent mille écus dont il étoit demeuré d'accord avec lui; mais le maréchal n'en voulut rien faire, et néanmoins, pour ne pas passer auprès d'elle pour un fourbe et garder toujours avec elle des mesures, il ne voulut pas mettre ses places entre les mains du cardinal qu'il ne sût que la duchesse fût en liberté : de sorte que pour le satisfaire là-dessus on le trompa, et on envoya la duchesse chez les Pères de l'Oratoire, se faire voir à un gentilhomme qu'il avoit envoyé exprès pour cela, avec qui elle étoit libre, après quoi elle retourna dans sa prison, où elle fut encore huit jours. Pendant les trois semaines qu'elle fut prisonnière dans la rue de Poitou, l'abbé n'étoit pas si libre qu'elle; il enrageoit tous les jours de plus en plus : car, comme avec la liberté d'aller et de venir il lui ôtoit encore celle de le tromper, en l'empêchant de voir personne, il la trouvoit mille fois plus aimable qu'auparavant. D'ailleurs, la duchesse, qui vouloit se remettre dans son estime pour se mettre en liberté, vivoit d'une manière avec lui capable d'attendrir un barbare, avec mille complaisances et mille douceurs qu'elle avoit pour lui; elle lui témoignoit une confiance si entière, qu'il ne pouvoit s'empêcher de croire qu'elle ne voulût jamais dépendre que de lui.

Les choses étant en cet état, l'abbé surprit une lettre fort tendre que la duchesse écrivoit au prince de Condé. Cela lui donna une si grande douleur, qu'en lui faisant des reproches il se voulut empoisonner avec du vif argent de derrière une glace de miroir; mais, commençant à se trouver mal, il perdit l'envie de mourir pour une infidèle, et prit du thériaque qu'il portoit d'ordinaire sur lui pour le garantir des ennemis que l'emploi qu'il s'étoit donné auprès du cardinal lui donnoit tous les jours. Hormis d'aller de son mouvement où il lui plaisoit, la duchesse passoit fort agréablement le temps dans la prison : l'abbé lui faisoit la plus grande chère du monde; il lui donnoit tous les jours des présens très considérables en bijoux et en pierreries; il en sortoit à deux heures après minuit, et il y rentroit à huit heures du matin : ainsi il étoit dix-huit heures, de vingt-quatre, avec elle.

Il n'est pas possible que le cardinal ne sçût où étoit la duchesse, et cela est plaisant, que ce grand homme, qui faisoit le destin de l'Europe, fût de moitié d'un secret amoureux avec l'abbé Foucquet, où il n'avoit pas d'intérêt. Je crois que la raison qu'il avoit d'approuver ce commerce étoit que, connoissant la duchesse intrigante, il aimoit mieux qu'elle fût entre les mains de l'abbé, dont il étoit assuré, que d'un autre ; et, d'ailleurs, que, l'abbé la tenant en chambre et la déshonorant absolument par là, il étoit bien aise que le prince de Condé, son cousin et son amant, en reçût une mortification extraordinaire. Mais enfin l'accommodement du maréchal d'Hocquincourt étant fait à condition que la duchesse sortiroit de prison, il fallut la mettre en liberté; on l'envoya à Marlou, où il lui arriva, quelque temps après, la plus fâcheuse affaire du monde.

L'abbé Foucquet étoit convenu avec elle que tous les samedis ils se renverroient réciproquement les lettres qu'ils se seroient écrites pendant la semaine, et que ce seroit lui qui les enverroit quérir par un homme qui se diroit à mademoiselle de Vertus[1]. Un jour que cet homme étoit à Marlou, il y arriva un laquais du maré-

---

1. C'est celle à qui, dans la lettre célèbre de madame de Sévigné (1672), madame de Longueville demande des nouvelles de son fils. Elle étoit sœur de madame de Montbazon. Catherine-Françoise de Bretagne est morte le 21 novembre 1692.

Tallemant (t. 4, p. 454) lui accorde du mérite. Elle savoit le latin : « Les Vertus descendoient directement de François, comte de Vertus et de Goello, baron d'Avaugour et seigneur de Clisson, de Champtocé, etc., fils naturel de François II, duc de Bretagne, et d'Antoinette de Maignelois, dame de Cholet. »

Amie intime, et en tout temps, de madame de Longueville, elle cherche à la réconcilier un jour avec La Rochefoucauld, un autre jour avec son mari (1654, Montp., t. 2, p. 442).

Elle resta demoiselle, ne put vivre chez sa mère, qui étoit trop peu mère de famille, et alla d'abord chez madame de Rohan, puis à Port-Royal.

M. Victor Cousin lui a donné une place à côté de son amie.

chal d'Hocquincourt avec une lettre pour la duchesse, laquelle ayant fait ses réponses et les ayant données à une femme de chambre pour les rendre aux porteurs, celle-ci se méprit et donna à l'homme de l'abbé les réponses que sa maîtresse faisoit au maréchal, et au laquais du maréchal le paquet destiné à l'abbé. On peut juger dans quelles alarmes fut la duchesse sitôt qu'elle sçut l'équivoque, et particulièrement quand on sçaura que dans la lettre qu'elle écrivoit à l'abbé, outre mille douceurs, il y avoit encore un grand chapitre contre madame de Bregy [1], qu'elle haïssoit,

---

[1]. On a attribué à tort à M. de Brégy les Mémoires de M. de ***, qui ne semblent être qu'une compilation. C'étoit un pauvre homme qui se croyoit important (Montp., t. 2, p. 318) et dont on rioit, malgré ses ambassades en Pologne et en Suède. C'est son fils sans doute qui, gouverneur du Fort-Louis, fut tué près de cette place en 1689 (Quincy, t. 2, p. 174, et Dangeau, 14 juin 1689).

Charlotte de Chazan, sa femme, née en 1619, morte le 13 avril 1695, étoit fille du premier lit de madame Hébert, femme de chambre de la reine-mère. Elle étoit « jolie, quoique brune et petite » (Tallem., 2e édit., t. 7, p. 169). Sa gentillesse la fit nommer fille de la reine, du dehors, c'est-à-dire non titrée, domestique. La reine l'aima tout de suite et la combla de faveurs. Son esprit acheva sa fortune : il étoit vif, élégant, coquet. Tallemant dit : « C'est la plus grande façonnière et la plus vaine créature qui soit au monde. » Mais elle plut à tout le monde et elle écrivit des lettres qu'on admira. La mère « n'étoit ni muette (Mottev., t. 2, p. 74), ni philosophe, et n'étoit guère écoutée. » La fille, bel esprit reconnu, épousa à seize ans Léonor de Flesselles, comte de Bregy, qui aima ses servantes plus que sa femme. Madame de Bregy devint dame d'honneur et amie de la personne influente, madame de Motteville (Mottev., t. 3, p. 136).

L'*Estat de la France* pour 1649 donne la liste du service de la reine-mère.

Les dames sont : Madame la maréchale de Vitry, madame de Chaumont (sœur du président de Bailleul), madame de

parcequ'elle avoit naturellement les traits du corps et de l'esprit que la duchesse n'avoit que par ar-

Sainct-Simon (belle-sœur du duc de Sainct-Simon), la marquise de Rosny, la comtesse de Boesleau, madame de Chavannes, madame de Vaucelles, madame de Bonœil, madame de Vieux-Pont, madame de Brégy, madame la présidente de Mortecelle et autres.

Puis viennent les filles d'honneur, puis les femmes de chambre.

Anne d'Autriche, dans son testament, lègue à madame de Brégy 30,000 livres. Louis XIV fit plus encore pour elle. On voit dans les registres secrets (*Corresp. admin.*, t. 3) qu'il lui donne une fois 300,000 livres. Christine de Suède lui avoit donné 400,000 livres, dit-on. Madame (lettre du 10 novembre 1719) croit savoir pourquoi : « Elle a forcé madame de Brégy à des turpitudes, et celle-ci n'a pu se défendre. »

Madame de Brégy étoit très féconde et craignoit les grossesses. Loret (15 novembre 1650) le fait entendre :

> Clorinde, ce dit-on, postule
> Pour obtenir arrest ou bulle
> Qui la dispense absolument
> D'obéir à ce sacrement
> Qui fait qu'avec regret on couche
> Quelquefois deux en une couche.

En effet elle devint laide.

Dans la mazarinade de : *La Vérité des proverbes de tous les grands de la cour*, on lui fait dire : « Il n'y a si belle rose qui ne devienne gratte-cul. »

Mais son esprit lui resta; c'est cet esprit que Louis XIV aimoit. Il paroît que lui-même (Choisy, p. 673) fit pour elle une chanson :

> Vous avez, belle Brégis...

On a une lettre qu'il lui écrivit lorsqu'elle désira se séparer de son mari (*Œuvres de Louis XIV*, t. 5, p. 19) :

« *A la comtesse de Brégi.*

« A Fontainebleau, le 4 juin 1661.

« Quand on sçait demander les choses d'aussi bonne grâce que vous faites, et même des choses raisonnables, on n'importune jamais. Il ne tiendra pas à moi que votre procès (con-

tifice. Il est certain que celle-ci l'avoit toujours
enviée, et ne lui avoit jamais pu pardonner son

tre M. de Brégy) ne finisse. Je m'en expliquerai dans les
termes que vous pouvez souhaiter; mais souvenez-vous,
une fois pour toutes, que votre respect m'offenseroit si, dans
les occasions, vous ne recouriez à moi avec la confiance que
mérite l'estime que j'ai pour vous. »

Cette séparation fut une grande affaire, qui occupa longtemps Colbert et Louis XIV (V. leurs lettres).

Mazarin, dit-on, l'avoit aimée : « Le cardinal étoit amoureux d'une dame qui étoit chez la reine. Je l'ai connue, elle logeoit au Palais-Royal, et on la nommoit madame de Brégy. Elle étoit très belle, et beaucoup de gens ont été amoureux d'elle; mais c'étoit une honnête femme; elle a servi fidèlement la reine et a fait que le cardinal a mieux vécu avec la reine qu'auparavant. Elle avoit beaucoup d'esprit. » (Madame, 1 décembre 1717.)

Madame de «Brégy, étant belle femme, faisoit profession de l'être, et même avoit l'audace de prétendre que ce grand ministre avoit pour elle quelque sentiment de tendresse. » (1647; Mottev., t. 2, p. 221.)

La comtesse de Brégy s'est peinte elle-même (en tête de ses *Œuvres galantes*; Leyde et Paris, J. Ribou, 1666) : « Ma personne est de celles que l'on peut dire plustost grandes que petites. Mes cheveux sont bruns et lustrez; mon teint est parfaitement uny : la couleur en est claire, brune et fort agréable; la forme de mon visage est ovale, tous les traits en sont réguliers : les yeux beaux et d'un meslange de couleurs qui les rend tout à fait brillants; le nez est d'une agréable forme; la bouche n'est pas des plus petites, mais elle est agréable et par sa forme et par sa couleur; pour les dents, elles sont blanches et rangées justement comme le pourroient estre les plus belles dents du monde. La gorge est assez belle, et les bras et les mains se peuvent montrer sans trop de honte. Tout cela est accompagné d'un air vif et délicat. Je suis propre et m'habille bien. »

C'étoit véritablement un bel esprit. Benserade l'a choyée; elle croyoit que c'étoit elle qui étoit l'héroïne du sonnet de Job : aussi le défendit-elle (V. sa *Lettre à madame de Longueville*; Cousin, 2e édit., p. 331). « *Belarmis* (Somaize, t. 1, p. 38) est une prétieuse qui vit en célibat, quoyque son mary soit encore vivant. Son esprit a fait parler d'elle et l'a

mérite. Dans un autre endroit, elle tailloit en pièces le milord de Montaigu[1], et faisoit presque

fait connoistre pour prétieuse, non seulement parcequ'elle parle comme elles, mais encore parcequ'elle écrit fort bien en vers et en prose. Sa demeure est dans le palais que *Sénèque* (Richelieu) a fait bastir dans le quartier de la *Normandie* (Saint-Honoré), au Palais-Royal.

M. de Brégy mourut le 2 novembre 1712. Il est remarquable qu'un si grand nombre de nos personnages aient mené la vie si longue.

Madame de Brégy mourut, comme nous l'avons dit, en avril 1695. Dangeau (12 avril) dit de la défunte : « Elle a laissé, en mourant, 250,000 francs à Monsieur pour restituer ; elle avoit eu cela d'un don que lui avoit fait la reine-mère autrefois, qu'elle a prétendu un moment injuste. »

Et Saint-Simon (*Note à Dangeau*, t. 2, p. 135) : « C'étoit une antique beauté et un esprit, grande intrigante, et à qui, de la régence et de la jeunesse de Monsieur, il étoit resté grande familiarité avec eux et avec la reine-mère. »

Il a raconté une plaisante aventure qui lui arriva autrefois à Saint-Germain : Elle étoit sur son lit, le dos tourné vers la porte, attendant un lavement. Sa femme de chambre ne venoit pas. Estoublon passe par là, voit ce dos découvert, donne en silence le lavement et disparoît. La femme de chambre arrive enfin ; ni elle ni la dame médicamentée n'y purent rien comprendre.

1. Edme lord Montaigu avoit été envoyé en France en 1628 par la cour d'Angleterre pour s'entendre avec les princes et arranger une conspiration (La Porte, p. 10). Il avoit fait connoissance, par le canal de Buckingam, avec Anne d'Autriche, et lui avoit plu. En 1643 il est son confident (Mottev., t. 2, p. 12, et Monglat, p 141) : Mazarin, pour arriver au ministère « se servit de milord Montaigu, autrefois créature de Châteauneuf, mais qui, depuis sa retraite à Pontoise, avoit été gagné par la mère Jeanne, religieuse carmélite, sœur du chancelier Séguier. » (*Mém. de M. de****, p. 455.)

Pendant toute la Fronde, Montaigu fut très occupé : il s'étoit fait catholique et étoit devenu abbé de Saint-Martin à Pontoise. Retz (p. 296, 357) et d'autres attestent son activité et son dévoûment à la cause royale.

C'est son fils que nous trouvons en 1649 gouverneur de Rocroy (*Estat de la France*), qu'en 1653 il essaie en vain

partout des plaisanteries du maréchal les plus piquantes du monde. Quand elle songeoit encore aux lettres de l'abbé qu'elle lui renvoyoit, dans

(Lenet, p. 615) de défendre contre les Espagnols, et que nous voyons, en 1657, cornette des chevau-légers du roi (Montp., t. 3, p. 217). Bussy parle de ce Montaigu-là.

Le père, milord de Montaigu, comme on disoit, resta jusqu'au dernier moment l'ami de la reine-mère; elle alloit le visiter dans son abbaye (Mott., t. 5, p. 18.—1659). Il conserva aussi un grand crédit sur le ministre et sur la cour d'Angleterre. C'est lui qui, en 1660 (Mottev., t. 5, p. 83), veut marier Charles II à Hortense Mancini ; c'est lui qui amène la reine Henriette à reconnoître pour sa belle-fille la femme du duc d'Yorck, Anne Hyde de Clarendon. Il « n'avoit pas de désirs pour la fortune, ses attachements étoient en France; la véritable piété faisoit qu'il étoit désintéressé. » Il assista Anne d'Autriche à son lit de mort (Montp., t. 4, p. 91, et Mottev., t. 5, p. 235.)

Le fils, « le petit milord Montaigu » (Mottev., t. 5, p. 134), jouissoit du crédit de son père en France, et y joignoit le sien auprès du roi restauré d'Angleterre. Il devint ambassadeur d'Angleterre en France et courtisa les dames de l'un et de l'autre pays. On le compte parmi les galants de la très galante madame de Brissac.

> Pour contenter cette beauté,
> L'ambassadeur a l'air trop fade.

C'étoit donc, apparemment, un Anglois aux cheveux blonds. Il quitta madame de Brissac en 1672 pour Elisabeth Wriothesley, comtesse de Northumberland, sœur de l'héroïque lady Russell; il l'épousa, non sans peine, en 1673; elle mourut à quarante-quatre ans, en 1690.

Madame de La Fayette écrivit sur cela à madame de Sévigné :

« On dit ici que, si M. de Montaigu n'a pas un heureux succès de son voyage, il passera en Italie pour faire voir que ce n'est pas pour les beaux yeux de madame de Northumberland qu'il court le pays. » (30 décembre 1672.)

Et le 13 avril 1673 : « Montaigu s'en va ; on dit que ses espérances sont renversées ; je crois qu'il y a quelque chose de travers dans l'esprit de la nymphe. »

Veuf, Montaigu épousa la folle duchesse d'Albemarle, qui

lesquelles il y avoit des tendresses et des emportemens d'amour qui pouvoient être bons à une maîtresse, mais qui paroissoient d'ordinaire fort ridicules aux indifférens, et que cela étoit entre les mains d'un rival glorieux et moqué, elle étoit au désespoir. L'abbé, d'un autre côté, ne passoit pas mieux son temps. Pour le maréchal, sitôt qu'il eut vu toutes les lettres de l'abbé et celles que lui écrivoit la duchesse, il jugea qu'il pouvoit être obligé un jour de les lui rendre par sa fragilité auprès d'elle, ou par la prière de ses amis : de sorte que, pour se mettre en état de se venger d'elle quand il lui plairoit, il les fit toutes copier, et puis alla montrer les originaux au duc de La Rochefoucauld et à madame de Pisieux, qu'il sçavoit être ennemie de la duchesse. Après que l'abbé eut été une nuit à Marlou, il revint à Paris chez le maréchal, auquel il demanda ses lettres. Le maréchal ne se contenta pas de les lui refuser, mais il y ajouta toute la raillerie à sa manière dont il se put aviser. Pendant que le maréchal se réjouissoit, il tenoit ouverte la lettre

---

ne consentit à lui donner sa main et ses richesses que lorsqu'il se présenta en grande pompe sous le nom et avec un appareil digne de l'empereur de Chine.

Lord Montaigu avoit été remplacé, comme ambassadeur, par le comte de Sunderland, gendre de Digby. Tous nos amis sont casés.

Le *British Musæum* a été établi dans l'hôtel même de lord Montaigu.

La sœur de lord Montaigu épousa le chevalier Hervey, qui a écrit un poème latin sur le style épistolaire :

> Natura mulier, vir magis arte valet.

C'est à elle que La Fontaine a dédié la 23e fable de son livre 12.

de la duchesse à l'abbé. Celui-ci, qui aimoit presque autant se faire tuer que laisser sa maîtresse à la discrétion de son rival, comme elle étoit par cette lettre, se jeta dessus; il en déchira la moitié, qu'il alla faire voir à la duchesse, lui disant que le maréchal avoit brûlé l'autre. Cependant le maréchal, en colère de l'entreprise de l'abbé, lui dit qu'il sortît promptement de chez lui, et que, si quelque considération ne le retenoit, il le feroit jeter par les fenêtres.

Quelque temps après, la duchesse, étant revenue à Paris, crut que, pour désabuser le public de mille particularités que le maréchal avoit dites d'elle, il falloit qu'elle fît voir à des gens de mérite et de vertu de quelle manière elle le traiteroit. Elle choisit pour cela la maison du marquis de Sourches, grand prévôt de France, auprès de qui et de sa femme elle vouloit particulièrement se justifier. Le rendez-vous étant pris avec le maréchal, celui-ci s'aperçut de son dessein. « Dieu te garde, ma pauvre enfant! lui dit-il en l'abordant. Comme se portent mes petites fesses? Sont-elles toujours bien maigres? » On ne sçauroit comprendre l'état où fut la duchesse de ce discours; ce lui fut un coup de massue sur la tête. Il ne laissa pas de lui venir en pensée de traiter le maréchal de fol et d'insolent; mais elle crut qu'ayant débuté comme il avoit fait, il entreroit dans un détail le plus honteux du monde pour elle si elle le fâchoit tant soit peu. Le grand prévôt et sa femme se regardoient l'un l'autre, et, se tournant à la duchesse, lui trouvoient les yeux baissés. Véritablement elle ne changeoit pas de couleur; mais eux, qui la connoissent, ne la croient pas embarrassée. Enfin le grand prévôt, prenant la parole : « Vous avez tort, dit-il, monsieur le maréchal : les braves hommes ne doivent jamais rompre en visière aux dames ; on leur doit sçavoir gré du présent qu'elles font de leur cœur ; il ne les faut pas offenser quand elles le refusent. — J'en conviens, dit le maréchal ; mais, leur cœur une fois donné, si elles changent après cela, il faut qu'elles aient de grands ménagemens pour ceux qu'elles ont aimés ; et quand elles font des railleries d'eux, elles s'exposent à de grands déplaisirs. Vous m'entendez bien, Madame, ajouta-t-il, se tournant vers la duchesse. Je suis assuré que vous croyez bien que j'ai raison ; mais vous me surprenez par votre embarras : vous devriez être faite à la fatigue depuis le temps que vous faites de méchants tours aux gens qui s'en vengent ; je vous avoue que je n'eusse pas cru que vous eussiez encore tant de honte que vous avez. » Et en achevant ce discours, il sortit et laissa la duchesse plus morte que vive. Le grand prévôt et sa femme essayèrent de la remettre, en disant que ce qu'avoit dit le maréchal n'avoit fait aucune impression sur leur esprit ; cependant, depuis ce jour-là, ils n'eurent pas grand commerce avec elle.

Quinze jours après, l'abbé fut obligé d'aller à la cour, qui étoit à Compiègne. La duchesse, qui prévoyoit le retour en France du prince de Condé par la paix générale, dont on parloit fort, et qui ne vouloit pas qu'il la trouvât dans un attachement si honteux pour elle, et qui d'ailleurs lui étoit fort à charge, résolut de le rompre de manière qu'il n'en restât aucun vestige. Dans ce dessein,

elle s'en alla au logis de l'abbé, où, ayant trouvé
celui de ses gens en qui il avoit plus de confiance,
elle lui demanda les clefs du cabinet de son maître, lui disant qu'elle vouloit lui écrire. Ce garçon, sans pénétrer plus avant et ne regardant
que la passion de l'abbé pour la duchesse, lui
donna tout aussitôt ce qu'elle demandoit. Comme
elle se vit seule, elle rompit la serrure de la cassette où elle sçavoit que l'abbé gardoit ses lettres,
et, non seulement les prit toutes, mais encore
d'autres du prince de Condé qu'elle lui avoit sa-
crifiées, et les alla brûler chez madame de Sourches. L'abbé, ayant trouvé à son retour ce fracas
chez lui, s'en alla chez la duchesse et commença
par la menacer de lui couper le nez; ensuite il
cassa un chandelier de cristal et un grand miroir
qu'il lui avoit donné, et sortit après lui avoir dit
mille injures. Pendant tout ce vacarme, une
femme de chambre de la duchesse, qui crut que
l'abbé reprendroit tout ce qu'il lui avoit donné,
se saisit de la cassette de pierreries de sa maîtresse et l'alla porter chez madame de Sourches,
où le soir même la duchesse l'envoya reprendre
pour la donner en garde à une dévote parente de
sa mère. L'abbé, qui en fut averti le lendemain,
alla chez cette dévote enlever de force la cassette.
La duchesse, ayant appris la perte qu'elle faisoit,
fut au désespoir; mais elle ne perdit pas le jugement. Elle employa auprès de l'abbé des gens
qui avoient tant de crédit auprès de lui qu'il rendit la cassette, et dans cette restitution ils se
raccommodèrent aussi bien qu'ils avoient jamais
été; et cette réconciliation fut si prompte que,
madame de Boutteville étant venue le lendemain

consoler la duchesse sa fille de l'accident qui lui étoit arrivé, l'abbé étoit déjà avec elle, qui se cacha dans un cabinet pendant cette visite, d'où il entendit toute la comédie.

Quelque temps après, la duchesse ne voulut pas se donner toujours la peine de cacher qu'elle revoyoit l'abbé, et crut que, leur querelle ayant fait du bruit, il falloit que leur accommodement fût public : elle se fit donc presser par tous ses amis, à la sollicitation de l'abbé, de lui vouloir pardonner ; et enfin, ayant fait une affaire de conscience, la mère supérieure du couvent de la Miséricorde[1], femme sujette aux visions béatifiques, les fit parler et embrasser ensemble. Cette entremise décrédita un peu la révérende mère auprès de la reine et du cardinal. Ils ne crurent pas qu'elle eût du commerce si particulier avec Dieu,

---

1. Recourons une fois de plus à Mademoiselle (t. 3, p. 297) : « Cette affaire (de la cassette des lettres prise chez l'abbé Fouquet) se passa un peu devant que je revinsse à la cour (1658). Deux ou trois mois après, madame de Brienne alla avec madame de Châtillon à la Miséricorde, qui est un couvent du faubourg Saint-Germain. Elles étoient au parloir, et madame Fouquet, la mère, y vint avec l'abbé. Madame de Châtillon dit à madame de Brienne : « Ah ! ma bonne, que vois-je ? quoi ! cet homme devant moi ! » Madame de Brienne et la Mère de la Miséricorde lui dirent : « Songez que vous êtes chrétienne et qu'il faut tout mettre aux pieds de Jésus-Christ. » La Mère de la Miséricorde s'écria : « Au nom de Jésus, mon enfant, au nom de Jésus, regardez-le en pitié ! » »

Au nom de Jésus, je crois pouvoir affirmer que la Mère de la Miséricorde faisoit là un métier auquel on donne un vilain nom.

M. Henri Bordier (*Les Eglises et les Monastères de Paris*) ne cite qu'un ancien couvent qui porte le nom de la Miséricorde : les Hospitalières de la rue Mouffetard (p. 81), établies en 1656 pour secourir les femmes pauvres.

puisqu'elle se laissoit tromper si facilement par les hommes.

Cependant cette réconciliation ne dura que six mois. Le retour en France du prince de Condé, qui s'avançoit tous les jours, fit appréhender la duchesse qu'il la trouvât encore sous la domination de l'abbé, et mesdames de Saint-Chaumont et de Feuquières[1], ses cousines et ses bonnes amies, lui firent tant de honte qu'elle rompit avec lui sous prétexte de dévotion. Il fut fort difficile à l'abbé de consentir au dessein de la duchesse. Dans un autre temps il ne l'auroit pas fait; mais, voyant son crédit auprès du cardinal fort diminué, et craignant que le prince de Condé, qui le haïssoit d'ailleurs, et Boutteville, qui voudroit venger la honte qu'il avoit faite à sa maison, ne le fissent tuer s'il donnoit à la duchesse le moindre sujet nouveau de plainte, il cessa de la voir et ne cessa pas de l'aimer[2].

1. Mesdames de Saint-Chaumont et de Feuquières sont les sœurs du maréchal de Grammont. Le comte de Grammont (*Mém.*, ch. 12) se fait dire par son frère : « La Saint-Chaumont, qui n'a pas, à beaucoup près, le jugement aussi merveilleux qu'elle se l'imagine... »

Elle servit son neveu Guiche dans son intrigue avec Madame (*Lettres de Madame*, 30 septembre 1718). Elle étoit gouvernante des enfants de Monsieur (La Fare), et avoit été, pour cette place, en concurrence avec madame de Motteville (t. 5, p. 158; 1661). « La cabale favorite du roi, composée de la comtesse de Soissons et de Fouilloux, fille de la reine-mère, confidente et amie de cette princesse », la soutint. Elle fut aussi demandée par Monsieur, grâce aux manœuvres de mademoiselle Chemerault, qu'il aimoit alors.

« *Sinaïde* (Somaize, t. 1, p. 223) est une prétieuse fort spirituelle et fort sage, et qui écrit fort poliment en prose. »

2. Continuons l'histoire : « Cependant le prince de Condé ne fit plus en France la même figure qu'il y avoit fait autre-

fois. Bien loin de le voir mêlé dans les affaires, agissant par luy-même et se rendant considérable par son crédit, nous ne le verrons plus que dans une continuelle dépendance. Sur quoy l'on rapporte que, la duchesse de Châtillon ayant fait des reproches à ce prince du peu de soins qu'il prenoit de faire valoir son autorité, et luy ayant remontré qu'étant prince du sang, il devoit tenir le rang qui étoit dû à sa dignité, ce prince luy répondit : « Madame, je n'ignore pas ce que vous venez de me représenter, et, assurément, je n'ay pas besoin qu'on m'invite à faire valoir l'autorité qui est due à ma naissance. J'y serois assez porté moi-même, si le roy étoit moins jaloux de son pouvoir et moins heureux qu'il n'est; mais aussi, Madame, si vous connoissiez son humeur comme je la connois, vous me parleriez d'une autre manière que vous ne faites. » (Pierre Coste, p. 251.)

Cela fut dit en 1660; mais le temps étoit passé des aventures politiques, et madame de Châtillon dut bientôt se résigner à devenir madame de Meckelbourg.

En 1680 (Sévigné, 12 janvier), « madame de Meckelbourg est logée à la rue Taranne, où étoit la Marans. Cela ne ressemble guère à l'hôtel de Longueville. »

En 1692, Abraham du Pradel (*le Livre commode*) la loge près de Saint-Roch et lui donne le titre de *dame curieuse*, c'est-à-dire de collectionneuse, de dame à beaux meubles, à tableaux, à colifichets. Ce fut là son dernier logement. Lorsqu'elle meurt, Saint-Simon (t. 1, p. 50) dit qu'elle logeoit dans une des dernières maisons près de la porte Saint-Honoré.

Elle avoit beaucoup aimé son frère Luxembourg; elle ne lui survécut pas (Saint-Simon, t. 1, p. 84 et 144).

M. de Meckelbourg étoit mort à La Haye en 1692. Madame de Meckelbourg étoit restée l'amie de Monsieur (Saint-Simon, *note à Dangeau*, 24 janvier 1695). En mourant elle laissa 4,000,000 encore, près de douze millions d'aujourd'hui.

« Ah! ne me parlez point de madame de Meckelbourg : je la renonce. Comment peut-on, par rapport à Dieu et même à l'humanité, garder tant d'or, tant d'argent, tant de meubles, tant de pierreries, au milieu de l'extrême misère des pauvres dont on étoit accablé dans ces derniers momens? » (Sév., 3 février 1695.)

HISTOIRE
AMOUREUSE
DES GAULES

LIVRE TROISIÈME.

SUITE DE L'HISTOIRE DE MADAME D'OLONNE.

Dans ce temps-là, madame d'Olonne étoit allée, comme j'ai dit, prier la comtesse de Fiesque de remercier de sa part l'abbé Foucquet de quelque prétendue obligation qui proprement n'étoit rien; mais elle vouloit faire faire des réflexions à l'abbé Foucquet sur ce compliment, et lui faire comprendre que, quand on remercioit les gens de si peu de chose, on leur vouloit avoir de plus grandes obligations. Le même jour que madame d'Olonne vit la comtesse, elle trouva l'abbé chez madame de Bonnelle, et là elle lui fit elle-même son compliment. L'abbé, qui étoit bien aise de se faire une affaire avec madame d'Olonne pour essayer de se guérir de la passion qui lui restoit encore pour la duchesse de Châtillon, répondit à ses civilités le plus obligeamment qu'il put, et le lendemain, la comtesse l'ayant envoyé quérir et lui disant ce que madame d'Olonne l'avoit prié de lui dire : « J'en sçais plus que vous, Madame, lui dit-il, et je reçus hier au soir d'elle-même des marques de sa reconnoissance; mais je voudrois bien sçavoir de vous une chose, ajouta-t-il : si le comte de Guiche n'est point amoureux de madame d'Olonne; car, cela étant, je veux éviter l'occasion de le devenir. Il a eu tant d'égards pour moi en tout rencontre que je serois ridicule d'en user mal avec lui. — Non, lui dit la comtesse; au moins madame d'Olonne et lui m'ont dit, chacun en particulier, qu'ils ne songeoient point l'un à l'autre. — Cela étant, répliqua l'abbé, je vous supplie, Madame, de mander à madame d'Olonne que vous m'avez vu, et que, sur ce que vous m'avez dit de sa part, je vous ai paru si transporté de joie de voir comme elle recevoit ce que je faisois pour elle, que vous ne doutez pas que je ne devienne furieusement amoureux; et là-dessus, Madame, demandez-lui, je vous prie, ce qu'elle feroit si cela étoit. » La comtesse lui ayant promis, l'abbé sortit, et le lendemain madame d'Olonne, ayant reçu le billet de la comtesse, y fit cette réponse :

BILLET.

Vous me mandez ce que je ferois si l'abbé Foucquet étoit fort amoureux de moi. Je n'ai garde de vous le dire, mais il me plaît toujours autant qu'il me plut avant-hier. Adieu, la Castillanne !

Le chevalier de Grammont, étant arrivé chez la comtesse un moment après qu'elle eut reçu ce billet, la trouva au lit; et, voyant un papier qui n'étoit qu'à moitié sur son chevet, il le prit. La comtesse lui ayant redemandé ce papier, le chevalier lui en rendit un autre à peu près de la même grandeur. Les gens qui étoient alors chez la comtesse l'occupoient si fort qu'elle ne s'aperçut pas de la tromperie du chevalier, lequel sortit presque aussitôt qu'il l'eut faite. Comme il vit ce que c'étoit, il ne faut pas demander s'il eut de la joie d'avoir en main quelque chose qui pût nuire à madame d'Olonne et faire enrager le comte de Guiche. Il se souvenoit d'avoir été sacrifié à Marsillac et des inquiétudes que son neveu lui avoit données sur le sujet de la comtesse, et il étoit bien aise que l'abbé le tourmentât à son tour. Le bruit qu'il fit de cette lettre eut tout l'effet qu'il pouvoit souhaiter. Le comte de Guiche eut l'alarme et consulta Vineuil; ils résolurent ensemble qu'il en parleroit lui-même à l'abbé, et cependant il écrivit cette lettre à madame d'Olonne :

LETTRE.

Vous me désespérez, Madame; mais je vous aime trop pour m'emporter contre vous. Peut-être que cette manière vous touchera plus le cœur que les reproches. Cependant il faut que mon ressentiment retombe sur quelqu'un, et je ne vois personne qui se le soit mieux attiré que la comtesse. C'est elle assurément qui a embarqué l'abbé Foucquet à songer à vous; elle est au désespoir que je l'aie quittée. Pour me faire retourner à elle, ou pour se venger de mon changement, elle me veut donner un rival qui me chasse ou qui me dégoûte de vous aimer. Je ne pense pas qu'elle réussisse à l'un ni à l'autre, Madame. Je ne laisse pas de lui sçavoir le même gré que si l'un et l'autre étoit arrivé. Aussi se doit-elle attendre que je n'aurai plus d'égards pour elle, et qu'il n'y a rien au monde que je ne fasse pour me venger.

Madame d'Olonne, qui n'étoit pas si assurée du comte de Guiche qu'elle n'appréhendât que la comtesse le pût reprendre, les voulut brouiller au point qu'il ne pût pas y avoir apparemment de réconciliation entre eux. Pour cet effet, elle n'eut pas plutôt reçu cette lettre qu'elle l'envoya à la comtesse. Celle-ci, enragée contre le comte de Guiche, manda à Vineuil de la venir trouver. « Je vous ai envoyé quérir pour vous dire que votre ami est un fou et un impertinent avec qui je ne veux plus avoir de commerce. Voyez la lettre qu'il vient d'écrire à madame d'Olonne ! Il se plaint que je pousse l'abbé Foucquet à s'embarquer avec sa maîtresse, et ne se souvient pas qu'il m'a dit qu'il ne songeoit plus à elle. — Je vous demande pardon pour lui, répondit Vineuil ; excusez un pauvre amant qui, parcequ'on lui veut ôter sa maîtresse, ne sçait plus ce qu'il fait ni à qui s'en prendre. Sitôt que je l'aurai fait revenir à lui, il viendra se jeter à vos pieds. » Après quelques autres discours, Vineuil sortit, et une heure après rentra avec le comte de Guiche, qui dit tant de choses à la comtesse qu'elle lui promit de ne se souvenir plus de sa brutalité. Le lendemain le comte, qui avoit résolu de parler à l'abbé, l'alla trouver, et, l'ayant tiré à part : « Si nous avions tous deux commencé en même temps, lui dit-il, d'être amoureux de madame d'Olonne, il seroit ridicule de trouver étrange que vous me la disputassiez. Aussi ne le ferois-je pas, et je la laisserois décider elle-même par ses faveurs de la bonne fortune de l'un ou de l'autre. Mais que vous me veniez troubler dans une affaire où je suis engagé long-temps avant vous, vous voulez bien que je vous dise que cela n'est pas honnête, et que je vous prie de me laisser en repos auprès de ma maîtresse, sans me donner d'autres chagrins que ceux qui me viennent de ses rigueurs. — Je suis ami de madame d'Olonne, répondit l'abbé, et rien autre chose. Ainsi vous n'avez pas sujet de vous plaindre de moi. Si je croyois pourtant que le discours que vous me venez de faire eût été conseillé par des gens qui me voulussent faire des affaires, je vous déclare que je deviendrois votre rival dès aujourd'hui. Je sais bien pourquoi je vous parle ainsi, et vous me pouvez bien entendre. » L'abbé prétendoit parler de Vardes[1], son ennemi mortel et ami du comte. « Non, répondit le comte, et je ne vous entends point ; mais ce que j'ai à vous dire, c'est que la jalousie m'a conseillé de vous venir prier de ne m'en donner plus. » L'abbé lui ayant pro-

---

1. Quand Vardes meurt (en août 1688), madame de Sévigné écrit (3 septembre 1688) : « Il n'y a plus d'homme à la cour bâti sur ce modèle-là. » Vardes avoit été le type du gentilhomme de palais royal.

Son père, en 1617, avoit épousé madame de Moret, ancienne maîtresse de Henri IV (Jacqueline de Bueil, née vers 1580, mère, en 1607, d'Antoine de Bourbon, comte de Moret, mariée en 1610 à Philippe de Harlay, comte de Césy).

Vardes s'appeloit René François du Bec Crespin (en Normandie). Je ne l'aime pas beaucoup, pour ma part : il fut égoïste. Ses amours avec madame de Roquelaure (Conrart, p. 250), et, plus tard, dans son exil, avec mademoiselle de Thoiras, qu'il laissa dans l'embarras, ne parlent pas en sa faveur. Madame de Sévigné (28 juin 1671 et 30 mars 1672) a parlé de cette dernière liaison : « J'ai horreur de l'inconstance de M. de Vardes ; il a trouvé cette conduite dans le feu de sa passion, sans aucun sujet que de n'avoir plus d'amour. Cela désespère, mais j'aimerois encore mieux cette douleur que d'être quittée pour une autre. Voilà notre vieille querelle. Il y a bien d'autres sujets sur quoi je n'approuve pas M. de Vardes. »

Vardes avoit épousé Catherine Nicolaï. « Le bruit courut partout qu'il étoit impuissant, ce qui passoit pour une vérité parmi ceux qui ne le connoissoient pas particulièrement; mais ceux qui le connoissoient assuroient qu'il ne l'étoit pas, mais qu'il n'étoit pas fort vigoureux, et que c'est ce qui avoit donné lieu à ce bruit. Sa femme soutenoit à sa mère et à tous ses parents que tant s'en falloit que cela fût, que même il étoit fort vert galant. » (Conrart, p. 252.)

Le mariage eut lieu (V. Loret) le 19 septembre 1656. Mademoiselle de Nicolaï, fille du premier président de la chambre des comptes et de Marie Amelot, mourut en 1661.

La fille de Vardes, Marie-Elisabeth du Bec, fut mariée en 1678 à Louis de Rohan-Chabot.

C'est pour son mariage avec mademoiselle de Nicolaï que

mis, ils se séparèrent les meilleurs amis du monde. Quelque temps après, celui-ci trouvant madame d'Olonne en visite, elle le tira en particulier pour lui faire des confidences de bagatelles. L'abbé aussi, ne sçachant que lui dire, lui conta l'éclaircissement du comte et de lui. « Je suis

Vardes fut si vigoureusement aidé contre la famille par l'abbé Fouquet et Candale (Montp., t. 3, p. 76).

Jarzay l'avoit soutenu dans l'intrigue qu'il eut avec madame de La Roche-Guyon. Veuf, il eut deux fois à refuser mademoiselle de La Vallière : on la lui offrit avant l'exaltation ; on la lui offrit encore après la chute. Il avoit eu Ninon. Madame de Vardes, morte jeune, avoit brillé à l'hôtel de Rambouillet (Walck., t. 1, p. 39).

En 1650, Vardes est épris de madame de Lesdiguières (Retz, p. 206); en 1652, il combat dans le parti de la cour et a le poignet cassé à Etampes (Conrart, p. 74). Tallemant (ch. 355) dit qu'il touchoit une pension de 6,000 livres pour son beau dévoûment.

De 1655 à 1678 (Daniel, t. 2, p. 312) il fut capitaine de la compagnie des Cent-Suisses. Ce gentilhomme, si poli au Palais-Royal et au Louvre, avoit quelque cruauté. Il fait couper le nez à Montandré, auteur d'un libelle écrit contre madame de Guébriant, sa sœur (Retz, p. 258); il se bat avec le duc de Saint-Simon pour un procès, et il est vaincu (Saint-Simon, 1, p. 50).

La *Gazette de France* le montre, au mariage du roi, « lestement vestu, à la teste des Cent-Suisses, aussi en habits neufs passementez d'or, avec la toque de velours ondoyée de belles plumes, marchant, tambours battant, soûs leur enseigne, semée de fleurs de lys d'or. »

Sa faveur étoit grande alors. Il étoit beau (de la tête au moins); il se crut autorisé à courtiser madame de Conti. Conti l'y prend (Choisy, p. 627) et l'en dégoûte. Il étoit joueur et ami de Gourville (*Mém. de Gourville*, p. 529), à qui il raconta l'histoire de la lettre espagnole. Madame ne l'aimoit pas (Conrart, p. 279); il poussa le chevalier de Lorraine à l'aimer. Puis vint en effet cette malheureuse lettre espagnole, imaginée avec Guiche et madame la comtesse de Soissons, qui les perdit (Montp., t. 4, p. 43).

« Le roi a fait mettre dans la Bastille M. de Vardes ; on

bien aise, lui dit-elle, de voir que vous autres messieurs disposez de moi comme de votre bien. Me voilà donc maintenant au comte de Guiche, puisque vous lui avez fait votre déclaration que vous ne prétendiez rien à moi?— Ah! Madame, répondit l'abbé, je ne vous donne à personne.

ne sçait point le sujet : on dit que c'est à cause de M. Fouquet ; mais apparemment c'est le prétexte de quelque autre chose. » (Guy Patin, 16 décembre 1664.)

« M. de Vardes a été amené d'Aigues-Mortes dans la citadelle de Montpellier, par ordre du roi, d'où l'on dit qu'il sera conduit à Paris (31 mars 1665).

(Même lettre.) « Le comte de Guiche a reçu commandement du roi de se retirer à La Haye (en Hollande), et la comtesse de Soissons n'est pas bien dans l'esprit du roi à cause de la lettre qui est venue d'Espagne. »

Vardes alla d'abord à la Bastille, où on courut le voir en procession. Il n'en étoit pas moins perdu, et l'amitié du roi lui étoit ravie. Il « avoit une ambition déréglée (Mottev., t. 5, p. 227) et naturellement étoit artificieux et vain. » On l'envoya dans la citadelle de Montpellier (La Fare), puis on lui permit de se promener un peu ; mais il resta en exil. Madame de Grignan l'y retrouve, toujours capitaine en titre des Cent-Suisses (Sévigné, édit. Didot, t. 3, p. 39), s'occupant de chimie et poursuivant surtout la découverte de l'or potable (1er juillet 1676). En 1683 il reparut à la cour (Sévigné, 26 mai) vieilli, cassé, mais élégant, roide, poli, reste glacé des grâces de la Régence, et, plutôt qu'un modèle, un souvenir. Louis XIV fût clément et doux.

« M. de Vardes est ici plus délicieux que jamais, et joignant les perfections humaines et la sagesse de l'honnête homme à celle d'un bon chrétien. » (*Lettre de Corbinelli*, 1er juin 1684.)

Dangeau (21 janvier 1688) montre que de Vardes reconquit presque sa place perdue dans la faveur. Il meurt le 3 septembre 1688, laissant 40,000 livres de rente à son gendre. Saint-Simon, parlant de son exil et de son retour, dit : « Il en revint si rouillé qu'il en surprit tout le monde et conserva toujours du provincial. Le roi ne revint jamais qu'à l'extérieur, et encore fort médiocre, quoiqu'il lui rendît enfin un logement et ses entrées. »

Si j'étois en pouvoir de le faire, comme je m'aime mieux que qui que ce soit, je vous garderois pour moi ; mais, sur le soupçon qu'a le comte de Guiche que j'ai de l'amour pour vous, je lui déclare que je n'y songe pas, et cela, entre vous et moi, Madame, parceque je me défie de ma bonne fortune, car... — Non, non, interrompit madame d'Olonne, n'achevez pas, Monsieur l'abbé, de me parler contre votre pensée ; vous sçavez bien que vous n'êtes pas si malheureux que vous dites. » L'abbé, se trouvant si pressé, ne put s'empêcher de lui répondre qu'elle le sçavoit mieux que lui ; que, pouvant faire la fortune des rois même, il croyoit la sienne faite si elle l'en assuroit, et qu'au reste les paroles qu'il avoit données au comte ne l'empêcheroient pas de l'aimer quand il verroit quelque apparence d'être aimé. Cette conversation finit par tant de douceurs de la part de madame d'Olonne que l'abbé oublia qu'il aimoit encore madame de Châtillon, de sorte qu'il se résolut de s'embarquer sans inclination avec madame d'Olonne. Il crut qu'en intéressant le corps par les plaisirs, il pourroit détacher l'esprit, dont les intérêts sont si mêlés. En effet, madame d'Olonne, à qui le temps étoit fort cher, ne laissa pas languir l'abbé ; mais, comme leur intelligence ne put pas durer long-temps sans que le comte s'en aperçût, celui-ci alla chez elle pour lui en faire des plaintes. Comme il fut à la porte de sa chambre, il ouït qu'on faisoit quelque bruit. Cela l'obligea d'écouter ce que c'étoit. Il entendit madame d'Olonne qui disoit mille douceurs à quelqu'un. Sa curiosité redoublant, il regarda par le trou de la serrure et vit sa maîtresse faisant des caresses à son mari[1], aussi tendres qu'à un amant. Cela ne lui en donna pas moins de mépris pour elle. Il s'en retourna brusquement à son logis, où, ayant pris de l'encre et du papier, il écrivit ceci à Vineuil :

LETTRE.

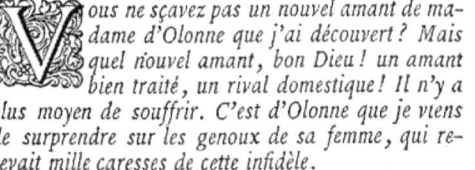ous ne sçavez pas un nouvel amant de madame d'Olonne que j'ai découvert ? Mais quel nouvel amant, bon Dieu ! un amant bien traité, un rival domestique ! Il n'y a plus moyen de souffrir. C'est d'Olonne que je viens de surprendre sur les genoux de sa femme, qui recevait mille caresses de cette infidèle.

Je penserois n'être pas malheureux
Si la beauté dont je suis amoureux
Pouvoit enfin se tenir satisfaite
De mille amans avec un favory ;
Mais j'enrage que la coquette
Aime encor jusqu'à son mari.

Car enfin, mon cher, il n'est pas mari : il a toutes les douceurs des amants, il reçoit d'autres caresses que celles que fait faire le devoir, et il les reçoit de jour, qui n'a jamais été que le temps des amans.

---

1. Dans les *Amours de madame de Brancas*, M. d'Olonne, Jeannin, Paget, reparoîtront. On y verra que, si madame d'Olonne jouoit des tours à son mari, celui-ci ne se gênoit nullement pour courir la pretentaine. Il paya sa belle-sœur, madame la maréchale de La Ferté ; il enleva madame de Brancas à Jeannin ; il eut une autre de ses belles-sœurs, la femme de son frère Royan. Ce gros homme, ce « tonneau », n'étoit donc pas adonné uniquement aux voluptés culinaires.

Le lendemain, le comte de Guiche, étant retourné chez madame d'Olonne, laissa pour une autre fois les reproches qu'il avoit à faire sur son mari, et ne voulut pour ce coup parler que de l'abbé Foucquet. Madame d'Olonne, qui étoit remplie de considération quand il falloit perdre un amant, non pas tant pour la crainte de son dépit que parcequ'elle en ôtoit le nombre, dit au comte de Guiche qu'il étoit le maître de sa conduite, qu'il pouvoit lui prescrire telle manière de vie qu'il lui plairoit ; que, si l'abbé lui donnoit de l'ombrage, non seulement elle ne le verroit plus, mais qu'il seroit témoin, s'il vouloit, de quel air elle lui parleroit. Le comte, qui n'eût jamais osé lui demander un si grand sacrifice, accepta les offres qu'elle lui en fit. Le rendez-vous se prit chez Craf pour le lendemain, où madame d'Olonne, seule avec le comte et l'abbé, parla ainsi à ce dernier, après avoir tout concerté la veille. « Je vous ai prié, Monsieur l'abbé, de vous trouver ici pour vous dire, en présence de monsieur le comte de Guiche, que je n'aime et que je ne puis jamais aimer personne que lui. Nous avons tous deux été bien aises que vous le sçussiez, afin que vous n'en prétendiez cause d'ignorance. Ce n'est pas, je l'avoue, que vous ayez pris jusqu'ici d'autre parti avec moi que celui d'ami, mais comme vous n'y entendez pas finesse, peut-être que vous n'avez pas pris garde que vos visites étoient un peu trop fréquentes, et vous sçavez que cela ne plaît pas d'ordinaire à un homme aussi amoureux que l'est monsieur le comte, quelque confiance qu'il ait en sa maîtresse. Pour moi, je ne veux songer toute ma vie qu'à

lui plaire. Je vous ai voulu faire cette déclaration afin que, sans y penser, vous ne vous fissiez point de méchantes affaires. Soyez mon ami, j'en serai ravie ; mais le moins que nous pourrons avoir de commerce ensemble ce sera le meilleur.
— Oui, Madame, je vous le promets, lui dit l'abbé ; j'entre fort dans les sentimens de monsieur le comte de Guiche, et j'ai passé par tous les degrés de la jalousie. Ce n'est pas d'aujourd'hui que nous avons traité ce chapitre, lui et moi ; je sçais bien ce que je lui ai promis, et je l'assure que je n'y ai pas contrevenu. — Il est vrai, interrompit le comte, que je ne sçaurois me plaindre de vous ; mais Madame a fort bien dit, que, comme vous n'aviez aucun dessein, peut-être vous n'avez cru rien faire contre ce que vous m'avez promis, et les apparences seulement ont été contre vous. — Eh bien ! lui répliqua l'abbé, à cela ne tienne que vous soyez heureux ; je vous donne parole de ne voir Madame de dessein qu'une fois le mois, car pour les rencontres je n'en puis répondre ; mais c'est à vous à prendre vos sûretés pour cela. » Après mille civilités de part et d'autre, ils se séparèrent.

On s'étonnera peut-être que l'abbé souffrit si impatiemment les rivaux auprès de la duchesse de Châtillon et fût si traitable avec madame d'Olonne ; mais la raison est qu'avec la première il y avoit de l'amour, et avec l'autre rien que de la débauche, et que le corps peut souffrir des associés, mais jamais le cœur.

Quelque temps après, d'Olonne, averti de la mauvaise conduite de sa femme, résolut de l'envoyer à la campagne, tant pour l'empêcher de faire de nouvelles sottises que pour faire cesser les bruits que sa présence renouveloit tous les jours. En effet, sitôt qu'elle fut partie, on ne se souvint plus d'elle, et mille autres copies de madame d'Olonne, dont Paris est tout plein, firent en peu de temps oublier ce grand original.

Il arriva même une affaire qui, sans être de la nature de celles de madame d'Olonne, ne laissa pas de les étouffer pour un temps¹.

Le comte de Vivonne, premier gentilhomme

1. « Dans ce temps-là je fus d'une partie de plaisir à la campagne qui fit bien du bruit. Je l'écrivis et la montray un an après à Mme ****, pour lors de mes amies. Elle en fit une histoire à sa mode, qu'elle fit courir dans le monde quand nous nous brouillâmes ; mais voicy naturellement comme elle se passa :

« Vivonne, premier gentilhomme de la chambre du roy, voulant aller passer les festes de Pasques à Roissy, qui est une terre à quatre lieues de Paris, qui luy venoit du coté de sa femme, proposa à Mancini, neveu du cardinal Mazarin, et à l'abbé le Camus, aumônier du roy, d'être de la partie, lesquels ne s'en firent pas presser. Deux jours après qu'ils y furent, le comte de Guiche et Manicamp, l'ayant appris, les allèrent trouver, et menèrent avec eux le jeune Cavoye, lieutenant au régiment des gardes. Aussi-tôt qu'ils y furent arrivez, Mancini et l'abbé s'enfermèrent dans leurs chambres, se défiant des emportemens du comte de Guiche et de Manicamp ; et le lendemain, jour du vendredy saint, ils en partirent de grand matin et revinrent à Paris. Quand Vivonne et les autres l'eurent appris, ils proposèrent de m'envoyer prier de les aller voir. Vivonne m'en écrivit un billet, et moy, n'ayant alors rien à faire à Paris, je montay à cheval et je les allay trouver. Je les rencontray qu'ils venoient d'entendre le service. Un moment après nous envoyâmes à Paris quérir quatre des petits violons du roy et nous nous mîmes à table. Après dîner nous allâmes courre un lièvre avec les chiens du Tilloy Pour moy, qui n'aime point la chasse, je m'en revins bientôt au logis, où, ayant trouvé les violons, je me divertis à les entendre. Je n'eus pas pris ce plaisir une

de la chambre du roi, et pour qui naturellement Sa Majesté avoit de l'inclination, s'étant retiré à

heure durant que je vois entrer dans la cour le comte de Guiche au galop, qui menoit un homme par la bride de son cheval comme un prisonnier de guerre, et Manicamp derrière avec un foüet de postillon pour le presser. Je courus pour sçavoir ce que c'étoit. Je trouvay un homme vêtu de noir, assez agé, qui avoit la mine d'un honnête homme. Il me fit pitié, et, ayant témoigné au comte de Guiche que je condamnois son procédé, le bon homme prit la parole et me dit qu'il entendoit raillerie. Je le menay dans la salle, où il me conta que, s'en retournant à Paris de sa maison de campagne, il avoit rencontré ces messieurs; que le comte de Guiche, qui l'avoit abordé le premier, luy ayant demandé qui il étoit, il luy avoit répondu qu'il étoit le procureur de M. le cardinal, nommé Chantereau; que le comte de Guiche luy avoit dit : « Ah ! monsieur Chantereau, je suis fort aise de vous avoir rencontré, il y a long-temps que je vous cherchois. J'ay ouy faire bon récit de votre capacité, et, pour moy, j'ay toûjours fort aimé la chicanne » ; que sur cela il avoit bien veû que c'étoit de la jeunesse qui vouloit rire, et qu'il avoit pris son parti de ne se point fâcher. Il me fit cette relation avec la même exactitude qu'il auroit fait une information. Je luy dis qu'il avoit fait en galant homme, et je luy fis apporter du vin pendant qu'on faisoit manger de l'avoine à son cheval. Après cela, il nous quitta fort content de la compagnie, et particulièrement de moy. Les violons recommencèrent à joüer jusqu'au souper, que nous passâmes gayement, mais sans débauche. Au sortir de table, nous les menâmes au parc, où nous fûmes jusqu'à minuit. Le samedy nous nous levâmes fort tard, et nous passâmes le reste de la journée à nous promener dans des calèches. Comme nous avions impatience de manger de la viande, nous voulûmes faire médianoche. Ce repas-là ne fut pas si sobre que les autres : nous bûmes fort, et sur les trois heures après minuit nous nous allâmes coucher. Nous étant levez à onze heures du matin le jour de Pâques, nous oüîmes la messe dans la chapelle du château ; nous dînâmes et nous nous en retournâmes à Paris, où, à l'entrée de la ville, chacun s'en alla de son côté.

« Nos ennemis et ceux qui, sans haïr, ne laissent pas de couper la gorge, se souvinrent de nous à la cour. Ils sçavoient qu'un des plus grands plaisirs qu'ils pouvoient faire au car-

une maison qu'il avoit près de Paris pour passer les fêtes de Pâques avec deux de ses amis,

dinal étoit de luy fournir des prétextes de ne pas faire du bien à ceux à qui il en devoit et de se venger de ses ennemis. Ils luy dirent donc la partie de Roissy, et qu'on y avoit fait mille choses contre le respect qu'on doit à Dieu et au roy.

« Il avoit des raisons particulières de haïr, de craindre ou de se défier de tous ces messieurs; pour moy, il eût été bien aise de me faire une querelle pour me faire perdre, ou du moins pour différer les récompenses qu'il me devoit. Tout cela fit résoudre le cardinal de se servir de cet avis aux occasions; et, pour cacher le mal qu'il nous préparoit sous des apparences d'une justice fort exacte, il commença par exiler à Brisac Manciny, son neveu, et l'abbé le Camus à Meaux, et fit courir le bruit qu'il s'étoit fait à Roissy mille impietez, dont les dévots, disoit-il, avoient fait des plaintes à la reine.

« Le peuple, qui grossit tout et qui fait bien plus de cas du merveilleux que du véritable, décida bientôt de ce qui s'étoit fait à Roissy. Il dit d'abord qu'on y avoit baptisé des grenouilles, et puis il revint à un cochon de lait; d'autres, qui vouloient rafiner sur l'invention, disoient qu'on y avoit tué un homme et mangé de sa cuisse. Enfin, il n'y eut guère d'extravagance à imaginer qui ne fût dite. » (*Mémoires de Bussy.*)

Pour contrôler Bussy, lisez madame de Motteville (t. 5, p. 6): « La semaine sainte ensuivant, une troupe de jeunes gens de la cour allèrent à Roissy pour les jours saints, dont étoient le comte de Vivonne, gendre de madame de Mesmes, à qui appartenoit la maison; Mancini, neveu du ministre; Manicamp et quelques autres. Ils furent accusés d'avoir choisi ce temps-là par déréglement d'esprit, pour faire quelques débauches, dont les moindres étoient d'avoir mangé de la viande le vendredi saint : car on les accusa d'avoir commis de certaines impiétés indignes non seulement de chrétiens, mais même d'hommes raisonnables. La reine, qui en fut avertie, en témoigna un grand ressentiment. Elle exila l'abbé le Camus pour avoir eu commerce seulement avec des gens si déréglés, quoiqu'il ne fût pas avec eux les jours que ces choses se passèrent. Le cardinal Mazarin, pour montrer qu'il ne vouloit pas protéger le crime, voulut punir tous les complices en la personne de son neveu, qu'il

l'abbé Le Camus [1] et Manchiny, celui-ci neveu du cardinal, et l'autre un des aumôniers du roi, et y ayant passé trois ou quatre jours, sinon dans une grande dévotion, au moins dans des plaisirs fort innocens, le comte de Guiche et Manicamp, qui s'ennuyoient à Paris, l'allèrent trouver. Sitôt que

chassa de la cour et de sa présence; et, après avoir châtié celui-là, il pardonna à tous les autres, qui en furent quittes pour de sévères réprimandes que le roi leur fit. »

1. Saint-Simon (t. 6, p. 121) lui a consacré trois pages que nous voudrions lui emprunter. Il ne faut pas le confondre avec Pierre Camus de Pont-Carré, que madame de Sévigné comptoit au nombre de ses bons amis. Il étoit frère du premier président de la cour des Aides et du lieutenant civil du Châtelet, et tous les trois descendoient d'une famille marchande (V. La Bruyère, t. 2, p. 201), dont ils firent tout simplement passer l'enseigne (*Au Pélican*) dans leurs armes.

L'abbé Le Camus fut d'abord très léger. Il s'en repentit, vécut dans la pratique des devoirs les plus difficiles, et imagina de ne vivre que de légumes. Innocent XI le prit pour cela en amitié et lui envoya le chapeau *proprio motu*, sans sollicitation aucune, sans avis, sans enquête. Le Camus étoit évêque de Grenoble, sur le passage de la barrette. Contre l'usage, il la prit sans l'aller recevoir à Versailles: aussi fut-il disgracié à la cour (1689).

« Pendant que le cardinal Le Camus n'étoit qu'aumônier du roi, il n'étoit pas si grave qu'il l'a été depuis, et se mettoit sur le pied de faire rire S. M. quand il en trouvoit l'occasion. » (Senecé, *édit. elzev.*, t. 1, p. 317.)

« Etant simple abbé, il argumenta un jour à la Sorbonne avec beaucoup de chaleur contre cette définition de l'Eglise : *Congregatio fidelium sub uno capite;* car, disoit-il, à chaque vacance du Saint-Siége, il n'y auroit plus d'Eglise.

« Le cardinal Le Camus et le dernier archevêque de Vienne, du nom de Villars, dînant un jour ensemble dans un lieu du diocèse de Grenoble où ils s'étoient rencontrés, l'archevêque dit au cardinal: Eh! Monseigneur, mangerez-vous toujours de ces méchantes racines? Et le cardinal répondit : Monsieur, vous les trouveriez bonnes si elles vous avoient aidé à devenir cardinal. » (Amelot de la Houssaye, t. 2, p. 30.)

Madame de Sévigné disoit de lui : « C'est l'homme du

l'abbé Le Camus les vit, les connoissant fort emportés, il persuada Manchiny de retourner à Paris, et que dès le lendemain l'on diroit dans le monde qu'il s'étoit passé entre eux d'étranges

monde dont j'ai les plus grandes idées (15 mai 1691.) La Fontaine (épître 26) fait également son éloge :

> Je ne me donne point ici pour un oracle ;
> Et, sans chercher si loin, Grenoble en possède un.
> Il sait notre langue à miracle ;
> Son esprit est en tout au dessus du commun.
> C'est votre cardinal que j'entends,.........

On trouve dans le recueil de chansons du comte de Maurepas (manuscrits de la Bibliothèque nationale) la chanson suivante au sujet de la nomination de Le Camus au cardinalat ; elle est accompagnée d'un commentaire : « Etienne Le Camus, évesque de Grenoble, très débauché du tems qu'il étoit aumônier du roy Louis XIV, comme on verra par la suite, prit tout d'un coup l'esprit de pénitence dès qu'il fut évesque. Il vescut d'une manière très austère et très singulière, car il ne se contenta pas d'une résidence exacte et d'une application infinie dans le gouvernement de son diocèse ; il preschoit outre cela continuellement. Il ne vivoit que de légumes, il mangeoit avec ses domestiques dans un réfectoire ; ses gens ne le voyoient coucher ny se lever, de manière que plusieurs personnes croyoient qu'il couchoit sur la dure ; enfin l'extérieur de ce prélat ne montroit que la pénitence et l'austérité. Cependant les spéculatifs jugeoient autrement de l'intérieur, et l'on étoit persuadé que l'amour de Dieu et la crainte de son jugement avoient moins de part à cette manière de vivre que la vanité et l'ambition. Ce qui arriva par la suite augmenta ces soupçons, car, le pape Innocent XI l'ayant fait cardinal, au mois de septembre 1686, sans qu'il eût paru être appuyé d'aucune protection à Rome, et étant même brouillé avec la cour de France parcequ'il étoit janseniste, il n'y eut plus lieu de douter qu'il n'eût des intelligences particulières avec Sa Sainteté et ses ministres ; l'on ne doutoit même pas que ce fût aux dépens du roy, qui avoit pour lors de grandes affaires avec la cour de Rome.»

> L'éminentissime Camus
> A si bien dit ses *oremus*
> Qu'il est au comble de la gloire.

choses ; et comme Manchiny[1], dès le soir même, témoigna ce dessein, Manicamp et le comte de Guiche proposèrent à Vivonne de prier Bussy de venir passer deux ou trois jours avec eux, lui di-

> Les Vivonnes et les Bussy
> Sont chargés d'en faire l'histoire
> Et s'informer partout ici,
> Pour lui donner un nom plus noble,
> S'il est cardinal de Grenoble,
> Ou bien cardinal de Roissy.

L'histoire à laquelle il est fait allusion dans cette chanson se trouve ainsi rapportée dans le même recueil :

« Le cardinal Le Camus, lors aumônier du roy, fut passer la semaine sainte à Roissy, maison de M. de Vivonne ; avec lui le comte de Bussy, Philippe de Mancini, duc de Nevers, de Longueval, comte de Manicamp, et plusieurs autres débauchés. Ils y mangèrent de la viande, et, avec une impiété horrible, ils y baptisèrent un cochon de lait avec les cérémonies de l'Eglise et le nommèrent *Carpe*. On prétend même que l'abbé Le Camus, qui étoit alors ecclésiastique, fit cette belle cérémonie. »

Baptisez un cochon de lait et soyez honnête homme !

1. Philippe-Julien Mancini-Mazarini, duc de Nevers et de Donzy, né à Rome le 26 mai 1641, colonel de la vieille marine en 1652, chevalier de l'ordre en 1661, mort le 8 mai 1707. Daniel (t. 2, p. 225) l'inscrit dès 1657, date du rétablissement de la première compagnie des mousquetaires, comme capitaine lieutenant de cette compagnie. Il en garda le commandement jusqu'en 1667.

Exilé à la suite de cette affaire, il fut rappelé bientôt. A la dernière cérémonie du mariage du roi, il porta la queue de Mademoiselle (Montp., t. 5, p. 70). Néanmoins, Mazarin ne lui fit pas tout le bien qu'il lui auroit fait s'il l'eût trouvé de meilleur conseil. « Quoiqu'il le déshéritât, ne le croyant pas digne de porter son nom, ce neveu déshérité ne laisse pas d'avoir la principauté ou duché de Ferreti en Italie, le duché de Nevers en France, avec une partie de la maison et beucoup d'autres biens. » (Motteville, t. 5, p. 52.)

Ce qu'en dit Saint-Simon (t. 5, p. 390) paroît juste :
« C'étoit un Italien, très italien, de beaucoup d'esprit, fa-

sant que celui-là pourroit bien remplacer les deux autres. Vivonne, en étant demeuré d'accord, écrivit à Bussy au nom de tous, qu'il étoit prié de quitter pour quelque temps le tracas du monde

cile, extrêmement orné, qui faisoit les plus jolis vers du monde qui ne lui coûtoient rien, et sur-le-champ, qui en a donné aussi des pièces entières; un homme de la meilleure compagnie du monde, qui ne se soucioit de quoi que ce fût, paresseux, voluptueux, avare à l'excès, qui alloit très souvent acheter lui-même à la halle et ailleurs ce qu'il vouloit manger, et qui faisoit d'ordinaire son garde-manger de sa chambre. Il voyoit bonne compagnie, dont il étoit recherché; il en voyoit aussi de mauvaise et d'obscure, avec laquelle il se plaisoit, et il étoit en tout extrêmement singulier. C'étoit un grand homme sec, mais bien fait, et dont la physionomie disoit tout ce qu'il étoit.

« Son oncle le laissa fort riche et grandement apparenté. » Il négligea la faveur attachée à son nom, et peu à peu se retira dans la vie libre. Sa femme, fille aînée de madame de Thianges, étoit, lors de son mariage (1670), la plus belle personne de la cour. Il en fut jaloux. Fort souvent il l'emmena à Rome de grand matin, sans préparatifs; ils y firent de longs séjours. M. de Nevers mourut à soixante-six ans. « Il s'étoit fort adonné à Sceaux, et sa femme encore davantage. » Son fils n'eut pas grand crédit.

Assurément, ce n'est pas pour refaire le curieux ouvrage de M. Amédée Renée (*les Nièces de Mazarin*) que j'ajoute à tant de notes une note supplémentaire. Plusieurs fois nous avons rencontré la duchesse de Mercœur, la comtesse de Soissons, la connétable Colonna, le duc de Nevers, etc. Le lecteur, qui n'est pas forcé de connoître à fond la généalogie des parents de Mazarin, a pu y trouver quelque embarras.

« Le cardinal Mazarin avoit deux sœurs : — madame Martinozzi, qui n'eut que deux filles, l'une mariée au duc de Modène, et mère de la reine d'Angleterre, épouse du roi Jacques II; l'autre à M. le prince de Conti, bisaïeul de M. le prince de Conti d'aujourd'hui; — madame Mancini, qui eut cinq filles et trois fils. Les filles furent : la duchesse de Vendôme, mère du dernier duc de Vendôme et du grand prieur, dont le père fut cardinal après la mort de sa femme; la com-

pour venir avec eux vaquer avec moins de distraction aux pensées de l'éternité. Avant de passer outre, il est à propos de faire voir ce que c'étoit que Vivonne et Bussy.

Le portrait de M. le comte de Vivonne.

Le premier avoit de gros yeux bleus à fleur de tête, dont les prunelles, qui étoient souvent à demi cachées sous les paupières, lui faisoient des regards languissants contre son intention; il avoit le nez bien fait, la bouche petite et relevée, le teint beau, les cheveux blonds dorés et en quantité; véritablement il avoit un peu trop d'embonpoint. Il avoit l'esprit vif et imaginoit bien, mais il songeoit trop à être plaisant; il aimoit à dire des équivoques et des mots de double sens, et,

tesse de Soissons, mère du dernier comte de Soissons et du fameux prince Eugène; la connétable Colonne, grand'-mère du connétable Colonne d'aujourd'hui, qui, tous deux, ont fait tant de bruit dans le monde; la duchesse Mazarin, qui, avec le nom et les armes de Mazzarini-Mancini, porta vingt-six millions en mariage au fils du maréchal de La Meilleraye, et qui est morte en Angleterre après y avoir demeuré longues années; et la duchesse de Bouillon, grand'-mère du duc de Bouillon d'aujourd'hui. Des trois fils, l'aîné fut tué tout jeune au combat du faubourg Saint-Antoine, en 1652; il promettoit tout; le cardinal Mazarin l'aimoit tellement qu'il lui confioit, à cet âge, beaucoup de choses importantes et secrètes pour le former aux affaires, où il avoit dessein de le pousser. Le troisième, étant au collége des Jésuites, fort envié des écoliers pour toutes les distinctions qu'il y recevoit, se laissa aller à se mettre à son tour dans une couverture et à se laisser berner; ils le bernèrent si bien qu'il se cassa la tête, à quatorze ans qu'il avoit; le roi, qui étoit à Paris, le vint voir au collége; cela fit grand bruit, mais n'empêcha pas le petit Mancini de mourir. Resta seul,

pour se faire plus admirer, il les faisoit souvent au logis, et les débitoit comme des impromptus dans les compagnies où il alloit[1]. Il s'attachoit fort vite d'amitié aux gens sans aucun discerne-

le second, qui est M. de Nevers, dont il s'agit ici. » (Saint-Simon, t. 5, 389.)
Faisons un tableau :

Mme MARTINOZZI.
1. La princesse de Conti (Anne-Marie), née à Rome en 1637, mariée le 22 février 1654, morte le 4 février 1672.
2. Madame de Modène, belle-mère de Jacques II.

Mme MANCINI.
1. Mancini, tué en 1652, à 16 ans.
2. Mancini (Alphonse), mort aux Jésuites en 1658, à 12 ans.
3. Mancini (duc de Nevers).
4. Laure Mancini (madame de Mercœur), née en 1636, mariée le 4 février 1651, morte le 8 février 1657 (mère du duc et du grand-prieur de Vendôme).
5. Olympe (comtesse de Soissons).
6. Marie, aimée de Louis XIV, femme du connétable Colonna (Laurent-Onuphre Colonne de Gioëni), prince de Palliano et de Castiglione, grand d'Espagne, chevalier de la Toison-d'Or, mort en 1689. [La connétable mourut en 1715.]
7. Hortense, femme du fils du maréchal de la Meilleraye.
8. Marie-Anne (duchesse de Bouillon).

1. Ce « gros crevé », dit madame de Sévigné (28 juin 1671); et Saint-Simon : « C'étoit l'homme le plus naturellement plaisant et avec le plus d'esprit et de sel, et le plus continuellement. »

Il étoit prodigue. Louis XIV le regarde comme « un occasionnaire », un aventurier (lettre du 22 juin 1663 à Beaufort); mais il l'aime long-temps (Mottev., t. 5, p. 20) et lui permet toute sorte de langages. On connoît assez sa sœur, madame de Montespan. Il avoit épousé mademoiselle de

ment ; mais, qu'il leur trouvât du mérite ou non, il s'en lassoit encore plus vite. Ce qui faisoit un peu plus durer son inclination, c'étoit la flatterie ; mais qui ne l'eût point admiré eût eu beau être admirable, il n'en eût pas fait grand estime. Comme il croyoit qu'une marque de bon esprit étoit la délicatesse pour tous les ouvrages, il ne trouvoit rien à son gré de tout ce qu'il voyoit, et d'ordinaire il en jugeoit sans connoissance et sans fondement. Enfin il étoit tellement aveugle de son propre mérite qu'il n'en voyoit point en autrui ; et, pour parler en Turlupin comme lui, il avoit beaucoup de suffisance et beaucoup d'insuffisance à la fois. Il étoit hardi à la guerre et timide en amour ; cependant, qui l'eût voulu croire, il avoit mis à mal toutes les femmes qu'il avoit entreprises ; et la vérité est qu'il avoit échoué auprès de certaines dames qui jusque là n'avoient refusé personne.

Portrait de M. de Bussy Rabutin.

Roger de Rabutin, comte de Bussy, mestre de camp de la cavalerie légère, avoit les yeux grands et doux, la bouche bien faite, le nez grand, tirant sur l'aquilin, le front avancé,

---

Mesmes. C'est sa belle-mère qui avertit la reine-mère de tout ce que faisoit Vivonne pour fortifier le roi dans l'amour qu'il avoit juré à mademoiselle Mancini. On n'arriva que bien juste à temps pour le combattre. Vivonne fut exilé.

Il rendit sur mer quelques grands services et eut du bonheur à la guerre ; mais ce ne fut jamais un très honnête homme.

Madame de Sévigné écrit à Bussy le 22 septembre 1688 : « Vous savez la mort de votre ancien ami Vivonne. Il est

le visage ouvert et la physionomie heureuse, les cheveux blonds déliés et clairs. Il avoit dans l'esprit de la délicatesse et de la force, de la gaîté et de l'enjoûment; il parloit bien, il écrivoit juste et agréablement. Il étoit né doux; mais les envieux que lui avoit faits son mérite l'avoient aigri, en sorte qu'il se réjouissoit volontiers avec des gens qu'il n'aimoit pas. Il étoit bon ami et régulier; il étoit brave sans ostentation; il aimoit les plaisirs plus que la fortune, mais il aimoit la gloire plus que les plaisirs; il étoit galant avec toutes les dames et fort civil, et la familiarité qu'il avoit avec ses meilleurs amis ne lui faisoit jamais manquer au respect qu'il leur devoit. Cette manière d'agir faisoit juger qu'il avoit de l'amour pour elles, et il est certain qu'il en entroit toujours un peu dans toutes les grandes amitiés qu'il avoit. Il avoit bien servi à la guerre, et fort long-temps; mais comme, de son siècle, ce n'étoit pas assez pour parvenir à de grands honneurs que d'avoir de la naissance, de l'esprit, des services et du courage, avec toutes ces qualités il étoit demeuré à moitié chemin de sa fortune. Il n'avoit pas eu la bassesse de flatter les gens en qui le Mazarin, souverain dispensa-

---

mort en un moment, dans un profond sommeil, la tête embarrassée, et, entre nous, aussi pourri de l'âme que du corps. »

Bussy, qui attribue cette mort aux ravages d'un mal gagné dans des débauches anciennes, répond (28 septembre) : « Après une étroite amitié entre lui et moi, mes disgraces me l'avoient fait perdre, et je l'avois assez méprisé pour ne lui en avoir fait aucun reproche; mais je le regardois comme un homme d'esprit et de courage qui avoit un fort vilain cœur. »

teur des grâces, avoit créance, ou il n'avoit pas été en état de les lui arracher en lui faisant peur, comme avoient fait la plupart des maréchaux de son temps.

Bussy donc, ayant reçu ce billet de Vivonne, monta à cheval aussitôt et l'alla trouver. Il rencontra ses amis fort disposés à se réjouir, et lui, qui d'ordinaire ne troubloit point les fêtes, fit que la joie fut tout à fait complète; et, les abordant: « Je suis bien aise, mes amis, dit-il, de vous trouver détachés du monde comme vous êtes. Il faut des grâces particulières de Dieu pour faire son salut. Dans les embarras des cours, l'ambition, l'envie, la médisance, l'amour et mille autres passions y portent ordinairement les gens les mieux nés à des crimes dont ils sont incapables dans des retraites comme celle-ci. Sauvons-nous donc ensemble, mes amis; et, comme pour être agréables à Dieu il n'est pas nécessaire de pleurer ni de mourir de faim, rions, mes chers, et faisons bonne chère. » Ce sentiment-là étant généralement approuvé, on se prépara pour la chasse l'après-dînée, et l'on mit ordre d'avoir des concerts d'instrumens pour le lendemain. Après avoir couru quatre ou cinq heures, le lendemain, ces messieurs vinrent affamés faire le plus grand repas du monde. Le souper étant fini, qui avoit duré trois heures, pendant lesquelles la compagnie avoit été dans cette gaîté qui accompagne toujours la bonne conscience, on fit amener des chevaux pour se promener dans le parc. Ce fut là que ces quatre amis, se trouvant en liberté, pour s'encourager à mépriser davantage le monde, proposèrent de médire de tout le genre hu-

main; mais, un moment après, la réflexion fit
dire à Bussy qu'il falloit excepter leurs bons amis
de cette proposition générale. Cet avis ayant été
approuvé, chacun demanda au reste de l'assemblée quartier pour ce qu'il aimoit. Cela étant fait
et le signal donné pour le mépris des choses d'ici-
bas, ces bonnes âmes commencèrent le cantique
qui ensuit :

CANTIQUE[1].

ue Déodatus[2] est heureux
De baiser ce bec amoureux
Qui d'une oreille à l'autre va !
    Alleluia !

Si le roi venoit à mourir,
Monsieur ne se pourroit tenir
De dire, en chantant Libera :
    Alleluia !

La reine veut un autre v..,
Mais on n'en a pas à crédit,
Et la pauvrette maille n'a.
    Alleluia !

Le Mazarin est bien lassé
De f..... un c.. si bas percé,

1. Ce cantique n'est pas de Bussy ; c'est une intercalation. Voir ce qui en est dit dans la Préface.
2. En 1659 ce n'étoit pas La Vallière que le roi aimoit. La Vallière, née le 6 août 1644, n'avoit encore que quinze ans. C'est en juin et en juillet 1661, trois ans après, que commencèrent à se former (ancien style) les nœuds de leur amour (Mottev., t. 5, p. 134). Roquelaure, le bouffon, le sceptique Roquelaure, y fut bien pour quelque chose.
    Dans ce premier couplet il s'agit de Marie Mancini et de

Qui sent si fort le faguena³.
    Alleluia!

La d'Orléans⁴ et la Vandis⁵
Se servent de godemichis;
De v.. pour elles il n'y a.
    Alleluia!

La Mothe⁶ disoit l'autre jour
A Richelieu : Faisons l'amour,

sa grande bouche à dents blanches (Mottev., t. 4, p. 395).

3. FAGUENAS. S. M. Odeur fade et mauvaise sortant d'un corps malpropre ou malsain. *Cela sent le faguenas.* Il est familier et il vieillit. (*Dictionnaire de l'Académie françoise*, dernière édition.)

4. C'est Mademoiselle, et non la seconde femme de Gaston, Marguerite de Lorraine (fille de François II), née en 1613, mariée à Nancy le 31 janvier 1632, morte le 3 avril 1672; « dévote, négligente, froide », qui, à en croire madame de Motteville (t. 2, p. 231), « avoit de l'esprit et raisonnoit fortement sur toutes les matières dont il lui plaisoit de parler. Elle paroissoit, par ses discours, avoir du cœur et de l'ambition. Elle aimoit Monsieur ardemment, et haïssoit de même tout ce qui pouvoit lui nuire auprès de lui. Elle étoit belle par les traits de son visage, mais elle n'étoit point agréable. » Mademoiselle (t. 2, p. 297) cite d'elle un mot désagréable. Elle venoit de perdre un fils, le petit Valois (en 1652). Mademoiselle la trouve mangeant un potage, qui lui dit : « Je suis obligée de me conserver, je suis grosse ! »

5. Mademoiselle de Vandy. « Elle a de l'esprit » (Montp., t. 4, p. 79, 1664). La Mesnardière (p. 49) l'appelle « gente Vandy » et « beauté cruelle ». C'étoit l'amie intime de Mademoiselle (t. 3, p. 39), qui parle de sa « mine prude » (t. 3, p. 106), qui dit qu'elle « est bonne et prudente ». C'est la princesse de Paphlagonie de mademoiselle de Scudéry (Montp., t. 3, p. 429). Bussy l'a toujours eue pour amie. De même il paroît avoir aimé Mademoiselle toute sa vie. Ces couplets ne peuvent lui appartenir.

6. On a confondu presque partout mademoiselle de La Mothe-Argencourt et mademoiselle de La Mothe-Houdan-

Embrassons-nous, et cetera.
Alleluia !

court. L'une et l'autre furent aimées du roi, mademoiselle de La Mothe-Argencourt la première.

Les Mémoires de Mademoiselle (t. 3, p. 272) font commencer les choses en 1658. Peut-être faut-il remonter jusqu'en 1657. Madame de La Mothe-Argencourt, la mère, habitoit Montpellier, elle y reçut toute la cour en 1660 (Montp., t. 3, p. 441).

La fille « n'avoit ni une éclatante beauté, ni un esprit fort extraordinaire; mais toute sa personne étoit fort aimable. Sa peau n'étoit ni fort délicate, ni fort blanche; mais ses yeux bleus et ses cheveux blonds, avec la noirceur de ses sourcils et le brun de son teint, faisoient un mélange de douceur et de vivacité si agréable qu'il étoit difficile de se défendre de ses charmes. Comme, à considérer les traits de son visage, on pouvoit dire qu'ils étoient parfaits, qu'elle avoit un très bon air et une fort belle taille; qu'elle avoit une manière de parler qui plaisoit et qu'elle dansoit admirablement bien, sitôt qu'elle fut admise à un petit jeu où le roi se divertissoit quelquefois les soirs, il sentit une si violente passion pour elle que le ministre en fut inquiet. » (Motteville, t. 4, p. 401.) Elle étoit aimée alors de Chamarante et du marquis de Richelieu. Mazarin et Anne d'Autriche, effrayés de cette subite passion, et poussés vivement par la marquise de Richelieu, qui étoit jalouse, s'arrangent pour écarter la favorite. Mais la mère de la belle la veut jeter au cou du roi, même comme simple maîtresse, et cherche à négocier cela comme une affaire avec le ministre, qui apprend d'elle l'amour de Chamarante et celui du marquis de Richelieu, part de là, découvre au roi ses rivaux, et le retire, par ces artifices, d'une passion où il s'engageoit avec ardeur. Louis XIV trompé se montra dédaigneux. Peu après quelqu'un trouve un billet perdu : « Fouilloux dit que c'étoit de La Motte au marquis de Richelieu, qui en faisoit le galant depuis que le roi ne l'étoit plus. Cette pauvre fille pleura et cria les hauts cris, et désavoua le billet. » (1658, Montp., t. 3, p. 337.)

La pauvre fille, qui n'avoit point failli, et qui avoit résisté même au roi, sentit sa vie troublée; elle prit goût à la vie religieuse dans la maison des Filles-Sainte-Marie de Chaillot, et s'y consacra. (Voyez, entre autres écrivains de ce genre,

Chimerault7 lui disoit : Fripon,
Prenez-moi la m.... du c..,
Et laissez l'autre Motte là.
    Alleluia !

Dreux du Radier, 1782, t. 6, p. 363.) Mademoiselle de La Vallière devoit un jour la retrouver dans ces retraites.

L'*Alleluia* en veut à mademoiselle de La Mothe-Argencourt, et non à la maréchale de La Motte-Houdancourt. Celle-ci (Louise de Prie, demoiselle de Toussy), née en 1624, aimée en 1646 de Condé (Voy. Lenet et un couplet méchant de Blot), étoit très belle, mais d'une beauté sévère, et elle étoit grande. Elle avoit épousé, le 21 novembre 1650, La Mothe-Houdancourt, né en 1605, mort en 1657; elle mourut le 6 janvier 1709, à quatre-vingt-cinq ans.

« La maréchale de La Motte, honnête femme et de bonne maison, fut mise gouvernante de monseigneur le Dauphin. Ce ne fut nullement pour ses éminentes qualités : car, à dire le vrai, elles étoient médiocres en toutes choses. Elle étoit petite-fille de madame de Lansac, qui l'avoit été du roi. C'etoit un grand titre ; mais il n'auroit pas été suffisant pour l'appeler à cette dignité si elle n'avoit été dans l'alliance de M. Le Tellier, comme proche parente de l'héritière de Souvré, qu'il avoit, depuis peu, fait épouser à son fils, le marquis de Louvois. » (Mottev., t. 5, p. 201.)

C'est la nièce du maréchal, mademoiselle Anne-Lucie de La Mothe, ou de La Motte-Houdancourt, qui, en 1662, faillit, soutenue par la cabale de la comtesse de Soissons, l'emporter sur La Vallière, encore hésitante (Montp., t. 4, p. 33).

« Dans ce même temps (commencement de 1662) le roi parut s'attacher d'inclination à mademoiselle de La Mothe-Houdancourt, fille de la reine. Je ne sais si elle étoit dans son cœur subalterne à mademoiselle de La Vallière, mais je sais qu'elle causa beaucoup de changement dans la cour, plutôt par la force de l'intrigue que par la grandeur de sa beauté, quoiqu'en effet elle en eût assez pour pouvoir faire naître de grandes passions. » (Mott., t. 5, p. 168.)

Le roi, à Saint-Germain, ne pouvoit entrer chez les filles d'honneur : il alloit causer avec mademoiselle de La Motte en passant par les cheminées ; madame de Navailles, leur gouvernante, fit griller ces singuliers passages, et encourut pour toujours l'inimitié violente ou muette de Louis XIV.

*Si vous voulez savoir pourquoi
On f... la Bonneuil*[8] *malgré soi,
De c.. de son calibre il n'y a.*
Alleluia !

« On a dit que ce qui contribua beaucoup à fixer la destinée de mademoiselle de La Vallière fut que mademoiselle de La Motte balança quelque temps en faveur de la vertu, et qu'elle, au contraire, ayant alors cessé de se défendre, ce fut par sa foiblesse qu'elle vainquit. » (Mottev., t. 5, p. 174.)

Le comte de Grammont aima La Motte quand il la vit si distinguée.

« Il ne se rebuta point pour ses mauvais traitemens ni pour ses menaces; mais, s'étant témérairement obstiné dans ses manières, elle s'en plaignit. Il fut banni de la cour. » (*Mém. de Grammont*, ch. 5.)

Plus tard, par l'entremise de La Feuillade, mademoiselle de La Motte épousa le marquis de la Vieuville, chevalier d'honneur de la reine. (Voy. le *Journal du marquis de Sourches*, t. 1, p. 233.)

Mademoiselle de La Motte-Houdancourt, fille du maréchal, devint en février ou en mars 1671 (Voy. Sévigné) la femme du vilain duc de Ventadour. Elle étoit extrêmement belle (voilà bien des La Motte favorisées !), et ne fit pas un heureux ménage.

Madame en parle dans ses lettres : « Madame de Ventadour (Charlotte-Eléonore-Madeleine de La M. H.) est devenue ma dame d'honneur il y a au moins seize ans, et elle m'a quittée deux ans après la mort de Monsieur. C'étoit un tour que me jouoit la vieille guenipe pour me faire enrager, parce qu'elle savoit que j'aimois cette dame ; elle est bonne et agréable, mais ce n'est pas la femme la plus adroite du monde. »

Madame de Ventadour fut la gouvernante de Louis XV, héréditairement.

7. Cette demoiselle Chemeraut, Chemerault ou Chimeraut, étoit la nièce de madame de la Bazinière, qui avoit porté le même nom et avoit été aussi fille d'honneur. On confond presque partout la nièce et la tante.

La tante, Françoise de Barbezière, « la belle gueuse », fut espionne de Richelieu, puis maîtresse de Cinq-Mars. Benserade ménagea son mariage avec Macé Bertrand, sieur de la

A Clérambault[9], disoit Gourdon[10] :
Mettez-moi le v.. dans le c..
Pour voir comme cela fera.
Alleluia !

Bazinière, financier de basse naissance (Voy. les *Variétés hist.*, t. 5, p. 90), qui lui permit de faire ce qu'elle voudroit. Elle voulut vendre quelque chose au surintendant d'Esmery. En 1651, je crois, une de ses demoiselles lui vole ses lettres : il y en avoit de d'Esmery, de Beaufort, de l'évêque de Metz (Henri, légitimé de France, fils de Gabrielle d'Estrées), de tout le monde enfin.

Quand Cinq-Mars l'eut à sa discrétion, elle étoit au couvent (Tallem. des R., t. 2, p. 253). C'est le 23 novembre 1639 qu'elle dut se retirer, par ordre, au couvent du Chasse-Midy (Cherche-Midi). Une lettre de Henri Arnauld, écrite au président Barillon, fixe cette date, qui n'a rien d'intéressant, mais qui n'est pas celle que donne Tallemant (t. 2, p. 201).

J'écris ces notes sur l'emplacement même de ce couvent du Chasse-Midy ; il me semble voir ces ombres disparues, et malgré moi, malgré leurs erreurs, je me prends à demander pardon pour mademoiselle de Chemerault et ses émules. Somaize (t. 1, p. 43) a du courage : « illustre en beauté, dit-il de *Basinaris*, elle a beaucoup de vertu ! » De vertu ! Elle étoit riche et maigre. Le 27 février 1658 elle eut l'honneur de recevoir chez elle la reine de Suède.

Elle avoit un frère, Geoffroy de Barbezière, sieur de la Roche-Chemerault (en Poitou). C'est le père de la seconde Chemerault, que Mademoiselle cite dès 1657 (t. 3, p. 200) parmi les filles de la reine-mère, et qui est la nôtre.

Gourville (p. 521) dit qu'en 1656 le comte de Chemerault est mis à la Bastille. Il y a là de l'obscurité.

N'importe, mademoiselle de Chemerault fut belle et courtisée. En 1661 elle danse les ballets connus de l'*Impatience* et des *Saisons* (Voy. Walck. t. 2, p. 490, et la *Lettre de Mathieu Montreuil* [t. 8 des *Archives curieuses*, 2e série, p. 314]). Quincy (t. 1, p. 385) met un comte de Chemerault parmi les morts de Sénef.

8. Les Bonnœil (Bonœil, Bonneuil) ont été de père en fils introducteurs des ambassadeurs (Tall., t. 3, p. 414 ; *Gazette de France*, à la date du mariage de Louis XIV ; Sévigné, 26 avril 1680 ; Saint-Simon, t. 1, p. 410). Mademoiselle de

Je ne sais comme quoi Fouilloux 11
Peut avoir f.... tant de coups
Sans avoir une fois mis bas.
   Alleluia !

Montpensier (t. 3, p. 284) parle de mademoiselle de Bonneuil comme fille d'honneur en 1658; ailleurs (t. 3, p. 200, 1657) elle cite Gourdon, Fouilloux, « Boismenil », Chemeraut et Menéville. Il y a probablement une erreur ici : *Boismenil* a été mal lu ; il faut restituer Bonneuil.

Aux ballets de l'*Impatience* et des *Saisons* voici les noms des danseuses principales; mademoiselle de Bonneuil y figure: mademoiselle de Pons, mademoiselle de La Mothe, mademoiselle de Villeroi, mademoiselle de Montbazon, mesdames et mesdemoiselles Châtillon, Noailles, Brancas, Arpajon, de La Fayette, de Guiche, Fouilloux, Menéville, Chemerault, Bonneuil, et, « petite violette cachée sous l'herbe », La Vallière.

9. Est-ce du maréchal Clérambault qu'il s'agit? Bussy en a longuement parlé dans ses mémoires lorsqu'il s'appeloit Palluau.

C'étoit un cavalier pourvu de toutes les qualités nécessaires au courtisan et à l'homme à la mode. Il étoit joueur (Gourville, p. 529); il avoit eu Ninon; il avoit aimé ardemment la comtesse de Chalais (Lenet, p. 238); il avoit de l'esprit salé. Mademoiselle l'aimoit (Montp., t. 2, p. 111).

Il resta fidèle au cardinal Mazarin et le servit heureusement, quoi qu'en dise ce couplet de Blot sous forme de *santé* :

A ce grand mareschal de France,
Favory de Son Eminence,
Qui a si bien battu Persan,
Palluau, ce grand capitaine
Qui prend un chasteau dans un an
Et perd trois places par semaine.

Le cardinal n'oublia pas ses services, et le voulut compter parmi ses conseillers intimes (La Fare).

Il épousa Louise-Françoise Bouthilier de Chavigny, qui, en 1669, «fut mise auprès de Mademoiselle (nièce de Louis XIV), pour être sa gouvernante, à la place de madame de Saint-Chaumont; elle étoit fille et femme de deux hommes qui avoient bien de l'esprit et savoient bien la cour. Pour

> Quand d'Alluy[12] ne la f... pas bien,
> Elle lui dit : F.... vilain,
> La v..... a passé par là.
> Alleluia !

elle, on disoit qu'elle étoit savante comme M. de Chavigny, son père. » (Montp., t. 4, p. 134.)
Elle étoit peut-être galante.

> Maréchale de Clérambault,
> Vous tranchez bien de la divine...
> Vous coquettez à tous venants,
> Malgré la laideur et les ans.

Saint-Simon (dans ses *Notes à Dangeau* et dans ses Mémoires) revient plusieurs fois sur le portrait de la maréchale. Rien de plus singulier que cette femme. Les *Lettres* de Madame, qui l'aimoit, s'en occupent aussi. Elle ne mourut qu'à la fin de 1722.

Saint-Simon nomme un autre Clérambault (et c'est peut-être ici le vrai), René Gillier de Puygarrou, marquis de Clérambault (t. 1, p. 302), premier écuyer de madame la duchesse d'Orléans, qui avoit été épousé par amour de Marie-Louise de Bellenave, comtesse du Plessis.

Catinat vit un Clérambault servir long-temps sous ses ordres (*Mémoires de Catinat*. t. 1, p. 68; t. 2, p. 25; t. 3, p. 146) et le poussa en avant.

Dangeau (t. 5, p. 366) parle d'une demoiselle de Clérambault, fille du Clérambault « dont la naissance étoit légère » et que la comtesse du Plessis avoit épousé par amour. Elle se maria, en février 1696, avec le duc de Luxembourg, fils du maréchal. Les Palluau étoient d'une famille de robe.

10. Voiture, le 4 décembre 1633, écrit à M. de Gourdon, en Angleterre. C'est sans doute Georges Gourdon, marquis de Huntley, qui, en 1625, étoit commandant de la compagnie des Ecossois (Daniel, t. 2, p. 256). Depuis long-temps les Gordon jouoient un grand rôle en Ecosse; ce que prouve ce passage de la *Marie-Stuart* de M. Mignet (édit. in-18, t. 1, p. 120) : « Les Gordon exerçoient dans les districts du nord autant d'autorité que les Hamilton dans ceux de l'ouest. Huntly avoit comploté la mort du comte de Mar et du secrétaire Lethington, et il avoit songé à marier son deuxième fils, John Gordon, avec la reine. »

Forbin, en 1675, cite un chevalier de Gourdon, son cama-

De Méneville [13] et de Brion [14],
S'il sort jamais un embryon,
Fils de son père il ne sera.
Alleluia !

rade, joueur et pauvre. Les Gourdon partagèrent la fortune des Stuarts. En 1685, un Gourdon est à la poursuite d'Argyle. Le 5 mai 1689, Dangeau met dans son journal : « Le duc de Gourdon continue à se défendre dans le château d'Edimbourg, où il est assiégé. »

Mademoiselle de Gourdon (Guordon, Gordon) fut d'abord fille d'honneur de la reine-mère, puis dame d'atours de Henriette d'Angleterre, de la seconde Madame (Sourches, t. 1, p. 206).

Elle est fille d'honneur dès la Fronde. En 1652, le peuple pille ses bagages (Loret, mois de mai). En 1658, Mademoiselle, qui dit (t. 3, p. 285) qu'elle est assez considérée, en parle de cette manière : « Je l'avois vue auprès de madame la princesse, où la reine l'avoit mise parcequ'elle ne vouloit pas être religieuse. C'est une fille d'une maison de qualité d'Ecosse, et, lorsque M. le Prince fut arrêté, elle ne voulut pas suivre madame la princesse ; la reine la prit. »

Peu après elle ajoute (t. 3, p. 300) que Monsieur « ne s'amuse qu'à faire des habits à mademoiselle de Gourdon ».

Ce que confirment les *Portraits de la Cour* (V. la Collection Cimber et Danjou) : « Il a eu avant son mariage beaucoup d'amitié pour madame de Gourdon, et la reine, pour découvrir ses sentiments, luy dit un jour qu'il sembloit qu'il fust amoureux de cette dame, à cause qu'il luy avoit envoyé des pendans d'oreilles de quatre mille écus en estreine au premier jour de l'an. Il respondit que, pour beaucoup d'amitié et de compassion, il en avoit véritablement pour une pauvre estrangère hors de son pays et sans biens. »

Mademoiselle de Gourdon ne plaisoit pas à tout le monde :

Je me connois en ange :
Gourdon ne l'est pas,

dit un refrain (*Nouveau Siècle de Louis XIV*, p. 80) de 1662.

Madame de Lafayette, introduisant dans une lettre (décembre 1672) la seconde Madame : « Elle se mit, dit-elle, sur le ridicule de M. de Meckelbourg d'être à Paris présentement, et je vous assure que l'on ne peut mieux dire. C'est

> *Quand Marsillac au monde vint,*
> *Pour défaire les Philistins*
> *Mâchoire d'âne il apporta.*
>   *Alleluia !*

une personne très opiniâtre et très résolue, et assurément de bon goût, car elle hait madame de Gourdon à ne la pouvoir souffrir. »

Madame, en effet, l'accuse dans ses lettres d'être rêveuse, bizarre (18 février 1716), l'appelle *méchante* et dit qu'elle calomnia la première Madame auprès de Monsieur (13 juillet 1716).

Beuvron passe pour avoir joui de cette belle anglaise.

11. D'abord on chante (*Rec.* de Maurepas, t. 2, p. 271) :

> Fouilloux, sans songer à plaire,
> Plaît pourtant infiniment
> Par un air libre et charmant.

En 1692 on parle, toujours dans les chansons, de « sa rouge trogne »; on dit :

> Aussi rouge qu'une écrevisse,

ou bien : « C'est Baron qui l'enivre ». « Elle étoit grande et fort éclatante (Sourches, t. 1, p. 39), mais plus belle de loin que de près. Elle eut ensuite la petite vérole, qui la rendit extrêmement laide, et elle n'eut pas d'enfants. » Ainsi passe la beauté des dames.

Benigne de Meaux du Fouilloux (V. la notice de M. de la Morinerie) avoit un frère que les Mémoires de M. de *** (p. 531) nomment « le Fouilloux », que la table du premier volume de Quincy nomme « Fouilleuse », que le texte (t. 1, p. 158) nomme « M. de Fouilleux », qui étoit enseigne des gardes de la reine, rustique, mais spirituel et gaillard (Tallem., t. 1, p. 355). Après avoir fait rougir les filles de la reine par ses mots vigoureux, il fut tué de la propre main de Condé, paroît-il, au combat du faubourg Saint-Antoine (V. Mottev., t. 4, p. 338). « C'estoit une espèce de favori que le cardinal poussoit auprès du roi » (Monpt., t. 2, p. 274).

Le roi eut toujours de l'amitié pour mademoiselle du Fouilloux. Son nom étoit fameux en province. En 1662, à Uzès, Racine le vante (Lettre à La Fontaine). Louis XIV l'accabla de prévenances (V. Lettre à Talbot en mai 1664, t. 5 des

On peut juger qu'ayant débuté par là, tout fut compris dans le cantique, à la réserve des amis de ces quatre messieurs ; mais, comme le nombre en étoit petit, le cantique fut grand, et tel que,

Œuvres, p. 184); le 16 mars 1661, il lui donne 50,000 écus sur un pot de vin des gabelles (V. le *Journal des bienfaits du Roi*, et Choisy, p. 592). Devenue marquise d'Alluye (1697), elle fut l'intime amie de la comtesse de Soissons (Choisy, p. 610), avec qui elle fut compromise un moment et s'exila lors de l'affaire des poisons (Sévigné, lettre du 26 janvier 1680).

12. D'Alluye (Somaize, t. 1, p. 94) a inventé l'expression : « Je suis pénétré de vos sentiments ; je suis pénétré de votre douleur ». Il étoit de la Société de l'hôtel de Rambouillet.

Estre d'une grande naissance,

lui écrivoit Beauchâteau en 1657,

Avoir du bel esprit le pur raffinement,
Faire dans les combats esclater sa vaillance,
Vivre à la cour et sans empressement,
Marquis, croyez asseurement
Que c'est de vous ce que l'on pense.

La maison d'Escoubleau (ce nom vient d'un château de Châtillon-sur-Sèvre) s'étoit divisée en deux branches : celle de Sourdis, et, au XVe siècle, celle d'Alluye, qui se réunirent. Paul d'Escoubleau, marquis d'Alluye, étoit le deuxième fils de Charles d'Escoubleau de Sourdis, marquis d'Alluye, gouverneur d'Orléans, dont nous avons parlé. Son frère aîné, le marquis d'Alluye, étoit mort en campagne au mois d'août 1638 (Montglat, p. 68). Il devint, par cette mort, marquis d'Alluye. « Ne pouvant avoir la survivance du gouvernement d'Orléans », il se fait frondeur en 1649 (Montglat, p. 206). C'est chez lui que se rassemblent les nobles qui protestent alors contre les tabourets de certaines personnes titrées. « Mardi matin, 5 octobre, encore assemblée de la noblesse opposante, que l'on appelle anti-tabouretiers, chez le marquis de Sourdis, lui absent, et son fils, le marquis d'Alluye, présent.

« Jeudi 7, la noblesse opposante aux tabourets s'assem-

pour ne rien oublier, il faudroit pour lui seul faire un volume. Une partie de la nuit s'étant passée en ces plaisirs champêtres, on résolut de s'aller reposer. Chacun donc se quitta fort satisfait de

ble encore chez le marquis d'Alluye, en l'hôtel de Sourdis. » (*Mém. manusc.* de Daubuisson-Aubenay, ms. Bibl. Maz. H. 1719, in-fol.)

Il avoit lui-même, avant d'entrer dans la Fronde, nettement indiqué ses prétentions (Mottev., t. 3, p. 259). « M. le marquis d'Alluye demande qu'on retire, par récompense, de M. de Tréville, le gouvernement du comté de Foix, qu'il a perdu par la mort du comte de Cramail, son grand-père, qui l'avoit acheté, et qu'on lui donne la survivance de celui du marquis de Sourdis, son père. »

Le refus de la cour le fait entrer dans la cabale du duc d'Orléans (Aubery, liv. 5, p. 423).

Quand les troubles s'apaisent, d'Alluye est de toutes les fêtes (V. Loret et les *Ballets* de Benserade). Il se jeta très courageusement dans la galanterie. Il n'aimoit pas la guerre, quoi qu'en dise Beauchâteau, et ne l'avoit apprise qu'à contre-cœur en 1644. Il aima d'abord madame de Boussu, que Guise épousa et délaissa. « Ce M. le marquis, dit Tallemant, se vante de sçavoir un secret pour entrer partout. » Il s'en servit pour entrer le premier chez madame de Saint-Germain Beaupré (Agnès de Bailleul), belle-sœur du maréchal Foucault. *Les logements de la cour* (1659) placent M. de Saint-Germain Beaupré et M. d'Alluye au château de Saint-Germain, « l'un sur le devant, l'autre sur le derrière. »

D'Alluye étoit lié avec madame Cornuel (Tallem. t. 9, p. 51); c'est bien le moins, puisqu'elle étoit si liée avec son bon homme de père. On est autorisé à le croire un peu philosophe lorsqu'on lit dans Tallemant (t. 8, p. 89) : « La veille de Pâques fleurie, madame de Saint-Loup, M. de Candale, la comtesse de Fiesque, le marquis de la Vieuville, mademoiselle d'Outrelaise, parente de Fiesque, et le marquis d'Alluye, furent manger du jambon, un matin, aux Tuileries. »

On est autorisé à ne pas le croire très belliqueux (et nous ne l'en blâmerons pas) lorsqu'on rencontre ce couplet :

> D'Alluy s'en va dans Orléans.
> Au moindre petit bruit de guerre :

voir le progrès que l'on commençoit de faire dans la dévotion. Le lendemain, Vivonne et Bussy, s'étant levés plus matin que les autres, allèrent dans la chambre de Manicamp; mais, ne l'ayant pas

> C'est un fort bon gouvernement,
> Qui n'est point dessus la frontière;
> Si par hasard il y étoit,
> Au diable si l'on l'y voyoit!

Il est fâcheux que viennent après cela ces trois vers :

> Gloire au brave marquis d'Alluy
> Et au triste Montluc, son frère :
> Ce sont deux grands donneurs d'ennui.

L'amitié que d'Alluye avoit pour mademoiselle de Fouilloux étoit comme le secret de Polichinelle; tout le monde en connoissoit les détails. Le marquis de Sourdis n'approuva pas leur mariage.

Après la mort de son père, d'Alluye garda son nom, sous lequel il étoit depuis si long-temps connu. Il fut, comme sa femme, l'ami de la comtesse de Soissons et l'ennemi de La Vallière (Mottev., t. 5, p. 174).

En 1680, il est exilé à Amboise, dit madame de Sévigné (16 février 1680). Elle se rétracte (le 21 février) et dit qu'il est à Hambourg. « Il parloit trop. »

13. Un Méneville, lieutenant de la mestre de camp (aux gardes) est tué à Castelnaudary en 1632 (Daniel, t. 2, p. 282); mademoiselle de Meneville est peut-être sa fille.

En 1654 commence l'amour de Brion.

En 1656 mademoiselle de Meneville a la rougeole. Loret dit :

> Agréable sujet d'amour,
> Des plus beaux qui soient à la cour.

Et un vaudeville ajoute :

> Cachez-vous, filles de la Reine,
> Petites,
> Car Méneville est de retour,
> M'amour,

vaudeville que commente, en 1657, mademoiselle de Montpensier (t. 3, p. 200).

« Les filles de la Reine sont toutes bien faites et assez jolies. Méneville est fort belle. La reine me fit l'honneur de

trouvé et le croyant dans le parc à la promenade, ils allèrent dans la chambre du comte de Guiche, avec lequel ils le trouvèrent couché. « Vous voyez, mes amis, leur dit Manicamp, que

me parler de ses amours avec le duc de Damville, dont j'avois entendu parler (il y avoit déjà trois ou quatre ans que cela duroit), et que de trois en trois mois Damville disoit qu'il la vouloit épouser. Madame la duchesse de Ventadour, sa mère, ne le vouloit pas. Jamais homme ne s'est trouvé à cinquante ans n'être pas maître de ses volontés et ne se pouvoir marier à sa fantaisie. La reine me conta que Meneville n'osoit sortir la plupart du temps; que, quand il alloit à quelque voyage, il lui laissoit son aumônier pour lui dire la messe et pour la garder. Jamais galanterie n'a été menée comme celle-là ».

Madame de Motteville (t. 5, p. 76), à la date de 1661, entre dans des détails qui suffisent :

« Le duc de Damville, le Brion de jadis, mourut aussi dans ce même temps. Par sa mort il échappa des chaînes qu'il s'étoit imposées lui-même, en s'attachant d'une liaison trop grande à mademoiselle de Meneville, fort belle personne, fille d'honneur de la reine-mère. Il lui avoit fait une promesse de mariage, et ne la vouloit point épouser. Le roi et la reine-mère le pressant de le faire, il reculoit toujours, et, quand il mourut, sa passion étoit tellement amortie qu'il avoit fait supplier la reine-mère de leur défendre à tous deux de se voir. Il offroit de satisfaire à ses obligations par de l'argent; mais elle, qui espéroit d'en avoir par une autre voie, vouloit qu'il l'épousât pour devenir duchesse. La fortune et la mort s'opposèrent à ses désirs, et la détrompèrent de ses chimères. Son prétendu mari s'étoit aperçu qu'elle avoit eu quelque commerce avec le surintendant Fouquet, et qu'elle avoit cinquante mille écus de lui en promesses. Elle ne les reçut pas, et perdit honteusement en huit jours tous ses biens, tant ceux qu'elle estimoit solides que ceux où elle aspiroit par sa beauté, par ses soins et par ses engagemens. Ils paroissoient honnêtes à l'égard du duc de Damville, et n'étoient pas non plus tout à fait criminels à l'égard du surintendant. On le connut clairement, car il arriva pour son bonheur que l'on trouva de ses lettres dans les cassettes du prisonnier qui justifièrent sa vertu. Pour l'ordinaire, les da-

je tâche de profiter des choses que vous dites hier touchant le mépris du monde. J'ai déjà gagné sur moi d'en mépriser la moitié, et j'espère que dans peu de temps, hors mes amis particuliers, que je ne ferai pas grand cas de l'autre. — Souvent on arrive à même fin par différentes voies, lui répondit Bussy. Pour moi je ne condamne point vos manières : chacun se sauve à sa guise ; mais je n'irai point à la béatitude par le chemin que vous tenez.—Je m'étonne, dit Mani-

mes trompent les hommes par de beaux semblants, et, ne les considérant point en effet, leur font le moins de libéralités qu'elles peuvent; mais toutes ces choses sont toujours mauvaises devant Dieu et honteuses devant les hommes. »

14. Seigneur franc et bien sincère,

dit Loret; « fort bon garçon », dit Mademoiselle (t. 2, p. 432). De son nom François-Christophe de Lévis, comte de Brion, parent de la Vierge comme tous les Lévis, ce que tous les Lévis affirment et ce que Scarron garantit.

Il fut créé duc de Damville (Dampville, écrivoit Gaston) après la mort de son oncle maternel, Henri II de Montmorency. La duché-pairie de Damville fut achetée le 27 novembre 1694, et réérigée pour le comte de Toulouse (Saint-Simon, t. 1, p. 142).

Brion avoit été toute sa vie à Monsieur, dont il étoit premier écuyer (Montp., t. 3, p. 457). Il joua un certain rôle dans la Fronde (Retz, p. 331), « avec fort peu d'esprit (Retz, p. 32) et beaucoup de routine ». Il a voulu « de jour en jour » (il faisoit tout *de jour en jour*) épouser madame de Chalais, sœur de Jeannin. Il avoit été capucin. Il voulut aussi épouser mademoiselle d'Elbeuf, et ne put se résoudre ni à la quitter ni à l'épouser. Quand on le pressoit, il se déclaroit malade. Lorsqu'il aima Meneville, ce furent les mêmes pratiques. Tout cela n'indique pas un héros. Il dansoit agréablement et se déguisoit au besoin (Mottev., t. 2, p. 327; Loret, février 1657).

Il avoit fait bâtir dans l'enclos du Palais-Royal un petit palais fort commode, dont Louis XIV se servit quelquefois pour ses aventures particulières.

camp, que vous parliez comme vous faites, et que madame de Sévigny ne vous ait pas rebuté d'aimer les femmes.— Mais, à propos de madame de Sévigny, dit Vivonne, je vous prie de nous dire pourquoi vous rompîtes avec elle, car on en parle différemment. Les uns disent que vous étiez jaloux du comte du Lude, et les autres que vous la sacrifiâtes à madame de Monglas, et personne n'a cru, comme vous l'avez dit tous deux, que ce fût une raison d'intérêt[1].— Quand je vous aurai fait voir, répliqua Bussy, qu'il y a six ans que j'aime madame de Monglas, vous croirez bien qu'il n'entroit point d'amour dans la rupture qui se fit l'année passée entre madame de Sévigny et moi.—Ah! mon cher, interrompit Vivonne, que nous vous serions obligés si vous vouliez prendre la peine de nous conter une histoire amoureuse! Mais auparavant, dites-nous, s'il vous plaît, ce que c'est que madame de Sévigny, car je n'ai jamais vu deux personnes s'accorder sur son sujet.— C'est la définir en peu de mots que ce que vous dites là, répondit Bussy : on ne s'accorde point sur son sujet parcequ'elle est inégale, et qu'une seule personne n'est pas assez long-temps bien avec elle pour remarquer le changement de son humeur; mais moi, qui l'ai toujours vue dès son enfance, je vous en veux faire un fidèle rapport. »

1. Voir les lettres de madame de Sévigné et de Bussy.

HISTOIRE
AMOUREUSE
DES GAULES

LIVRE QUATRIÈME.

HISTOIRE DE MADAME DE SÉVIGNY.

Portrait de madame de Sévigny[1].

Madame de Sévigny, continua-t-il, a d'ordinaire le plus beau teint du monde, les yeux petits et brillants, la bouche plate, mais de belle couleur; le front avancé, le nez semblable à soi, ni long ni petit, carré par le bout; la mâchoire comme le

---

[1]. Née à Paris, place Royale, le 5 février 1626. Par exemple, nous ne parlerons pas long-temps de celle-là. Quel écrivain! quel esprit! et pour nous quelle source abondante! Napoléon, qu'on a voulu faire et qui n'est pas un oracle en littérature, lui préfère madame de Maintenon. C'est loin

bout du nez ; et tout cela, qui en détail n'est pas beau, est à tout prendre assez agréable. Elle a la taille belle, sans avoir bon air ; elle a la jambe bien faite, la gorge, les bras et les mains mal

d'être la même chose, cela soit dit sauf le respect que nous devons à un aussi solide écrivain que madame de Maintenon.

Bussy s'est repenti d'avoir fait la guerre à sa cousine. Il n'étoit pas seul à croire que le comte de Lude l'aimoit avec profit. Voici un couplet qui est de la même opinion. Il faut avouer que le couplet peut n'être qu'un écho de l'*Histoire amoureuse* :

> Froulay, Brégis, l'Archevesque et Bonnelle,
> Montmorillon, Thoré,
> Chastillon et Condé,
> Pommereuil et Gondy,
> De Lude et Sevigny,
> Saint-Faron et Montglas,
> Font l'amour sans soupirs, sans larmes, sans hélas !

Madame de Sévigné est la Sophronie de Somaize (t. 1, p. 221) :

« Sophronie est une jeune veuve de qualité. Le mérite de cette précieuse est égal à sa grande naissance. Son esprit est vif et enjoué, et elle est plus propre à la joye qu'au chagrin ; cependant il est aisé de juger par sa conduite que la joye, chez elle, ne produit pas l'amour : car elle n'en a que pour celles de son sexe, et se contente de donner son estime aux hommes ; encore ne la donne-t-elle pas aisément. Elle a une promptitude d'esprit la plus grande du monde à connoistre les choses et à en juger. Elle est blonde, et a une blancheur qui répond admirablement à la beauté de ses cheveux. Les traits de son visage sont déliez, son teint est uny, et tout cela ensemble compose une des plus agreables femmes d'Athènes (Paris). Mais, si son visage attire les regards, son esprit charme les oreilles, et engage tous ceux qui l'entendent ou qui lisent ce qu'elle écrit. Les plus habiles font vanité d'avoir son approbation. Ménandre (Ménage) a chanté dans ses vers les louanges de cette illustre personne ; Crisante (Chapelain) est aussi un de ceux qui la visitent souvent. Elle aime la musique et hait mortellement la satyre. Elle loge au quartier de Léolie » (au Marais, rue Saint-Anastase, d'abord).

taillés ; elle a les cheveux blonds, déliés et épais.
Elle a bien dansé et a l'oreille encore juste ; elle
a la voix agréable, elle sçait un peu chanter.
Voilà, pour le dehors, à peu près comme elle est
faite. Il n'y a point de femme qui ait plus d'esprit qu'elle, et fort peu qui en aient autant ; sa
manière est divertissante. Il y en a qui disent
que pour une femme de qualité, son caractère est
un peu trop badin. Du temps que je la voyois,
je trouvois ce jugement-là ridicule, et je sauvois
son burlesque sous le nom de gaîté ; aujourd'hui
qu'en ne la voyant plus son grand feu ne m'éblouit pas, je demeure d'accord qu'elle veut être
trop plaisante. Si on a de l'esprit, et particulièrement de cette sorte d'esprit qui est enjoué, on
n'a qu'à la voir : on ne perd rien avec elle ; elle
vous entend, elle entre juste en tout ce que vous
dites, elle vous devine, et vous mène d'ordinaire bien plus loin que vous ne pensez aller.
Quelquefois aussi on lui fait bien voir du pays ; la
chaleur de la plaisanterie l'emporte. En cet état,
elle reçoit avec joie tout ce qu'on lui veut dire
de libre, pourvu qu'il soit enveloppé ; elle y répond même avec mesure, et croit qu'il iroit du
sien si elle n'alloit pas au delà de ce qu'on lui a
dit. Avec tant de feu, il n'est pas étrange que le
discernement soit médiocre : ces deux choses
étant d'ordinaire incompatibles, la nature ne peut
faire de miracle en sa faveur ; un sot éveillé l'emportera toujours auprès d'elle sur un honnête
homme sérieux. La gaîté des gens la préoccupe.
Elle ne jugera pas si on entend ce qu'elle dit. La
plus grande marque d'esprit qu'on lui peut donner, c'est d'avoir de l'admiration pour elle ; elle

aime l'encens, elle aime d'être aimée, et pour cela elle sème afin de recueillir, elle donne de la louange pour en recevoir. Elle aime généralement tous les hommes, quelque âge, quelque naissance et quelque mérite qu'ils aient, et de quelque profession qu'ils soient; tout lui est bon, depuis le manteau royal jusqu'à la soutane, depuis le sceptre jusqu'à l'écritoire. Entre les hommes, elle aime mieux un amant qu'un ami, et, parmi les amans, les gais que les tristes. Les mélancoliques flattent sa vanité, les éveillés son inclination; elle se divertit avec ceux-ci, et se flatte de l'opinion qu'elle a bien du mérite d'avoir pu causer de la langueur à ceux-là.

Elle est d'un tempérament froid, au moins si on en croit feu son mari : aussi lui avoit-il l'obligation de sa vertu. Comme il disoit, toute sa chaleur est à l'esprit. A la vérité, elle récompense bien la froideur de son tempérament, si l'on s'en rapporte à ses actions; je crois que la foi conjugale n'a point cette violence si l'on regarde l'intention. C'est une autre chose, pour en parler franchement. Je crois que son mari s'est tiré d'affaire devant les hommes, mais je le tiens cocu devant Dieu. Cette belle, qui veut être à tous les plaisirs, a trouvé un moyen sûr, à ce qu'il lui semble, pour se réjouir sans qu'il en coûte rien à sa réputation. Elle s'est faite amie à quatre ou cinq prudes, avec lesquelles elle va en tous les lieux du monde; elle ne regarde pas tant ce qu'elle fait qu'avec qui elle est. En ce faisant, elle se persuade que la compagnie honnête rectifie toutes ses actions; et, pour moi, je pense que l'heure du berger, qui ne se rencontre d'ordinaire que tête à tête avec toutes les femmes, se trouveroit plutôt avec celle-ci au milieu de sa famille. Quelquefois elle refuse hautement une partie de promenade publique pour s'établir à l'égard du monde dans une opinion de grande régularité, et quelque temps après, croyant marcher à couvert sur les refus qu'elle aura fait éclater, elle fera quatre ou cinq parties de promenades particulières. Elle aime naturellement les plaisirs; deux choses l'obligèrent quelquefois de s'en priver : la politique et l'inégalité; et c'est par l'une ou par l'autre de ces raisons-là que bien souvent elle va au sermon le lendemain d'une assemblée. Avec quelques façons qu'elle donne de temps en temps au public, elle croit préoccuper tout le monde, et s'imagine qu'en faisant un peu de bien et un peu de mal, tout ce que l'on pourroit dire, c'est que, l'un portant l'autre, elle est honnête femme. Les flatteurs dont sa petite cour est pleine lui en parlent bien d'autre manière; ils ne manquent jamais de lui dire qu'on ne sçauroit mieux accorder qu'elle fait la sagesse avec le monde et le plaisir avec la vertu. Pour avoir de l'esprit et de la qualité, elle se laisse un peu trop éblouir aux grandeurs de la cour. Le jour que la reine lui aura parlé, et peut-être demandé seulement avec qui elle sera venue, elle sera transportée de joie, et long-temps après elle trouvera moyen d'apprendre à tous ceux desquels elle se voudra attirer le respect la manière obligeante avec laquelle la reine lui aura parlé. Un soir que le roi venoit de la faire danser, et s'étant remise à sa place, qui étoit auprès de moi : « Il faut avouer, me dit-elle, que le roi a de grandes qualités; je crois qu'il obscurcira la gloire de tous ses prédécesseurs. » Je ne pus m'empêcher de lui rire au nez, voyant à quel propos elle lui donnoit ces louanges, et de lui répondre : « On n'en peut douter, Madame, après ce qu'il vient de faire pour vous. » Elle étoit alors si satisfaite de Sa Majesté que je la vis sur le point, pour lui témoigner sa reconnoissance, de crier : Vive le roi!

Il y a des gens qui ne mettent que les choses saintes pour bornes à leur amitié, et qui feroient tout pour leurs amis, à la réserve d'offenser Dieu. Ces gens-là s'appellent amis jusqu'aux autels. L'amitié de madame de Sévigny a d'autres limites : cette belle n'est amie que jusqu'à la bourse; il n'y a qu'elle de jolie femme au monde qui se soit deshonorée par l'ingratitude. Il faut que la nécessité lui fasse grand'peur, puisque, pour en éviter l'ombre, elle n'appréhende pas la honte. Ceux qui la veulent excuser disent qu'elle défère en cela au conseil des gens qui sçavent que c'est que la faim et qui se souviennent encore de leur pauvreté. Qu'elle tienne cela d'autrui ou qu'elle ne le doive qu'à elle-même, il n'y a rien de si naturel que ce qui paroît dans son économie.

La plus grande application qu'ait madame de Sévigny est à paroître tout ce qu'elle n'est pas. Depuis le temps qu'elle s'y étudie, elle a déjà appris à tromper ceux qui ne l'avoient guère connue ou qui ne s'appliquent pas à la connoître; mais, comme il y a des gens qui ont pris en elle plus d'intérêt que d'autres, ils l'ont découverte et se sont aperçus, malheureusement pour elle, que tout ce qui reluit n'est pas or.

Madame de Sévigny est inégale jusqu'aux prunelles des yeux et jusqu'aux paupières; elle a les yeux de différentes couleurs, et, les yeux étant les miroirs de l'âme, ces égaremens sont comme un avis que donne la nature à ceux qui l'approchent de ne pas faire un grand fondement sur son amitié.

Je ne sçais si c'est parceque ses bras ne sont pas beaux qu'elle ne les tient pas trop chers, ou qu'elle ne s'imagine pas faire une faveur, la chose étant si générale ; mais enfin les prend et les baise qui veut. Je pense que c'est assez pour lui persuader qu'il n'y a point de mal qu'elle croie qu'on n'y a point de plaisir. Il n'y a plus que l'usage qui la pourroit contraindre, mais elle ne balance pas à le choquer plutôt que les hommes, sçachant bien qu'ayant fait les modes, quand il leur plaira la bienséance ne sera plus renfermée dans des bornes si étroites.

Voilà, mes chers, le portrait de madame de Sévigny. Son bien, qui accommodoit fort le mien parceque c'étoit un parti de ma maison, obligea mon père à souhaiter que je l'épousasse; mais, quoique je ne la connusse pas alors si bien qu'aujourd'hui, je ne répondois point au dessein de mon père : certaine manière étourdie dont je la voyais agir me la faisoit appréhender, et je la trouvois la plus jolie fille du monde pour être femme d'un autre. Ce sentiment-là m'aida fort à ne la point épouser; mais, comme elle fut mariée un peu de temps après moi, j'en devins amoureux, et la plus forte raison qui m'obligea d'en faire ma maîtresse fut celle qui m'avoit empêché de souhaiter d'être son mari.

Comme j'étois son proche parent, j'avois un fort grand accès chez elle, et je voyois les chagrins que son mari lui donnoit tous les jours. Elle s'en plaignoit à moi bien souvent et me prioit de lui faire honte de mille attachemens ridicules qu'il avoit. Je la servis en cela quelque temps fort heureusement ; mais enfin le naturel de son mari l'emporta sur mes conseils. De propos délibéré je me mis dans la tête d'être amoureux d'elle, plus par la commodité de la conjoncture que par la force de mon inclination. Un jour donc que Sévigny m'avoit dit qu'il avoit passé la veille la plus agréable nuit du monde, non seulement pour lui, mais pour la dame avec qui il l'avoit passée : « Vous pouvez croire, ajouta-t-il, que ce n'est pas avec votre cousine : c'est avec Ninon [1].—Tant

---

[1]. Tout encore a été dit sur cette femme. Amie de Molière, elle devina Voltaire ; elle eut de l'esprit autant que Madame Cornuel ; elle étoit réellement l'institutrice de tous les jeunes seigneurs de la cour. La Fare, juge d'un goût délicat, a dit : « Je n'ai point vu cette Ninon dans sa beauté ; mais à l'âge de cinquante ans, et même jusques audelà de soixante-dix, elle a eu des amans qui l'ont fort aimée, et les plus honnêtes gens pour amis. Jusqu'à quatre-vingt-sept elle fut recherchée encore par la meilleure compagnie de son temps. Elle est morte avec l'agrément de son esprit, qui étoit le meilleur et le plus aimable que j'aye connu en aucune femme. »

Et les chansons, si souvent méchantes :

On ne verra de cent lustres
Ce que de notre temps nous a fait voir Ninon,
Qui s'est mise, en dépit du ...
Au nombre des hommes illustres.

Mettons deux portraits à côté l'un de l'autre : le premier de Somaize (t. 1, p. 176) : « Pour de la beauté, quoy que l'on soit assez instruit qu'elle en a ce qu'il en faut pour donner de l'amour, il faut pourtant avouer que son esprit est plus charmant que son visage, et que beaucoup échapperoient de ses mains s'ils ne faisoient que la voir ; et c'est cette aimable

pis pour vous, lui dis-je; ma cousine vaut mille fois mieux, et je suis assuré que si elle n'étoit votre femme elle seroit votre maîtresse. — Cela pourroit bien être », me répondit-il. Je ne l'eus pas quitté que j'allai tout conter à madame de Sévigny. « Il y a bien de quoi se vanter à lui! me dit-elle en rougissant de dépit. — Ne faites pas semblant de sçavoir cela, lui répondis-je, car vous en voyez la conséquence. — Je crois que vous êtes fou, reprit-elle, de me donner cet avis, ou que vous croyez que je sois folle. — Vous le seriez bien plus, Madame, lui répliquai-je, si vous ne lui rendiez pas la pareille que si vous lui redisiez ce que je vous ai dit. Vengez-vous, ma belle cousine; je serai de moitié de la vengeance, car enfin vos intérêts me sont aussi chers que les

---

qualité qui a si long-temps attaché *Gabinius* (Guiche) auprès d'elle. Cette illustre personne est connue pour un des plus accomplis courtisans, et il est vray qu'il ne la cherchoit que pour son esprit, non pas dans la pensée, que beaucoup ont eue, qu'il y avoit quelque intrigue entre eux, ce que l'on n'a jamais que soupçonné sur les conjectures de ses visites. »

Le second, de Saint-Simon (t. 5, p. 63), à la date de 1705, année où mourut Ninon : «Ninon eut des amis illustres de toutes les sortes, et eut tant d'esprit qu'elle se les conserva tous, et qu'elle les tint unis entre eux, ou pour le moins sans le moindre bruit. Tout se passoit chez elle avec un respect et une décence extérieures que les plus hautes princesses soutiennent rarement avec des faiblesses. Elle eut de la sorte pour amis tout ce qu'il y avoit de plus frayé et de plus élevé à la cour, tellement qu'il devint à la mode d'être reçu chez elle, et qu'on avoit raison de le désirer par les liaisons qui s'y formoient. Jamais ni jeu, ni ris élevés, ni disputes, ni propos de religion ou de gouvernement, beaucoup d'esprit et fort orné, des nouvelles anciennes et modernes, des nouvelles de galanteries, et, toutefois, sans ouvrir la porte à la médisance ; tout y étoit délicat, léger, mesuré, et formoit les conversations qu'elle sut soutenir par son esprit et par tout ce

miens propres.—Tout beau, Monsieur le comte ! me dit-elle ; je ne suis pas si fâchée que vous le pensez. » Le lendemain, ayant trouvé Sévigny au Cours, il se mit avec moi dans mon carrosse. Aussitôt qu'il y fut : « Je pense, dit-il, que vous avez dit à votre cousine ce que je vous contai hier de Ninon, parcequ'elle m'en a touché quelque chose. — Moi ! lui répliquai-je, je ne lui en ai point parlé, Monsieur ; mais, comme elle a de l'esprit, elle m'a dit tant de choses sur ce chapitre de la jalousie qu'elle rencontre quelquefois la vérité. » Sévigny, s'étant rendu à une si bonne raison, me remit sur le chapitre de la bonne fortune, et, après m'avoir dit mille avantages qu'il y avoit d'être amoureux, il conclut par me dire qu'il le vouloit être toute sa vie, et même qu'il l'étoit alors de Ninon autant qu'on le pouvoit être ; qu'il s'en alloit passer la nuit à Saint-Cloud avec elle et

qu'elle sçavoit de faits de tout âge. La considération, chose étrange ! qu'elle s'étoit acquise, le nombre et la distinction de ses amis et de ses connoissances, continuèrent quand les charmes cessèrent de lui offrir du monde, quand la bienséance et la mode lui défendirent de plus mêler le corps avec l'esprit. Elle sçavoit toutes les intrigues de l'ancienne et de la nouvelle cour, sérieuses et autres ; sa conversation étoit charmante ; désintéressée, fidèle, secrète, sûre au dernier point, et, à la foiblesse près, on pouvoit dire qu'elle étoit vertueuse et pleine de probité. Elle a souvent secouru ses amis d'argent et de crédit, est entrée pour eux dans des choses importantes, a gardé très fidèlement des dépôts d'argent et des secrets considérables qui lui étoient confiés. Tout cela lui acquit de la réputation et une considération tout à fait singulières.

Elle avoit été amie intime de madame de Maintenon tout le temps que celle-ci demeura à Paris. Madame de Maintenon n'aimait pas qu'on lui parlât d'elle, mais elle n'osoit la désavouer. Elle lui a écrit de temps en temps jusqu'à sa mort avec amitié. »

avec Vassé[1], qui leur donnoit une fête, et duquel ils se moquoient ensemble. Je lui redis ce que

[1]. Devant Gênes (en 1638) tombe un « Esquilli, cadet de Vassé » (Montglat, p. 72). Lisez Ecqvilly (Retz), et surtout Esquevilly.

Les Vassé, très ancienne maison du Maine, nommoient leur aîné Vidame du Mans, et leur cadet d'Ecquevilly. Le d'Ecquevilly mort à Gênes est un cadet du père de Vassé. Retz parle des Vassé comme de ses parents, et madame de Sévigné s'honore de leur alliance (Lettres de 1688).

Vassé (Henri-François, mort en 1684) eut d'abord la présidente l'Escalopier, dont il faut lire l'historiette (Tallem. des Réaux, deuxième édit., t. 6, p. 175). Cela fit un bruit terrible. Vassé étoit étourdi. Il fit l'amoureux de madame de Sévigné (t. 7, p. 217).

Rouville l'appeloit « Son Impertinence ».

Ninon, lui trouvant l'haleine forte, le blâmoit d'en être si libéral. Vassé étoit d'une belle humeur; il enleva un jour, pour rire, une jeune mariée.

    On ne peut les punir assez,
    Ces godelureaux, ces Vassez.

Mais à tout péché miséricorde ! Le 20 janvier 1651, Loret prend la parole pour annoncer que

    L'on dit encor que Vassé mesmes
    N'a plus de dessein pour la Tresmes,
    Mais pour la jeune de Lansac.

Il épousa en effet Marie-Magdeleine de Saint-Gelais, fille du marquis de Lansac.

Le temps des guerres civiles étoit venu. En 1649, Vassé commanda un régiment de cavalerie (Retz, p. 134). Cette même année il fait partie des nobles assemblés pour l'affaire des tabourets, et dont voici la liste. Il y a là bien des noms de connoissance :

Orval, Saint-Simon, La Vieuville, Vassé, Vardes, Leuville, Montrésor, Orval, Cœuvres, Brancas, Fontenay, Clermont-Tonnerre, Argenteuil, Louis de Mornay, Villarseaux, La Vieuville, Montmorency, Roussillon, Savignac, de Béthune, Humières, le chevalier de Caderoux, Ligny, Termes, Spinchal, Hautefort, Châteauvieux, de Vienne, La Vieuville, Saint-Simon, commandeur de Canion, de Rouxel, de Medavy, de l'Hôpital, de Crevant, Seguier, le chevalier de La

je lui avois dit mille fois, que, quoique sa femme fût sage, il en pourroit faire tant qu'enfin il la désespéreroit, et que, quelque honnête homme venant amoureux d'elle dans le temps qu'il lui feroit de méchans tours, elle pourroit peut-être chercher des douceurs dans l'amour et dans la vengeance qu'elle n'auroit pas envisagées dans l'amour seulement. Et là-dessus, nous étant séparés, je me retirai chez moi et j'écrivis cette lettre à sa femme :

LETTRE.

Je *n'avois pas tort hier, Madame, de me défier de votre imprudence; vous avez dit à votre mari ce que je vous dis. Vous voyez bien que ce n'est pas pour mes intérêts que je vous fais ce reproche, car tout ce qui m'en peut arriver est de perdre son amitié ; et pour*

Vieuville, d'Alluye, Marginor, Froulay, Monteval, d'Hautefort, d'Aspremont, Vandy, de La Chapelle, Argenteuil, Thiboust, de Boissy, Congis-Moret, Sévigné, Rouville, Saint-Simon, Mallet, Moreil, Caumesnil, Sévigné, Somon, Congis, de Clermont, Monglat, Canaple, Largille, Maulevrier, d'Albret (Omer Talon, p. 367).

En 1652 (Montp., t. 2, p. 232) le marquis de Vassé est mestre de camp du régiment de Bourgogne.

On auroit de la peine à écrire les annales de sa vie.

En 1680 (2 février) madame de Sévigné écrit : « J'avois préparé un petit discours raisonné et je l'avois divisé en dix-sept points comme la harangue de Vassé. » L'allusion n'est pas pour nous. Le fils de Vassé (vidame du Mans) épousa la deuxième fille du maréchal d'Humières, qui se remaria à Surville, cadet d'Hautefort (Saint-Simon, t. 3, p. 188). Vassé survécut à son fils, dont la veuve prit le nom lorsque le père fut mort à son tour. Elle avoit un fils (Sourches, t. 2, p. 71).

Les bibliophiles connoissent le *Catalogue de la Bibliothèque de la marquise de Vassé* en 1750.

vous, Madame, il y a bien plus à craindre. J'ai pourtant été assez heureux pour le désabuser. Au reste, Madame, il est tellement persuadé qu'on ne peut être honnête homme sans être toujours amoureux, que je désespère de vous voir jamais contente si vous n'apprenez qu'à être aimée de lui. Mais que cela ne vous alarme pas, Madame ; comme j'ai commencé de vous servir, je ne vous abandonnerai pas en l'état où vous êtes. Vous sçavez que la jalousie a quelquefois plus de vertu pour retenir un cœur que les charmes et que le mérite. Je vous conseille d'en donner à votre mari, ma belle cousine, et pour cela je m'offre à vous. Si vous le faites revenir par là, je vous aime assez pour recommencer mon premier personnage de votre agent auprès de lui, et me faire sacrifier encore pour vous rendre heureuse ; et, s'il faut qu'il vous échappe, aimez-moi, ma cousine, et je vous aiderai à vous venger de lui en vous aimant toute ma vie.

Le page à qui je donnai cette lettre, l'étant allé porter à madame de Sévigny, la trouva endormie ; et, comme il attendoit qu'on l'éveillât, Sévigny[1] arriva de la campagne. Celui-ci ayant sçu de mon page, que je n'avois point instruit là-dessus, ne prévoyant pas que le mari dût arriver sitôt, ayant sçu, dis-je, qu'il avoit une lettre à rendre de ma part à sa femme, la lui demanda sans rien soupçonner, et, l'ayant lue à l'heure même, lui dit de s'en retourner, et qu'il n'y avoit nulle réponse à faire. Vous pouvez juger comme je le reçus, et je fus sur le point de le

1. Voyez Walckenaer (t. 1, p. 21, 186, 269, 275, 276, 278, 285, 286, etc.) : « Ce Sevigny n'étoit point un honnête homme. » (Tallem. des Réaux, chap. 244.)

tuer, voyant le danger où il avoit exposé ma cousine, et je ne dormis pas une heure cette nuit-là. Sévigny, de son côté, ne la passa pas meilleure que moi; et le lendemain, après de grands reproches qu'il fit à sa femme, il lui défendit de me voir. Elle me le manda, et qu'avec un peu de patience tout cela s'accommoderoit un jour.

Six mois après, Sévigny fut tué en duel par le chevalier d'Albret [1]. Sa femme parut inconsolable de sa mort. Les sujets de le haïr étant connus de tout le monde, on crut que sa douleur n'étoit que grimace. Pour moi, qui avois plus de familiarité avec elle que les autres, je n'attendis pas si longtemps qu'eux à lui parler de choses agréables, et bientôt après je lui parlai d'amour, mais sans façon et comme si je n'eusse jamais fait autre chose. Elle me fit une de ces gracieuses réponses d'oracle que les femmes font d'ordinaire dans les commencemens, que ma passion, qui étoit assez tranquille, me fit paroître peu favorable; peut-être aussi l'étoit-elle, je n'en sçais rien. Que

---

[1]. François Amanieu, seigneur d'Ambleville, tué lui-même en duel en 1672, cadet de Miossens, qui fut maréchal d'Albret.

Il courtisoit madame de Gondran, maîtresse de Sévigné, et ne pouvoit souffrir de ne réussir pas. Un jour il apprend que Sévigné a dit à madame de Gondran que c'étoit un amoureux sans vigueur, un Candale, un Guiche; il envoie Saucourt, un bon patron, demander des excuses. Sévigné nie avoir dit le mal, mais refuse de s'excuser. Le duel fut arrêté ainsi et eut lieu derrière le couvent de Picpus (Voy. Conrart, p. 86), le vendredi 3 février 1651 à midi; Sévigné y trouva la mort, à vingt-sept ans.

Si madame de Gondran ne prit pas des voiles de veuve, M. de Gondran, ami de Sévigné, le regretta innocemment.

si madame de Sévigny n'avoit pas intention de m'aimer, on ne peut pas avoir plus de complaisance pour elle que j'en eus en ce rencontre. Cependant, comme j'étois son plus proche parent du côté le plus honorable, elle me fit mille avances pour être son mari; et moi, qui lui trouvois une manière d'esprit qui me réjouissoit, je ne fus pas fâché de demeurer sur ce pied-là auprès d'elle. Je la voyois presque tous les jours, je lui écrivois, je lui parlois d'amour en riant, je me brouillois avec mes plus proches pour servir de mon crédit et de mon bien ceux qu'elle me recommandoit; enfin, si elle eût eu besoin de tout ce que j'ai au monde, je lui aurois eu grande obligation de me donner lieu de l'en assister. Comme mon amitié ressembloit assez à l'amour, madame de Sévigny en fut assez satisfaite tant que je n'aimai point ailleurs; mais le hasard, comme je vous dirai ensuite, m'ayant fait aimer madame de Précy [1], ma cousine ne me témoigna plus tant de tendresse qu'elle faisoit lorsqu'elle croyoit que je n'aimois rien qu'elle. De temps en temps nous avions de petites brouilleries, qui véritablement s'accommodoient, mais qui laissoient dans mon cœur, et je crois dans le sien, des semences de division au premier sujet que nous en aurions l'un ou l'autre, et qui même étoient capables d'aigrir des choses indifférentes. Enfin, s'étant présenté une occasion où j'avois besoin de madame de Sévigny, et où sans son assistance j'étois en danger de perdre ma fortune, cette ingrate m'abandonna et me fit en amitié la plus

1. Je ne sais rien de particulier sur cette dame.

grande infidélité du monde. Voilà, mes chers, ce qui me fit rompre avec elle ; et, bien loin de la sacrifier à madame de Monglas, comme on a dit, celle-ci, que j'aimois il y avoit déjà long-temps, m'empêcha de faire tout l'éclat que méritoit une telle ingratitude. Bussy ayant cessé de parler : « Qu'est-ce que c'est donc, lui dit Vivonne, que tout ce que l'on dit du comte du Lude et de madame de Sévigny ? A-t-il été bien avec elle ? — Avant que vous répondre à ceci, reprit Bussy, il faut que vous sçachiez ce que c'est que le comte du Lude.

Portrait de monsieur le comte du Lude [1].

Il a le visage petit et laid, beaucoup de cheveux, la taille belle, et il étoit né pour être fort gras ; mais la crainte d'être incommodé et désa-

---

1. Madame de Sévigné badine à plusieurs reprises (par exemple, le 1er mars 1680) sur la liaison qu'on supposoit avoir existé entre elle et M. du Lude. Il resta son ami.

Du Lude a mérité les éloges que Bussy lui donne. Il étoit galant et honnête ; la marquise de Gouville (1655) et madame de La Suze (Somaize, t. 1, p. 67) ont accepté ses hommages. Favori du roi de bonne heure, et long-temps, du Lude, à l'Arsenal, où il logea en qualité de grand-maître de l'artillerie, réunissoit une société qui gardoit le culte des divinités adorées à l'hôtel de Rambouillet (Walck., t. 4, p. 131).

On voit sous Louis XI un Jean de Daillon, « maître Jean des Habiletez », disoit le roi, qui faisoit argent de tout. C'est un aïeul. Le père de du Lude, gouverneur de Gaston, épousa une Feydeau, qui lui donna cent mille pistoles (trois millions). (V. Amelot de la Houssaye, t. 2, p. 170.) Il étoit camarade de Théophile et de Desbarreaux (Tallem., t. 4, p. 46).

En 1648 et 1649 Retz et Mazarin se servent du canal de madame du Lude la mère pour leurs conférences : « A l'égard de ces fréquentes et réglées visites chez la comtesse du Lude, elles ne passoient que pour des rendez-vous de galanterie :

gréable lui a fait prendre des soins si extraordinaires pour s'amaigrir qu'enfin il en est venu à bout. Véritablement sa belle taille lui a coûté quelque chose de sa santé; il s'est gâté l'estomac par les diètes qu'il a faites et le vinaigre dont il a usé. Il est adroit à cheval, il danse bien, il fait bien des armes, il est brave, il s'est fort bien battu contre Vardes, et on lui a fait injustice

On les attribuoit aisément au mérite de mademoiselle du Lude, sa fille, qui étoit une très belle personne. (Aubery, liv. 5.)

Du Lude le fils, Henri de Daillon, grand diseur de mots fins (*Menagiana*), beau danseur, un Achille au jeu de la bague, épousa d'abord Éléonore de Bouillé.

« Toujours dans ses terres, elle ne se plaisoit qu'aux chevaux, qu'elle piquoit mieux qu'un homme, et chasseuse à outrance. Elle faisoit sa toilette dans son écurie et faisoit trembler le pays. Vertueuse pour elle, et trop pour les autres, elle fit châtrer un clerc en sa présence, pour avoir abusé, dans son château, d'une de ses demoiselles, le fit guérir, lui donna dans une boîte ce qu'on lui avoit ôté et le renvoya. » (Saint-Simon, *Notes à Dangeau*.)

En secondes noces (1681) il épousa la veuve du comte de Guiche, qui avoit alors trente-huit ans, et qui mourut le 25 janvier 1726. On la fit dame d'honneur de la Dauphine. Le roi l'avoit aimée (Saint-Simon, t. 1, p. 217, et La Fare), et il ne cessa de la considérer, de bien traiter son mari.

Le comte du Lude, sans exploits militaires, avoit conquis des grades. Pour le dédommager de ce qu'il n'avoit pas été compris dans la promotion des maréchaux nommés le 30 juillet 1675, il avoit été déclaré duc le lendemain. Il étoit chevalier des ordres du roi et premier gentilhomme de la chambre. De 1669 à 1685 (Daniel, t. 2, p. 553) il occupa le poste de grand-maître de l'artillerie.

En 1685 il dut se faire traiter pour la fistule hémorrhoïdale (Sourches, t. 1, p. 82), non sans soupçon de quelque vieux vice italien. Sa femme, à ce moment, le flattoit d'une grossesse qui se trouva fausse. Il mourut en août 1685 et laissa « une grosse dépouille ».

Abraham du Pradel nomme madame du Lude parmi les grandes dames qui aimoient et recherchoient les curiosités.

quand on a douté de sa valeur. Le fondement de
cette médisance est que, toute la jeunesse de sa
volée ayant pris parti dans la guerre, il s'est
contenté de faire une campagne en volontaire ;
mais cela vient de ce qu'il est paresseux et aime
ses plaisirs. En un mot, il a du courage et n'a
point d'ambition ; il a l'esprit doux, il est agréable avec les femmes, il en a toujours bien été
traité et il ne les aime pas long-temps. Les raisons que l'on voit de ses bonnes fortunes, outre
la réputation d'être discret, sont la bonne mine,
et d'avoir de grandes parties pour l'amour ; mais
ce qui le fait réussir partout sûrement, c'est qu'il
pleure quand il veut, et que rien ne persuade
tant les femmes qu'on aime que les larmes. Cependant, soit qu'il lui soit arrivé des malheurs
tête à tête, soit que ses envieux veulent que ce
soit sa faute de n'avoir point d'enfans, il ne déshonore pas trop les gens qu'il aime. Madame de
Sévigny est une de celles pour qui il a eu de l'a-
mour ; mais, sa passion finissant lorsque cette belle
commençoit d'y répondre, ces contre-temps l'ont
sauvée : ils ne se sont pu rencontrer, et comme il
l'a toujours vue du depuis, quoique sans attachement, on n'a pas laissé de dire qu'elle l'avoit
aimé ; et bien que cela ne soit pas vrai, c'étoit toujours le plus vraisemblable à dire. Il a été pourtant le foible de madame de Sévigny, et celui
pour qui elle a eu plus d'inclination, quelque
plaisanterie qu'elle en ait voulu faire. Cela me fait
ressouvenir d'un couplet de chanson qu'elle fit,
où elle faisoit parler ainsi madame de Sourdy [1],

[1]. Jeanne de Montluc, comtesse de Carmain (Cramail ou

qui étoit grosse :

On dit que vous avez tous deux
Ce qui rend un homme amoureux,
J'entends un honnête homme,
Et non pas celui que je sçai,
Qui ne sçait point le mal que j'ai.

Personne au monde n'a plus de gaîté, plus de feu, ni l'esprit plus agréable qu'elle. Ménage [1], en étant devenu amoureux, et sa naissance, son âge et sa figure l'obligeant de cacher son amour autant qu'il pouvoit, se trouva un jour chez elle dans le temps qu'elle vouloit sortir pour aller faire quelque emplette. Sa demoiselle n'étant pas en état de la suivre, elle dit à Ménage de monter dans son carrosse avec elle, et qu'elle ne craignoit point que personne en parlât. Celui-ci badinoit en apparence, mais en effet étant fâché,

---

Cramailles), mariée à Charles d'Escoubleau-Sourdis, marquis d'Alluye, morte le 2 mai 1657.

1. Je ne peux pas donner ici une large place à un pédant, quelque amoureux qu'il ait été. On lit dans le *Menagiana* inédit (de La Monnoye) ce passage qui nous concerne :

« C'est un bel esprit que M. de Bussy-Rabutin, mais il ne sçavoit rien. Son histoire des *Amours des Gaules* est toute remplie de fables et de mensonges. »

Etc., etc.

« Comme les poëtes sont susceptibles de colère, j'ai fait cette épigramme contre M. de Bussy :

Francorum proceres media, quis credet! in aula,
  Bussiades scripto læserat horribili;
Pœna levis! Lodoix, nebulonem carcere claudens,
  Retrahit indigno munus equestre duci.
Sic nebulo gladiis quos formidaret iberis
  Quos meruit francis fustibus eripitur. »

Oui, Vadius, vous écrasâtes votre ennemi sous des vers d'un tel poids.

lui répondit qu'il lui étoit bien rude de voir qu'elle n'étoit pas contente des rigueurs qu'elle avoit depuis si long-temps pour lui, mais qu'elle le méprisât encore au point de croire qu'on ne pouvoit dire rien de lui et d'elle. « Mettez-vous, lui dit-elle, mettez-vous dans mon carosse. Si vous me fâchez, je vous irai voir chez vous. » Comme Bussy achevoit ces dernières paroles, on vint dire à ces messieurs que l'on avoit servi sur table. Ils allèrent dîner, et, le repas s'étant passé avec la gaîté ordinaire, ils s'en allèrent dans le parc, où ils ne furent pas plutôt qu'ils prièrent Bussy de leur raconter l'histoire de madame de Monglas et de lui; ce que leur ayant accordé, il commença de cette manière :

HISTOIRE
AMOUREUSE
DES GAULES

LIVRE CINQUIÈME.

HISTOIRE DE Mme DE MONGLAS ET DE BUSSY.

Cinq ans avant la brouillerie de madame de Sévigny et moi, m'étant trouvé au commencement de l'hiver à Paris, fort ami de la Feuillade et de Darcy[1], nous nous mîmes tous trois dans la tête d'être amoureux; et, parceque nous ne voulions pas que nos affaires nous séparassent les uns des autres,

---

[1]. La Place (t. 4, p. 359) nomme un d'Arcy, page de musique sous Henri IV, qui vécut jusqu'à l'âge de 103 ans, et jouit de son franc parler sous Louis XIV.

D'Arcy qui est ici en scène étoit frère du comte de Clère, fils du marquis de Fontaine Martel. Tous les deux figurent dans la cavalcade faite à l'occasion de la majorité du roi en 1651. Le 26 septembre 1689, Dangeau apprend qu'il est nommé gouverneur du duc de Chartres avec 2,400 fr. d'ap-

nous jetâmes les yeux sur tout ce qu'il y avoit de jolies femmes, pour voir si nous n'en pourrions point trouver trois qui fussent aussi amies que nous ou qui le pussent devenir. Nous ne cherchâmes pas long-temps sans rencontrer ce qu'il nous falloit. Mesdames de Monglas, de Précy et de l'Isle[1] étoient fort amies et fort aimables ; mais comme peut-être eussions-nous eu de la peine à nous accorder sur le choix, et que le mérite de ces dames n'étoit pas si égal que nos inclinations nous portassent à les aimer également, nous convînmes de faire trois billets de leurs trois noms, de les mettre dans une bourse,

pointements. A Nerwinde, il pousse son élève au feu (La Place, t. 2, p. 235); lui-même tombe sous les chevaux (*Racine à Boileau*, 6 août 1693).

Son frère, M. de Fontaine-Martel, en 1692, est nommé premier écuyer de la duchesse de Chartres (Dangeau, t. 4, p. 9). D'Arcy étoit chevalier de l'ordre (1688) et conseiller d'Etat d'épée ; il avoit été ambassadeur en Savoie. Il mourut en 1694, à 60 ans, devant Maubeuge, non marié et pauvre. Son neveu Cayeu le remplaça. Saint-Simon (t. 1, p. 136) lui rend bon témoignage :

« D'une vertu et d'une capacité peu communes, sans nulle pédanterie et fort rompu au grand monde, et un très vaillant homme sans ostentation. »

« Il est fort regretté de tout le monde », dit Dangeau (7 juin 1694).

1. Walckenaer (t. 2, p. 458) la présume belle-fille du comte de l'Isle qui, en 1654, sert en Catalogne sous Conti. Dans un acte (signé Guénégaud) du 25 février 1649, on voit « le sieur de l'Isle lieutenant des gardes du corps de Sa Majesté ». Quant à la vicomtesse, Basse-Bretonne, « elle n'est pas belle, mais elle est fort coquette, et danse admirablement. » (Tall., cccxxix, t. 9, p. 207.) Certaines pièces du cabinet de M. de Montmerqué donnent à croire qu'elle avoit une fort mauvaise réputation. (V. la *Carte de la Braquerie*.)

et de nous en tenir, en les tirant, à ce que le sort en ordonneroit. Madame de Monglas échut à la Feuillade, madame de l'Isle à Darcy, et madame de Précy à moi. La fortune en ce rencontre montra bien qu'elle est aveugle, car elle fit une faveur à la Feuillade dont il ne connut pas si bien le prix que j'eusse fait ; mais il fallut me contenter de ce qu'elle m'avoit donné, et, comme je n'avois vu que cinq ou six fois madame de Monglas, je crus que les soins que j'allois rendre à madame de Précy effaceroient de mon âme l'ébauche d'une passion.

Nous nous embarquâmes donc auprès de nos maîtresses. La Feuillade, ayant témoigné quinze jours ou trois semaines de l'amour à madame de Monglas par des assiduités, se résolut enfin de lui en parler. D'abord il trouva une femme qui, sans faire trop la sévère, lui parut si naturellement ennemie des engagemens, qu'il faillit à désespérer de réussir auprès d'elle, ou du moins d'y réussir promptement. Il ne se rebuta point, et quelque temps après il la trouva plus incertaine, et enfin il la pressa tant et lui parut si amoureux qu'elle lui permit d'espérer d'être aimé quelque jour. Mais, avant que de passer outre, il est à propos de faire la peinture de madame de Monglas et de la Feuillade.

Portrait de madame de Monglas[1].

Madame de Monglas a les yeux petits, noirs et brillants, la bouche agréable, le nez un peu

1. Morte à Paris le 18 ou le 27 février 1695 (Dangeau), à soixante-dix-sept ans, Cécile-Elizabeth Hurault de Chiverny

troussé, les dents belles et nettes, le teint trop vif, les traits fins et délicats, et le tour du visage agréable; elle a les cheveux noirs, longs et épais; elle est propre au dernier point, et l'air

épouse, le 8 février 1645 (ou 1643), François de Paule de Clermont, marquis de Montglat.

« Cette jeune personne (Montp., t. 1, p. 418), qui étoit d'agréable compagnie, fut depuis toujours auprès de moi. »

Elle commença par aimer La Tour Roquelaure (Tallem., t. 7, p. 139); le duc d'Elbeuf l'eut ensuite (Tallem., t. 4, p. 309) Voici, puisée à la même source, une historiette (t. 5, p. 371) qui nous fait entrer dans sa vie privée et lui donne un nouvel amant :

« Au carnaval de 1652, madame de Montglas fit une plaisante extravagance chez la présidente de Pommerueil. On y devoit jouer Pertarite, roy des Lombards, pièce de Corneille qui n'a pas réussy. Mademoiselle de Rambouillet dit à Segrais, garçon d'esprit, qui est à cette heure à Mademoiselle, qu'elle n'avoit point veû l'Amour à la mode et qu'elle l'aymeroit bien mieux. « Dites-le à la comtesse de Fiesque. » La comtesse le dit à Hippolite: c'est le fils du président de Pommerueil du premier lict, un benais qu'on appelloit ainsy parce qu'on luy faisoit la guerre qu'il estoit amoureux de sa belle-mère. Hippolite, qui estoit espris de la comtesse, alla dire aux comédiens que, quoy qu'il en coustast, il falloit absolument jouer l'Amour à la mode, et les envoya changer d'habits. On joue : madame de Montglat réclame et fait bien du bruit. La comtesse et elle se harpignèrent; les autres ne dirent rien. Au troisiesme acte, patience luy eschappe; elle crie tout haut : « Mon carrosse est-il venu ? — Non, Madame. — Celuy de l'abbé de Richou y est-il ? (Notez que c'étoit son galant.) — Ouy, Madame. » Elle sort, et, par une plaisante rencontre, le comédien qui estoit sur le théâtre dit :

Retraite ridicule et fort extravagante.

« C'estoit justement où il en estoit, et, dans la comédie, une femme se retiroit comme cela brusquement. Cela fit rire jusqu'aux larmes. »

Un couplet s'exprime ainsi :

Le rendez-vous du beau monde,
Montglas, n'est plus que chez vous;

qu'elle souffle est plus pur que celui qu'elle respire ; elle a la gorge la mieux taillée du monde, les bras et les mains faits au tour ; elle n'est ni grande ni petite, mais d'une taille fort aisée, et

>Et là chacun se fait les yeux doux
>Sans qu'on s'y morfonde ;
>Près de vous l'on parle haut et bas :
>L'on s'y chauffe, et l'on ne s'y brusle pas.

A la fin des Mémoires de Mademoiselle se trouve le portrait de madame de Monglat :

« Vous estiez fort jolie, vous aviez le teint beau et vif, la bouche agréable, les plus belles dents qu'on puisse voir, le nez un peu retroussé, mais d'une manière qui ne vous sied pas mal, les yeux noirs, les cheveux bruns, mais en la plus grande quantité du monde ; vous aviez la gorge belle, comme vous l'avez encore ; l'air impérieux et le ton, etc. ; les bras, les mains, le coude !

« Vous n'estes point médisante, vous excusez facilement les autres, vous estes bonne amie. »

Delphiniane (Somaize, t. 1, p. 282) « a beaucoup d'esprit ; elle lit tous les beaux livres, elle aime les vers, elle connoist tous les auteurs, elle corrige leurs pièces. »

Sa belle-mère avoit été gouvernante des enfants de Henri IV. Son mari fut d'abord premier écuyer de Gaston.

« François de Paule de Clermont, marquis de Montglat, étoit de l'illustre et ancienne maison de Clermont, originaire d'Anjou, d'où sont sorties les branches de Clermont, de Galerande, d'Amboise, de Saint-Georges et de Resnel. Il étoit chef de la branche de Saint-Georges. Il fut chevalier des ordres du roi, grand-maître de la garde-robe et maréchal de camp. Il mourut le 7 avril l'an 1675. » (*Le Père Bougeant*, Avertiss. en tête des Mémoires.)

Bussy, qui fut l'un des amants de madame de Montglat, et, par conséquent, l'un des oppresseurs de M. de Monglat, ne se fait pas faute de rire de ses infortunes.

« J'attends ici un de ces maris dont la tête n'est pas incommodée des corniches ; ce qu'il y porte va dans le superlatif. Je voudrois bien vous faire connoître le personnage sans vous le nommer. Il n'est pas si beau qu'Astolfe ni que Joconde ; mais, en récompense, il est quatre fois plus malheureux. Ne le connoissez-vous pas à cela ? C'est un mari tout à fait in-

qui sera toujours agréable, si elle la peut sauver de l'incommodité de l'embonpoint. Madame de Monglas a l'esprit vif et pénétrant, comme son teint, jusqu'à l'excès; elle parle et elle écrit avec une facilité surprenante, et le plus naturellement du monde; elle est souvent distraite en conversation, et on ne lui peut dire guère de choses d'assez grande conséquence pour occuper toute son attention; elle vous prie de lui apprendre quelquefois une nouvelle, et, comme vous commencez la narration, elle oublie sa curiosité, et le feu dont elle est pleine fait qu'elle vous interrompt pour vous parler d'autre chose.

Madame de Monglas aime la musique et les

sensible. Il ne ressemble pas au pauvre Sganarelle, qui étoit un mari très marri. On ne comprend pas celui-ci : car, quoiqu'il porte des cornes sur la tête, il les tient fort au dessous de lui. Si vous n'y êtes pas encore, vous n'en êtes pas loin. Attendez : c'est un mari gros et gras et bien nourri. Y êtes-vous? C'est un mari dont le malheur m'est particulièrement connu. Oh! pour celui-là, vous y êtes. » (Bussy à Sév., 9 juin 1668.)

Bussy pendant long-temps poursuivit sa maîtresse infidèle de sa colère et de ses injures, ne voulant pas comprendre qu'elle fût bien vue, considérée encore; « qu'elle eût, par sa bonté, son amabilité et une conduite plus régulière, conservé l'amitié de toutes les femmes avec lesquelles elle s'étoit liée. » (Walck.. t. 3, p. 171.)

Il écrit à madame de Sévigné (26 juin 1688) : « J'ai fait toute la peur à madame de Monglas; et, lorsqu'elle attendoit la honte de paroître en public manquer de bonne foi, je lui viens de faire dire par la comtesse de Fiesque qu'après les sentimens que j'avois eus pour elle, je ne lui voulois jamais faire de mal. Je ne sais comment elle recevra cela, mais je sais bien pourquoi je l'ai fait. »

Le 1er juillet il dit : « Elle a reçu mes honnêtetés avec la joie et la reconnaissance qu'elles méritoient. » Bussy l'a aimée sincèrement, et c'est là le plus beau trait de sa vie légère.

vers ; elle en fait d'assez jolis ; elle chante mieux
que femme de France de sa qualité ; personne ne
danse mieux qu'elle ; elle craint la solitude ; elle
est bonne amie, jusqu'à prendre brutalement le
parti de ceux qu'elle aime quand on en veut mal
parler devant elle, et jusqu'à leur donner tout
son bien s'ils en avoient besoin ; elle garde religieusement leurs secrets ; elle sçait fort bien vivre
avec tout le monde ; elle est civile comme il faut
que le soit une femme de qualité, et, quoiqu'elle
aime assez à ne fâcher personne, sa civilité tient
plus de la gloire que de la flatterie. Cela fait
qu'elle ne gagne pas les cœurs sitôt que beaucoup d'autres plus insinuantes ; mais quand on
connoît sa fermeté, on s'attache bien plus fortement à elle.

Portrait de monsieur de la Feuillade.

La Feuillade n'est pas tout à fait pour homme
ce que madame de Monglas est pour femme : ce
sont des mérites différents. Celui-ci néanmoins a
quelques faux brillans qui peuvent éblouir d'a-
bord les étourdis, mais qui ne trompent pas les
gens qui font des réflexions. Il a les yeux bleus
et vifs, la bouche grande, le nez court, les cheveux frisés et un peu ardens, la taille assez belle,
les genoux en dedans ; il a trop de vivacité, il
parle fort et veut toujours être plaisant ; mais il ne
fait pas toujours ce qu'il veut, cela s'entend avec
les honnêtes gens : car, pour le peuple et les esprits médiocres, avec qui il ne faut qu'avoir toujours la bouche ouverte pour rire ou pour parler,
il est admirable ; il a l'esprit léger, et le cœur dur

jusqu'à l'ingratitude; il est envieux, et c'est lui faire outrage que d'avoir de la prospérité; il est vain et fanfaron, et à son avénement dans le monde il nous avoit si souvent dit qu'il étoit brave qu'on faisoit conscience d'en douter; cependant on fait conscience aujourd'hui de le croire.

Je vous ai dit que madame de Monglas, persuadée qu'il avoit une violente passion pour elle, lui avoit laissé croire qu'il pouvoit espérer d'être aimé. Tout autre que la Feuillade eût fait de cette affaire la plus agréable affaire du monde; mais il étoit logé comme je vous ai dit et n'aimoit que par boutades; il en faisoit assez pour échauffer sa maîtresse, et trop peu pour lui faire prendre parti. Quand je disois à cette belle qu'il l'aimoit fort, parceque la Feuillade m'avoit prié devant elle de parler pour lui en son absence, elle se moquoit de moi et me faisoit remarquer quelques endroits de son procédé qui détruisoient les bons offices que je lui voulois rendre. Je ne laissois pas de l'excuser, et, ne pouvant toujours sauver sa conduite, je justifiois au moins ses intentions. Nous étions à peu près en ces termes, Darcy et moi, avec mesdames de Précy et de l'Isle, c'est-à-dire qu'elles vouloient bien que nous les aimassions; mais véritablement nous faisions mieux notre devoir auprès d'elles que la Feuillade auprès de madame de Monglas. Enfin, trois mois s'étant passés pendant lesquels cette belle se trouvoit plus engagée par les choses que je lui avois dites en faveur de la Feuillade que par l'amour qu'il lui avoit témoigné, il fallut que cet amant allât servir à l'armée à un régiment d'infanterie qu'il avoit. Cet adieu lui fit sentir qu'elle avoit dans le cœur pour la Feuillade un peu plus de bonté qu'elle n'avoit cru jusque là : elle lui en laissa voir quelque chose; mais, quoique c'en fût assez pour rendre un honnête homme heureux, cela ne pouvoit pas choquer la vertu la plus sévère. La Feuillade, en partant, lui fit mille protestations de l'aimer toute sa vie, quand même elle s'opiniâtreroit toujours à ne point répondre à sa passion, et lui et moi la pressâmes tant de lui accorder la permission de lui écrire qu'elle y consentit.

Quelque temps avant ce départ, m'apercevant que le commerce que j'avois pour mon ami avec sa maîtresse m'avoit plus touché le cœur pour elle en me la faisant connoître de plus près, et que les efforts que j'avois faits pour aimer madame de Précy ne m'avoient point guéri de madame de Monglas, je résolus de ne la plus voir si souvent, pour n'être pas partagé sans cesse entre l'honneur et l'amour-propre. Tant que la Feuillade fut à Paris, sa maîtresse ne prit pas garde que je la voyois moins qu'à l'ordinaire; mais, lorsqu'il fut parti, elle connut du changement en ma manière de vie, et cela la mit en peine, croyant que ma retraite étoit une marque de refroidissement de la Feuillade, de qui, même après son départ, elle n'avoit reçu aucune nouvelle. Quelques jours après, m'ayant envoyé prier de l'aller trouver : « Que vous ai-je fait, Monsieur, me dit-elle, que je ne vous vois plus? Notre ami a-t-il quelque part à vos absences? — Non, lui dis-je, Madame; cela ne regarde que moi. — Comment! dit-elle, vous ai-je donné quelque sujet de vous plaindre? — Non, Madame, lui répliquai-je ; je ne me sçaurois plaindre que de la fortune. » L'embarras avec lequel je dis cela l'obligea de me presser de lui en dire davantage. « Eh quoi ! ajouta-t-elle, me cacherez-vous vos affaires, à moi, qui vous fais voir tout ce que j'ai dans le cœur? Si cela étoit, je me plaindrois de vous. — Ah ! que vous êtes pressante ! lui répondis-je ; est-ce avoir de la discrétion que d'arracher le secret à son ami, et ne devriez-vous pas croire que je ne vous doive pas dire le mien, puisque je ne vous le dis pas en l'état où je suis avec vous, ou plutôt ne le devriez-vous pas deviner, Madame, puisque... — Ah ! n'achevez pas ! m'interrompit-elle : j'ai peur de vous entendre ; j'ai peur d'avoir sujet de me fâcher et de perdre l'estime que je fais de vous. — Non, non, Madame, lui dis-je : ne craignez rien ; je suis en l'état que vous ne voulez pas apprendre, et je ne laisse pas de faire mon devoir. Mais, puisque nous en sommes venus si avant, je m'en vais vous dire tout le reste. Aussitôt que je vous vis, Madame, je vous trouvai fort aimable, et, chaque fois que je vous voyois ensuite, vous me paroissiez plus belle que la dernière ; je ne sentois pourtant encore rien d'assez pressant dans ces commencemens pour m'obliger de vous chercher, mais j'étois fort aise quand je vous rencontrois. La première chose à quoi je m'aperçus que je vous aimois, Madame, ce fut au chagrin que me donnoit votre absence ; et comme j'étois sur le point de m'abandonner à ma passion et de songer aux moyens de vous la faire connoître, Darcy, la Feuillade et moi tirâmes au sort auprès de qui, de vous, de madame de Précy et de madame de l'Isle, chacun de nous s'attacheroit. Quoique ce que j'avois pour vous dans le cœur, Madame, fût encore bien foible, je n'aurois pas mis au hasard une chose de cette conséquence si je n'eusse été jusque là fort heureux; mais enfin ma fortune changea pour ce coup, car vous échûtes à la Feuillade, et j'aurois bien plus gagné de perdre toute ma vie qu'en ce malheureux moment. Toute ma consolation fut, comme j'ai dit, que l'attachement que j'allois avoir pour madame de Précy, que j'avois autrefois aimée, m'arracheroit du cœur ce que j'y avois de commencé pour vous, mais inutilement, Madame. Vous jugez bien que, le commerce que l'intérêt de mon ami m'obligeoit d'avoir avec vous me donnant lieu de vous connoître plus particulièrement et de remarquer en vous des principes admirables pour l'amour, je ne pus me défaire d'une passion que votre beauté seulement avoit fait naître. Lorsque la Feuillade me pria de le servir, je sentis quelque chose au delà de la joie qu'on a d'ordinaire de servir son ami, et je m'aperçus bientôt après que, sans le vouloir tromper, j'étois ravi de me mêler de ses affaires, pour avoir seulement le plaisir de vous voir de plus près. Il pouvoit à la fin me donner d'effroyables peines. Cela, Madame, m'a obligé de vous voir moins souvent, et, quoique vous n'y ayez pas pris garde, depuis le départ de la Feuillade, il y a déjà plus de quinze jours que j'ai retranché de mes visites. Ce n'est pas, Madame, que vous n'ayez pu remarquer jusqu'ici que j'ai servi mon ami comme je me fusse servi moi-même. Je l'ai justifié quelquefois lorsqu'il étoit apparemment coupable, et que je pouvois, si j'eusse voulu, le ruiner auprès de vous sans paroître infidèle, laissant faire le ressentiment de mille fautes que vous prétendiez qu'il faisoit contre l'amour qu'il vous avoit témoigné ; mais je vous avoue que mon devoir me coûte trop en vous voyant pour ne pas épargner, en ne vous voyant plus, tous les efforts qu'il faut que je fasse auprès de vous. Au reste, Madame, je ne vous aurois jamais dit les raisons de ma retraite si vous ne me les aviez jamais demandées. — Il n'y a rien de plus honnête, Monsieur, me répliqua madame de Monglas, que ce que vous faites aujourd'hui ; mais il faut achever de faire votre devoir. Vous devriez mander à votre ami l'état de toutes choses, afin qu'il ne soit pas surpris quand il apprendra peut-être par d'autres voies que vous ne me voyez presque plus, et qu'il ne s'attende pas inutilement à vos bons offices auprès de moi. » Et là-dessus, madame de Monglas m'ayant fait apporter de l'encre et du papier, j'écrivis cette lettre :

LETTRE

De Bussy à la Feuillade.

Puisque, de la manière que j'en use, l'amour que j'ai pour votre maîtresse n'offense ni mon honneur ni l'amitié que je vous dois, je puis bien sans honte vous l'apprendre, et, au contraire, je me déshonorerois en vous le cachant. Sçachez que je n'ai pû voir longtemps madame de Monglas sans l'aimer ; que, m'en

*étant aperçu, j'ai cessé de la voir, et que, m'envoyant
chercher aujourd'hui pour sçavoir de moi d'où pouvoit venir le sujet d'une retraite, je lui ai dit que je
l'aimois, mais que, pour ne rien faire contre mon
devoir, je ne la verrois plus. J'ai cru vous en devoir donner avis, afin que vous preniez d'autres mesures auprès d'elle, et que vous voyiez, dans le malheur
qui m'est arrivé de devenir votre rival, que je ne suis
point indigne de votre amitié ni de votre estime.*

Ayant lu cette lettre à madame de Monglas :
« Hé bien ! Madame ! lui dis-je, ce procédé-là
est-il net ? — Ah ! Monsieur ! répliqua-t-elle, il
n'y a rien de si beau ; mais, quoique je croie que
vous avez la plus belle âme du monde, il seroit bien
difficile que, vous mêlant des affaires de votre rival, trouvant mille raisons de vous rendre l'un à
l'autre de mauvais offices, et croyant profiter de
nos brouilleries, vous résistassiez dans l'amour
que vous avez pour moi à la tentation de nous
mettre mal ensemble ; et comme vous avez de
l'esprit, il ne seroit pas malaisé de faire en sorte
qu'il parût que l'un ou l'autre eût tort, et de rejeter sur l'un de nous deux, ou sur la fortune,
le malheur dont vous seul seriez la cause, quand
même votre ami cesseroit de m'aimer par sa propre inconstance. Après ce que je sçais de vous, je
croirois toujours, si vous vous mêliez de nos affaires, que ce seroit par vos artifices. Vous avez
donc bien raison, Monsieur, de ne me plus voir ;
et, quoique je perde infiniment en ce rencontre,
je ne puis m'empêcher de louer cette action. »
Après quelques autres discours sur cette matière,
je sortis pour envoyer la lettre que j'avois écrite à

la Feuillade, et dix jours après voici la réponse que j'en reçus :

RÉPONSE
De la Feuillade à Bussy.

Vous avez fait votre devoir, mon cher, et je vais faire le mien. J'ai plus de confiance en vous que vous-même. Je vous prie donc de voir toujours madame de Monglas et de me servir auprès d'elle. Quand on est aussi délicat sur l'intérêt que vous me le paroissez, on est assurément incapable de le trahir ; mais quand le mérite de madame de Monglas vous auroit tellement aveuglé que vous ne seriez plus en état de vous en retirer, je vous excuserois volontiers sur les nécessités qu'il y a de l'aimer quand on la connoît parfaitement.

Avec cette lettre, il y en avoit encore une pour madame de Monglas. La voici :

LETTRE
De la Feuillade à madame de Monglas.

Je ne suis pas surpris, Madame, d'apprendre que mon ami vous aime ; je m'étonnerois bien plus qu'un honnnête homme qui vous voit'et qui vous parle tous les jours conservât son cœur auprès de tant de mérite. Il me mande qu'il ne vous veut plus voir de peur de succomber à l'inclination qu'il a pour vous, et moi je le prie de ne se pas retirer, sur l'assurance que j'ai qu'il aura plus de force qu'il ne pense, et que, quand même il ne pourroit plus résister, vous ne donneriez pas votre cœur à un traître après l'avoir refusé au plus fidèle amant du monde.

Aussitôt que j'eus reçu ces deux lettres, je les allai porter à madame de Monglas; mais, pour ne pas nuire à mon ami, de qui la maîtresse étoit fort délicate, j'effaçai toute la fin de la lettre qu'il m'écrivit, depuis l'endroit où il me mandoit que quand le mérite de madame de Monglas m'auroit tellement aveuglé que je ne serois pas en état de me retirer, il m'excuseroit sur la nécessité qu'il y avoit de l'aimer quand on la connoissoit bien. J'eus peur qu'elle ne jugeât comme moi que cet endroit ne fût fort galant, mais peu tendre. — Vous avez raison, répondit le comte de Guiche, et non seulement cet endroit, mais les deux lettres, me paroissent bien écrites, mais indifférentes. — La suite, répliqua Bussy, ne vous désabusera pas.

Vous sçaurez donc, continua-t-il, que madame de Monglas, voyant cette rature, me demanda ce que c'étoit. Je lui dis que la Feuillade me parloit d'une affaire de conséquence qui me regardoit. « Puisqu'il souhaite, me dit-elle, que vous continuiez de me voir, j'y consens; mais Monsieur, c'est à condition que vous ne me parlerez jamais des sentimens que vous avez pour moi. — Je le ferai, puisque vous le voulez, lui répliquai-je. Ce n'est pas que je ne vous en dusse parler sans vous devoir être suspect, car, quoique je vous aime plus que ma vie, si, pour reconnoître mon amour, vous méprisiez celui de mon ami, en cessant de vous estimer je cesserois de vous aimer aussi. Ce n'est pas assurément à cause que vous êtes belle, Madame, c'est encore parceque vous n'êtes pas coquette, que je vous aime. — Je le crois, Monsieur, me dit-elle ; mais, puisque vous ne désirez ni ne prétendez rien, ne m'aimez plus, car qu'est-ce qu'un amour sans désirs et sans espérance ? — Je ne prétends rien, lui dis-je, mais j'espère et je désire. — Et que pourriez-vous désirer ? reprit-elle. — Je souhaite, répliquai-je, que la Feuillade ne vous aime plus et que cela vous soit indifférent. — Et quand cela seroit, reprit-elle, croiriez-vous en être plus heureux ? — Je ne sçais si je le serois, Madame, lui dis-je ; mais au moins en serois-je plus près que je ne suis. » Et là-dessus je fis ce couplet de chanson :

> *Si vous aimer seulement*
> *Est un assez grand tourment,*
> *Vous pouvez juger du mal*
> *Que l'on a quand il faut être*
> *Confident de son rival.*

Ce qui me consoloit un peu dans la vue de toutes les peines que me donnoit un amour sans espérance, c'est que j'étois sur le point d'avoir la charge de mestre de camp général de la cavalerie, et que, cette charge m'obligeant d'aller bientôt à l'armée, l'honneur me guériroit d'un amour qui n'étoit pas heureux. Quelques jours avant que de partir, je voulus adoucir le chagrin que me donnoit la violence que je me faisois à cacher ma passion, et, pour cet effet, je donnai à madame de Sévigny une fête si belle et si extraordinaire que vous serez assurément bien aises que je vous en fasse la description.

Premièrement, figurez-vous dans le jardin du Temple[1] que vous connoissez un bois que deux allées croisent à l'endroit où elles se rencontrent ; il y avoit un assez grand rond d'arbres, aux branches desquels on avoit attaché cent chandeliers de cristal ; dans un des côtés de ce rond on avoit dressé un théâtre magnifique, dont la décoration méritoit bien d'être éclairée comme elle étoit, et l'éclat de mille bougies, que les feuilles des arbres empêchoient de s'échapper, rendoit une lumière si vive en cet endroit que le soleil ne l'eût pas éclairé davantage. Aussi, par cette même raison, les environs en étoient si obscurs que les yeux n'y servoient de rien. La nuit étoit la plus tranquille du monde. D'abord la comédie commença, qui fut trouvée fort plaisante. Après ce divertissement, vingt-quatre violons, ayant joué des ritournelles, jouèrent des branles, des courantes et des petites danses. La compagnie n'étoit pas si grande qu'elle étoit bien choisie ; les uns dansoient, les autres voyoient danser, et les autres, de qui les affaires étoient plus avancées, se promenoient avec leurs maîtresses dans des allées où l'on se touchoit sans se voir. Cela dura jusqu'au jour, et, comme si le ciel eût agi de concert avec moi, l'aurore parut quand les bougies cessèrent d'éclairer. Cette fête réussit si bien qu'on en manda les particularités partout, et, à l'heure qu'il est, on en parle avec admiration. Il y en eut qui crurent que madame de Sévigny, en ce rencontre, n'étoit que

---

1. Chez son oncle, qui habitoit le Temple.

le prétexte de madame de Précy ; mais la vérité fut que je donnai cette fête à madame de Monglas sans lui oser dire, et je crois qu'elle s'en douta sans m'en rien témoigner. Cependant je badinois avec elle devant le monde ; je lui disois toujours quelques douceurs en riant, et je lui fis ce couplet de sarabande, que vous avez ouï dire assurément :

> De tout côté
> On vous désire,
> *Mais quand vos yeux ôtent la liberté,*
> *On veut aussi que votre âme soupire.*
> *Sur votre cœur j'ai fait une entreprise,*
> *Et ma franchise* [1]
> *Ne tient à rien ;*
> *Mais j'ai bien peur, adorable Bélise,*
> *Que votre cœur soit plus dur que le mien.*

Vous jugez bien qu'ayant ces sentimens pour madame de Monglas, mes soins pour madame de Précy étoient médiocres ; je vivois pourtant le mieux du monde avec elle, et mon peu d'empressement s'accordoit fort bien avec sa tiédeur. Cependant, lorsqu'elle commença à soupçonner que j'aimois madame de Monglas, elle se réchauffa pour moi et fut fâchée quand elle vit que je ne faisois pas de même pour elle. J'admirai là-dessus le caprice des dames : elles ont du chagrin de perdre un amant qu'elles ne veulent pas aimer. Mais avec tout cela ce que faisoit madame de Précy n'étoit pas si surprenant que ce que faisoit madame de l'Isle. J'avois parlé d'amour à la pre-

---

1. Mon indépendance.

mière, et il n'étoit pas fort étrange qu'elle y prît quelque intérêt; mais pour madame de l'Isle, à qui je n'avois jamais témoigné que de l'amitié, je ne puis assez m'étonner de la manière dont vous allez entendre qu'elle en usa. Sitôt qu'elle soupçonna mon amour pour madame de Monglas, il n'y a pas de ruses dont elle ne se servit pour s'en bien éclaircir; elle me disoit quelquefois en riant que j'en étois amoureux. Tantôt elle m'en disoit du bien, et, parceque je craignois qu'elle ne voulût par là découvrir ce que j'avois dans le cœur, j'étois assez réservé sur ses louanges; une autre fois elle en disoit du mal, et moi, qui étois bien aise d'apprendre à madame de Monglas qu'elle étoit trompée de s'attendre à l'amitié de madame de l'Isle, ayant trouvé celle-ci en mille autres rencontres trahissant madame de Monglas, je la laissois dire et lui donnois une audience favorable pour lui faire croire que j'y prenois plaisir. Enfin, ne pouvant plus souffrir une fois l'emportement qu'elle avoit contre elle, j'en avertis madame de Monglas, ce qui fut cause qu'elles rompirent ensemble, et que dans la suite cette belle eut toutes les raisons du monde de croire que j'avois véritablement de l'amour pour elle.

MAXIMES D'AMOUR

MAXIMES D'AMOUR[1]

QUESTIONS

SENTIMENS ET PRÉCEPTES

PREMIÈRE PARTIE.

DE L'AMOUR QUI ESPÈRE.

Sçavoir ce que c'est que l'amour.

Vous qui vivez comme des bêtes,
Quand vous soupirez nuit et jour,
Et ne sçavez ce que vous faites,
Amans, quand vous faites l'amour,
Votre ignorance est extrême.

---

1. Dans quelques *Almanachs d'amour* du temps, à la fin des poésies de madame de La Suze, et dans quelques unes des éditions hollandaises de l'*Histoire amoureuse*, on trouve, plus ou moins nombreuses, des Maximes d'amour. J'ai imprimé celles-ci d'après le texte que les Mémoires de Bussy nous donnent. Tout cela est coulant, gracieux et de bonne mine.

Mais sçachez, pour en sortir,
Que l'amour est un désir
D'être aimé de ce qu'on aime.

*Sçavoir de quelle manière il faut que les dames
se conduisent pour ne se pas perdre
de réputation en aimant.*

Beau sexe où tant de grâce abonde,
Qui charmez la moitié du monde,
Aimez, mais d'un amour couvert,
Qui ne soit jamais sans mystère :
Ce n'est pas l'amour qui vous perd,
C'est la manière de le faire.

Sçavoir s'il y a des secrets pour être aimé.

Si vous voulez rendre sensible,
L'objet dont vous êtes charmé
(Pourvu que dans le cœur il n'ait rien d'imprimé),
La recette en est infaillible,
Aimez ! et vous serez aimé.

*Sçavoir si l'on peut espérer à la fin de se faire aimer
d'une coquette.*

Si vous aimez une coquette
Qui soit insensible à vos maux,
Qui vous flatte, puis vous maltraite,
Et vous accable de rivaux,
Ne vous rebutez point (quelque sot s'iroit pendre),
Ne vous rebutez pas, vous la verrez changer ;
Attendez l'heure du berger :
Tout vient à point qui peut attendre.

Sçavoir quel est l'effet des larmes en amour.

Pleurez, amans, aux pieds de vos maîtresses,
Si vous voulez attirer leurs tendresses.
Qui pleure quand il faut des pleurs
En amour est maître des cœurs.

Sur le même sujet.

Amans qui n'avez point de charmes
Ni de grâce à vous exprimer,
Si vous voulez vous faire aimer,
Apprenez à verser des larmes.
Les sots qui pleurent à propos
Sont souvent préférés aux diseurs de bons mots.

*Sçavoir si l'on peut discerner le vrai amant
d'avec le faux.*

Lorsque l'on veut examiner
(Sans prendre intérêt dans l'affaire)
Le faux amant et le sincère,
Il est aisé de deviner.
 Il n'en est pas de même,
 Belle Iris, quand on aime;
Et voulez-vous sçavoir comment?
En ce cas là l'aveuglement
 D'ordinaire est extrême :
Et qu'un trompeur à point nommé,
Persuade quand il soupire?
C'est qu'on désire d'être aimé,
Et qu'on croit tout ce qu'on désire.

*Sçavoir si les grands plaisirs de l'amour sont dans
la tête ou dans les sens.*

Je ne borne pas aux désirs
La passion la plus honnête,
Mais en amour les grands plaisirs
Sont dans la tête.

*Sçavoir quelles sont les véritables marques
d'une grande passion.*

Vous demandez chaque jour
Quelles sont d'un grand amour
Les preuves ndubitables :
Les soins, les empressemens,
Sont les marques véritables
Des véritables amans.

Sçavoir s'il se faut voir long-temps pour s'aimer.

C'est dans les premiers jours qu'on se sent en-
flammer ;   [me :
Quand on attend plus tard, il n'en va pas de mê-
Si l'on voit quelque temps les gens sans les aimer,
Rarement on les aime.

Sur le même sujet.

Vous nous dites d'un ton de maître
Que pour aimer il faut connoître.
Voulez-vous sçavoir justement,
Ce qu'enseigne l'expérience ?
L'amour vient de l'aveuglement,
L'amitié de la connoissance.

*Sçavoir si l'on a toujours l'idée présente de son
amant ou de sa maitresse en leur absence.*

Lorsque l'on aime extrêmement,
Et qu'on languit dans une absence,
Iris, on songe incessamment
A la cause de sa souffrance;
Mais, si parfois on s'en dispense
(Si l'on peut citer des dictons),
On en revient bien tôt à ses moutons.

*Sçavoir lequel est le plus difficile, de passer
de l'amitié à l'amour, ou de retourner
de l'amour à l'amitié.*

Je tiens qu'il est fort difficile
Quand on a tendrement soupiré plus d'un
De faire à l'amitié retour; [jour,
Mais on n'en voit pas un de mille
D'une longue amitié passer jusqu'à l'amour.

*Sçavoir quelle différence il y a de l'amour
des hommes à celui des femmes.*

L'amour de la maîtresse a de la violence,
Je le sçais par expérience,
Je le pourrois justifier.
Iris, s'il a de la constance,
Je ne dis pas ce que j'en pense;
Mais vous ne me sçauriez nier
Que l'amant n'aime le dernier.

*Sçavoir s'il est vrai que l'amour
rend les gens fous.*

Vous qui prônez incessamment
Qu'on est fou quand on est amant,

Apprenez en une parole
Ce que l'amour est en effet :
Il est fou dans un âme folle,
Et sage dans un cœur bien fait.

Sur le même sujet.

Je suis contre ce sentiment
Qu'on est fou quand on est amant :
On peut fort bien, lorsque l'on aime,
Avoir encor de la raison ;
Mais, alors qu'en tous lieux et qu'en toute saison
La prudence est extrême,
L'amour n'est pas de même.

Sçavoir si une grande amitié est compatible avec
un grand amour pour deux personnes
différentes.

Lorsque l'amour nous remplit bien,
Hors cela nous ne sentons rien ;
Quand on a pour Tircis une extrême tendresse,
On n'aime Philis qu'à demi ;
Enfin, sur ce chapitre on ôte à sa maîtresse
Tout ce qu'on donne à son ami.

Sçavoir si l'on peut apprendre à aimer par règles
comme l'on apprend les autres choses.

Quand à m'aimer je vous convie,
Vous m'en demandez des leçons.
Il n'y faut pas tant de façons,
Ayez-en seulement envie :
L'amour sçaura bien vous former ;
Aimez, et vous sçaurez aimer.

*Sçavoir en quel endroit on aime mieux : à la cour,
à la ville ou la campagne.*

D'ordinaire à la cour les cœurs sont tourmentés
   De l'amour et de la fortune;
A la ville souvent on voit trop de beautés,
   Pour être fort constant pour une;
   Mais rien ne fait diversion,
   Aux champs, à notre passion.

*Sçavoir pourquoi l'on voit si souvent des femmes de
mérite aimer de malhonnêtes gens, et d'honnêtes
gens aimer des femmes sans mérite.*

Lorsque l'on commence d'aimer,
   On cache le désagréable,
   On montre ce qu'on a d'aimable;
   On veut plaire, on veut enflammer;
   La plus aigre est douce et traitable.
Mais, après que l'un l'autre on a pu se charmer,
On ne se contraint plus, pas même aux bienséan-
   Ensuite chacun se déplaît,   [ces;
Mais, de peur en rompant de perdre ses avances,
   On en demeure où l'on en est.

*Sçavoir quelle est la plus aimable maîtresse,
de la prude ou de la coquette.*

Silvandre, dans l'incertitude   [prude,
   Quelle il aimeroit mieux, la coquette ou la
Et ne pouvant enfin se résoudre à choisir,
   Me demanda quelle victoire
   Seroit plus selon mon désir.
   Voulez-vous, lui dis-je, me croire?

La prude donne plus de gloire,
La coquette plus de plaisir.

Sçavoir s'il faut prendre au pied de la lettre
tout ce que disent les amans.

L'hyperbole plaît aux amans,
Tout est siècle pour eux, ou bien tout est [momens,
Et jamais au milieu leur calcul ne demeure :
Ils vont tous dans l'extrémité,
Ils disent que leur bien ne dure qu'un quart d'heure
Et leur mal une éternité.

Sçavoir si un grand amour peut compâtir
avec une grande gaieté.

Tircis, quand tu viens voir Caliste,
Tu lui parois toujours content ;
Cependant il est très constant
Que qui dit amoureux dit triste.
Prends donc un air plus sérieux ;
Fais voir ton amour dans tes yeux :
Car, tant que l'on te verra rire,
On ne croira jamais que tu désire.

Sur le même sujet.

Je ne veux pas, Iris, que sans cesse on soupire ;
Mais, lorsqu'un grand amour a bien surpris un
 cœur,
Quoiqu'on soit plus content, on aime moins à rire,
Et le véritable air est celui de langueur.

Sçavoir quels sont les tempéramens les plus propres
à l'amour.

Tous les tempéramens sont propres à l'amour,
Mais véritablement les uns plus que les autres.

Amans pleins de langueur, ne changez pas les vôtres
Avec les gens de feu ; vous perdrez au retour.
De ceux-ci la chaleur a plus de violence,
Mais d'ordinaire ils ont moins de persévérance,
Et, quand ils aimeroient aussi fidèlement,
Toujours font-ils l'amour moins agréablement.
Je leur conseillerois, en changeant leur nature,
De prendre, afin de plaire en de certains momens,
De la langueur au moins le ton et la figure :
Car, en se contraignant dans les commencemens,
  Enfin ils pourroient fort bien prendre
  Et l'air et la manière tendre.

Sçavoir s'il est vrai qu'un amant ne soit jamais content.

 Lorsque l'on commence d'aimer,
  Pour l'objet aimé l'on soupire ;
 Si tôt qu'on a pu l'enflammer,
La crainte de le perdre est un cruel martyre :
  De sorte qu'il est vrai de dire
Qu'on n'est jamais content quand on est amoureux,
Mais que qui n'aime pas est encor moins heureux.

Sçavoir si le désir de plaire n'est pas une suite du dessein d'aimer.

  Vous voulez qu'on vous trouve belle,
   Cependant vous êtes cruelle
Et vous nous assurez qu'on ne peut vous charmer ;
  Je ne vous crois pas trop sincère :
  Car, enfin, lorsque l'on veut plaire,
  C'est signe que l'on veut aimer.

*Sçavoir lequel est le plus sûr à une dame pour
se faire fort aimer, d'être facile ou difficile
à se rendre.*

Si vous voulez nos cœurs jusqu'à l'éternité,
Et ne trouver jamais la fin de nos tendresses,
Faites-vous bien valoir par la difficulté :
Car ce qui fait durer nos feux pour nos maîtresses
(Outre leur complaisance et leur fidélité),
C'est la peine et le temps qu'elles nous ont coûté.

Sçavoir ce qu'on doit croire du dépit d'un amant.

Lorsqu'à nos vœux la belle Iris contraire
Se rit des maux que l'on souffre en l'aimant,
On fait dessein, au fort de sa colère,
De la quitter, et l'on en fait serment ;
Mais des sermens que le dépit fait faire
Contre un objet qu'on aime chèrement,
   Autant en emporte le vent !

*Sçavoir si le plus de mérite est préférable
au plus d'amour.*

Vous souhaitez que je vous die
Qui je choisirois pour amant,
D'un homme d'un petit génie,
Qui m'aimeroit infiniment,
Ou d'un homme à mérite rare,
Qui m'aimeroit par manière d'acquit.
Puisqu'il faut que je me déclare,
Je baiserois les mains au bel esprit.
En voici la raison, Carite,
Raison plus claire que le jour :

Il est bon en amour d'avoir bien du mérite,
Mais nécessairement il y faut de l'amour.

Sçavoir si l'on peut aimer sans espérance.

Lorsque vous trouvez un amant
Qui vous dit que sous votre empire
Son cœur incessamment soupire
Sans espoir de soulagement,
Sous une modeste apparence
Il vous veut surpendre en effet :
Car, pour aimer sans espérance,
Personne ne l'a jamais fait.

Sçavoir comment une femme en doit user lorsqu'un homme qu'elle ne veut pas aimer lui écrit.

Quand quelque galant vous écrit
Dont vous méprisez la conquête,
Vous croyez être fort honnête
De lui mander que ce qu'il dit
Ne fait que vous rompre la tête.
Apprenez que c'est une erreur,
Et qu'en de telles conjonctures,
Iris, c'est faire une faveur
Que de répondre des injures.

Sçavoir s'il convient à un homme d'être un peu bizarre avant que d'être aimé.

Je tiens qu'on a peu de raison
D'être tyran étant patron :
Le bon succès en est fort rare ;
Mais il faut qu'on soit insensé

Pour vouloir faire le bizarre
Avant qu'on soit récompensé.

Sçavoir si c'est une nécessité qu'il faille aimer une fois en sa vie.

Il faut avoir un jour,
Belle Iris, de l'amour,
Ou comme un bien fort désirable,
Ou comme un mal inévitable.

Sçavoir si l'on peut avoir une forte passion pour deux personnes en même temps.

Tout ce que nous a voulu dire
L'auteur de la Philis de Scire
N'est rien qu'un jeu d'esprit :
Car je tiens qu'il est impossible
D'être pour deux objets en même temps sensible :
Qui partage l'amour aussi tôt le détruit.

Sçavoir quel est l'équipage nécessaire à un amant.

Vous qui sous l'amoureux empire
Voulez vous donner tout entier,
Ayez et soie, et plume, et cire,
De bonne encre et de bon papier :
Car un amant dont l'écritoire
N'est pas toujours en bon état,
C'est un homme cherchant la gloire
Qui va sans armes au combat.

MAXIMES D'AMOUR

QUESTIONS
SENTIMENS ET PRÉCEPTES

SECONDE PARTIE.

DE L'AMOUR QUI JOUIT.

Sçavoir quelle est la force de la sympathie.

ris, quand du destin la volonté suprême
A fait de notre amour l'infaillible com-
plot,
Sitôt que l'on se voit, le cœur dit que
l'on s'aime,
Et l'on le croit au premier mot.

*Sçavoir ce qui témoigne le plus d'amour, de l'extrême
jalousie ou de l'extrême confiance.*

Quoi ! serez-vous toujours contente ?
Ne vous plaindrez-vous point de moi ?
Ah ! votre flamme, Iris, n'est pas fort violente,
Car un grand amour nous tourmente,
Et souvent sans raison nous donne de l'effroi.
Enfin, l'extrême confiance
Tient beaucoup de l'indifférence.

Sur le même sujet.

Je craindrois fort une maîtresse
Dont la fausse délicatesse
Et le cœur trop rempli d'amour
Me tourmenteroient nuit et jour.
C'est un grand bourreau de la vie
Que l'excès de la jalousie ;
Mais je tiens qu'on seroit encor plus tourmenté
De l'extrême tranquillité.

Sçavoir quand il faut que les honnêtes gens soient jaloux, et quand il faut qu'ils rompent.

Je veux qu'à sa maîtresse un amant se confie,
Et que, pour toute jalousie,
Il soit quelquefois alarmé
De n'être pas assez aimé.
Mais, si la dame est inquiète
Que l'amant la trouve coquette,
Cela sans en pouvoir douter,
Je le condamne à la quitter.

Sçavoir si c'est un grand mal à un amant que le mari de sa maîtresse soit un peu jaloux.

Bien loin de me mettre en courroux
Contre votre mari jaloux,
Je l'aime, Iris, plus que ma vie ;
C'est l'intendant de mes plaisirs :
Il donne par sa jalousie
De la chaleur à mes désirs.

Sur le même sujet.

Quand, pour rompre notre commerce,
Votre esprit jaloux nous traverse,
Tircis, vous réveillez nos soins
Qui s'endormoient dans le ménage.
Si nous nous voyons un peu moins,
Nous nous aimons bien davantage.

Sur le même sujet.

Ce que j'ai de plaisir avecque ma Silvie,
　　Je le dois à la jalousie
D'un mari qui par là réchauffe mon amour.
Le pouvoir que j'avois de la voir chaque jour
　　Me rendoit Langés [1] auprès d'elle;
Mais, si tôt qu'il m'eut dit de ne plus voir la belle,
Je la vis en secret, et je devins Saucour [2].

Sçavoir quelle est la raison, entre autres, pourquoi les passions finissent, et le bon moyen de s'aimer toujours.

Je tiens que la possession
　　Fréquente, commode et tranquille,
Est la mort à la cour, aux champs et dans la ville,
　　De la plus grande passion.
　　Amans, donc, qui mourez d'envie
De vous aimer toujours, un peu de jalousie,
　　D'absence et de difficultés
　　Vous feront passer entêtés
　　Tout le reste de votre vie.

1. Le marquis de Langeais, déclaré impuissant en justice
2. Celui qui contentoit tout le monde et sa femme.

*Sçavoir sur quoi il faut rompre
avec sa maîtresse.*

On pardonne l'étourderie,
  On peut même oublier mainte coquetterie
(Quoique ce soient d'amour les vrais péchés mor-
Mais l'infidélité, jamais on ne l'oublie,   [tels);
  Et, comme on est ami jusqu'aux autels,
  On est amant jusqu'à la perfidie.

*Sçavoir ce qu'on doit faire quand on s'aperçoit
qu'on est moins aimé.*

Vous dites qu'il se faut attendre
  D'être moins aimé chaque jour,
Et que, pour voir affoiblir un amour,
  On n'en doit pas être moins tendre.
  Pour moi, je tiens que c'est abus,
  Et conseille alors l'inconstance,
  Ne trouvant point de différence
  Entre aimer moins ou n'aimer plus.

Sçavoir s'il ne se faut rien pardonner en amour.

On seroit fort brutal de ne pardonner rien
    Aux gens qu'on aime bien.
  Au contraire, il est vraisemblable
  Qu'après avoir été coupable
On sera désormais de faillir moins capable;
Mais, Iris, quand on voit qu'on retombe toujours,
On doit compter alors sur de foibles amours,
    Et, sur de telles conjectures,
    On peut prendre d'autres mesures.

*Sçavoir pour quelles raisons et de quelle manière
on cesse d'aimer.*

Je veux dire comment l'on peut quitter un jour,
  Afin que les sots n'en abusent.
  L'infidélité rompt l'amour,
  Et les petites fautes l'usent.

*Sçavoir de quelle manière il faut qu'une maîtresse
rompe avec son amant qui l'aime encore.*

 Si vous voulez rompre vos chaînes
 D'accord avecque votre amant;
Vous le pouvez fort aisément
Sans donner ni souffrir de peines;
Mais, si vous avez projeté
De faire une infidélité
Ou de quitter par lassitude
Un amant encore entêté,
Iris, il y faut de l'étude.
Faites naître quelque embarras;
Changez-vous, de peur d'un fracas,
En diseuse de patenôtres;
Mais ne faites point de faux pas,
Et surtout qu'il ne pense pas
Que vous l'abandonnez pour d'autres.

*Sçavoir de quelle manière on doit user sur
les présens qu'on s'est faits après qu'on
a rompu avec aigreur.*

 Lorsque le commerce amoureux
 Finit enfin avec rudesse,
Si l'amant, du temps de ses feux,

A fait des dons à sa maîtresse,
Il ne doit rien redemander,
Ni la maîtresse rien garder.

*Sçavoir comment on en doit user avec une maîtresse
décriée, quoique sage au fond.*

Je ne dis pas, Iris, qu'un amant délicat
Rompe avec sa maîtresse, et même avec éclat,
Lorsque pour un rival l'infidèle soupire :
    Cela s'en va sans dire ;
    Mais, si tout le monde en médit,
    Encor que son amant connoisse
    L'injustice au fond de ce bruit,
Qui ne vient que de l'air dont elle se conduit,
    Il faut que sa délicatesse
    Le force à quitter sa maîtresse.

*Sçavoir si une dame doit redemander ses lettres
après qu'on a rompu avec elle.*

Demander vos poulets quand vous avez rompu
    N'est pas d'une personne habile.
    Cette demande est inutile,
    Car on n'a jamais tout rendu ;
Il vaut bien mieux, Iris, obliger au silence
    Par une entière confiance.

*Sçavoir si l'on peut avec raison refuser d'écrire à un
amant à qui on a accordé les dernières faveurs.*

Quand une dame, en se donnant soi-même,
    Par une défiance extrême
Refuse à son amant des lettres de sa main,
    Elle fait voir, tant elle est bête,

D'AMOUR.

Qu'elle s'apprête
A le quitter du jour au lendemain,
Et mérite, en suivant cette fausse maxime,
De rencontrer un amant qui la prime,
Et qui, découvrant son secret,
Se fasse prendre sur le fait.

*Sçavoir de quelle conséquence sont les lettres
en amour.*

Amans aimés, qui n'avez d'autre envie
Que de passer en aimant votre vie,
Ecrivez et matin et soir,
Ecrivez quand vous allez voir,
Et, quoique vous alliez dire : Ha ! que je vous [aime !
Ecrivez-le et donnez votre lettre vous-même.
Ecrivez la nuit et le jour :
Les lettres font vivre l'amour.

*Sçavoir si une dame doit demander à son amant
qu'il brûle ses lettres ou qu'il les lui renvoie.*

A votre amant ne demandez jamais
Qu'il vous envoie ou brûle vos poulets :
On doit estimer quand on aime,
Et l'on a tort de s'engager
Quand la défiance est extrême,
Ou seulement qu'on peut songer,
Iris, qu'un amant peut changer.

*Sçavoir comment un amant en doit user sur les lettres
qu'il reçoit de sa maîtresse.*

Gardez, amant plein de tendresse,
Les lettres de votre maîtresse,
Non pour en abuser un jour,

Mais comme gage de l'amour ;
Et là-dessus prenez bien garde
Que la belle ne vous regarde
Comme un impérieux vainqueur
Qui dans une injuste contrainte
La voudroit tenir par la crainte
Plutôt que par son propre cœur ;
Et, pour lui mieux lever toutes les défiances,
Laissez entre ses mains, dans vos moindres ab-
    Ses faveurs, ses lettres d'amour,   [sences,
    Le tout jusqu'à votre retour.

Sçavoir s'il est vrai, comme quelques uns disent,
que l'amour s'use dans un cœur sans
qu'on en sçache la raison.

Quand un amant vous dit que l'amour, malgré
    soi,   [quoi,
S'est usé dans son cœur, et qu'il ne sçait pour-
    Il vous dit une menterie ;
    Mais la raison qu'a cet amant
    De finir sa galanterie
Vaut si peu qu'il n'a pas assez d'effronterie
    Pour vous la dire librement.
Il craindroit de vous faire une trop grande offense
    S'il vous disoit que l'inconstance
    Vient de sa propre volonté :
    Si bien qu'il croit vous moins déplaire
    En vous parlant de cette affaire
    Comme d'une nécessité.
    Mais cependant la vérité,
    Iris, est que, comme en soi-même
    On sçait toujours pourquoi l'on aime,
    Pour peu qu'on l'ait examiné,

Aussi jamais on ne se quitte
Sans raison, ou grande, ou petite.

*Sçavoir si, dans un grand sujet de plainte,
un amant peut s'emporter avec excès
en parlant à sa maîtresse.*

Lorsque une maîtresse coquette
Vous forcera de vous aigrir,
Il ne faut pas vous retenir;
Mais, dedans quelque état que le dépit vous mette,
Fuyez les termes insolens,
Qu'avec respect votre colère éclate.
Je ne défends pas qu'on la batte,
Car c'est affaire aux paysans,
Et je parle aux honnêtes gens.

*Sçavoir de quelle manière il se faut conduire
avec la personne qu'on aime quand on
lui a donné sujet de se plaindre.*

Lorsque l'on a fâché la personne qu'on aime,
Il faut avec un soin extrême
Tâcher de se raccommoder.
Si la chose peut succéder,
Il faut redoubler de caresses,
D'empressemens et de tendresses,
Et considérer un amant
Comme un pauvre convalescent,
De qui la santé délicate
Mérite bien que l'on le flatte.

Sçavoir de quelle manière il faut que les amans aimés en usent avec les maîtresses qui n'ont pas assez de soin de chasser leurs rivaux.

Auprès de la belle Climène,
Dont vous aurez gagné le cœur,
Si quelque rival vous fait peine,
Pour vous en délivrer employez la douceur;
Priez-la de vous en défaire.
Tircis, c'est là qu'il faut pleurer,
Ou, plutôt que de lui déplaire,
Offrez-lui de vous retirer.
Je suis fort trompé si la belle, [amant;
Pour n'aimer que vous seul, ne chasse l'autre
Mais quand cette beauté voudroit être infidèle,
Vous travailleriez vainement
A la garder en dépit d'elle.

Sçavoir pourquoi les amans se plaignent toujours.

Ce qui fait que dans nos amours
Nous nous plaignons quasi toujours,
C'est ma faute, Iris, ou la vôtre.
Examinons un peu nos feux,
Et nous verrons que l'un des deux
A toujours plus d'amour que l'autre.

Sçavoir pourquoi on aime mieux après les réconciliations.

Après les raccommodemens [amans
On voit croître toujours la flamme des
Et se surpasser elle-même :
Nous l'avons cent fois éprouvé.

C'est qu'on avoit perdu quelque temps ce qu'on
 aime,
Et qu'on est trop heureux de l'avoir retrouvé.

*Sçavoir si, quand on se raccommode en amour, on
 doit garder quelque chose sur le cœur.*

    Au moment qu'on se raccommode
    Sur quelque différent d'amour,
    Iris, il est vrai, c'est la mode
    D'oublier tout jusqu'à ce jour,
    Et je la trouve assez commode;
Mais lorsque de faillir on a recommencé,
    On rappelle tout le passé.

*Sçavoir comment les choses se passent d'ordinaire
 dans les brouilleries.*

    Vous prétendez être offensé
    Et voulez qu'on vous satisfasse.
    Tircis, c'est à vous mal pensé;
    Il faut plutôt demander grâce.
    J'ai vu du moins jusqu'à ce jour
    Qu'en pareil cas on la demande,
    Et je sçais que c'est en amour
    Que les battus payent l'amende.

*Sçavoir si les amans qui se plaignent avec
 emportement n'aiment plus.*

    Pauvres amans qui criez nuit et jour
    Et qui vous plaignez d'une ingrate,
Je ne crois pas votre cœur sans amour.
    Quoique votre fureur éclate.
On voit toujours l'amour dans le dépit,
    Et jamais dans l'indifférence;

Et, lorsque l'on fait tant de bruit,
On aime encor plus qu'on ne pense.

*Sçavoir si la régularité de l'amour contraint
les amans.*

Iris, la régularité
Que donne une amoureuse flamme
Ne détruit point la liberté.
Par exemple, quand une dame
Donne un rendez-vous quelque jour,
Elle y va pleine de tendresse,
Non pas pour tenir sa promesse,
Mais pour contenter son amour.

*Sçavoir s'il est bon à une maîtresse d'obliger son
amant à faire servir une autre de prétexte.*

Quand, pour cacher ses amourettes,
La dame ordonne à son amant
De conter ailleurs des fleurettes,
Elle raisonne faussement :
Car, si celle à qui l'on s'adresse
Egale en beauté la maîtresse,
Celle-ci beaucoup risquera ;
Si la maîtresse est la plus belle,
Jamais personne ne croira
Que son amant soit infidèle.

*Sçavoir à quoi principalement une dame peut
connaître si son amant est toujours
amoureux.*

Lorsqu'un amant aimé vous deviendra suspect,
Que pour quelques raisons vous douterez qu'il
aime,

Examinez s'il a toujours un grand respect,
Et croyez en ce cas que sa flamme est extrême.

Sçavoir à quoi l'on peut connaître si l'on est aimé.

Si, pendant une longue absence,
L'objet qui cause tous vos feux
Ne perd jamais une occurrence
De vous reconfirmer ses vœux ;
S'il est aise de vous revoir,
Mais de cette aise naturelle
Qu'on ne peut montrer sans l'avoir,
Assurez-vous qu'il est fidèle.

Sçavoir ce qui prouve bien qu'un amant aimé aime.

Lorsqu'un amant près de sa dame,
Qui brûle aussi des mêmes feux,
Lui parle toujours de sa flamme,
Il faut qu'il soit fort amoureux.

*Sçavoir lequel, de l'amant ou de la maîtresse,
donne de plus grandes marques d'amour?*

Quand, blessés des mêmes coups,
Nos ardeurs sont mutuelles,
Les dames font plus pour nous
Que nous ne faisons pour elles.
Nous ne pouvons pour ces belles
Rien faire équivalant un de leurs billets doux.

*Sçavoir s'il suffit entre les amans de se faire les
plaisirs qu'ils se sont promis.*

A son amant aimé donner ce qu'il demande,
La faveur n'est pas grande ;

Mais, Iris, pour lui faire un extrême plaisir,
  Il le faut prévenir :
Car, enfin, je soutiens devant toute la terre
  Qu'on se fait peu valoir,
  En amour ainsi qu'à la guerre,
  Quand on ne fait que son devoir.

*Sçavoir si, quand on aime quelqu'un, on peut
  dire tout de bon à un autre :*
« *Que ne puis-je être à deux sans me rendre infidèle,
Ou que ne suis-je à moi pour me donner à vous !* »

Ou l'on se moque d'une belle
A qui l'on tient ces propos doux : [dèle,
« Que ne puis-je être à deux sans me rendre infi-
Ou que ne suis-je à moi pour me donner à vous ! »
  Ou, si l'on parle sans feintise,
  On veut reprendre sa franchise
  Et faire quelque méchant tour :
  Car, enfin, si tôt qu'on souhaite
De partager ou quitter son amour,
  Je tiens l'affaire déjà faite.

*Sçavoir laquelle on devroit le mieux aimer, d'une
  maîtresse médiocrement tendre, mais égale,
    ou d'une inégale qui auroit quelquefois
        plus de tendresse.*

J'aimerois mieux un peu moins de caresses
    Avec beaucoup d'égalité
Que d'être un jour accablé de tendresses
    Et l'autre de sévérité.

*Sçavoir pourquoi, de deux amans qui s'aiment bien,
il y en a toujours un qui aime plus que l'autre.*

Vous demandez d'où vient qu'il est comme impossible
Qu'on se puisse jamais aimer également :
C'est que l'un plus que l'autre à l'amour est sensible,
Et cela, belle Iris, vient du tempérament.

*Sçavoir s'il pourroit y avoir une galanterie
qui durât toujours.*

Vous demandez, belle Sylvie,
Si l'on ne peut s'aimer tout le temps de sa vie
Quoiqu'il soit rarement d'éternelles amours,
Si deux esprits bien faits faisoient galanterie,
    Ils s'aimeroient toujours.

*Sçavoir si une dame peut être gaie en l'absence
de son amant.*

Il est ridicule de voir
Un chagrin public en l'absence,
Ne parler que de désespoir ;
Mais aussi, belle Iris, je pense
Qu'il est contre l'honnêteté
De pencher à la gayeté.

Sçavoir si l'absence fait vivre ou mourir l'amour.

On parle fort diversement
Des effets que produit l'absence :
L'un dit qu'elle est contraire à la persévérance,
Et l'autre qu'elle fait aimer plus longuement.

Pour moi, voici ce que j'en pense :
L'absence est à l'amour ce qu'est au feu le vent ;
Il éteint le petit, il allume le grand.

Sçavoir ce que fait l'absence en amour.

La longue absence en amour ne vaut rien ;
Mais, si l'on veut que son feu s'éternise,
Il faut se voir et quitter par reprise :
Un peu d'absence fait grand bien.

Sur le même sujet.

Lorsqu'un amant, au bout de quelque temps,
Revoit l'objet qui rend ses vœux contens,
Je vous apprens, Iris (qu'il ne vous en déplaise),
Qu'il n'a pas dans le cœur de plus fortes amours,
Mais qu'il est mille fois plus aise
Que s'il la voyoit tous les jours.

Sur la même question.

En amour, comme en mariage,
Iris, quand on s'est rapproché
Après quelque petit voyage,
Le cœur n'en est pas plus touché,
Mais les sens le sont davantage.

*Sçavoir comme il en faut user dans les absences,
quand il arrive quelque sujet de se plaindre
les uns des autres.*

S'il arrive dans vos absences
Des sujets d'éclaircissement,
Amans, faites vos diligences

Pour vous éclaircir promptement ;
Mais si vous n'osez pas librement vous écrire,
Jusqu'à votre retour il faut là tout laisser
Plutôt que de ne pas tout dire,
Et par là vous embarrasser.

*Sçavoir si les amans se doivent laisser aller à leur
douleur quand ils se disent adieu, ou s'ils
ne se le doivent point dire, pour
s'épargner des chagrins.*

L'amour ne perd rien de ses droits ;
On lui doit aux adieux des soupirs et des
Et quand deux amans quelquefois [larmes,
Se sont en se quittant déguisé leurs alarmes,
Ils tirent, en doublant leurs mortels déplaisirs,
Un tribut plus amer de pleurs et de soupirs.

*Sçavoir si l'amant n'est pas obligé, comme
la maîtresse, de lui garder son corps
aussi bien que son cœur.*

Je sçais fort bien que la débauche,
Tantôt à droit, tantôt à gauche,
Deshonore infailliblement
La maîtresse plus que l'amant ;
Cependant je tiens pour maxime [crime,
Qu'à tous deux, en amour, c'est un aussi grand
Et que le commerce des sens
Où l'on n'a point d'engagemens
N'est pas moins contre la tendresse
De l'amant que de la maîtresse.

Sur la même question.

Vous vous trompez fort lourdement
  Quand vous prônez comme evangile
Qu'à vous seul, trop injuste amant,
  Il est permis d'être fragile.
Philis auroit raison de vous répondre ainsi :
  Et moi je suis fragile aussi.

*Sçavoir si c'est par la faute d'une dame qu'un amant
s'opiniâtre à l'aimer, ou s'il dépend d'elle
de s'en défaire.*

La dame, Iris, la plus légère,
  Ne sçauroit jamais si bien faire
Que, lorsqu'il plait à quelque amant,
  On ne lui parle tendrement ;
Mais quand cet amant persévère,
  Elle y donne consentement.

Sçavoir si l'on se peut donner des leçons en amour.

Encor que l'amour seul apprenne à bien aimer,
  Il n'est pourtant pas mal que les amans s'instruisent.
Ils feront donc fort bien si parfois ils se disent
Ce qu'ils croiront utile à se bien enflammer.

*Sçavoir si, dans les éclaircissemens d'amour,
il faut entrer dans quelque détail.*

Quand, après quelque fâcherie,
  On vient à l'éclaircissement,
Il faut parler profondément
Du sujet de la brouillerie :

Car d'en parler en général,
Cela ne guérit point le mal.

Sçavoir combien la sincérité est nécessaire en amour.

De la sincérité j'entends qu'on fasse vœu
En honnête galanterie ;
J'excuse volontiers et bien plutôt j'oublie
Un crime dont on fait l'aveu
Qu'une bagatelle qu'on nie.

Sçavoir si on peut bien aimer et n'être pas sincère.

Une honnête maîtresse, et qui tâche de plaire,
Est sur toutes choses sincère ;
Elle craint plus, lorsqu'elle ment,
D'être elle-même sa partie
Que de déplaire à son amant
S'il la trouvoit en menterie.

Sur la même question.

Une honnête maîtresse aime la vérité
Et prend toujours plaisir à la sincérité ;
Mais si, pour s'excuser auprès de ce qu'elle aime,
Elle parle une fois moins véritablement,
Elle craint plus en ce moment
Ce qu'elle se dit à soi-même
Que ce que lui dit son amant.

*Sçavoir si une maîtresse peut avoir quelque raison
de cacher à son amant qu'on lui a parlé
ou écrit d'amour.*

C'est m'offenser, Iris, que de ne me pas dire
Lorsque pour vous quelqu'un soupire.

Si c'est une faute en amour
De n'être pas toujours sincère
Avec des gens pour qui l'on doit aimer le jour,
Encor que le secret ne leur importe guère,
Vous jugez bien quel crime c'est
De ne m'en pas dire un où j'ai tant d'intérêt.

*Sçavoir lequel est le plus opposé à l'amour,
de la haine ou de l'indifférence.*

Haïr après avoir aimé donne espérance,
Que l'on pourra d'aimer recommencer un jour.
Je trouve bien plus de distance
De l'amour à l'indifférence
Que de la haine à l'amour.

*Sçavoir s'il y a des fautes en amour qu'on puisse
traiter de bagatelles.*

Tout ce qui détruit la constance,
Tout ce qui peut l'amour nourrir,
Tout ce qui le peut amoindrir,
Tout ce qui le peut agrandir,
Tout est d'extrême conséquence.
Enfin, pour vous le faire court,
Rien n'est bagatelle en amour.

Sçavoir si l'on se doit tutoyer en amour, ou non.

Au commencement d'une affaire [vous;
On n'a jamais manqué de se traiter de
Puis après il dépend de nous
De le faire toujours ou faire le contraire,
L'un et l'autre est indifférent;
Je n'en voudrois aucun prescrire ni défendre :

Le *vous* me paroît plus galant,
Mais je trouve le *toi* plus tendre.

*Sçavoir s'il y a des rencontres où un amant doive
hasarder sa réputation pour sa maîtresse.*

Si quelque fantasque maîtresse,
    Par caprice ou par vanité,
Vous vouloit obliger de faire une bassesse
Qui choquât votre honneur et votre probité,
    Donnez-vous garde de la croire ;
    Rompez plutôt, il en est temps,
Et sçachez que l'amour ne va qu'après la gloire
    Dans le cœur des honnêtes gens.
    Si pourtant l'aimable Sylvie
    Avoit besoin de votre vie
Pour la tirer d'un mal, ou lui faire un grand bien,
    Alors ne ménagez plus rien.

*Sçavoir s'il y a des rencontres où une dame doive
hasarder sa réputation pour son amant.*

S'il falloit hasarder sa réputation
    Pour ôter quelque impression
Qui d'un amant jaloux pourroit troubler la tête,
Il seroit mal d'avoir un moment hésité ;
Et ce seroit alors qu'il seroit fort honnête
    De n'avoir point d'honnêteté.

*Sçavoir si l'on peut vouloir mourir pour sauver
la personne qu'on aime.*

Iris, lorsque vous n'aimez pas,
 Ne croyez point à ces paroles :
« Pour vous je courrois au trépas. »

Ma foi, ce sont des hyperboles.
Mais lorsque votre cœur ressent les mêmes coups,
Je comprends bien par moy que l'on mourroit pour vous.

*Sçavoir ce qu'on préféreroit, ou la mort
ou l'infidélité de son amant.*

Vous demandez avec instance
  Ce que je choisirois plutôt en mon amant,
De la mort ou de l'inconstance.
Croyez-vous qu'en cela je balance un moment?
  J'aimerois mieux mourir, Sylvie,
  Que s'il avoit perdu le jour;
  Mais je l'aimerois mieux sans vie
    Que sans amour.

*Sçavoir s'il faut que les amans cherchent à se voir
le plus qu'ils peuvent et le plus commodément.*

Vous qui ne croyez pas, imbéciles amans,
  Voir jamais assez vos maîtresses,
Vous pourriez bien, par vos empressemens,
  Trouver la fin de vos tendresses.
  Laissez donc des difficultés,
  Ne levez point tous les obstacles;
  Autrement, sans de grands miracles,
  Vous serez bien tôt dégoûtés.

*Sçavoir si les amans qui se voient commodément
en particulier doivent chercher encore
à se voir souvent en public.*

Il faut voir souvent sa maîtresse
Loin des témoins, hors de la presse,

Mais en public fort rarement ;
Et voici mon raisonnement :
Si sa flamme a trop de lumière,
Le mari la voit, ou la mère,
Et ce malheur peut être grand ;
Si son air est indifférent,
L'amant peut croire qu'en la belle
L'indifférence est naturelle.

*Sçavoir s'il faut épouser sa maîtresse publiquement,
clandestinement, ou ne la point épouser du tout.*

Qui veut épouser sa maîtresse
Veut la pouvoir haïr un jour.
Le peché fait vivre l'amour,
Et l'hymen mourir la tendresse ;
Mais si l'on craint fort le péché,
Il faut que l'hymen soit caché.

*Sçavoir s'il est possible que les amans qui se marient
s'aiment encore long-temps après.*

L'amour n'est fait que de mystère,
De respects, de difficultés ;
L'hymen est plein d'autorités,
Peut tout et ne daigne rien faire :
Assembler l'hymen et l'amour,
C'est mêler la nuit et le jour.

Sur la même question.

Croyez-moi, belle Iris, je m'y connais un peu,
L'amour dans l'hymen perd son feu ;

Et, quand vous m'alléguez que Céladon soupire
    Et fait encor le serviteur,
    C'est par honte de s'en dédire :
    Il n'aime plus que par honneur.

Sur la même question.

    Votre extrême ardeur sans cesse
    De vous épouser me presse.
Ne blâmez point mon refus,
Iris, en voici la cause :
Epouser et n'aimer plus,
En amour c'est même chose.

Sur la même question.

    Si vous avez bien envie
    D'aimer toujours votre Sylvie,
Laissez là le sacrement.
Vouloir épouser la belle,
C'est vouloir rompre avec elle
    Un peu plus honnêtement
    Que par votre changement.

*Sçavoir si la mauvaise fortune ou la perte
de la beauté peuvent rendre excusable
le changement des amans.*

Lorsque deux vrais amans se sont trouvés aimables,
Rien de leur passion ne les peut affranchir.
Devenir laids, Iris, devenir misérables,
    Tout cela ne fait que blanchir.

*Sçavoir comment une maîtresse en doit user quand
son amant est malheureux et que leur amour
a fait du bruit.*

Quand votre amour, Iris, a fait un peu de bruit,
Et que votre galant tombe en quelque dis-
grâce,
Un désespoir seroit de fort mauvaise grâce,
Il seroit mal à vous de pleurer jour et nuit ;
  Mais, Iris, votre indifférence
  Choqueroit plus la bienséance.

*Sçavoir ce que les malheurs peuvent faire sur l'esprit
d'un amant fort amoureux et fort aimé.*

  Tant qu'un amant fort amoureux
  Est sûr du cœur de sa maîtresse,
  La fortune la plus traîtresse
  Ne le peut rendre malheureux.
Sa prison ne sçauroit ébranler sa constance ;
Il la sent aussi peu que s'il étoit brutal,
Et même son exil ne lui paraît un mal
  Que parcequ'il est une absence.

*Sçavoir si l'on peut avoir toujours de l'amour pour
une dame sans en recevoir les dernières faveurs.*

  Belle Iris, lorsque je vous presse
  De m'accorder les grands plaisirs,
  Vous me dites qu'au seul désir
  Je devrois borner ma tendresse,
Que mille gens n'aiment pas autrement.
Chacun, Iris, aime comme il l'entend ;
Mais, quant à moi, j'ai moins de continence,

Et, quand l'amour dure sans jouissance,
Je crois que c'est la faute de l'amant.

*Sçavoir si l'amour peut durer lorsqu'il n'y a point
de jouissance, ou lorsque la brutalité
est extrême.*

Chacun aime à sa guise,
Adorable Bélise.
L'un veut aimer, mais chastement ;
L'autre, sans s'attacher, veut de l'emportement.
Tous ces gens-là prennent l'amour à gauche
Et lui donnent un méchant tour.
On se lasse à la fin d'espérer nuit et jour,
On se lasse encor plus de la seule débauche ;
Mais il nous faut mêler la débauche à l'amour.

Sçavoir si l'amour se détruit par la jouissance.

Je comprends fort bien qu'un amant
Qui trouve des défauts après la jouissance
Se guérit assèz promptement ; [plaisance,
Mais quand un corps bien fait, quand de la com-
Se trouve avec un cœur rempli de passion,
En ce cas la reconnoissance
Se joint à l'inclination,
Et l'on tire de la constance
Une longue possession.

*Sçavoir lequel est le plus honnête à une dame,
de se retenir ou de se laisser aller à sa passion.*

Quand vous aimez passablement,
On vous accuse de folie ;
Quand vous aimez infiniment,

Iris, on en parle autrement :
Le seul excès vous justifie.

Sur la même question.

Pour être une maîtresse aimable,
Il faut que votre flamme augmente nuit et jour,
Et l'excès, ailleurs condamnable,
Est la mesure raisonnable
Que l'on doit donner à l'amour.

Sur la même question.

Vous me dites que votre feu
Est assez grand, belle Climène.
Vous ignorez donc, inhumaine,
Qu'en amour assez est trop peu ;
Cependant la chose est certaine,
Et, si sur ce chapitre on croit les plus sensés,
Quand on n'aime pas trop, on n'aime pas assez.

Sçavoir s'il faut dire tout ce qu'on sçait à la personne qu'on aime, ou avoir quelque chose de réservé pour elle.

Une maîtresse à son amant,
Encor que quelques-uns en parlent autrement,
Doit de tous ses secrets un entier sacrifice,
Et, lorsqu'un de ses amis sçait
Qu'elle a découvert son secret,
Il faut qu'il se fasse justice.
Quand on se donne, il doit juger
Qu'on n'a plus rien à ménager.

*Sçavoir l'usage qu'une femme doit faire de la pudeur
et de l'emportement.*

Il faut qu'une maîtresse honnête
Ait, pour être selon mon cœur,
De l'emportement tête à tête,
Partout ailleurs de la pudeur ;
Que les apparences soient belles,
Car on ne juge que par elles.

*Sçavoir de quelle manière il faut que les amans
qui s'aiment se parlent entre eux.*

Amans, quand vous vous parlerez,
Dans tout ce que vous vous direz
Jamais un seul mot de rudesse,
Dans la voix même point d'aigreur :
Car l'amour naît par la tendresse
Et s'entretient par la douceur.

*Sçavoir ce qu'il faut faire pour empêcher
sa passion de finir.*

Si vous voulez, Iris, que votre affaire dure,
Ne vous relâchez point dans sa prospérité,
Et, pour amuser la nature,
Qui se plaît à la nouveauté,
Recommencez vos soins jusques aux bagatelles :
En amour, c'est la vérité,
Les recommencemens valent choses nouvelles.

*Sçavoir d'où vient que les amours ne durent pas
long-temps.*

Ce qui fait que les amans
N'aiment jamais fort long-temps,

C'est que les premiers jours qu'une affaire com-
    On a de la complaisance,   [mence,
    De la tendresse et du soin,
    Et qu'ensuite on s'en dispense.
    Dans la longue jouissance,
    On en a bien plus besoin.

Sçavoir de quelle manière il faut que les dames qui ont un amant en usent avec les gens qui leur ont témoigné de l'amour et qu'elles ne veulent pas aimer.

    Iris, les honnêtes maîtresses
    Traitent d'un plus grand sérieux
    Ceux qui leur ont offert des vœux
Que ceux qui n'ont point eu pour elles de ten-
Car des civilités pour des indifférens [dresses :
    Sont des faveurs pour les amans.

Sçavoir si l'amour change les tempéramens.

    Je ne crois pas qu'un amant
    Change son tempérament
    Pour se rendre tout semblable
    A ce qu'il trouve d'aimable.
    L'amour du matin au soir
    Ne va pas du blanc au noir;
    Mais si l'humeur sérieuse
    Me prend l'autre extrémité,
    Du moins cette impérieuse
    A moins de sévérité.

*Sçavoir si, lorsqu'on est éperdûment amoureux,
on trouve quelque chose de plus beau
que sa maîtresse.*

Il est vrai, je vous le confesse,
Vous l'emportez sur ma maîtresse :
Vous avez de plus beaux cheveux,
Rien n'est comparable à vos yeux ;
Mais, quoiqu'enfin vous soyez bien plus belle,
Vous ne me plaisez pas tant qu'elle.

Sçavoir s'il est bon d'avoir un confident en amour.

Un confident, Tircis, n'est pas fort nécessaire,
Si l'on s'en peut passer on ne fait pas trop mal ;
Mais si vous en prenez, qu'il vous soit inégal,
Car autrement, pour l'ordinaire,
Un confident devient rival.

*Sçavoir laquelle est la plus grande, de la première
ou de la seconde passion.*

Le premier amour est extrême,
Mais les feux ne sont pas constans ;
Et la seconde fois qu'on aime,
On aime moins, mais plus long-temps.

*Sçavoir si l'on peut être en repos quand on doute
de l'état auquel on est avec la personne
qu'on aime.*

L'incertitude est le plus grand des maux :
Quand vous aurez sur votre affaire
Un éclaircissement à faire,
Jusqu'à ce qu'il soit fait, n'ayez point de repos.

*Sçavoir si l'on ne voit pas bien, quand on commence
d'aimer, que l'amour ne durera pas toujours.*

Encor qu'il soit fort peu d'éternelles amours,
   Il n'est point d'honnête maîtresse
Qui croie en s'embarquant voir finir sa tendresse :
On se flatte, et l'on croit qu'on aimera toujours.

*Sçavoir auquel on se doit prendre, de son rival
ou de sa maîtresse, de l'infidélité de celle-ci.*

   Quand un rival nous presse
   Et nous fait trop de mal,
   C'est contre une maîtresse
   Qu'il faut être brutal,
   Et non contre un rival.

*Sçavoir si l'on peut aimer long-temps
une maîtresse coquette.*

   Je veux au cœur de ma maîtresse
   La dernière délicatesse.
Je suis sur ce sujet de l'avis de César,
Et ce n'est pas assez, Iris, à mon égard,
   Qu'elle soit au fond innocente :
     Je veux que du soupçon
     Elle soit même exempte.

*Sçavoir de quelle manière il faut que les amans
aimés se conduisent avec les maris
de leurs maîtresses.*

Il se voit des maris qu'on peut apprivoiser;
   Il en est d'autres peu dociles.
   Vous, amans qui serez habiles,

Verrez comme il en faut user ;
Mais enfin, de quelque manière
Que les pauvres cocus soient faits,
Ou d'humeur douce, ou d'humeur fière,
Avec eux en public ne vous couplez jamais.

*Sçavoir si une femme peut être bonne fortune
deux fois en sa vie.*

Prude insensible à l'amoureuse ardeur,
  Grâce à ton extrême froideur,
Cesse de nous vanter ta vertu non commune.
Je n'estime pas moins l'autre tempérament,
  Pourvu qu'il aime honnêtement.
  On est toujours bonne fortune
  Quand on aime bien son amant.

*Sçavoir si, quand on s'aime, la maîtresse peut
prétendre que son amant fasse
des choses pour elle qu'elle ne feroit pas pour lui.*

Tant que, sans être aimés, nous ne sommes
    qu'amans,
C'est à nous seuls, Iris, à souffrir les tourmens ;
  Mais, après que notre maîtresse
  A pris pour nous de la tendresse,
  Tous les soins doivent être égaux :
De même que les biens, on partage les maux.

*Sçavoir s'il est vrai que l'amour frappe un cœur
comme un coup de foudre qu'on ne peut éviter.*

Pour excuser votre foiblesse,
  Vous dites que l'amour vous blesse,
Que tous ses coups sont imprévus.

Climène, c'est un pur abus.
Je crois qu'une aimable présence
Peut, nous trouvant sans résistance,
Insensiblement nous charmer ;
Mais je tiens pour chose certaine
Que nous n'aimons jamais, Climène,
Que nous ne voulions bien aimer.

Sçavoir si l'on peut aimer sans estimer.

Quand on méprise ce qu'on aime,
La passion est dans le sang,
Et, sa chaleur fût-elle extrême,
On ne sçauroit aimer long-temps.

Sçavoir de quelle manière les amans en doivent user ensemble sur l'intérêt.

Celle qui me vendra la dernière faveur
N'aura jamais mon cœur;
Mais, après avoir eu des faveurs de Carite
Par la force de mon mérite,
Si cette belle avoit besoin
Ou de mon bien, ou de ma vie,
Je n'aurois pas de plus grand soin
Que de contenter son envie.
Les amans sur le bien font comme les Chartreux :
Tout doit être commun entre eux.

Sçavoir si la délicatesse des amans et des maîtresses sur leur conduite doit être égale.

Vous devez à votre conduite
Des soins qui me sont superflus.
Quand on dit que j'aime Carite,

Iris, je vous contente en ne la voyant plus.
Mais, lorsque le bruit court que vous aimez Orante,
Vous me montrez en vain que vous ête innocente.
   Si le public n'en voit autant,
   Je ne puis pas être content.

Sur le même sujet.

   Apprenez de moi, s'il vous plaît,
   De nos devoirs la différence :
Je ne puis vous blesser, Iris, que par l'effet ;
Vous pouvez m'offenser par la seule apparence.

*Sçavoir si les dames peuvent être excusables
de faire les avances.*

   Je mépriserois une dame
   De qui le cœur rempli de flamme
   Paroîtroit le premier charmé.
   L'avance en vous est condamnable,
Et, si quelque raison la peut rendre excusable,
C'est quand vos cœurs, Iris, n'ont jamais rien aimé.

Sçavoir s'il est vrai que l'amour égale les conditions.

   L'amour égale sous sa loi
   La bergère avecque le roi.
   Si tôt qu'il en fait sa maîtresse,
   Si tôt qu'elle a pu l'engager,
   La bergère devient princesse,
   Ou le prince devient berger.

*Sçavoir qui a le plus de plaisir dans une affaire
reglée, ou celui qui aime le plus, ou
celui qui aime le moins.*

Lorsque deux cœurs unis brûlent des mêmes
   Vous croyez peut-être, Sylvie,   [feux,

Que des deux le moins amoureux
Goûte en paix la plus douce vie.
Ce n'est pas là mon sentiment,
Et je crois plutôt que l'amant
Dont l'ame d'amour toute pleine
A de plus violens desirs
Ressent quelquefois plus de peine,
Mais bien souvent plus de plaisirs.

*Sçavoir si le plus amoureux est toujours
le plus content.*

Belle Iris, le plus amoureux
N'est pas toujours le plus heureux.
La moindre négligence blesse
Son extrême délicatesse;
Quoi qu'on fasse pour luy de bien,
Quoi qu'à luy plaire on se dispose,
Si l'on manque à la moindre chose,
Il ne compte cela pour rien.
Cependant, quand il voit qu'assurément on l'aime,
Son plaisir est extrême,
Et, pour avoir, Iris, beaucoup moins de tourment,
Il ne voudroit jamais aimer moins tendrement.

*Sçavoir s'il faut tenir sa maîtresse par d'autres choses
que par elle-même.*

Je ne comprends pas qu'un amant,
Par une jalousie extrême,
Veuille empêcher celle qu'il aime
De voir le monde librement.
Je tiens que c'est une foiblesse,
Et je croirois que ma maîtresse
Me garderoit alors sa foi
Par la nécessité de ne rien voir que moi.

*Sçavoir si une dame qui fait fort valoir les faveurs
qu'elle fait à son amant lui persuade
qu'elle l'aime beaucoup.*

Afin d'augmenter sa chaleur,
Vous faites valoir la faveur
Que vous donnez à Théagène;
Mais, d'un autre côté, c'est trahir votre feu :
Car, en lui témoignant, Climène,
Que vous la donnez avec peine,
Vous montrez que vous aimez peu.

*Sçavoir quel est le plus sûr moyen de s'aimer
long-temps et agréablement.*

Pour qu'une affaire dure et toujours dans les [ris,
Il faut que la maîtresse, Iris,
Avec ces gens qui vont prônant partout leurs [flammes,
Ait un peu de rusticité,
Et qu'aussi le galant, avec toutes les dames,
N'ait que de la civilité.

*Sçavoir si l'on peut avoir deux grandes passions
en sa vie.*

Je demeure d'accord, adorable Sylvie,
Que l'on rencontre rarement
Quelqu'un aimant deux fois fortement en sa vie,
Parce qu'on voit malaisément
Quelqu'un aimer bien tendrement;
Mais, à ceux de qui le cœur tendre
Ne sçauroit vivre sans amour,
Il est aisé de se reprendre,
Et plus fort que le premier jour.

*Sçavoir ce que cela fait sur le cœur d'un amant aimé
que sa maîtresse soit accablée des caresses
de son mari.*

Que jour et nuit votre époux
Fasse l'amant auprès de vous,
Cela n'est point à la mode.
Pour moi, j'en souffre nuit et jour :
Car enfin, Iris, son amour
Vous plaît ou vous incommode.

*Sçavoir comment un mari doit faire pour se faire
aimer d'une jolie femme qu'il a épousée sans
l'avoir connue auparavant.*

Damon, tu te plains que ta femme
Ne répond pas bien à ta flamme :
Te mocques-tu des gens d'espérer ces douceurs ?
Elle commence à te connoître
Sous le titre de son maître :
Ce n'est pas sous ce nom que l'on gagne les cœurs.
Prends l'air d'amant, sers-toi de cette amorce :
Cela te fera des appas.
On peut prendre le corps par force,
Mais le cœur ne s'insulte pas [1].

*Sçavoir s'il suffit à un amant d'avoir souvent
donné des marques de son amour à la
personne qu'il aime, sans se soucier
de recommencer tous les jours.*

Belle Iris, lorsque je vous presse
De me donner à tous momens

---

1. *Vi capitur corpus, non cor insilitur.* Décidément tout ce style n'est pas du premier venu.

Des marques de votre tendresse,
Vous me répondez brusquement :
« N'êtes-vous pas encor content
De tout ce que j'ai pu vous dire,
De ce que j'ai pu vous écrire,
A tous les quarts d'heure du jour,
Sur le sujet de mon amour ? »
Non, belle Iris, je parle avec franchise,
Le passé chez l'amant ne se compte pour rien ;
Il veut qu'à toute heure on lui dise
Ce qu'il sçait déjà fort bien.

*Sçavoir si les amans doivent être en alarme de
voir leurs maîtresses extrêmement caressées
par leurs maris.*

L'autre jour, près de Climène,
  Je voyois son mari sans cesse sur ses
Cette belle vit ma peine,   [bras.
Et me dit ceci tout bas :
  « Remets le calme en ton âme,
Et sçache que l'empressement
  D'un mari que hait sa femme
Fait plus aimer son amant. »

*Sçavoir lequel il vaudroit mieux pour une fille
qui se marieroit sans amour, que son mari
en eût beaucoup pour elle ou point
du tout.*

Dieu vous veuille garder, la belle,
  D'un grand amour de votre époux !
Il seroit mal qu'il vous fût infidèle,
Mais il seroit plus mal qu'il fût jaloux de vous,
  Et l'amour le rendroit jaloux.

*Sçavoir si un mari fort laid a raison de souhaiter
que sa femme le regarde.*

Tu te plains incessamment [monde.
De ne point attirer les regards d'Enne-
Laisse-la, pauvre innocent,
Plutôt que toi regarder tout le monde.
Qu'elle envisage son devoir :
Par là tu te pourras sauver du cocuage ;
Mais si c'est toi qu'elle envisage,
Cela n'est pas en ton pouvoir.

*Sçavoir ce qui est préférable en une belle maîtresse,
ou le cœur, ou le corps.*

Un brutal pour ton cœur ne feroit nuls efforts,
Il aimeroit mieux la personne ;
Mais, pour moi, je n'aime ton corps
Qu'autant que ton cœur me le donne.

*Sçavoir si une femme peut aimer son mari,
quoi qu'il vive bien avec elle, quand elle
aime son amant.*

Philis disoit un jour à l'aimable Climène :
« N'aimez-vous pas bien votre époux ?
Il est complaisant, il est doux. [tre haine ?
— Non, dit-elle. — Et d'où vient, dit Philis, vo-
Vous avez un si bon cœur,
Tant de justice et de douceur !
Vous avez tant de pente à la reconnoissance !
— Il est vrai, dit Climène, il seroit mon ami
S'il n'étoit pas mon mari ;
Mais je n'ai rien pour lui que de la complaisance.
Avecque lui je vis honnêtement ;

Je ne l'aime qu'en apparence,
Et dans le fond du cœur je le hais fortement,
Comme un rival de mon amant.

*Sçavoir ce que fait la présence et l'absence
de ce qu'on aime.*

Absent d'Iris, mon chagrin est extrême ;
  La voir est mon plus grand bien :
Il n'est rien tel que d'être avecque ce qu'on aime ;
  Tout le reste n'est rien.

CARTE
DU
PAYS DE BRAQUERIE

CARTE
DU
PAYS DE BRAQUERIE[1]

Le pays des Braques[2] a les Cornutes[3] à l'orient, les Ruffiens[4] au couchant, les Garraubins[5] au midi et la Prudomagne[6] au septentrion. Le pays est de fort grande étendue et fort peuplé par les colonies nouvelles qui s'y font tous les jours. La terre y

---

1. A la fin de l'année 1654, Bussy servoit sous Conti en Catalogne ; c'étoit le temps où il étoit l'ami du prince et lui donnoit la primeur de toutes ses jovialités. Conti lui demanda de faire pour lui la revue de la Braquerie, c'est-à-dire du corps des galants et des galantes de la cour. Conti lui-même, à ce que disent les Mémoires de Bussy, avoit fait la carte du pays de Braquerie. Toutes ces gentillesses couroient le monde en manuscrit, comme tant d'autres pièces de ce genre. En 1668 seulement fut imprimée, en Hollande, la *Carte géographique de la Cour*, que nous réimprimons sous le titre que les Mémoires de Bussy lui donnent. Selon toute apparence, c'est à la fois l'œuvre de Bussy-Rabutin et du prince de Conti. M. Bazin ne devoit pas l'attribuer exclusivement à ce dernier, et M. P. Pâris a eu raison de rectifier là-dessus, en

est si mauvaise que, quelque soin qu'on apporte à la cultiver, elle est presque toujours stérile. Les peuples y sont fainéans et ne songent qu'à leurs plaisirs. Quand ils veulent cultiver leurs terres, ils se servent des Ruffiens, leurs voisins, qui ne sont séparés d'eux que par la fameuse rivière de Carogne[7]. La manière dont ils traitent ceux qui les ont servis est étrange, car, après les avoir fait travailler nuit et jour, des années entières, ils les renvoient dans leur pays bien plus pauvres qu'ils n'en étoient sortis. Et, quoique de temps immémorial l'on sçache qu'ils en usent de la sorte, les Ruffiens ne s'en corrigent pas pour cela, et tous les jours passent la rivière. Vous voyez aujourd'hui ces peuples dans la meilleure intelligence du monde, le commerce établi parmi eux, le lendemain se vouloir couper la gorge. Les Ruffiens menacent les Braques de signer l'union avec les Cornutes, leurs ennemis communs; les Braques demandent une entrevue, sachant que les Ruffiens ont toujours tort quand ils peuvent une fois

publiant à son tour la Carte du pays de Braquerie, les détails du titre que M. Bazin lui imposoit.

M. Bazin a fait son édition au moyen de la Carte imprimée en 1668 et de deux copies manuscrites qui, comme toutes les copies manuscrites de pamphlets à la mode, présentent quelques variantes. Nous suivons, à peu de chose près, le texte qu'il a donné, et que M. Paulin Paris a mis à la fin du tome 4 de son Tallemant des Réaux. Je n'ai pas cru devoir transcrire ses notes telles qu'elles.

2. Dames galantes.
3. Les Maris.
4. Galants.
5. Ou Garsentins.
6. Le pays de la Pruderie.
7. La Galanterie éhontée.

les y porter. La paix se fait, chacun s'embrasse. Enfin, ces peuples ne se sçauroient passer les uns des autres en façon du monde.

Dans le pays des Braques il y a plusieurs rivières. Les principales sont : la Carogne et la Coquette ; la Précieuse sépare les Braques de la Prudomagne[1]. La source de toutes ces rivières vient du pays des Cornutes. La plus grosse et la plus marchande est la Carogne, qui va se perdre avec les autres dans la mer de Cocuage ; les meilleures villes du pays sont sur cette rivière. Elle commence à porter bateau à

GUERCHY[2], ville assez grande, bâtie à la moderne, à une demi-lieue du grand chemin ; mais la rivière, se jetant toute de ce côté-là, sape la terre en sorte que, dans peu, le grand chemin sera de passer à Guerchy. Il y a quelques années que c'étoit une ville de grand commerce. Elle tra-

1. Ici M. Bazin avoit adopté une leçon que je n'ai pas cru devoir préférer à l'imprimé.
2. Mademoiselle de Guerchy, fille de la première comtesse de Fiesque, fut aimée de Châtillon, comme nous l'avons vu. C'est elle qui fut mortellement blessée d'une piqûre dans l'opération d'un avortement, et que Vitry, son amant, tua d'un coup de pistolet (1672). Elle étoit fille d'honneur de la reine-mère.

Cette *Petite Fronde* est datée de 1656.

> Guerchy, tu ravis le monde ;
> Pons est celle qui te seconde ;
> Saint Maingrin passe les trente ans ;
> Ségur s'en va vieille et mourante ;
> Pour Neuillant, les moins médisants
> Disent qu'elle est rousse et méchante.

Mademoiselle de Pons est celle que Guise aima et délaissa ; mademoiselle de Ségur étoit laide et sage ; mademoiselle de Neuillant devint la sévère madame de Navailles ; quant à

fiquoit à Malte et Lorraine; mais, comme elle s'est ruinée par les banqueroutes que les marchands du pays lui ont faites, elle trafique aujourd'hui en Castille[1], dont les marchands sont de meilleure foi.

Plus bas est un grand bourg appelé

SOURDIS[2]. Ses maisons, chacune en détail, sont

mademoiselle de Saint-Mesgrin, Loret (1er octobre 1650) en parle, et ce qu'il en dit montre que notre beau financier, Jeannin de Castille, tranchoit du monarque et du coq.

  Saint Maigrin, fille de la reine,
  Avec sa belle gorge pleine
  Et son accueil doux et benin,
  S'est fort acquis monsieur Janin,
  Dont l'on dit qu'elle est adorée,
  Tant le matin que la soirée.
  Je ne croys pas que cet amant,
  Dans son nouvel embrazement,
  Lui fasse faire aussi grand'chère
  Comme Gaston luy faisoit faire.

Une autre chanson, qui est de Benserade et datée de 1652, ne viendra pas mal maintenant :

  Guerchy, deux cœurs brûlent pour vous.

Les deux cœurs, disent les clefs, sont le cœur de M. de Jars, commandeur de Malte, et le cœur de M. de Joyeuse (de la maison de Lorraine).

  Guerchy, deux cœurs brûlent pour vous;
   L'amour qui les assemble
   Les feroit plaindre ensemble
    Sans être jaloux;
    Malte et la Lorraine
    Sont dessous vos lois;
   Mais tirez-nous de peine :
   A laquelle des trois
   Donnez-vous votre choix?

C'est donc à tort que M. A. Bazin corrige *Malte et Lorraine* et met *Metz en Lorraine*, à cause que le chevalier de Lorraine n'est venu au monde qu'en 1643, et parcequ'il suppose que Metz en Lorraine signifieroit le maréchal de Schomberg, gouverneur de la ville et beau galant.

1. Jeannin de Castille.
2. Ailleurs PRÉCY.

très belles; en gros, c'est le lieu du monde le plus désagréable. C'est terre d'Eglise, de sorte que la ville est fort ruinée du passage des gens de guerre. Le seigneur du lieu est abbé commandataire[1], homme illustre qui a passé par tous les degrés et qui a été long-temps archidiacre en plusieurs grandes villes de cette province.

De là vous venez à

Saint-Loup[2], petite ville assez forte, mais plus par l'infanterie qui la garde[3] que par la force de ses remparts.

A trois lieues de là vous trouvez

La Suze[4], qui change fort souvent de gouverneur et même de religion. Le peuple y aime les belles-lettres, et particulièrement la poésie.

Ensuite se voit

Pont-sur-Carogne[5]. Il y a eu long-temps dans cette place deux gouverneurs de fort différente condition en même temps, et qui cependant vivoient dans la meilleure intelligence du monde. La fonction de l'un[6] étoit de pourvoir à la subsistance de la ville, et celle de l'autre[7] étoit de pourvoir au plaisir. Le premier y a presque ruiné

1. L'abbé Fouquet, dit la Clef.
2. Mademoiselle de La Roche Posay, mariée au financier Le Page, qui prit le nom de Saint-Loup. Ce fut, nous l'avons dit, la première maîtresse de Candale.
3. Candale, colonel général de l'infanterie, en survivance.
4. Fille du maréchal de Châtillon, sœur de madame de Wurtemberg, bel esprit et poète. Elle avoit abjuré.
5. Mademoiselle de Pons, dont nous avons parlé.
6. Le duc de Guise.
7. Malicorne, écuyer du duc de Guise.

sa maison, et l'autre y a fort altéré sa santé. Cette place a eu depuis grand commerce en Flandre[1], et est maintenant une république.

A une lieue de cette ville vous en trouverez une autre que l'on nomme

UXELLES[2]. Quoique le château n'en soit pas fort élevé, la ville néanmoins est fort belle. Si la symétrie y avoit été observée, la nature en est si riche que ç'auroit été le plus beau séjour du monde. Elle a eu plusieurs gouverneurs. Le dernier est un homme de naissance pauvre, mais de grande réputation[3], et qui en a beaucoup acquis dans une autre place sur la même rivière. Cette ville aime fort son gouverneur, jusqu'à engager tous les jours ses droits pour le faire subsister.

A demi-lieue est

POMMEREUL[4], autrefois si célèbre pour le séjour qu'y a fait un prince ecclésiastique[5]. Dans ce temps-là il y avoit un évêché; mais, l'évêque se trouvant mal logé, le siége épiscopal fut transféré à

LESDIGUIÈRES[6]. Lesdiguières est une ville assez forte, quoique commandée par une éminence[7].

1. Où mademoiselle de Pons avoit dû se réfugier.
2. Marie de Bailleul, veuve du marquis de Nangis, et remariée en 1645 à Louis Châlon du Blé, marquis d'Uxelles.
3. M. de Clérambault, écuyer de Madame (René Gillier, baron de Puygarreau, en Poitou).
4. Fille de Bordeaux, intendant des finances, femme de Pommereuil, président au grand Conseil.
5. Retz.
6. Anne de la Magdelaine de Ragny, mariée en 1632 à François de Bonne, duc de Lesdiguières.
7. Retz, son cousin-germain.

Elle est hors d'insulte, et on ne la sçauroit prendre que par les formes; mais elle a pourtant été prise et ruinée, comme tout le monde sçait, ainsi que la manière dont elle fut traitée par un homme[1] à qui elle s'étoit rendue sous des conditions avantageuses; et, voyant qu'il n'y avoit pas de foi parmi les gens d'épée, elle se jeta entre les bras de l'Eglise, et a pris son évêque pour gouverneur.

Près de là, entre la Coquette et la Carogne, est la ville d'

Étampes, ou Valançay[2], qui est fort ancienne et des plus grosses du pays. C'est une place fort sale et remplie de marais que l'on dit fort infectés par la nature du terroir, qui est putride. Tout y est en friche présentement. La ville étoit belle en apparence; le peuple n'y étoit pas fort blanc, mais la demeure en a toujours été fort incommode à cause de son humeur, car il est fort inconstant, et surtout querelleux, malicieux et fantasque, avec lequel on n'a jamais pu prendre de mesures certaines. Il y a eu des gouverneurs sans nombre : on y aimoit fort le changement et la dépense. Celui qui l'a été le plus long-temps est un vieux satrape[3], homme illustre qui mourut dans le gouvernement. La ville en fait un deuil continuel, et, depuis ce temps, elle est demeurée déserte. On n'y va presque plus qu'en pèlerinage : aussi ne lui reste-t-il plus maintenant que de vieux vestiges, qui font remarquer que ç'a été autrefois une grosse ville.

1. Roquelaure.
2. Madame de Puisieux.
3. Le garde des sceaux Châteauneuf.

A gauche se trouve la ville de

Brion[1], qui a été fort agréable; mais le grand nombre des gouverneurs l'a ruinée. Toutes ses défenses sont abattues depuis la première fois qu'elle fut prise. C'est aujourd'hui une place à prendre d'emblée. Les avenues en sont assez belles, hormis du côté de la principale porte où il y a un bois de haute futaie sale et marécageux, que le gouverneur n'a jamais voulu faire couper. J'appelle gouverneur celui qui en a le nom, car l'administration de la ville dépend de tant de gens que c'est à présent une république.

Sévigny. La situation en est fort agréable. Elle a été autrefois marchande. Montmoron[2], proche parent du Cornute, en fut gouverneur; mais il en fut chassé par un comte angevin[3], qui la gouverna paisiblement long-temps, lequel partageoit le gouvernement avec un autre comte bourguignon[4].

D'Harcourt[5] est une ville de grande réputation. Il y a une célèbre université. Les guerres qu'elle a eues depuis long-temps avec un prince des Cornutes ont bien diminué de sa première splendeur. C'est une situation assez pareille à celle de

---

1. Biron. Ce n'est pas madame de Brion, morte en 1651.
2. Charles de Sévigné seigneur de Montmoron, cousin issu de germain de Henri, marquis de Sévigné.
3. Du Lude.
4. Bussy. Mais ceci ferait croire que la carte n'est pas de Bussy, ou que Bussy se vante, ou encore qu'il ne faut pas prendre pour des paroles d'Évangile tout ce que nous rencontrons.
5. La princesse d'Harcourt.

Brion. Le gouvernement est semblable, et c'est un des plus grands passages de Ruffie, chez les Cornutes. — La ville

Palatine est fort connue. Comme il y a long-temps que l'on y alloit en dévotion et que chacun y portoit sa chandelle, on dit que les pélerins en revenoient plus mal qu'ils n'y étoient allés. C'est une place qui change souvent de gouverneur, d'autant qu'il faut être jour et nuit sur les remparts, et l'on ne peut long-temps fournir à cette fatigue; c'est pourquoi l'on n'y demeure guères. On remarque une chose en cette ville, c'est que le peuple y est sujet à une maladie qu'ils nomment chaude-crache, contre laquelle on dit aussi qu'ils se servent de gargarismes [1].

Plus loin, sur la Carogne, est la ville de

Chevreuse [2], qui est une grande place fort ancienne, pour le présent toute délabrée, dont les logemens sont tous découverts. Elle est néanmoins assez forte des dehors, mais de dedans mal gardée. Elle a été autrefois très fameuse et fort marchande; elle trafiquoit en plusieurs royaumes, et maintenant la citadelle est toute ruinée par la quantité des siéges qu'on y a faits pour la prendre. On dit qu'elle s'est souvent rendue à discrétion. Le peuple y est d'une humeur fort changeante et fort incommode. Elle a eu plusieurs gouverneurs, dont le principal a été celui qui a commandé à Puisieux. Elle en est mal pourvue à présent, car celui qui est en charge n'est plus bon à rien [3].

1. Hé! hé! Cela n'est pas dans l'Oraison funèbre.
2. Marie de Rohan.
3. Laigues.

L'Isle est une petite ville dont la situation paroît d'abord avantageuse à cause qu'elle est au milieu de la Carogne ; mais, cette rivière étant guéable de tous côtés dans cet endroit, la place n'est pas plus forte que si elle étoit dans la plaine. Sitôt que vous en approchez, il vous vient une senteur de chevaux morts si forte qu'il n'est pas possible d'y demeurer. Il n'y a personne qui puisse y coucher plus d'une nuit, encore la trouve-t-on bien longue : aussi le lieu s'en va bientôt devenir désert.

Champré[1] est une des plus grosses villes du pays ; elle a plus de deux[2] lieues de tour. Il y a une place au milieu de la ville de fort grande étendue ; elle est située dans un marais qui ne la rend pas pour cela plus inaccessible ; car, comme l'a fort bien remarqué le géographe de ce pays-là, les habitans de cette ville, qui sont gens de grand commerce, ont fait plusieurs levées qui l'ont bien dégarnie.

Arnault[3] est fort semblable à Champré, tant pour la grandeur de sa place que pour sa situation, hors qu'elle est encore plus marécageuse ; mais elle l'est tellement qu'on ne sçauroit davantage. Le gouverneur[4] a grand soin de cette place, car

---

1. Fille d'un conseiller au Parlement nommé Henry, sœur de Gerniou, veuve du fils du ministre Ferrier, et femme du conseiller Menardeau, seigneur de Champré.
2. Ailleurs *dix*.
3. Veuve du président de la Barre, remariée en 1650 à Isaac Arnauld, mestre de camp général des carabins (carabiniers) et lieutenant général, mort en 1652.
4. Clérambault, déjà cité.

elle lui vaut beaucoup. Il n'y fait pas un pas que ce ne soit patrouille, et, s'il avoit manqué à coucher une nuit sur le rempart, il n'auroit pas le lendemain de quoi dîner, et le second jour il n'auroit pas de chemise. C'est le lieu du monde où l'on fait le mieux l'exercice ; mais aussi c'est le lieu ou l'on est le mieux payé.

De la vous venez à

COMINGES[1], petite ville dont les maisons sont peintes au dehors, de sorte qu'elle paroît nouvellement bâtie, quoiqu'elle soit assez ancienne. Le gouverneur d'aujourd'hui est un vieux satrape de Ruffie[2] qui ne la gouverne que par commission, et qui, à cause de son âge, est toujours à la veille d'être dépossédé. J'ai ouï dire à des gens qui y ont été que la principale porte de la ville est si proche d'une fausse porte qui conduit à un cul-de-sac que bien souvent on prend l'une pour l'autre.

A deux lieues de là vous rencontrez

LE TILLET[3], grande ville ouverte de tous côtés. Le peuple en est grossier, le terroir gras et assez beau ; cependant on remarque qu'un homme raisonnable n'y a jamais pu demeurer deux jours. Mais, comme il y a dans le monde plus de sots que d'honnêtes gens, le lieu n'est jamais vide.

---

1. Sibille-Angélique-Emilie d'Amalby, mariée en 1643 à Cominges, cousin de Guitaut.
2. Le maréchal du Plessis, dit la Clef.
3. Fille aînée du président Bailleul, mariée à N. Girard, seigneur du Tillet.

Près de là vous avez

Saint-Germain-Beaupré[1]. C'est là que la Coquette se joint à la Carogne. C'est une ville fort agréable. Le premier gouverneur qu'elle eut étoit un homme du pays des Cornutes[2]. Il s'empara du gouvernement contre son gré, et s'en fit pourvoir en titre d'office. C'étoit un homme fort extraordinaire et tout à fait bizarre à sa façon d'agir. D'abord il voulut changer les plus anciennes coutumes de la ville, et inventoit toujours quelque chose; entre autres, il déclara un jour qu'il ne vouloit plus entrer que par la fausse porte, et, pour moi, je crois que ce n'étoit pas sans fondement. Mais la ville, jugeant que si cela avoit lieu elle perdroit tous les droits affectés au passage de la grande porte, s'y opposa avec tant de vigueur qu'il ne put parvenir à son dessein. Il fut assez long-temps interdit de sa charge, et depuis même qu'il y a été remis tout s'est fait dans la ville par commission, le gouverneur ayant bâti un château qu'il habite souvent.

Près de là est

Grimaud[3], située au pied des montagnes et qui a donné le nom au Grimaudan. Elle est fort sale, à cause des torrens qui tombent de toutes parts dans la Carogne en cet endroit, ce qui rend cette rivière si trouble qu'on diroit que ce n'est pas la même qui est à deux lieues de là. Au mi-

1. Sœur de la marquise d'Uxelles, belle-sœur du maréchal Foucault.
2. Son mari.
3. Femme peu aimable, dont Tallemant a parlé en passant.

lieu de la ville, elle se cache sous terre par un grand canal que la nature a fait et qu'on appelle vulgairement le Trou-Grimaud, et ne sort qu'à deux lieues plus loin, à savoir, là où elle se jette dans la Précieuse.

A quatre lieues est

Chatillon, grande et belle ville par dehors et mal bâtie en dedans. Les peuples y aiment l'argent. Elle a été si fort persécutée par deux princes qu'elle a été contrainte de se jeter entre les bras de l'Eglise. Un abbé commandataire en a été gouverneur, mais depuis chassé pour vouloir trop entreprendre sur les priviléges de la ville; et maintenant il n'y en a plus, car on veut les obliger à servir jour et nuit et à payer la dépense.

La Vergne[1] est une grande ville fort jolie et si dévote que l'archevêque[2] y a demeuré avec le duc de Brissac, qui en est demeuré principal gouverneur, le prélat ayant quitté.

De là vous venez à

Montausier[3], grande ville qui n'est pas belle, mais agréable. La Précieuse passe au milieu, qui est une rivière de grande réputation. L'eau en est claire et nette; il n'y a lieu au monde où la terre soit mieux cultivée.

Fienne[4] est une grande ville, presque toute

1. Madame de La Fayette, mariée en 1655.
2. Retz.
3. Julie-Lucie d'Angennes de Rambouillet, mariée en 1645 à Charles de Sainte-Maure, marquis de Montausier.
4. Je crois qu'il faut lire Fiennes, comme sur l'imprimé.

délabrée, qui n'est fameuse que par la Carogne, qui passe au milieu. Le séjour en est désagréable, tant pour ce que les maisons y sont anciennes et mal faites que pour ce qu'il y règne une odeur si mauvaise que, quelque intérêt qu'on ait à y demeurer, on est contraint à la fin d'en sortir pour conserver sa santé. Le gouverneur étant un homme de peu de crédit, à qui on a donné le gouvernement par forme, sans l'intrigue des habitants et le commerce qu'ils font avec les Espagnols, cette ville manqueroit bientôt de subsistance.

A quatre lieues de cette ville vous en trouvez une autre bien différente ; elle est sur la Précieuse. C'est une ville fort considérable pour la beauté de ses édifices ; on l'appelle

OLONNE. C'est un chemin fort passant. On y donne le couvert à tous ceux qui le demandent, à la charge d'autant. Il y faut bien payer de sa personne, ou payer de sa bourse.

BEAUVAIS[1], sur la Carogne, est une petite ville dans un fond, où l'on ne voit le jour qu'à demi et dont les bâtimens sont très désagréables. Elle a eu néanmoins des gens de très grande condition pour gouverneurs, entre autres un commandeur de Malte, qui y a laissé une belle infanterie. On ne s'étonnera point que des gens de naissance et de mérite se soient arrêtés à un si méchant logis quand on sçaura que ç'a été le

Ce ne peut être là, en 1654, le portrait de madame de Pienne, c'est-à-dire de la comtesse de Fiesque. Cependant on pourroit reconnoître le petit Guitaut dans le gouverneur

1. La mère, « a borgnesse ».

principal passage pour aller à la ville de Donna-Anna[1], où tout le commerce se faisoit durant qu'on bâtissoit le fort Louis[2]. Depuis que ce fort est entré dans ses droits, la ville de Beauvais n'a plus eu de gouverneur de marque, mais des gens de basse étoffe et inconnus, que la ville y entretient, quoiqu'elle ne vaille plus la dépense. Ceux-ci ont toujours eu soin de bien maintenir l'infanterie[3].

Guise[4] est une ville sur la Précieuse, assez grande, et où il se trouve de belles antiquités. Plusieurs ont cru que cette place s'étoit gardée par ses forces mêmes; mais on assure qu'il y a eu un gouverneur[5] comme en titre d'office, qu'on a tenu caché à cause que ses mérites n'étoient point proportionnés à l'importance de la place, d'où il a été chassé parcequ'il ne visitoit plus que de loin à loin la place d'armes. Il y avoit laissé de l'infanterie; mais, à cause qu'elle étoit plus nuisible qu'utile pour la conservation de la ville, elle en a été chassée et envoyée en Hollande. Il y en a qui disent que la disgrâce du gouverneur est venue de ce qu'il avoit plus d'attache pour la ville de Chevreuse.

Longueville[6] est sur la même rivière que Guise. C'est une ville grande et assez belle. Il y a eu quatre gouverneurs, dont les uns étoient les pre-

1. Anne d'Autriche.
2. Louis XIV.
3. Les enfants, les filles, mesdemoiselles de Beauvais?
4. Mademoiselle de Guise, née en 1615.
5. Montrésor.
6. La duchesse, sœur de Condé.

miers princes du pays, les autres des plus qualifiés seigneurs après ceux-là[1], dont l'un a failli perdre sa place pour de l'infanterie qu'il y avoit jetée hors du temps, qui a fort endommagé la ville. Elle se gouverne à présent elle-même, et s'est tellement fortifiée[2] qu'il n'y a point d'ennemis si forts qui osent en faire l'attaque.

1. Faut-il voir là Condé, Conti, Nemours et La Rochefoucauld? Pour les deux premiers noms, cela répugne. Mais après tout, nous n'avons affaire qu'à un pamphlet.
2. Par la dévotion.

FIN DU TOME PREMIER.

www.ingramcontent.com/pod-product-compliance
Lightning Source LLC
Chambersburg PA
CBHW071111230426
43666CB00009B/1917